图书在版编目（CIP）数据

企业应用 MRP Ⅱ/ERP 的理论与实践/王惠芬，赵燕锡，黎文编著．—北京：北京大学出版社，广州：暨南大学出版社，2015.8
（中国企业信息化理论与实践丛书）
ISBN 978-7-5668-1351-0

Ⅰ.①企… Ⅱ.①王…②赵…③黎… Ⅲ.①企业管理—计算机管理系统—研究 Ⅳ.①F270.7

中国版本图书馆 CIP 数据核字（2015）第 036389 号

出版发行：北京大学出版社　　暨南大学出版社

地　址：中国广州暨南大学
电　话：总编室（8620）85221601
营销部（8620）85225284　85228291　85228292（邮购）
传　真：（8620）85221583（办公室）　85223774（营销部）
邮　编：510630
网　址：http：//www.jnupress.com　http：//press.jnu.edu.cn

排　版：广州市天河星辰文化发展部照排中心
印　刷：广东信源彩色印务有限公司

开　本：787mm×1092mm　1/16
印　张：22.5
字　数：543 千
版　次：2015 年 8 月第 1 版
印　次：2015 年 8 月第 1 次

定　价：56.00 元

（暨大版图书如有印装质量问题，请与出版社总编室联系调换）

前 言

MRP Ⅱ/ERP 是世界各国企业普遍使用的管理系统，近 30 年来，我国企业通过实施 MRP Ⅱ/ERP 系统，实现了企业管理的现代化。总的说来，我国 30 年来实施 MRP Ⅱ/ERP 系统的企业获得的经济效益是较大的，许多企业通过持续不断地应用 MRP Ⅱ/ERP 系统，极大地提高了企业管理的现代化水平。

本书基于我国的基本国情和国内外 MRP Ⅱ/ERP 的发展情况，以企业管理现代化为主线，总结了 30 年来我国 MRP Ⅱ/ERP 应用的成功经验和失败教训，对于促进广大企业在网络信息时代实施 MRP Ⅱ/ERP 系统具有重大的理论意义和实践价值。

虽然从 1998 年开始，我国进行 MRP Ⅱ与 ERP 研究的学者日益增多，但本书是首本系统地介绍我国企业 MRP Ⅱ/ERP 应用的书籍。此外，我国对 MRP Ⅱ/ERP 系统应用所进行的实证研究主要以问卷调查方式为主，由于调查条件限制，问卷资料的回收率并不高，难以把握企业 MRP Ⅱ/ERP 系统的实际运作情况。由于调查组没有蹲点企业进行长期的系统的跟踪调查，无法重点剖析代表性案例，难以提供 MRP Ⅱ/ERP 实施的具体操作步骤和系统演进的过程分析，难以掌握先进企业的成功经验。

在此研究背景下，暨南大学企业管理系“我国 MRP Ⅱ/ERP 系统应用调查”课题组的王惠芬、左小德、孙先锦、胡东波、黎文等成员于 1999 年 6 月至 9 月对全国 16 家实施 MRP Ⅱ/ERP 系统的企业进行了实地调查和案例分析。本次调查重点考察了这些企业 MRP Ⅱ/ERP系统的运转情况，听取了厂长经理们对 MRP Ⅱ/ERP 系统的真实评价，也去企业的财务、生产、计划、仓库、销售、供应等部门听取了各级 MRP Ⅱ/ERP 应用人员对系统的评价。本次实地调查，平均每家企业的调查时间为两天，参与座谈的人员为 12 人，有 16 家企业共 200 人参与了访谈。调研的企业有科龙集团、美的集团、深圳中国集装箱进出口公司、康宝集团、山西经纬纺织机械厂、西安高压开关厂、北京第一机床厂、联想集团、哈尔滨电机集团、沈阳鼓风机厂、中山香山衡器厂、健力宝富特容器公司、康佳集团、广州日立电梯集团、合肥叉车总厂、长沙卷烟厂这 16 家企业，今日集团、美晨股份有限公司、华为集团、珠江钢琴集团这 4 家企业也作为对比企业，课题组成员对其进行了程度不同的调研。此次调研是学术界开展的“上山下乡”活动，贴近企业第一线，获得了丰富的一手资料。在此对支持本次调查研究的企业及其管理人员致以衷心的感谢，也对曾经为 MRP Ⅱ/ERP 的实践作出贡献的广大企业人员和软件开发人员致以诚挚的谢意。

本书总结了我国 MRP Ⅱ/ERP 应用调查研究的成果。本书作者之一的王惠芬的硕士论文《关于我国工业企业实施 MRP 系统的实证研究》对 20 世纪 80 年代我国实施 MRP 的企业进行了实证研究，论文中“我国企业实施 MRP Ⅱ的差距分析和阻力分析”得到 HP 公司、王安公司等 MRP Ⅱ软件商的肯定。本书吸收了其硕士论文的基本论点。此外，从 1992 年开始，作者继续对我国的 MPR Ⅱ的应用情况进行跟踪调查，并对华南地区的 MRP Ⅱ的应用扩展做了重点研究。金蝶公司 20 年来致力于推动我国企业的信息化和 ERP 建设，一直战斗在我国企业信息化最前沿，帮助企业成功。金蝶公司的同仁们为此书的出版付出了艰辛的努力，书中的 4 个金蝶案例也记录了金蝶公司在推动企业信息化过程中的卓越成效。本书的出版和再版得到金蝶软件科技有限公司徐少春总经理、赵燕锡副总裁和王宏总助的鼎力支持，他们设计和策划了 ERP 项目调研的总体架构和研究重点，并对此书再版时面临的企业信息化态势和书中案例的更新进行了掌控。此外，金蝶公司装备事业部李帆、戴宝纯、郭旭光等负责人利用春节假日参与了株机案例的编写。在此，对金蝶公司的同仁们表示感谢！本书概括了近 30 年来我国 MRP Ⅱ/ERP 应用的主要情况，弥补了我国多年来 MRP Ⅱ/ERP 理论与案例研究的不足，挑战了学科领域的研究难点和薄弱环节，在研究方法和研究内容上有重大创新。

首先，本书第一章总结了我国企业实施 MRP Ⅱ/ERP 的意义，第二章回顾了国外 MRP Ⅱ/ERP的发展历史，第四章、第五章、第六章分我国 MRP Ⅱ/ERP 应用的试用期、成长期和成熟期概括了 30 年来 MRP Ⅱ/ERP 的应用历史，同时总结了 22 家典型企业的 MRP Ⅱ/ERP应用情况及这些典型企业的管理改革与管理创新举措。这几章有利于企业管理人员对我国 MRP Ⅱ/ERP 应用的失败和成功有清醒的认识，帮助企业工作者和科研人员辨明 MRP Ⅱ/ERP 理论和实践的认识误区，且对于当前银行、公共服务、政府职能转变等有借鉴意义，也对从工业 2.0 开始到工业 4.0 的智能制造有指导作用。

其次，第三章深入分析了 MRP Ⅱ/ERP 的计划管理特点，第七章、第八章、第九章分析了 MRP Ⅱ/ERP 运用的三个层次，第十章、第十一章剖析了 MRP Ⅱ/ERP 的需求判断、前期准备工作和基本实施步骤，总结了 MRP Ⅱ/ERP 的实施规律，建立了 MRP Ⅱ/ERP 的基本实施循环模型。这几章有利于广大企业在 MRP Ⅱ/ERP 系统选型、项目实施上得到切实可行的指导，帮助企业的 MRP Ⅱ/ERP 应用获得预期的经济效益。

最后，第十二章创造性地提出了我国 MRP Ⅱ/ERP 的发展策略，指出实施 CIMS（计算机一体化制造系统）、运用 JIT（准时制生产方式）、创立国产 ERP 软件名牌、发展企业管理咨询等都有利于在我国推广 MRP Ⅱ/ERP。第十二章还对比分析了国内外 ERP 软件的优势和劣势，促使国产 ERP 软件商和企业管理咨询公司为企业提供“基于企业但又高于企业管理水平”的 ERP 系统和管理咨询方案。

本书 2002 年初版由汪星明教授审校，由北京出版社出版。本书初版纳入国家信息化办公室推荐的“企业信息化丛书”第四分册。本书初稿内容由汪星明教授、侯炳辉教授、张第元高级工程师、王莉莉工程师审阅把关，打印的初稿由周永文、石明辉、胡树红帮助校对。本书的写作还得到胡军校长、隋广军院长的热情鼓励，得到左小德、孙先锦、胡东波的指正。金蝶公司黄骁俭对本书进行了最后的审阅。多年来，《计算机世界》、《经济日报》报道了我国企业在 MRP Ⅱ/ERP 应用方面的进展，本书参阅了其中的大量文章，在此一并感谢。

此次再版，由本书第三作者黎文增加了近十年来的营销网络 ERP 理论和实践，回顾了国产 ERP 软件的品牌发展之路及成功经验，并更新了部分案例。此书是一张“老照片”，以此纪念 30 年来我国企业信息化的实践进程。由于作者才疏学浅，书中的观点难免有疏漏、错误之处，敬请海涵。

王惠芬　赵燕锡　黎　文

2014 年 11 月

目 录

第三篇　我国 MRP Ⅱ/ERP 的应用历史

第四篇　我国 MRP Ⅱ/ERP 的应用层次

第五篇 企业实施 MRP Ⅱ/ERP 的策略和实施规律

第六篇 发展战略

第一篇

推广MRP Ⅱ/ERP的意义

第一章　我国企业实施 MRP Ⅱ/ERP 系统的意义

当代科学技术和信息技术的飞速发展促使全球市场由卖方市场向买方市场转变，在逐步形成的全球化大市场中，我国企业将面临新的挑战。当前，我国企业实施 MRP Ⅱ/ERP 系统具有重大的战略意义，将实现企业经营机制的转变，促进企业的可持续发展。

第一节　21 世纪初期企业新的绩效标准

进入 21 世纪，广大企业面临新的挑战：一方面市场需求变化加快、产品的生命周期日益缩短，企业必须对客户需求的合理变化作出快速反应，才能打入具有吸引力的新市场；另一方面企业必须从传统的标准化大批量生产模式向客户化定制生产模式转变，把产品和服务进行捆绑销售，使得企业在产品、质量、价格、供应时间、供应地点等方面全方位超过客户的期望，为客户提供价值更高的产品和服务。因此，21 世纪的全球竞争为企业设立了新的绩效标准。

一、企业新的绩效标准

21 世纪初期的全球性竞争为制造企业设立了新的经营绩效标准，使企业必须在全球范围内参与竞争：一方面吸引新客户，提高市场占有率；另一方面企业必须保持最佳运作状态，降低营运成本，创造最大利润。为了实现企业的目标，广大企业利用互联网技术及 MRP Ⅱ/ERP 系统开始重新规划企业的业务流程。

二、企业重新规划业务流程

企业要想降低成本和提高市场占有率，就要不断地改造企业的业务流程，用系统的观点来认识企业及其动态运行机制，从业务流程重组的角度对企业的产品设计、工艺编制、材料需求、计划制订、制造加工、质量检验、销售回款等经营活动进行综合治理，以 MRP Ⅱ/ERP为核心管理思想和手段来指导企业的生产经营活动。

企业可以重新规划的业务流程主要包括以下几个方面：

（1）实施并行工程，利用团队工作将商品需求、产品设计、研制开发、采购要求及全球认可进行统一管理，全面缩短企业的新产品开发周期。

（2）企业员工职务扩大化、丰富化，负责多工种、多任务，企业转变成学习型组织，有效挖掘员工的创新潜力，建立起支持客户化生产的职工队伍，使员工掌握解决问题的技巧，保证企业的运作体系持续改进。

（3）综合运用计算机辅助设计 CAD、计算机辅助制造 CAM、电子数据交换 EDI、电子商务、办公室自动化 OA 等自动化技术提高企业的生产和事务处理效率，提高企业的自动化水平和信息化水平。

（4）全面质量管理 TQM 贯穿企业运作的全过程，使企业的内部产品、外部服务、供应商供货等活动以质量为核心，不但满足客户的需求，而且超出客户的期望。

（5）以制造资源计划 MRP Ⅱ、企业资源计划 ERP 为核心对企业的资源进行综合平衡，结合供应链、JIT 等技术严密控制企业采购、生产、销售的物流、资金流、信息流，保障企业的资源调度合理，经营成本最低。

三、我国企业面临的挑战

我国企业在市场化改革进程中面临全球竞争的挑战，短短几年经历了产品从供不应求到供过于求的急剧变化。我国加入 WTO 后把所有的企业推入国际分工的经济格局。我国企业虽然只有 30 多年的市场经验，但是必须达到同西方企业一样的经营绩效标准。因此，我国企业不但需要保持企业的最佳运作状态以吸引新客户，而且要在提高市场占有率的同时降低运营成本，创造最大利润。

我国企业进入市场的时间不长，在企业运作机制方面，企业的营销部门面对市场的时候，企业内部的工程管理、生产管理、成本核算仍然是以完成生产任务为主的以产定销模式，多数企业以销定产的经营格局没有在企业内部每个运作环节得以贯彻。因此，广大企业原有的以产定销模式与新形势下的以销定产模式在企业系统中不断碰撞与扭曲，导致企业经营的高成本、低效益。

第二节　我国企业经营的高成本、低效益分析

表面上看，前几年我国企业迅速发展，企业规模不断扩大，似乎已经适应市场了，然而，企业内部经营的高投入、高成本、浪费严重等问题却被掩盖和忽视了，我国计划经济时代企业内部管理一直遵循的严谨、勤俭、节约的好传统也被逐渐弱化了。进入 21 世纪，我国企业在经营上的高成本、低效益问题不能不引起重视。

一、我国企业经营高成本、低效益的表现

我国企业运作机制上的高成本、低效益主要表现在五个方面：

（1）企业的冗余库存一般为 5% ~10%，库存资金浪费严重。

我国企业无论经济环境是否宽松，总感到资金是制约企业发展的瓶颈，然而企业在资金利用上却存在许多问题，最典型的是库存资金浪费严重，库存周转慢。

由于大多数企业都是根据过去的经验估计生产计划的原料需求，因此，物料之间的配套时间常常没有基本的批量标准。为了保证供给，企业采用的安全库存大，冗余库存一般为5%～10%。某些加工完毕剩下来的冗余库存无法被后续产品利用，堆在仓库常年无人问津，成为死库存后责任也无法追究。

（2）生产现场管理混乱，产品质量不稳定。

为了迅速满足市场需求，许多企业不重视中试中心的工作，新产品没有经过试制与小批量试制阶段就直接下放车间进行批量生产。由于生产准备和工艺装备变动频繁，产品边生产边修改设计，使得企业的产品质量不能长期可靠，售后维修成本占总成本的比例过高。

虽然我国企业大多通过了 ISO 9000 系列质量标准的认证，但主要是完工产品的质量达标，对内部质量的评审没有扎实落实。许多企业在通过 ISO 9000 评审后把质量文件锁入抽屉、挂到墙上，对次品率、返工率、返修路线的长短等内部经营指标缺乏日常分析，质量管理体系在内部生产环节贯彻不力，使得质量合格率、劳动生产率等指标与国际同类企业差距较大。

（3）不重视技术开发，名牌产品的技术含量低，缺乏国际竞争力。

我国企业较少建立自己的研究开发与设计中心，R&D 投入不足，标准化工作落后，不重视系统整理工艺、设计数据，难以长期持续地吸收企业的设计精华。

由于新老产品之间继承性不大，企业陷入重新设计、重新开发的循环之中，以广告和营销策划为主体的创名牌过程没有企业的技术创新机制来延续，使得企业的品牌和商誉含金量低，缺乏国际竞争力。

（4）企业繁殖与扩张没有利用信息技术作后盾。

我国的企业集团进行企业扩张、跨国经营时往往忽视信息系统这个竞争利器，面对风云变幻的国际市场环境时，企业的人、财、物，产、供、销管理还受到时间及空间的制约，集团内部的经营机制没有充分利用管理信息系统的繁殖功效，多数企业的跨国经营仍停留在粗放经营层面。

我国多数跨国公司的管理主要靠人海战术，国内与国外的通信手段还不够灵活多样，统计数据滞后、失真，影响经营决策。有的企业集团由于监督不力，上亿元的海外资金被挪作他用，集团公司的海外办事处为管理者中饱私囊提供了方便。因此，跨国经营迫切需要利用信息技术、管理技术实行集中的财务管理和控制。

（5）经营作风浮躁，鱼目混珠。

有的企业取得了一定的经营业绩后，为了获取资金、占领市场空白，没有把主业的规模发展到极限就开展多角化经营，占山为王的封建意识浓厚。由于忽视对企业内部经营管理的整顿，企业综合盈利率小得惊人。有的企业做假账，亏损改为微利，掩耳盗铃，自欺欺人。还有一些企业玩“空手道”，变相圈钱，名义上是进军新行业、开拓新产品，实际上是通过参资合股获取银行贷款填补亏空，欠了银行的钱不还，社会道德、经营道德沦丧，给我国的企业信用造成恶劣影响。

总之，我国企业在经济转型时期还需要利用现代管理手段和 MRP Ⅱ/ERP 系统来提高企业的经营素质，加强基础管理，挖掘管理效益。

二、从湖北汉阳造纸厂的转变看我国企业管理的潜力

2000 年 5 月，《经济日报》连续报道了“国有企业扭亏的故事”。从中略举一例就会发现我国企业利用科学的管理机制治理企业松散经营的空间是非常大的，也可以看到我国某些国有企业管理的落后是必须正视和治理的。

湖北汉阳造纸厂是典型的国有企业，1994 年我国国企开始出现小面积死亡时，汉阳造纸厂的日子也不好过。到 1997 年，汉阳造纸厂已经从银行贷款几个亿，政府也给了上千万的解困资金，但是企业仍然是穷途末路、面临破产。1997 年，县办企业山东晨鸣纸业集团合资控股了汉阳造纸厂，一方面给汉阳造纸厂注入两亿元流动资金，另一方面晨鸣集团还派出几名管理人员来治理汉阳造纸厂。经过九个月的治理，汉阳造纸厂流行的机制和企业规矩都变了，企业的管理发生了变化。

汉阳造纸厂的转变主要表现在五个方面：

（1）杜绝出工不出力，提高劳动生产率。

合资后，企业取消了原来为了休息而发明的能靠能坐能躺的“太师椅”，各个车间加起来共拆走了十几车。此外，被看作企业福利的“泡澡”蒸汽棚也被拆得片甲不留，这些蒸汽棚是车间班组从蒸汽管上搭接而成的，既浪费车间的能源又浪费职工的有效工作时间。因此，拆掉太师椅和“泡澡”蒸汽棚杜绝了职工出工不出力、把浪费视为福利的“安乐症”。

（2）加强企业制度建设，规范日常行为管理。

拆掉太师椅和蒸汽棚后，汉阳造纸厂对车间进行了大整修，把公告栏变成了“明白墙”和行为规范宣传点。企业加强了制度建设，规范了日常行为管理。

企业管理制度建设使得全厂 3 000 多名职工每天从进厂门开始，一举一动都受到 33 项制度、500 条岗位细则的规范和制约，工人每月的产量、质量、消耗、安全、目标成本、收入、违章罚款等全部公布于众，数据一目了然，大家相互监督，共同进步。

（3）加强工资制度改革，企业职工收入同生产成本直接挂钩。

汉阳造纸厂把车间主任和工人 70% 的浮动工资与日常消耗紧密联系起来，收入与成本挂钩，迫使工人承担经营压力，承担节约成本的责任，真正发挥主人翁精神。

改革前汉阳造纸厂的制浆车间纸浆四处乱流，长明灯、长流水无人管，跑冒滴漏现象随处可见。实施收入与成本挂钩后，这些现象都消失不见了。由过去车间随意浪费的钱变成自己心疼的钱，企业职工自觉节约成本，自觉核算每天的花销和收入。

（4）压缩采购成本，提高原材料质量。

过去汉阳造纸厂的吨纸成本比市场高 200 元，现在每吨纸的成本平均比原来低 1 000 元。过去汉阳造纸厂的业务员到苇场收购苇草原料，由于私人操作讲关系，人情重于企业利益，使得企业利益得不到保证，采购的实得苇草率只为 70%。合资后企业货比三家、竞价采购，要求苇草供应商送货到厂、厂内验收，保证了苇草的数量和质量。仅此一项，汉

阳造纸厂一年节约成本 1 200 万元。

（5）杜绝浪费，降低能耗。

汉阳造纸厂合资后几个月，消除各种浪费 800 多处，吨纸电耗、水耗由 1997 年的 1 085度和 290 吨分别降为 692 度和 78 吨，降低率分别达到 36% 和 73%。短短两年时间，企业从跑冒滴漏中就夺回3 655万元，比企业发展顶峰期的年利润 3 000 万元还多。两年多的改制和加强企业管理，使汉阳造纸厂的低效益、高成本得到了综合治理，1999 年，企业利润跃升为全国 36 家重点造纸企业的第二名。

湖北汉阳造纸厂物料消耗指标的新旧对比、成本降低的幅度之大是令人心惊的，也是令人心痛的，说明我国企业的管理水平提高的空间还很大，也揭示出我国工业企业落后的管理是必须彻底治理的。

第三节　MRP Ⅱ/ERP 系统的运作体系分析

进入 21 世纪，我国企业依靠市场空白获取暴利的机会越来越少，资金富裕型或资金短缺型的企业通过资本运作、多角化经营完成原始积累后，面临的最大问题是该如何建立完善的企业运作机制，从运作机制上保障企业的可持续发展。建立以 MRP Ⅱ/ERP 为核心的现代企业运作机制，可以有效地解决我国企业经营的低效益问题。

一、MRP Ⅱ/ERP 的定义

MRP Ⅱ/ERP 系统是管理系统。MRP Ⅱ起源于 20 世纪 60 年代的物料需求计划 MRP（Material Requirement Planning），也就是我们通常所说的小 MRP。小 MRP 的基本原理是根据销售预测和订单制订主生产计划，再利用滚动计划方法把未来时段上的产品需求按照产品结构分解为零部件需求计划，然后发出生产作业指令推动生产部门制造部件和成品，发出采购指令推动采购部门采购所需的原材料。70 年代，小 MRP 发展成包括生产能力计划和控制反馈的闭环 MRP（Closed-loop MRP）。80 年代，闭环 MRP 进一步发展为集合了生产、销售、财务等的制造资源计划 MRP Ⅱ（Manufacturing Resource Planning）系统。90 年代，MRP Ⅱ发展成为企业资源计划 ERP（Enterprise Resource Planning）系统。

MRP Ⅱ/ERP 系统是指 MRP Ⅱ系统或者 ERP 系统。我国企业应用 MRP Ⅱ、ERP 系统的程度不一，有的企业处于国外 20 世纪七八十年代的小 MRP 水平，有的企业处于MRP Ⅱ水平，有的企业基础好、应用水平高，已经实施 ERP。针对这种情况，统一用 MRP Ⅱ/ERP系统来概括。

二、成功企业的经验

1993 年以来，我国取得成功的制造企业，其规模大小、产业类别及所采取的技术可能会有所不同，但是，这些企业都有一个共同的、值得借鉴的经验和方法，即以

MRP Ⅱ/ERP系统的管理理念来辅助企业管理，改善企业的经营运作体系，实现企业的突破性发展。仅以广东省为例，华宝、科龙、健力宝富特、美的、松下万宝、康佳、华为、高露洁、美赞臣、卜内门等企业就使用了 MRP Ⅱ/ERP 系统为企业的经营管理提供服务。此外，康佳、美的利用 MRP Ⅱ/ERP 的信息基础进军电子商务，为企业走向国际市场奠定了基础，也扩大了企业的生存空间。

三、MRP Ⅱ/ERP 系统的五大运作体系

MRP Ⅱ/ERP系统的管理思想、管理方法是普遍适用于制造企业的。企业不安装 MRP Ⅱ/ERP软件，仍然可以利用 MRP Ⅱ/ERP 的管理理念来管理企业。依据 MRP Ⅱ/ERP系统的管理理念，可以把企业划分为五大动态运作体系，即计划管理体系、作业执行管理体系、工程管理体系、物料管理体系及财务管理体系。

1. 计划管理体系

计划是企业管理的龙头，计划管理体系是企业运作体系的主线，计划管理体系的高效率保证了企业的高生产率。

MRP Ⅱ/ERP 是计划为主的系统，全企业只有一个计划，但从上到下、从宏观到微观划分为经营计划、分销资源计划、主生产计划、能力需求计划、生产加工计划和物料采购计划五个层次。MRP Ⅱ/ERP 系统在计划管理的信息搜集、数据来源、编制方法、处理时间及频度方面都与传统的手工计划管理有较大区别，主要是采用滚动计划法对独立需求和相关需求进行分时段的管理。此外，在计划执行过程中，通过对自下而上逐层反馈回来的信息进行控制，保证了 MRP Ⅱ/ERP 计划的及时控制和协调，充分发挥了计划管理的“龙头”作用。

2. 作业执行管理体系

在 MRP Ⅱ/ERP 系统中，作业执行管理体系的高效运作能够提高企业的应变能力。

MRP Ⅱ/ERP 系统的作业执行管理体系的主要职能是依据计划管理体系安排企业的经营活动，并跟踪现场实施过程，进行实时控制。因此，在作业执行管理体系中，信息流与物流的完美结合是作业活动高效率的关键。

作业执行管理体系主要有采购、生产、销售三类活动，还有质量控制、设备管理等辅助活动。企业的采购、生产、销售从本质上来看没有大的区别，然而企业根据动态成本效益分析可以决定是自己生产还是转包生产，是生产自制还是外协加工或者直接采购，销售也可以由自销转为分销等。通过 MRP Ⅱ/ERP 作业活动的成本效益分析，可以提高作业执行管理体系的运作效率，提高企业的应变能力。

3. 工程管理体系

MRP Ⅱ/ERP 工程管理体系是企业持续稳定发展的基石。工程管理体系也是保证计划管理体系能够有效运行的两个重要基础之一。

工程管理体系为企业提供工程、库存、计划、成本类基本数据，包括工作中心、加工路线、物料单等数据文件。

（1）工作中心是企业经营管理监督的最基本生产单元。MRP Ⅱ/ERP 工程管理划定工作中心涉及企业全局，反映企业投资中心、利润中心、成本中心的划分，使得工作中心直接管理了所属生产部门的日生产能力以及各类成本项目的费用，完善了生产的基层组织工作和现场管理。

（2）加工路线实际上是生产作业进度计划的排程。MRP Ⅱ/ERP 的工程管理体系所编制的加工路线，保证了产品生产过程中依照物料单自下而上每个层次的自制物料的订单完成。由于对加工过程的时间进行细分，企业可以按照加工顺序对每个工序、每个工序所属的加工中心、每个工序的提前期、每个工序的成品率、加工批量、人工费率、机器费率等进行综合管理，保证了企业的计划执行率和成本核算的可靠。

（3）MRP Ⅱ/ERP 的物料单包括了企业产品结构中自上而下的物料属性，依据物料单自上而下逐层分解的物料需求也就是自上而下的物料配套流程，同时也是一个网络计划装配图。因此，通过对物料单的跟踪，能够对产品的零部件组成进行分解，严格监控物流状态。

所以，完善的企业工程管理体系是企业的宝贵资源，也是企业持续稳定发展的基石。

4. 物料管理体系

物料管理体系的有效运作能够降低企业的生产成本。MRP Ⅱ/ERP 物料管理体系是计划管理体系能否有效运作的另一个重要基础。.

MRP Ⅱ/ERP 物料管理体系随时跟踪企业的物流库存状态，对企业的原材料、在制品、产成品、经销品采取规范化库存管理，循环盘点的周期依据需要可以从月缩短为周甚至天，质检的地点与标准分布在企业的各个经营生产点，数据也能够实时采集，从而保证了库存的准确率，保障了产品的合格率。

5. 财务管理体系

MRP Ⅱ/ERP 财务管理体系使企业的运作过程统一到财务监控之下，使得企业的物流、信息流都用统一的财务指标来监测，有利于正确判断企业的运作状态。

MRP Ⅱ/ERP 财务管理体系跟踪财务信息、追溯财务信息的事务处理过程。MRP Ⅱ/ERP 财务指标反映企业的劳动生产率、材料利用率、库存价值及成本差异，为控制生产储备和生产资金提供依据。财务系统还能够提供模拟成本、量本利分析，能核算零部件自制与外购的成本差异，进而为准确地制定产品销售价格及销售折让提供依据。

四、用 MRP Ⅱ/ERP 理念分析邯钢的市场成本模拟法

近年来，全国冶金系统都在学习邯钢的市场成本模拟法。市场成本模拟法的精髓是贯彻了 MRP Ⅱ/ERP 的以销定产思想，落实了 MRP Ⅱ/ERP 的成本管理体系。

1. 邯钢的市场成本模拟法

邯钢通过了解市场上的钢材价格，确定企业产品的目标成本，在各个部门、各个工作中心把目标成本分解，采用倒推法从工作中心向营销部门反馈成本落实情况，确保成本任务的落实。如果成本大于市场或者企业的接受程度，则在各个部门间进行成本压缩，直到

可以被接受为止。

2. 邯钢模式贯彻了 MRP Ⅱ/ERP 的五大运作体系

将邯钢模式搬向其他企业时，必须把成本管理相关的计划管理体系、物料管理体系、工程管理体系、作业执行管理体系和财务管理体系一起移植到企业，避免水土不服、画虎不成反类犬。有的企业参观邯钢后发现邯钢经验是好，但是要学会太难了，很难把邯钢经验搬回家。也有的企业认为邯钢经验没有太特殊的地方，只是因为企业把成本分解到了每个人身上。其实，邯钢的目标成本落实过程是与 MRP Ⅱ/ERP 系统的五大运作体系密切相关的，邯钢经验最终成果反映在企业的成本指标上，而背后却是支撑成本体系的计划体系、物料体系、工程体系、作业体系和财务体系。学习邯钢的成本体系必须学习邯钢的源头，从邯钢的财务体系逆流而上学习计划管理体系、物料管理体系、工程管理体系和作业执行管理体系，要避免“头痛医头，脚痛医脚”的情况。

3. 模拟市场成本的不足

值得指出的是，目标成本及量化成本管理法仅用 MRP Ⅱ/ERP 系统的管理理念来分析是不够完善的，缺乏实际成本与模拟成本的反馈体系。

一般企业的成本体系包括历史成本、标准成本、模拟成本以及实际成本。我国企业大多是成本事后分摊核算，没有采用基于活动的成本方法详细分解能源成本和管理费用。由于对实际成本难以计算单位产品的实际工时和实际消耗，实际成本还是“黑匣子”。如果要保证目标成本可靠，企业实际成本的采集必须科学，实际成本核算方法要改良，同时需要把多年采集到的成本转为历史成本，这些成本数据成为制定标准成本的依据。

历史成本、标准成本最大的好处是可以进行模拟成本的操作，在企业没有进行生产之前就能够事先控制。这些模拟成本的最佳使用者是企业的营销人员，是战斗在竞争第一线的合同获取者，只有他们把合同争取回来后，才能够进入企业内部的目标成本分解，也就是我们现在正在学习的目标成本管理法。

第四节　实施 MRP Ⅱ/ERP 系统，优化产业结构

我国传统的计划经济模式使得我国的产业组织结构不尽合理，企业“大而全”、“小而全”使得资产存量长期固化，企业组织规模不尽合理。我国广大工业企业既达不到大企业规模经济的高效益，也不具备中小企业该有的低成本和专业化，往往处于投入多、产出少、消耗高、效益低的粗放型发展状态。当前，企业面临从 OEM 到 ODM、OBM 的转变，低端制造业必须突围。

一、国民生产中物资消耗大、技术含量低、产品附加值小制约了我国的产业结构升级

1988 年，我国单位国民生产总值的能耗是发达国家的 4 ~ 6 倍，每投入 1 元固定资产，

发达国家可获得 3.5 元左右的工业产值，而我国只能获得 1.2 元的产值，仅为发达国家的 20% ~40%。20 世纪 90 年代初期，世界先进国家机械工业钢材利用率在 80% 以上，而我国最高水平的上海，钢材利用率才 69%。虽然近 30 年来，我国一直致力于产业结构和产业组织的优化升级，但是结构失衡现象仍然严重。竞争性行业中，家电、电子、计算机、机械、日用消费品等领域的产业集中度在逐年提高，但是垄断性行业如邮电、外贸、通信、银行等领域还没有完全开放，传统垄断型企业内部管理混乱、经营费用居高不下的现象仍很严重。

二、我国企业的产品质量需要提高，关键元器件的质量不能常年稳定可靠，导致每年进口大量的原材料和机器设备

自 1996 年以来，国家质量技术监督局对我国产品质量进行抽样检查，抽查的产品合格率连续 16 个季度在 74% ~79.9% 之间徘徊，一直到 2000 年第一季度才再次跃上 80% 的台阶。2000 年，国家质量技术监督局抽查了 220 家企业所生产的 2 683 种产品，合格产品品种数为 2 151 种，产品合格率为 80.2%。但是，据《经济日报》同年 6 月 25 日的报道，国家质量技术监督局在 5 月份对 20 种型号 18 个品牌的电熨斗、电热水瓶、电吹风、电饭锅等四类小家电产品进行质量抽查时发现，合格品仅有 14 种，只占总品种数的 70%。其中，国内品牌的产品有 8 种，抽样合格率为 62.5%，境外品牌的产品有 12 种，合格率为 75%。长期以来，中小企业日用消费品的质量抽样合格率仅为 60% 左右，部分小家电还存在安全隐患，接地、防触电保护等措施不符合国家标准。

虽然大中型企业产品质量能保持较高水平，但是整体质量水平差反映出我国企业管理水平仍然较低。我国有的企业在应付检查或者开拓市场时能够提供高质量的产品，一旦市场销路打开就开始偷工减料、不讲信誉，导致很多企业须大量进口日本等国的原材料和机器设备。由于我国的加工工业中大量核心元器件和关键设备长年依赖进口，严重制约了装备工业的技术创新。制造企业迫切需要向智能化转变。

因此，为了充分发挥电子信息技术的倍增器作用，应用电子信息技术改造传统产业和国民经济各部门，以节能、节材和附加值高的产品生产推动国民经济的发展，促进粗放型经济走到集约型、高质量的轨道上来，这是实现我国经济迅速增长的关键，是应该长期坚持的方针。

三、应用 MRP Ⅱ/ERP，促进企业间协作

MRP Ⅱ/ERP 系统的应用不仅能保证企业内部物流畅通无阻，降低库存，而且能够通过母公司与零部件协作企业、供应商、客户之间的广泛联系加强企业协作，降低经营成本。我国已经有康佳、美的、中集等企业在集团内部及协作厂商间用 MRP Ⅱ/ERP 系统集中管理企业的采购和销售等，为我国 MRP Ⅱ/ERP 的应用起到了示范作用。

因此，MRP Ⅱ/ERP 的应用应逐渐从单个企业向外扩散，形成地区性、行业性的 MRP Ⅱ/ERP应用岛屿，这有利于促进我国产业组织的优化，使母公司与协作厂在产品和技术上形成一个命运共同体，使资源在企业集团、产业部门中合理、有效地流动，使整个

社会经济建立在新的结构框架上。

第五节　建立 MRP Ⅱ/ERP 运作体系，保障企业可持续发展

MRP Ⅱ/ERP 是现代化大生产的产物，浓缩了西方 40 年来企业管理思想的精华，给我国传统的生产经营机制带来了许多新的管理理念和管理手段。透彻地分析国外 MRP Ⅱ/ERP的发展历史，总结我国实施 MRP Ⅱ/ERP 系统的经验及教训，对当前进一步推广 MRP Ⅱ/ERP 系统无论在理论上还是实践上都有重大的意义。

一、建立以 MRP Ⅱ/ERP 系统为核心的企业运作新体系，实现从人工管理向以信息技术为主的科学管理的转化

我国中小批量的生产企业很多，占企业总数的 95% 以上。据统计资料显示，我国机械制造企业中有 70% ~80% 属于中小型企业。随着市场需求多样性的增加，中小企业所占的比例还将提高。

MRP Ⅱ/ERP 的运作体系是检验企业生产经营效率的测试仪，企业不安装 MRP Ⅱ/ERP 软件，应用 MRP Ⅱ/ERP 理念也可取得效益。

在实施 MRP Ⅱ/ERP 系统的过程中，企业对现行系统进行需求调查时会进行企业诊断与咨询，使得企业能够在实施过程中把现代管理理论及经营理念贯彻于企业运作体系的建设中。建立以 MRP Ⅱ/ERP 系统为核心的企业运作新体系能够有效解决我国企业原有的以产定销运作模式与现有的以销定产运作模式在企业系统中的碰撞与扭曲，能够实现从人工管理向以信息技术为主的科学管理的转化。运用企业过程重组方法推进 MRP Ⅱ/ERP 系统在我国的应用，能够对企业多年来人工管理积累的企业资源进行再造，对我国企业普遍存在的高库存、长周期、低生产率所掩盖的经营低质量问题从运作体系上彻底清理。同时，企业的人力资源整体素质将得以提高，实现从以个人行为为主的行政管理向以统计分析作为决策依据的科学管理的转化。

MRP Ⅱ/ERP 对企业经营机制的转化过程参见图 1-1。

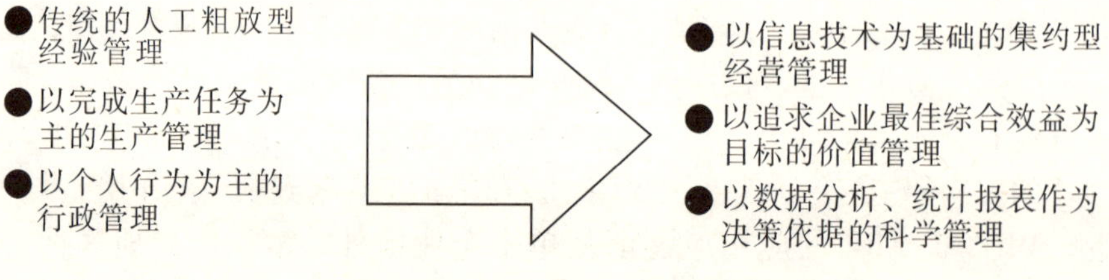

图 1-1　MRP Ⅱ/ERP 应用与企业经营机制的转化

二、MRP Ⅱ/ERP 系统的运作体系能够保证企业的可持续发展

MRP Ⅱ/ERP 系统中的经营运作新体系成为企业复制与繁殖的核心，保障企业的经营扩张和可持续发展。广州卜内门、松下万宝、高露洁、广州本田等合资企业的外国母公司在进入中国市场时都随身携带了世界通行的 MRP Ⅱ/ERP 系统这个秘密武器，MRP Ⅱ/ERP 系统的建立比企业的投厂开工先行近两年。企业建成投产后，MRP Ⅱ/ERP 系统的分销、促销、多工厂、多币制及电子商务功能使整个跨国集团实现一体化管理，整个集团每天都能及时通过网络通信获取各个子公司的经营业绩资料。在我国企业跨国经营的信息技术装备中，MRP Ⅱ/ERP 系统也是必不可少的重要部分，MRP Ⅱ/ERP 系统也将为我国制造企业创世界名牌、跻身世界 500 强从运作机制上提供帮助。

三、实施 MRP Ⅱ/ERP 系统，建立现代企业制度

唐代谏官魏征对唐太宗说过："求木之长者，必固其根本；欲流之远者，必浚其泉源；思国之安者，必积其德义。"这句话说明对企业人员的管理必须从制度方面长年累月、坚持不懈地进行，只有"理念变才能做到行为变，行为变才能习惯变，习惯变制度才能形成"。

企业的管理制度一般包括定额制度、产品研究开发制度、技术准备制度、材料管理制度、标准管理制度、设备管理制度、质量管理制度、人员交接班制度、考勤制度、安全生产制度、卫生制度等。企业的制度不在于多，而在于执行和落实，使规章制度有数字指标而且方便量度，使制度内容与企业的日常生产要素结合成有机的整体。信息系统对企业管理制度的贯彻参见图 1－2。

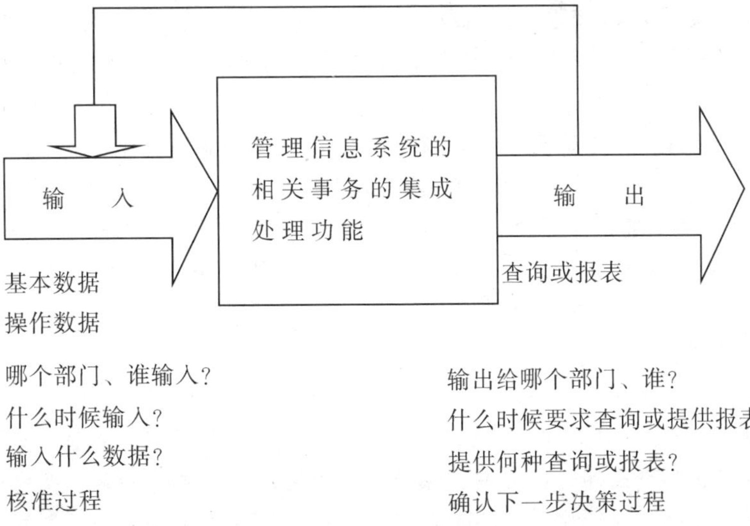

图 1－2　信息系统对企业管理制度的贯彻

康佳集团的陕西康佳和重庆康佳的管理人员和广大职工发现，企业兼并前后的新旧管理制度和规章差别并不大，甚至新制度比旧制度还要少，但是新制度扎实运行了起来，而且贯彻在企业的 MRP Ⅱ/ERP 系统中。孙子说过："声不过五，五声之变，不可胜听也；色不过五，五色之变，不可胜观也；味不过五，五味之变，不可胜尝也。战事不过奇正，奇正之变，不可胜穷也。奇正相生，如循环之无端，孰能穷之?" 企业运作如行军作战一样，都有其合乎规律的运行态势，有其成长的客观规律，这些运行态势和共同的规律可以用信息系统来贯彻，这也是 MRP Ⅱ/ERP 系统在全球各个国家广泛应用的原因。

由于每个企业在企业运行过程中有自己的奇妙之处，因此形成了无穷无尽的企业管理战术，商战中就有了胜利与失败之分。MRP Ⅱ/ERP 的计划管理体系、作业执行管理体系、工程管理体系、物料管理体系、财务管理体系是企业管理的重点内容，虽然不同的企业侧重点会有所不同，但其核心内容是不变的。

总之，任何企业若在利用 MRP Ⅱ/ERP 的五大经营运作体系的战略问题上缺乏远见和决心，其结果必将是不断损失市场份额，最终被竞争对手挤垮。

案 例

M 集团实施 MRP Ⅱ/ERP 系统，实现管理模式的飞跃

M 集团完善的管理机制与先进的研究和开发技术保障了企业效益的高增长，MRP Ⅱ系统在 M 集团的风扇公司、空调厂、电机厂、电饭煲厂的推广应用也巩固了 M 集团的经营机制，在推广 MRP Ⅱ系统的过程中建立起来的一整套管理体系和操作规程也保障了 M 集团的可持续发展，推进 M 集团成为世界级企业。

一、广东 M 集团股份有限公司概况

广东 M 集团股份有限公司（以下简称 M 集团）的主要产品为电风扇、空调、微电机、电饭煲、电暖器及其他小家电产品。M 集团总资产 32 亿元人民币，净资产 12.6 亿元人民币，占地面积500 000平方米，建筑面积 360 000 平方米。M 集团拥有员工 8 500 多人（1 500 人具有中高级技术职称），其中博士、硕士 60 人，本科生 600 人，大专、中专生 1 300 人，高中生 2 500 人。M 集团风扇公司是世界最大的风扇生产企业，产销量居世界第一，具有年产风扇 1 100 万台的生产能力。此外，空调器的产销量在 1998 年居全国第二，具有年产空调 150 万台的生产能力，是家电行业出口创汇排名第一位的优秀企业。

1984 年，M 集团引进了全塑型风扇制造技术；1992 年，通过股份制改造，其主营业务收入由 1992 年的 3.8 亿元增加到 1995 年的 19.3 亿元；1997 年实行事业部制改造；1998 年的销售收入达到 50 亿元。据预测，2015 年 M 集团的销售收入将超过 2 000 亿元。

M 集团现有 6 个事业部，即空调、风扇、电饭煲、微电机、小家电及电子事业部，各个事业部以利润为中心进行相关产品的开发、生产、销售、服务，并对利润和集团投资负责，集团总部则在投资决策、战略规划、资本经营和监督控制方面进行统一运作。

二、M 集团的生产经营特点

M 集团属于典型的家电制造企业，为少品种、大批量、重复型生产方式，是典型的劳动密集型企业。其主要使用大型数控仿型铣、250 吨冲床、制罐机、内外箱体成型机、EDMEDW 模具加工线、喷涂线、发泡线、悬挂运输线、流水装配线、电脑检测线等一系列高性能设备。

M 集团的工业设计研究所每年推出 40% 左右的新品种，是我国为数不多的企业研究所之一，强大的技术研究和发展实力为事业部的新品种开发提供了支持，也保证了企业的发展长盛不衰。

三、1993 年决定直接购买 MRP Ⅱ软件包

1992 年以前，M 集团的各个分厂都有自己的 MIS 系统。1992 年，M 集团委托某高校开发集团级的综合 MIS 系统，一共花了 100 多万元，这在当时是一笔不小的投资，但是最后系统交付时却不能用，彻底失败了。由此，M 集团得出结论，不能和高校合作开发 MIS，由于高校的研究开发没有经过商品化检验，容易失败，科学研究成果结合企业实际进行推广还有相当长的路要走。

1993 年，M 集团决定实施 MRP Ⅱ系统，在自行开发和购买成熟的商品化软件包上权衡利弊后，决定直接购买软件包。M 集团认识到，虽然自己有 20 人左右的开发队伍，但自行开发还是行不通。因为自行开发虽然能适合自己的特点，但开发难度大，跟不上管理业务的需求变化。

最后，M 集团决定购买商品化软件包并且进行二次开发，这样既发挥了软件人员的力量也利用了软件商的技术优势。

四、历时三年的 M 集团 MRP Ⅱ系统选型

从 1993 年到 1996 年的选型过程中，M 集团成立了专职董事在内的 MRP Ⅱ项目考察小组，考察硬件和相关软件包，仔细选择 M 集团的软硬件发展平台。其中 IBM、CHP、四班、SSA、启明、EMS、SAP、利玛、QAD 等软件和硬件厂家介入了 M 集团 MRP Ⅱ的后期选型。

前后介入 M 集团 MRP Ⅱ系统选型的软件商不下十家，有的软件商跟踪了三年以上，花了大量的人力和财力，可是最后 M 集团选定的是 Oracle 。至今没有一家软件公司回过头来问 M 集团为什么选 Oracle，因而也就不会知道企业的选型标准。

M 集团 MRP Ⅱ系统选型的筛选过程如下，从中可以看出企业的选型标准：

（1）SSA 公司 BPCS 的硬件平台是 AS/400，SSA 公司前后跟踪 M 集团这个潜在客户有三年之久，售前的咨询服务也不错，但是 M 集团从 SSA 的客户中打听到对 AS/400 的维护要有实力，需要企业有强大的技术力量对硬件和软件进行消化，因此没有选。

（2）有家公司的推销人员说："现在介入 M 集团的其他软件商如果给 M 集团实施的话都有可能失败，只有我公司的实施能够保证成功。"企业不欣赏这种贬低竞争对手的方法，也没有选。

（3）还有一家软件商试图与 M 集团的 MRP Ⅱ项目负责人做地下交易（under the table），施以回扣作为利诱，被正直的 M 集团选型负责人当场在心里就划掉了。因为 M 集团的机制是竞争，员工必须对自己选的软件负责，否则饭碗不保。

（4）有一款国外软件在单个企业的应用还可以，但对于 M 集团这种集团型企业，多级财务核算和报表合并不是太理想，因此 M 集团也没有考虑。

（5）SAP 公司在 1994 年的软件包推广没有现在这么强，当时的汉化工作做得不彻底，有的报表的字段还是德文，企业不可能去学习德文来适应软件包，因此没有选 SAP。

（6）企业还听取了国内 MRP Ⅱ咨询专家的建议，不购买国产软件包，因为功能不完善，因此把两家国产软件商排除在外。国外软件包功能齐全、价格高，但是能够弥补 M 集团的管理漏洞。此外，国外软件包功能强，较易在合资企业的应用中取得成功。M 集团要向国际企业水准看齐，搭上国际列车，选择国外 MRP Ⅱ软件包是明智之举。

有许多专家和学者到 M 集团讲过课，但是没有讲到 M 集团的痛处，没有引起 M 集团人的共鸣，只有 Oracle 的实施顾问是唯一讲到心灵深处，使 M 集团的考察人员不分散精力，提起精神听取咨询方案和修改意见的。

五、被 Oracle 实施顾问点到的 M 集团的痛处和 MRP Ⅱ的五统一

M 集团在对各个系统进行综合评测后，最终选定 Oracle。这是因为，Oracle 系统顾问指出 MRP Ⅱ系统能够使 M 集团实现集成管理，实现以下五方面的统一：

（1）计划统一：计划的制订、执行、监控和考核统一。

（2）物料统一：仓库、车间、各事业部、工厂和经销部的物料统一。

（3）工程数据统一：设计数据、工艺数据、产品数据、设备数据统一。

（4）采购统一：仓库、车间、各事业部、工厂和经销部的物料采购统一。

（5）人员的责权统一：从企业最底层一线工人的基本操作直到计划采购部门的大订单的处理，责权清晰，能够相互牵制、协调统一。

可见，MRP Ⅱ系统的精华是朴素大方、言简意赅的，在企业没有深入了解 MRP Ⅱ是什么的前提下，推广人员需要用最简单的语言来概括 MRP Ⅱ的特色。

六、M 集团实施 MRP Ⅱ系统的目标

（1）通过 MRP Ⅱ的实施使整个 M 集团成为世界型（world class）企业，获取国际竞争能力。

（2）使风扇公司、电机厂等企业的 MRP Ⅱ系统的应用达到国际公认的 A 级水平。

（3）通过 MRP Ⅱ的实施实现企业的高效率运作，及时控制库存、降低成本，按时完成交货任务，提高管理水平。

（4）完善企业的服务形象，交货准时、计划性强，使 M 集团成为一个值得信赖的合作伙伴和电器服务商。

（5）着手企业的信息化建设，为 CIMS 的发展奠定基础。

七、系统配置和投资力度

整个 M 集团在信息系统方面的投资已有上千万元，投资原则是以软件带动硬件平台的选型，以 MRP Ⅱ带动企业信息网的建设。

（1）Oracle 软件，总投资 700 万元。实施费用不纳入软件包价格，一次性买断 370 天左右的实施天数，每天 800 美元。实施时企业免费提供吃住，按天付费。例如，“库存收发存报表”开发了 9 天，每天按照 800 美元计算，一个报表就花了 7 200 美元。

（2）1996 年 10 月开始，M 集团建设了第一个企业级的 FDDI 100 兆光纤网，架设了企业信息网络，用于分销网点与总部的数据交换以及供应商与制造部门的数据交换。此外，还用在对内办公自动化、企业信息发布等事务的处理上。

八、实施 Oracle Manufacturing and Financial 系统

Oracle Manufacturing and Financial 是美国 Oracle 公司的 MRP Ⅱ/ERP 产品，简称 Oracle，是一套集生产制造、人力资源、工程资源、财务分销于一体的应用系统。M 集团用了其中的 13 个子系统，共投资 80 多万美元。

（1）INV：库存管理。

（2）PO：采购订单管理。

（3）MRP：物料需求计划。

（4）WIP：在制品管理。

（5）COST：成本管理。

（6）ENG：工程管理。

（7）CRP：能力需求管理。

（8）OE：分销订单输入管理。

（9）BOM：物料清单。

（10）AP：应付账。

（11）AR：应收账。

（12）GL：总账。

（13）FXA：固定资产。

九、高风险考验人的胆识和决心

1996 年选型时，原计划在 M 集团空调厂推行，但是当时的空调厂厂长对于这个项目的风险性估计过高，提出的理由使得空调厂的试点单位资格被取消。五条理由如下：

（1）企业管理要做好，是不是非得上 MRP Ⅱ？

（2）ISO9000 是一套死的条条框框，是不是适应 MRP Ⅱ？

（3）MRP Ⅱ是不是能够改进管理的方方面面？

（4）听说 MRP Ⅱ能够降低库存，谁敢保证一定能够降低库存？

（5）计算中心的主任和实施人员敢不敢给我立下军令状保证 MRP Ⅱ能够实施成功？

由于 MRP Ⅱ是一把手工程，空调厂厂长对于 MRP Ⅱ的怀疑观望态度不能保障资源的有效投入。在此情况下，M 风扇公司厂长成了敢于吃螃蟹的人，率先在风扇公司实施 MRP Ⅱ，成为 M 集团管理改革的推动者，也成了改革的受益者。

十、M 风扇公司成立 MRP Ⅱ实施机构，责任到人

M 风扇公司的 MRP Ⅱ实施分为三个组，一个是制造组，一个是财务组，一个是销售组。实施组的成立使 MRP Ⅱ的实施目标和责任落实到了个人，对领导的汇报有专人负责、请示，与软件商的联络也有专人负责。实施过程中，风扇公司采用了目标管理法，做到了“谁负责的部门谁负责实施，谁负责的部门出了问题由负责人去协调、去解决”。责任明确、流程流畅的目标管理使得项目计划和进度控制有了时间和人员的保证，也充分调动了各级管理人员的积极性。

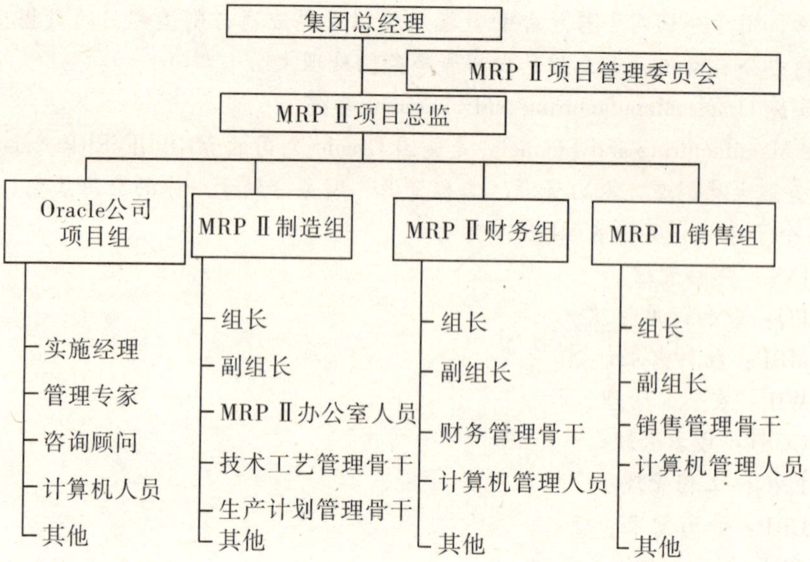

图 1－3　风扇公司成立了 MRP Ⅱ实施机构

十一、对现行系统进行调研

M 风扇公司在实施 MRP Ⅱ之前，对公司的现行作业系统进行了调研。在调研过程中，对浓缩了 M 集团三十年管理精华的现有业务流程进行了分析，对信息传递路径、部门间信息共享关系进行了批判性的审视，既没有把原有流程全盘否定以便另起炉灶，也没有照搬手工处理流程故步自封，而是将手工业务流程与 MRP Ⅱ标准流程进行对比，找出二者的相容之处和不相容之处。在对现行系统进行需求调研时，项目负责人做好了发动群众的工作，选取管理经验丰富、对 M 风扇公司运作十分熟悉的管理内行和实际操作者进行调查，听取了企业员工对现有管理问题的看法，在详细访谈、认真记录的基础上，根据调研情况和软件功能确立了 MRP Ⅱ的用户化目标、系统实施范围、实施方案，同时准备各项数据，采取专人承包负责制对现行作业系统进行高质量、高效益的优化。

企业进行业务分析的过程如表 1－1 所示。

表 1－1　现行系统调研和实施方案内容

序号	内容要求
1	企业概况
2	企业基本业务流程和 MRP Ⅱ需求分析： ①企业的生产经营特点； ②现有的信息技术背景分析； ③目前的生产组织现状； ④存在的主要问题； ⑤拟定的解决方案

（续上表）

序 号	内 容 要 求
3	系统功能定义与描述： ①MRP Ⅱ系统功能模块组成； ②MRP Ⅱ系统功能定义
4	MRP Ⅱ系统接口与实现方法
5	MRP Ⅱ系统实施总体目标与分阶段目标
6	MRP Ⅱ实施工作及进度安排
7	MRP Ⅱ系统实施的关键技术及解决方案
8	数据采集表及数据流程

十二、软件测试及功能分析

软件测试和功能分析是指对 MRP Ⅱ系统输入一系列事先准备好的数据，根据软件的要求运行程序，检查系统运行的结果是否与预想的一致，以及软件功能是否满足企业的需求和目标。在测试过程中运用条件找出差距，提出合理的解决方案，为二次开发做好准备。

M 风扇公司在对 Oracle 功能模块做测试时发现 13 个模块——INV、PO、MRP、WIP、COST、ENG、CRP、OE、BOM、AP、AR、GL、FXA 都是企业非常需要的，同时也发现了 Oracle 不适应企业流程的地方。这是因为，Oracle 软件是一种通用的国际流行的商品化软件，是依照西方企业的业务流程设计的，与 M 风扇公司的习惯做法有许多不同，尤其是在销售管理流程上与 M 集团的管理模式差异大，企业必须开发大量的单据和报表才能满足需求。此外，Oracle 软件的资料全是英文，企业消化起来有一定困难，给二次开发工作带来了挑战。但是，M 集团实施人员发挥了团队精神和集体主义精神，与实施顾问一起摸索，举行了多场现场讲座和软件演示，消化软件功能和业务流程后，对软件的参数进行了设置，设置之后马上测试，测试之后留下相关文档，反复讨论使得流程越辩越清，系统设置日趋合理。

十三、拟定详细的实施计划

拟定实施计划是对现行的手工系统进行调研，确立项目实施范围和实施需求，了解业务流程并制订实施方案，实施方案由实施专家评审过关后开始落实。

在对现行系统进行分析、软件测试完毕后，M 集团拟定了一个目标具体、内容详细、顺序合理、责任明确、措施有效、进度可行的 MRP Ⅱ计划。在十几个 MRP Ⅱ模块中，企业决定分阶段、分模块实施，从 BOM、INV 向 MRP、WIP、采购、成本、财务、销售推进，并且选择机加车间、注塑车间、总装车间三个车间试点，以代表产品试运行。这主要是因为总装车间是手工作业计划的龙头车间，几乎所有车间的物料都得在总装车间汇合。如果先把三个前期的车间实施好，后面的三个车间就会顺利推进。后来的实践也证明了 M 集团选择的实施路径和代表车间是非常正确且可行的。

具体的实施计划和进度如表 1－2 所示。

表 1-2 MRP Ⅱ实施计划和基本阶段

功能子系统	实施阶段与内容					
	第一阶段 计算机环境准备、实施前概念与方法培训、系统测试	第二阶段 制订实施方案、基础数据整理和录入	第三阶段 库存管理、定额成本制定、财务管理	第四阶段 主生产计划、MRP 计划、车间任务管理、采购任务管理	第五阶段 车间作业管理、采购合同管理、实际成本核算、销售管理	第六阶段 MRP Ⅱ全面试运行、完善系统功能与实施规范
BOM、产品数据工艺路线管理		物料记录、产品结构、材料定额	期量标准、工作中心	工序、工艺进程、工时定额		制造数据管理
库存管理			库存管理	继续教育	数据维护	
财务管理			应付账	总账		应收账
主生产计划				主生产计划、粗能力平衡		MRP
MRP 计划				MRP 计划		
车间管理				车间任务管理	车间作业管理	闭环 MRP
采购管理			进货管理	采购任务管理	采购合同管理、供应商评价	
成本管理			定额成本制定			实际成本核算
销售管理			销售合同	销售单据管理	销售报表	MRP Ⅱ职责转换、操作规程和企业制度制定

十四、培训、培训、再培训

M 风扇公司深刻认识到，培训是 MRP Ⅱ项目成功的关键。MRP Ⅱ是系统，最终需要人来使用，需要人把每一笔数据录入系统。因此，在实施过程中，M 风扇公司始终贯彻"培训、培训、再培训"的策略，从分析、判断、管理、控制的角度转变企业人员的观念，使各级 MRP Ⅱ操作人员树立了全局观念，加深了对 MRP Ⅱ运作体系的理解。此外，实施组注重培养团队精神、协作精神和敬业精神，注重培养一丝不苟、严谨细致的工作作风，潜移默化地规范管理人员的行为习惯。

培训的主要内容包括：

（1）对于企业高层领导，培训“MRP Ⅱ原理”和“MRP Ⅱ实施方法”，以取得高层领导的信任和支持。

（2）对于中层管理人员，培训“MRP Ⅱ原理”、“MRP Ⅱ实施方法”和“MRP Ⅱ系统的功能及其业务流程”，以期取得中层管理人员的认同、配合和支持。

（3）对于基层的系统操作员，进行“手工业务流程的 MRP Ⅱ转化”和“MRP Ⅱ系统操作规程”培训。

由于 M 集团的 MRP Ⅱ培训具有针对性，不单是对计算机操作进行培训，更注重培养使用人员分析问题、判断问题、解决问题的能力，让使用人员具有用 MRP Ⅱ管理业务的素养。其中，技术人员经过培训能熟练地理解 BOM 和工艺流程，能熟练地在计算机上输入、维护工程更改单；车间主计划员能掌握计划单的流转，对缺料、拖期工单能查明原因并通知采购和生产管理人员；成品仓库和半成品库的录入操作员能用菜单上的功能熟练输入数据，并且善于做好日常维护工作，保证数据精度在95%以上。总之，培训使领导支持付诸行动，使奖罚措施被员工理解并接受，为系统的平稳运行和推广应用打下基础。

十五、M 风扇公司实施 BOM、ROUTINE 和库存

M 风扇公司实施 MRP Ⅱ的第一层次是实施物料管理体系和工程管理体系，建立物料清单 BOM、工艺流程 ROUTINE 和库存管理 INV，完善企业的基础数据。

由于物料清单 BOM、工艺流程 ROUTINE 和库存管理 INV 是 MRP Ⅱ的三大基础模块，是支撑 MRP Ⅱ大厦的基石，因此，M 风扇公司首先实施的 BOM、ROUTINE 和 INV 模块，为生产计划、采购、车间任务、财务销售的实施奠定了基础。

1. 完善物资编码

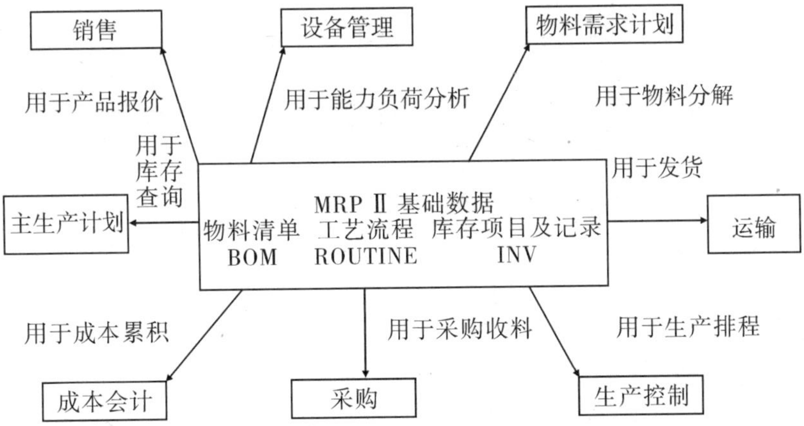

图 1－4　MRP Ⅱ基础数据用途表

由于 M 风扇公司在 20 世纪 90 年代后发展迅速，但对技术文件的统一性和标准化工作重视不够，因此存在“一物多名”现象。由于物料在加工过程中的工艺改进、工艺方案更新没有及时反馈到技术文件中，因此也存在“一名多物”现象。

针对这种情况，实施组熟读了 Oracle 软件说明书，掌握了操作技巧，对 BOM 的 ITEM

项目进行了统一的物料编码，保证了物料的唯一性。同时，技术科专门成立了 BOM 组，由相当熟悉风扇产品结构的专业技术人员负责 BOM 和 ROUTINE 的定义和修改。经过反复修改、完善，各级人员及时攻关，做到了 A 级验收物料的 BOM 准确度不低于 98%，工艺路线准确度不低于 95%。到 1998 年年底，技术科 BOM 组共制定了 1 500 多个成品 BOM，而且速度也大大加快，从当初的制定一个 BOM 耗时 3 小时，一次性合格率仅 85%，上升到制定一个 BOM 只需 0.5 ~ 1 小时，一次性合格率达 98%。在这一过程中，实施组时刻跟踪 BOM 准确率，随时维护项目属性，定期和不定期地抽查库存数量的准确性，力保 ROUTINE 的准确性。为了配合数据整理和维护，实施组还制定了《BOM 和 ROUTINE 操作流程》、《项目定义及操作流程》、《注塑件色码对照表》等技术性文件，保证了 ITEM 定义的严肃性，使各级人员相互促进，共同维护基础数据的准确性、及时性。

2. 实施库存管理，提高数据精度

由于 M 风扇公司发展迅速，库存管理上没有集成管理，存在仓库分级管理、数据不准、账物不符、缺料与积压并存、收发料凭据不足、采购盲目等诸多混乱现象，影响了企业的交货期，给企业造成了损失。M 风扇公司实行库存管理的基本步骤如下：对库存项目进行一体化管理，加强物料的收发管理，加强外发加工物料管理，规范业务操作流程，制定严格的考核细则，进行系统切换等。

3. 实施库存项目的一体化管理

M 风扇公司利用 MRP Ⅱ的库存管理系统对原料、主/辅料、半成品、成品、设备、备品备件、包装材料等进行了统一管理，对于分布在全公司的物料项目控制到库房、库位、批次或货架，有效地降低了库存成本。实施 MRP Ⅱ库存管理使得 M 风扇公司实现了宏观库存管理和微观库存管理的统一。

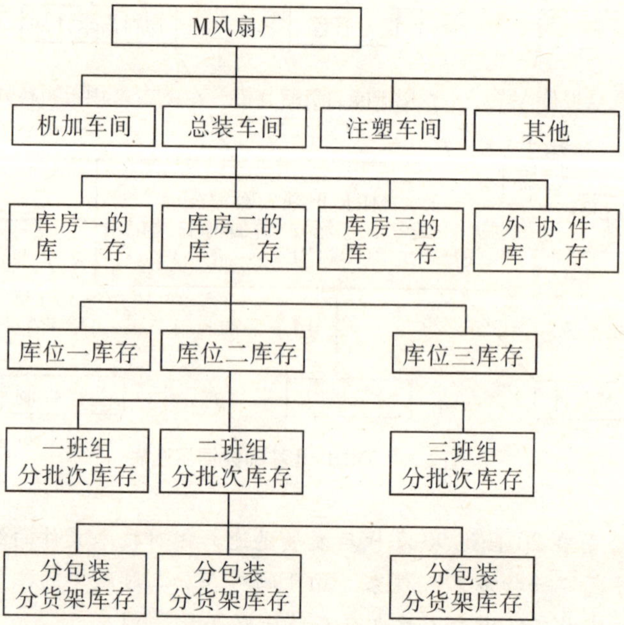

图 1-5　一体化的库存管理体系

4. 加强外发加工材料的管理

外发加工也是企业的一道工序，相当于企业有一个厂外仓库。M 风扇公司针对企业外发加工的特点，在外发加工物料编码前加了一个“V”字区别外发物料。物管科依据物料编码的不同对外发计划进行订单管理、发料管理和库存反冲。

将外发加工纳入 MRP Ⅱ系统后，物管科还设专人负责处理每天的外发加工物料，随时查询外协厂库存物料的准确数，把外协核算从半个月核算一次提高到一周全部结算完毕，对物料的监管时间大大缩短，加快了资金周转。

5. 加强物料收发管理，完善采购流程

过去 M 风扇公司的收发料较混乱，仓库很多时候根据采购员的纸条收货，“缺什么买什么”，较为盲目，进货时难以明确采购计划。此外，仓库发料时要填写限额领料单和领料单两份单据，工作量大，很容易出错。实施 MRP Ⅱ后，仓管员根据每天 MRP 计划产生的采购计划和采购订单收货，无采购订单不能收货，将采购转化为“计划用什么才采购什么”的主动行为。

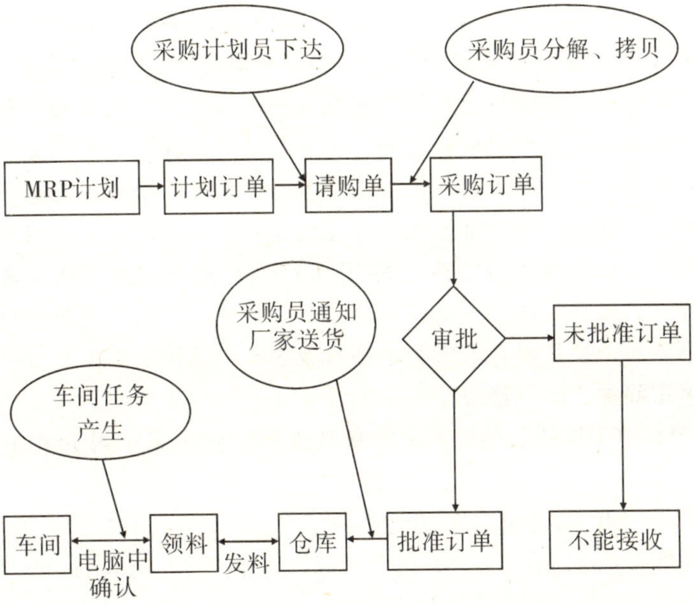

图 1－6　MRP 系统物料收发流程图

采购收发货流程规范后，企业进一步在供应商处安装了 MRP Ⅱ系统，采购员根据订单中的物料需求日期在网络中通知供应商送货，把采购计划纳入了供应商的生产计划中，节约了传真、电话费用。由于企业的采购订单与接受物料的应付款随时能查询匹配，防止了超量货物的接收，财务人员按采购订单付款，缩短了物料储存期，也保证了采购价格和采购质量，加快了库存周转速度。

6. 规范业务操作流程，严格考核

M 风扇公司的实施组为了保证库存物料的准确度，制定了切实可行的业务流程并编写了操作手册，制定了责任考核细则，对仓管员每天的数据输入规范作了规定，奖罚分明，保证了业务流程的顺畅和严格执行。对于有抵触情绪的仓管员，实施组进行了手把手的培训，实施人员蹲点基层，随时帮助仓管员解决实际问题，保证了问题不过夜。

7. 库存系统试运行和新旧系统的切换

系统试运行是指利用企业实际的数据全面测试新开发系统的功能和效果。MRP Ⅱ的试运行要测试 MRP Ⅱ的各种参数设置是否合理，要从试运行的结果中检查各种凭证和报表是否符合要求，是否需要调整。因此，试运行阶段要求做好各级管理人员和系统维护人员的思想工作，保证产品设计、工艺、生产、库存、供应、销售等部门在录入新系统数据时克服旧有手工操作习惯的影响，对新旧系统并行期间增加的工作量勇于承担，从心理上接受系统中出现的运行错误和不可靠之处，不排斥新系统，及时解决不合理之处。在运行逐渐稳定、输出结果符合要求后果断地抛开旧系统，把旧系统切换到新系统上，实现新系统的正式投入使用。

M 风扇公司在新旧系统并行期间选择了适当时机把旧系统大胆地抛弃了。在库存模块试运行期间，大部分仓管员感觉到手工和计算机两种操作同时进行太累，正式的账本太多，手续太繁，既要记电脑账，还要把进仓或出仓的物料数目先记到草稿本上，准确无误后再汇到正式的账本上，工作量成倍增加。如果有差错，找起账来就更麻烦，要从众多的草稿本、正式账本中一一查对才能发现错误。有时为了一笔小账，查一两个通宵还不知问题所在，很费时间和精力。针对仓库管理人员厌烦旧系统的情况，实施组适时决定甩开账本，抛弃传统的手工记账方法，转移到 MRP Ⅱ新系统上来。新系统上来后，仓管员的工作方式完全变样，不仅查找库存方便、快捷，而且及时、准确，物料的进仓数、出仓数在电脑上一览无余、清清楚楚，再不需要草稿本和账本，甩掉了手工账。

十六、实施车间加工计划管理

在建立 BOM、ROUTINE、INV 三大基础数据后，M 风扇公司开展了计划管理体系的实施。

1. 原有计划体系和 MRP Ⅱ计划管理的一体化

M 风扇公司原来的计划管理是二级计划管理，由生产计划科编制月度生产计划和十日排产计划，电机车间、注塑车间、网罩车间、冲压车间、机加工车间按十日排产计划安排日常生产，总装车间依各车间的十日排产计划编制每日的排产计划。六个车间每日的排产计划由车间主任和车间调度员安排。

二级计划给企业的物料运作带来调度困难，各个计划部门和车间之间协调不力，如图 1－7 所示。实施 MRP Ⅱ的计划管理后，企业编制计划的工作集中在厂级职能部门，企业的生产、采购、销售等作业都围绕计划运作，出口部、销售公司、西南公司、现代公司所需要的物料全部纳入 MRP 计划，使 MRP 计划在网络上传达，车间计划员的任务分解工作取消，班组的计划管理重点是执行计划和反馈计划执行消息。

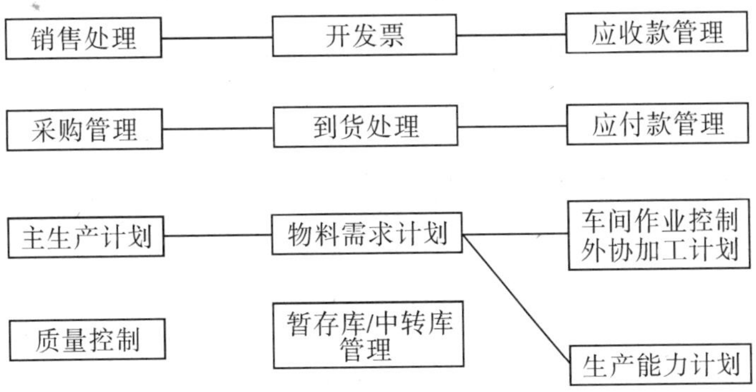

图 1－7　粗放的生产计划运作体系

2. 计划方法的优化和完善

MRP Ⅱ计划系统实施之初，主计划的录入是根据品种数和时间而写入的，但某一天的计划总数排了多少还不知道，查找也很困难，导致主计划的排产时高时低，影响计划执行。实施组针对查询困难的情况开发了主生产计划报表，依照计划报表可以打印出每日的排产总量，也能够知道排产是否超负荷，如超了则进行人机调整，直至合理。与此同时，企业对 MRP 运行的时间也进行调整，开始时是在晚上运行 MRP 计划，后来改为在第二天早上上班前运行，使得 MRP 运行出来的指令更趋真实、合理。

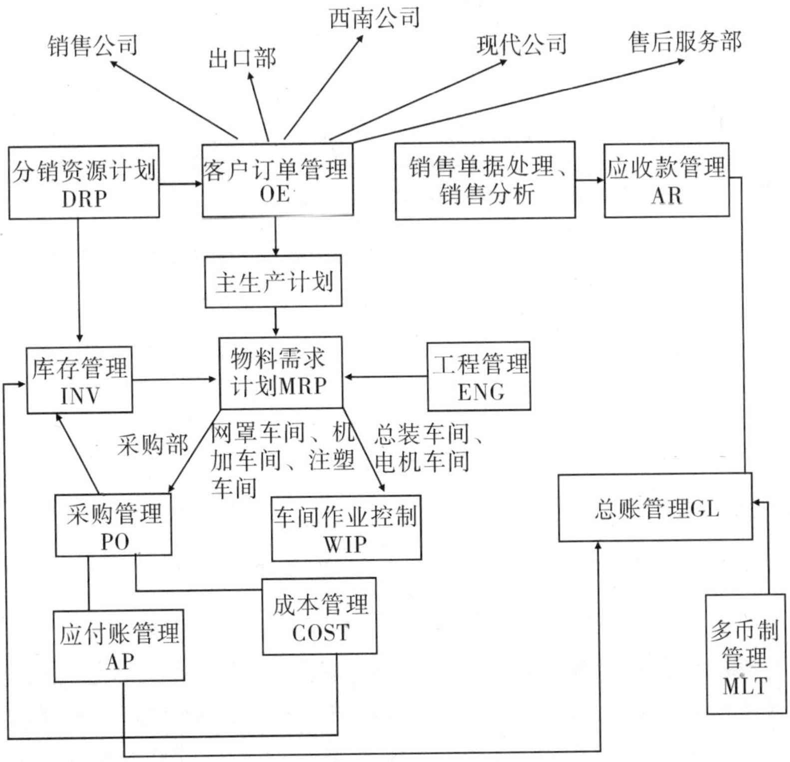

图 1－8　集成的 MRP Ⅱ计划运作体系

3. 计划系统的切换

库存系统平稳运行一段时间后，M 风扇公司开始了计划系统的试运行和系统切换。车间和采购部门接受计划指令并用来指导生产和采购一段时间后，实施组同生产计划科协商，果断地决定停止旧的计划作业，用 MRP 运行出来的生产和采购指令来指导采购部门的采购和生产部门的生产。生产计划系统的切换改变了 M 风扇公司传统的二级计划管理模式，使生产计划员、生产调度员从繁杂的手工分解物料计划和加工单中解脱出来，不再疲于奔命应付总装计划。MRP 计划的应用使计划人员能轻松自如地做计划，提高了计划的执行率，使企业的 MRP Ⅱ第一运用层次圆满完成。

十七、M 风扇公司 MRP Ⅱ生产计划系统的效益

M 风扇公司 MRP Ⅱ系统第一层次应用的圆满完成得到了 M 集团领导的高度赞扬和赏识，也获得了非常大的经济效益。

1. 降低了库存量

实施库存管理后，MRP Ⅱ给企业带来了巨大的效益，使企业走上了正规化、科学化的道路，降低了库存成本。

表 1－3　M 风扇公司 1997 年 10 月到 1998 年 10 月物料及在制品库存价值汇总表

（单位：万元）

	97/10	97/11	97/12	98/1	98/2	98/3	98/4	98/5	98/6	98/7	98/8	98/9	98/10	平均
物管	2 677	2 713	2 752	3 338	2 896	2 765	2 402	2 068	2 277	1 424	2 082	1 999	1 753	2 395
车间	2 013					2 089	1 959	1 735	1 662	1 633	1 427	1 410	1 295	1 691
发外	544	747	760							281	265	212	242	435
总计	5 234	3 460	3 512	3 338	2 896	4 854	4 361	3 803	3 939	3 338	3 774	3 621	3 290	3 801

（注：表中数据空白处表示不能取到准确数据。）

表 1－4　M 风扇公司物料及在制品库存分析表

（单位：万元）

	1998 年 10 月	1997 年 10 月	1998 年平均	1998 年 10 月与 1997 年 10 月比较	增减幅度
物料库	1 752.53	2 677.19	2 395.72	－924.66	－34.54%
车间库	1 295.24	2 013.00	1 691.52	－717.76	－35.66%
发外库	242.04	544.36	435.88	－302.32	－55.54%
总　计	3 289.81	5 234.55	4 523.12	－1 944.74	－37.15%

从表 1－4 可以直观地看出，一年来，物料及在制品库存价值下降趋势明显。1998 年 4 月份以后，物料及在制品库存价值均低于年度平均库存水平，库存控制情况良好。以 1998 年 10 月为例，物料及在制品库存较去年同期下降了 1 945 万元，降幅达 37%。其中，物料库存下降了 925 万元，降幅达 35%；车间在制品库存及外发加工库存分别下降了 36% 和 56%。

2. 加速了库存资金周转

实施库存模块以后，由于库存得到了有效控制，库存周转率明显提高，库存周转天数得以缩短。例如，1998 年 1—9 月平均材料及在制品库存成本为 4 354 万元，材料及在制品库存周转天数为 24 天。与 1997 年同期比较，材料及在制品平均库存虽然略有增加，达到 84.58 万元，但总装的产量比去年同期增长了一倍多，物料及在制品周转天数缩短了 16 天。由于库存资金周转加快，企业资金得以更有效地利用。

表 1－5　M 风扇公司库存周转情况同期比较表

	1998 年 1—9 月			1997 年 1—9 月			增　减	
	平均库存	周转率	周期	平均库存	周转率	周期	库存	周期
物管	2 361.11	20.64	13	1 739.87	16.65	16	621.24	－3
车间	1 741.05	28.00	10	1 862.96	15.55	18	121.91	－8
发外	252.74	192.85	1	667.49	43.39	6	414.75	－5
总计	4 354.9	241.49	24	4 270.32	75.59	40	115.79	－16

3. 提高了劳动生产率

MRP Ⅱ是一种计划主导型管理模式，它把风扇公司以往的二级计划管理统一起来，编制计划集中在厂级职能部门，车间班组只是执行计划、调度和反馈计划的执行情况。由于 MRP 计划从主生产计划到车间生产计划都是一个计划从上到下一脉相承，大家都按同一计划目标统一行动，实施 MRP Ⅱ计划后，风扇公司车间物流更加流畅，车间完工入库、车间任务发料等都很及时，大大缓解了物料短缺状况，提高了零部件生产车间的劳动生产率及总装车间的配套生产能力。

表 1－6　M 风扇公司电机车间 1998 年 3 月到 5 月的生产效率对比

	3 月	4 月	5 月	备注
总产量（台）	740 088	804 949	874 720	三个月中人员、设备情况基本保持不变
开工天数（天）	30	29	30	
平均日产（台）	24 669	27 756	29 157	

以风扇公司电机车间 1998 年 3 月到 5 月的生产为例，从 1998 年 3 月份 MRP 计划的试运行到 4 月份正式以“3 天不变，7 天滚动，45 天展望”下达计划，电机车间基本参考 MRP 计划进行排产。从表中数据来看，3 月份平均日产为 24 669 台；4 月份平均日产达到 27 756 台，比 3 月份提高了 12.5%；5 月份的平均日产量为 29 157 台，比 3 月份提高了 18.2%。据电机车间的调度员反映，以前由于经常性的停工待料，日产量达到 3 万的话，装配班就要一直忙到下午 5：30，有时还要加班加点才能完成。实施 MRP Ⅱ计划后，同样是 3 万的日产量，同样的人员、设备、装配，一般下午 4：30 就可完成当天的生产任务，避免了加班加点。

4. 提高了产品配套率

由于各车间都在同一个指挥棒——MRP Ⅱ计划下进行生产，使得配套生产率得到了提高。总装车间1998年9、10月份生产情况与1997年同期对比，可以看出，1997年9月日产量为19 215台，1998年9月份日产量为28 770台，比1997年同期增长49.7%；1997年10月份的日产量为25 247台，1998年10月份日产量为28 683台，比去年同期增长13.6%。产量增加，但是总装车间加班加点的情况却比以前大大减少，在相同设备人员的条件下，实施MRP Ⅱ后的日产量明显提高，这些充分体现了MRP Ⅱ系统的优越性。

表1-7 M风扇公司总装车间的生产率对比

日期	1997年		1998年	
	9月	10月	9月	10月
总产量	365 093	605 931	776 797	745 779
工作天数（天）	19	24	27	26
日产量	19 215	25 247	28 770	28 683

5. 降低了车间生产成本

首先，由于MRP Ⅱ计划执行率的提高，使各车间因物料短缺而中途转产的情况大大改善，避免了大量的不必要的搬运工作和重复操作，降低了返修率，节约了资源和车间半成品的管理费用。

其次，MRP Ⅱ系统的物料及直接人工费都能区分到具体的任务，能及时发现物料、人工费明显偏高的车间任务，并采取相应措施进行控制，达到了降低生产成本的目的。

最后，MRP Ⅱ系统通过对各工序不合格品、废品的暴露，加强了对不合格品及废品率的控制，通过不断促进车间管理，减少不合格品及废品，提高了产品质量，降低了产品成本。

6. 取消了部分手工作业，提高了准确性和工作效率

首先，减少了计划工作量。实施MRP Ⅱ之前，车间调度员每天都得花好几个小时进行手工分解作业计划；而现在，通过计划员工作台，只需花几分钟就可清楚地知道“需要生产什么品种，需要多少，何时需要”。以前车间的所有计划单据都需手工填写，花费时间长而且容易出错，实施MRP Ⅱ后，派工单和领料单都可通过系统打印出来，快速而准确，实现了车间计划下达的规范化，节约了人力。此外，车间仓管员只需将每天的出入库物料准确地按规定程序录入系统，就可随时得到现有库存数，并可随时查询曾做过的任何一笔库存处理，依据条件可获得各种形式的仓库数据报表。

其次，车间管理的重点发生了变化。车间半成品库存数据准确率达到95%以上后，车间调度员不再是“追料员”，而可以用全部精力去统筹协调各班组生产，按计划跟踪和控制生产情况，切实保证生产计划的准确执行，按质按量完成生产任务。仓管员甩开烦琐的手工账后，有更多的精力来保证仓库数据的准确性和及时性。及时录入数据、实时查询使得车间管理人员能从烦琐的日常事务中脱身出来，去从事真正的生产管理，从事其他更有意义的工作。

7. 信息反馈快，应变能力强

由于 MRP Ⅱ系统的数据共享性，相关部门都在同一数据环境下工作，使得任何信息变动都能在极短的时间内在系统中反映出来，信息反馈快，应变能力强。

例如，主生产计划如果因某个特殊原因发生了变动，主计划员只需用 45 分钟重排一次计划，各车间就能得到变化后的最新生产信息，因而也就能够检查快速变化后的物料匹配性，各车间调度员无须花几个甚至十几个小时对计划进行重新分解，也无须等到生产时才知道计划无法执行，避免了总装半成品的积压，提高了计划的执行率。

此外，由于信息传递时间大大缩短，车间执行部门对问题的反馈速度加快，上级部门对问题的处理速度也相应加快，进而为企业节约了宝贵的时间，保证了及时交货，提高了企业的信誉和竞争力。

8. 为成本分析提供了翔实可靠的数据

车间是基础数据的采集点，材料定额、工时定额、直接费用、间接费用以及外协费用等进行成本分析用的基本数据都必须从车间取得。由于这些数据是动态的，需要车间操作人员进行经常性的维护，以保证其准确性。通过 MRP Ⅱ系统，这些基础数据都能得到及时的维护和管理，做到不断准确化和规范化。真实的基础数据为成本分析提供了翔实可靠的依据，也为 M 风扇公司 MRP Ⅱ第二层次的财务系统实施奠定了基础。

十八、M 风扇公司运用 MRP Ⅱ，建立科学的财务运作体系

M 风扇公司的制造系统与财务系统是同时启动实施的，其中制造系统由风扇公司的 MRP Ⅱ实施办公室负责，财务系统由集团的财务组负责。

实施财务系统有两个步骤：

（1）财务系统首先完成应付模块、应收模块、总账模块的设置，试运行平衡，达到完全可以甩掉旧的财务系统单独运行的水平。与此同时，实施的另一主线——制造系统也在齐头并进，完成了基础数据 ITEM、BOM、RONTINE、INV、MRP、PO、WIP 的试运行。在甩掉了旧系统正式独立运作，且数据准确可靠时，采购模块产生的应付账能够保证总账数据的及时、准确。因此，实施组在两大系统运行可靠性有保证的前提下，实行了制造与财务的连通，完成了财务模块的初始化工作，甩掉了旧系统，使应付账、标准成本等与制造有关的数据全部由制造系统的相关模块引入，顺利实现了财务与制造的连通。

制造与财务的集成，减少了烦琐的票据录入、账务抄写和传送的工作，财务系统能够及时反映公司各部门的资产价值状况以及与供应商的账务往来情况，为经营状态、财务状况分析和监控提供了基础数据。

（2）销售系统由于在实行过程中遇到销售模式的磨合问题，应收账款与销售的连通经历了一段时间，后来企业专门成立了销售实施组，完善了销售订单的处理流程，开发了相关销售报表、查询和折扣款，最后也实现了销售系统与财务的连通。

十九、财务与制造集成效益

财务与制造集成，给 M 风扇公司带来了较大的效益。

（1）甩掉了手工凭证的重复录入，应收账、应付账、成本能从销售、采购、车间消耗中直接录入，减少了手工汇总环节，能快速计算企业的成本和收入。

（2）制造、财务环环相扣，责任明确，数据准确，账物相符，数出一门，保证了资本的监督权和经营权的统一，避免了资产流失。

（3）BOM 中的物料消耗定额、工时、台时由技术部门输入，财务部门输入采购件的标准成本，系统自动卷积自制件和成品风扇的成本，数据有变动马上可以产生相应的变动报表供业务人员查询，为销售定价和采购定价提供了及时可靠的数据。

（4）成本信息一目了然，资金随物料流动，并且严格控制有关财务操作，一切费用的发生以真实的物料消耗为依据，哪个任务消耗多少物料，就把多少物料发至该任务，使得仓库管理更加严格，仓库物料的来龙去脉都清清楚楚，从哪个账户来，去了何账户，一查就明。

二十、M 风扇公司实施 MRP Ⅱ，完善分销作业体系

由于 Oracle 公司的销售系统是针对国外的销售模式开发的，应收账等业务的处理方式与我国传统的销售模式和流通环节有许多差别，这与我国流通领域的改革滞后于企业改革有关。M 风扇公司在实施 Oracle 销售系统时遇到了很多困难。例如，Oracle 的销售是计划统领，客户订单会纳入 MRP 计划，而我国是企业销售，没有预约，经销商、客户存在随意提货现象。因此，M 风扇公司在单据处理、销售折扣、获利返还等销售政策的处理上要进行大量的二次开发。但是，经过一年多的新旧系统并行，M 风扇公司实现了销售作业体系与制造、财务的连通。

（1）简化订单处理流程，对 Oracle 销售模块中的业务流程精细化进行改造，精简了订单中多余的环节，使订单流程简便、合理、省时、省力。

（2）对销售系统的单据、报表和查询进行二次开发，出仓单、退货单、调拨单、发货单在生成速度上适应客户高峰时间提货快的要求，完成本地化打印，不用所有单据都提交后台进行批处理。

（3）对销售政策的处理很灵活，把所有的销售策略全部数字化，所有让利方式全部以折扣形式在订单中体现，使得计算简单。在客户的综合报表中反映已到货款、销售、让利、余额、可提货金额，在客户发来要货申请时系统自动查询客户的信誉额度。

（4）异地分销网络管理。M 集团总部的销售实现 MRP Ⅱ管理后，风扇公司对分布在异地的分公司的销售也实行电脑联网，使异地销售情况及时反馈到本部，并进行货源的调配。

二十一、报表的二次开发

软件二次开发是指增加或修改软件的功能。二次开发的工作量一般较大，也需要一定的时间，因此，需要在二次开发时对现有的工作流程进行改革，保证实施进度。

由于 Oracle 系统是商品化软件，在具体应用过程中不能完全满足企业的业务需求，M 集团二次开发遵守了 Oracle 系统的管理规范化标准，在自身管理条件不具备软件所需要的参数时暂时先绕过去，前进一段后再回头摸索着补课，积累了一定的经验后再请 Oracle 的实施顾问指导，既节约了实施费用也找出了东西方管理的差异，有的开发方式使 Oracle 的顾问都佩服。

Oracle 是国际化的商品软件包，二次开发不但要掌握 Oracle 数据库、Oracle 软件的特性，还要针对企业的业务特点和运作流程进行创造性开发，“基于管理，又高于管理”，切实可行又有创新。M 集团的二次开发主要是在各类报表系统的格式和字段规范化上进行，

针对相关数据库开发查询系统，主要是综合信息查询系统。

甩掉手工系统，由新系统提供单据和报表是二次开发的关键一环。在二次开发初期，由 Oracle 顾问指导，开发周期长，实施费用高。例如，一个“库存收发存报表”就开发了 9 天，每天按照 800 美元计算，一个报表就花了 7 200 美元。为了节约投资，并且让系统早出效果，企业的实施队伍联合攻关，很快就掌握了开发技术。在自行消化吸收 Oracle 系统的精华，并掌握了数据库核心字段的意义和数据库调用关系后，实施组进行了大量的二次开发工作，使用户化报表达到 50 多个，为整个 M 集团提供了较多的共享报表，积累了庞大的数据资源，也节约了几百万元的二次开发费用。

1. 开发库存管理的单据和报表

根据 M 风扇公司物料管理的要求，实施组相继开发了一系列库存单据和报表，如：①发料单、检料单、调让出仓单、领料单、出仓单（红冲）。②物料清单结构报告、物料清单合并报告、物料属性报告、原材料去向表。③收料报告单（人民币或外币）、材料收发存报表、仓库以及用户稽查表、仓库库存价值汇总表、仓库接收事务汇总表。

这些单据和报表的及时开发，为 M 风扇公司甩开旧系统，降低仓库管理人员的工作强度，加强物料管理起到了关键性的作用。

2. 开发生产计划和采购外协计划报表

为了完善 MRP 计划，开发了相应报表：①基于项目或日期的主生产计划，基于项目或日期的计划订单报告、计划查询报告、车间任务物料情况开发统计表、车间任务物料核对表。②供应商查询报告、采购合同打印。③外协计划申请报告、外协日报表、产品提货通知单、项目列表价格报告。

3. 开发车间执行控制报表

在车间实施阶段开发了生产作业工序跟踪单、车间物料短缺报告、车间电机风扇排产通知单、车间生产日产量报告、车间生产月结报告、离散作业短缺报告、离散作业列表、离散作业跟踪单、总装车间任务执行情况、车间生产作业派发情况、车间任务月度执行率报告。

M 风扇公司报表的大量开发为 M 集团空调厂、电饭煲厂应用 MRP Ⅱ提供了思路和借鉴，缩短了实施周期，也为其他分厂 MRP Ⅱ的实施节约了几百万元的开发费用，保障了项目在集团内实施的成功。

二十二、MRP Ⅱ的阻力转化为动力

三年的实施使得 M 风扇公司的部门领导和使用人员对 MRP Ⅱ的态度由被动、陌生、猜疑转为了主动、积极和欢迎，企业员工乐于与 M 风扇公司 MRP Ⅱ办公室配合，并主动提出要求，及时反馈系统中存在的问题，一致认为 MRP Ⅱ是科学、先进、实用的管理系统。

M 风扇公司 MRP Ⅱ办公室的职能已悄然变化，过去主要是培训，每天的任务是告诉操作者怎样做；现在主要是出台各种操作规程，监督和考核用户。操作人员打来的咨询电话越来越少，接到的电话主要是投诉电话，反映数据输入者的错误，这说明各使用部门之间连成了一个闭环，自觉地互相监督。实施人员现在主要是从电脑中分析系统运作情况，优化各种方案，把系统未考虑的因素考虑进去。为保证系统的正常运行，MRP Ⅱ办公室

出台了《岗位职责》、《责任考核细则》等文件，并每周出一期《MRP Ⅱ运行情况通报》，把系统出现的异常情况进行曝光，敦促存在问题的部门进行整改，保证 MRP Ⅱ系统的运行状态不断提升。

经过三年多的实施，M 风扇公司 Oracle 系统的实施已达到专业化水平，M 集团于 1999 年底以企业 MRP Ⅱ实施骨干为主体成立了 Oracle 咨询代理公司，在华南地区推广 M 集团的实施模式和实施技巧，有力地带动了华南地区 MRP Ⅱ/ERP 的应用。

二十三、管理流程的优化和完善

实施之初，企业的目标是在极短的时间内使 MRP Ⅱ运行起来，并发挥作用，这些目标已如期完成。由于当时的设计、业务流程和操作流程不可能很细致，随着 MRP Ⅱ实施的不断深入和细化，实施组也开始对管理流程不断地进行优化和完善，进行版本的更新。

1. 以前没纳入 MRP Ⅱ系统的，现在将其纳入，并进行优化和完善

当初，风扇公司的所有计划都是以风扇公司为主。后来，通过改进，把西南（重庆）公司、现代公司以及售后服务中的领料都纳入 MRP Ⅱ管理系统内。为此，风扇公司相继出台了《西南、现代等公司业务操作流程》、《物料领用操作流程》。

2. 加强了对 MRP Ⅱ系统的管理、监督和考核

要想 MRP Ⅱ系统走上惯性化轨道，只有靠制度来维持，别无他法。所以，企业开发了必要的计划完成率指标考核报表，出版了《MRP Ⅱ运行情况通报》，对一些违规操作以及存在的问题进行监督、曝光。此外，风扇公司还编制了《各部门岗位职责》、《各部门考核细则》等文件，对有令不行、有禁不止的部门和个人进行处罚。

3. 操作流程的优化和完善

MRP Ⅱ/ERP 系统的建设已接近尾声，手工系统向计算机系统切换完毕，此时是防止旧系统“复辟”的极其关键的时期，必须制定相应的控制规则，防止手工习惯的“回潮”。有的科研院所和小的计算机公司用开发计算机系统的方式实施 MRP Ⅱ/ERP 系统，最后失败在没有帮助企业建立运行在 MRP Ⅱ系统上的管理制度和岗位职责。计算机人员把系统交给企业使用后，以为万事大吉，等到计算机人员撤走后，企业马上出现各种不适应、不习惯，要求计算机公司修改，使得系统陷入修修改改的泥潭里。

M 风扇公司 MRP Ⅱ实施组由于当初实施时间紧，有些操作流程还没有做详细的规定，造成了定义 ITEM 的随意性，导致出现一个物料多个编码的情况，BOM 和 ROUTINE 的准确率还不够高，还不能完全满足 MRP Ⅱ运行的要求，对于有些物料，出口科、技术科、生产科和各生产车间的叫法还没统一。针对这些情况，风扇公司相继出台了《ITEM 定义和修改操作流程》、《BOM、ROUTINE 定义和修改操作流程》以及《注塑件色码对照表》等文件。

M 集团引进 MRP Ⅱ系统如同企业在羊肠小道上修建高速公路，并且还在关键路段打下了“路墩”，供 MRP Ⅱ实验和受载。经过三年的艰辛努力，“高速公路”修好了，但是工作远没有完成。M 集团针对管理系统的要求建立了一整套“交通规则”，规定每条“高速公路”上的行人和车辆都必须遵守“交通规则”，使得各个部门的数据输入在时间频率、精度、例外处理政策和反馈路径上科学可靠，用 MRP Ⅱ/ERP 系统来固化企业的行为准则，使得企业每个人都遵守“交通规则”，在企业的“信息高速公路”上工作和交流，

提升企业的管理水平。

二十四、M 风扇公司企业运作的精华和管理宝典

俗话说“小智者管事，中智者管人，大智者立法”。M 风扇公司的 MRP Ⅱ/ERP 实施骨干胡明工程师指着共 9 页的《M 风扇公司 MRP Ⅱ系统管理考核细则》说：“如果 M 集团在实施 Oracle 系统前有一套现在这样的管理规则，那么，M 集团买 Oracle 软件的钱就到不了 700 万。但是，又正是因为实施了 Oracle，使 M 风扇公司的管理上了一个台阶，离三年前的 M 风扇公司已经很远了。”三年的 Oracle 系统实施，使 M 风扇公司有了一套简练、科学、可靠的企业管理制度，帮助企业实现了管理飞跃。

M 风扇公司在实施 MRP Ⅱ系统的过程中，形成了一整套操作规程，也是整个企业运行机制的再现。(具体参考附录一、附录二、附录三。)

1. 管理考核细则

生产计划科考核细则：

（1）计划考核：周执行计划率须达 98% 以上，每差一个百分点，罚 500 元；每超一个百分点，奖励 500 元。

（2）库存考核：库存超过当月计划库存量的部分，计划科罚 40%，车间、供应组罚 60%。

（3）主计划员：非规定时间运行 MRP Ⅱ，计划不准确，计划乱变动影响生产，视情节轻重给予相应处罚。

采购部门考核细则：

（1）采购主管：未及时入单或采购单拒绝后未通知采购员，引起库存为负数，按影响产量的 3% 给予处罚；造成库存积压，每次罚 30 元。

（2）采购计划员：未及时从计划员工作台下达采购计划到采购员，未及时调整计划，每次罚 30 元。

（3）采购员：提供的采购提前期不准确，造成缺料，按影响产量的 3% 给予处罚；造成库存积压，每次罚 30 元。

技术部门考核细则：技术科长负责 BOM 准确率须达 98%，每超过一个百分点，科长奖励 5 000 元，员工奖工资额的 4%；BOM 准确率为 80% ~98% 时，罚 5 000 元；准确率为 70% ~80% 时，罚 10 000 元；70% 以下罚 20 000 元。工艺规程的准确率必须保证达到 95%。

此外，还有物管科及各个车间的考核制度。

2. 操作规程

（1）销售业务操作规程。

（2）采购业务操作规程。

（3）库存操作规程：包括进仓、出仓、外协调配、盘点等业务流程。

（4）车间管理操作规程：包括标准作业、非标准作业、外发计划、仓库事务、车间盘点等业务流程。

（5）其他。

3. MRP Ⅱ系统的监督控制程序

（1）MRP 计划控制。

（2）库存控制。

（3）成本控制。

（4）BOM 控制。

（5）采购控制。

（6）车间任务控制。

二十五、M 风扇公司销售、制造、财务集成带来的效益

（1）为企业积累了大量历史销售信息，便于企业分地区、分产品、分经销人员作出销售分析。

（2）异地分销网络的管理，提高了对经销商信誉的控制，减少了坏账损失，也改善了公司的形象，保证了客户的交货期。

（3）仓库收发与销售转仓单据、实物和资金信用环环相扣，相互监督，实时处理，有力地保证了财务数据的准确性，也避免了资产的流失。

（4）采用标准成本，物料流动的同时能够并行处理流动资金。将制造成本从事后核算变为事前计划，能及时分析成本形成过程以及成本差异原因，达到了成本控制的要求。

（5）自制件和产成品的卷积成本能够为销售定价提供依据，也为采购件压价提供了盈利空间。分销系统能够控制全国各地的中间仓库，适时调配成品库存和生产计划，使企业的控制“运筹于帷幄之中，决胜于千里之外”。

（6）M 风扇公司培养了一批既懂电脑又懂管理的 MRP Ⅱ复合型人才，这些实施骨干分散在企业的关键工作岗位，成为企业的宝贵财富，也成为空调、电机等事业部 MRP Ⅱ实施的中坚力量，节约了巨额的开发费用及实施培训费用。

（7）虽然投资较大，但是收效快、收益大，总经理满意，企业各级领导和实施人员满意。

（8）企业一线的 MRP Ⅱ系统用户对 MRP Ⅱ系统原理有较深入的认识，即使是仓库的物料管理员，对于 MRP Ⅱ的思想体系也有较深入的理解，而且有强烈的学习欲望。

（9）已经获得了一套开发实施国际大型 MRP Ⅱ/ERP 系统的经验，建立了一套完整的 MRP Ⅱ系统实施规章与相应的操作规程，把 M 集团推入国际化企业的行列。

（10）实施人员艰苦卓绝的工作推动了整个 M 集团的信息化进程，使得 M 集团的信息技术、网络技术、管理技术处于国内领先水平，至少比其他同类国有企业有三到五年的时间优势。MRP Ⅱ系统为 M 集团的世界级经营扩展提供了坚实的信息基础，获得了可与国际同行全方位竞争的实力。

二十六、M 风扇公司管理模式的飞跃

企业组织机构和管理制度的设置应遵循生产经营运作体系的要求，充分利用管理信息系统，将紧密相关的事务及其处理人员分别组合在一起，按照 MRP Ⅱ/ERP 的作业要求制定相应的规章制度，使作业行为和作业流程规范化，保证企业的运行体系科学可靠。

M 风扇公司通过实施 MRP Ⅱ系统，使企业管理产生了质的飞跃。M 风扇公司实施 MRP Ⅱ系统，使得企业在供销存运作体系内管理层次减少，企业的物流、资金流和信息流实现了集中统一管理，物料计划做到工作地、流水线，减轻了车间计划员的工作。人财物运作体系之间避免了作业重叠，提高了企业的整体效率。

M 风扇公司内部生产信息充分共享、及时传达、互相监督。从销售计划到生产计划，从生产执行情况到完工入库的一系列状态，都准确具体地呈现在各级管理员面前，增强了生产销售的快速反应能力，提高了对各种突发事件的应变能力。

目前，M 风扇公司 MRP Ⅱ系统运行平衡，各种数据能够及时录入系统，物流和资金流运转流畅、清晰，整个公司的财务情况、库存数量和资产情况一目了然，整个系统已进入惯性运作状态。

首先，车间生产和物料采购已完全依靠系统指令进行，各种物料的事务处理均符合“计划原则”和“成本原则”的指导性方案，且可操作性良好。

其次，仓管人员能快速完成各类收发事务和核算事务。物管科一名核算员就可轻松地及时处理完当天的外协核算，外协计划已考虑外协单位的库存。整个公司的各种报表和核算已完全基于各仓库录入和处理的数据。库存数据的准确性已达到了 MRP Ⅱ A 级标准的要求，整个系统已比较成熟。

再次，M 风扇公司操作人员已能理解 MRP Ⅱ操作对整个系统的影响，操作已非常熟练。电脑操作已成为员工工作的重要组成部分，进入了惯性运作状态。

最后，M 风扇公司推行和完善了 MRP Ⅱ及其操作流程，管理职责和考核细则落实到了每位员工。企业员工的地位、岗位责任与工资收入挂钩，各级管理员既是软件的操作者也是管理者，各级操作者也是企业的管理者，部门责任明确、责任与岗位匹配，避免了责任不清、无法仔细追究的现象。

总之，M 风扇公司的全体员工树立了严肃、认真、细致、及时的工作作风，沿着管理流程能发现管理的瓶颈环节，从粗放管理上升到了精细管理，整个集团的资金流和物流运转清晰，一目了然，提高了企业的销售反应速度，增强了市场应变能力，实现了 M 集团管理模式的飞跃。

二十七、榜样的力量是无穷的

Oracle 系统是世界先进的 MRP Ⅱ系统，M 集团充分利用了软件包的可复制特性，在各个分厂的推广可以共享主机和数据库，增加一个公司相当于在主机上挂上一个节点，增开一个账户，很方便。1997 年，M 集团电机公司见风扇公司的应用有效果，主动要求在该厂推行 MRP Ⅱ。由于产品品种少，加工装配周期短，实施较简单，因此，最先显出效果的是电机厂。

1998 年 7 月，MRP Ⅱ系统开始在空调厂推行，当时的项目负责人不太熟悉业务，推行不力。1999 年，从风扇公司抽调一名骨干到空调厂协助推广。此外，电饭煲厂也处于推广应用之中，预计后续 M 集团的所有事业部将全部推广并且深化使用 MRP Ⅱ。

二十八、M 集团着手制定 5—10 年企业信息化发展战略

M 集团多个事业部全面推行 MRP Ⅱ系统，相当于在 M 集团建了一条四通八达的信息高速公路，完善了集团的信息基础设施建设。现在，M 集团正在做一个 5—10 年的企业信息化发展规划，企业考虑了一些要求，例如把现在的 MRP Ⅱ系统用深用广、上 CIMS、把企业内部网和外部网连起来。此外，企业不仅做这些具体的工作，还从企业发展战略的高

度进行5—10 年的信息系统发展规划。这将促进集团从价值增值的角度重新定义企业的资金流，从整个企业价值增值和价值实现的角度重新评估企业内外部的供应链、企业的合作伙伴关系以及企业的电子商务，全面推进企业在 PLM/CRM/ERP/SRM/BI 及信息门户的综合应用。

附录一　M 风扇公司 MRP Ⅱ系统监控

MRP Ⅱ系统流程控制使风扇公司的 MRP Ⅱ系统使用正规化，达到控制库存、按时交货、降低成本、提高管理水平的目的。通过各部门的规范化操作，共同保持系统的高效率运作，使 M 风扇公司 MRP Ⅱ系统的使用达到国际公认的 A 级标准。

一、MRP 计划监控

MRP 计划监控的目的是使企业能够根据市场变化，调控 MRP 计划，均衡安排计划，综合利用现有资源，尽可能做到按期交货。具体要求如下：

（1）定时查询 MRP 计划，检查未来时段 MRP 计划的编排是否平衡。

（2）检查项目是否写入主计划，如果未写入，分析未写入原因。

（3）检查是否安排生产，如果没安排生产，查找原因。

（4）安排生产后，检查物料供应是否正常。

（5）物料供应不正常，分清原因，明确责任。

（6）监控是否按时完成计划，如果按时完成，则结束监控；否则追查原因，按章处罚。

二、库存监控

库存监控的目的是使企业保证库存账物一致、准确，确保事务及时、流畅，能够更好地服务于计划、生产。包括以下几点：

（1）定期抽查库存账物。

（2）随时查询系统库存信息。

（3）如果不存在负库存，检查库存值是否偏大。

（4）如果存在负库存，检查相应的库存事务是否处理。

（5）如果库存事务处理完毕，检查相应的事务是否正确。

（6）如果库存事务有误，通知相应人员修正。

（7）如果库存事务无误，检查相应的 BOM 是否有误。

（8）如果 BOM 有误，通知 BOM 组修正，否则通知财务科调整物料定额。

（9）如果库存事务未处理，检查是否有合同。

（10）如果没有合同，将信息反馈生产供应科，补做合同，否则把未处理的事务通知相应人员。

（11）如果库存值偏大，检查库存账物是否相符。

（12）如果账物不相符，调整账面价值，使账物一致。

（13）如果账物相符，调整物料计划，调整供货批次。

三、成本监控

成本监控的目的是使成本发生在标准成本内，编制合适的标准成本，以指导生产和采购。

（1）随时进行项目成本查询。

（2）对已完工的车间任务，检查成本是否有差异。

（3）如果已完工车间任务无成本差异，检查车间任务物料是否发齐。

（4）如果物料未发齐，督促相应部门发料。否则检查制造 BOM 是否有差异。

（5）如果制造 BOM 有差异，修改制造 BOM 及 BOM，修改工艺路线。

（6）如果制造 BOM 无差异，检查是否有采购差异。

（7）如果采购成本存在差异，调整采购成本。

四、BOM 监控

BOM 监控的目的是编制准确的 BOM 数据，确保系统正常运作，对 BOM 及时更新。

（1）查询 BOM 编制。

（2）检查 BOM 编制是否准确。

（3）检查 BOM 成本是否有差异，如果无差异，则结束；否则，BOM 组修正 BOM 和工艺路线。

（4）对修正数据重新审核。

五、采购监控

采购监控的目的是保证供货，以确保生产正常进行，控制供货节奏，减少库存。

（1）合同维护监控。

（2）请购单监控。

（3）检查采购合同是否完成，如果合同完成，则结束；否则，分析未完成原因。

（4）如果未完成是因质量问题所致，责成供应商改进质量，根据质量改进状况，决定后续供货。

（5）如果未完成原因不是质量问题，分析是否计划变更。

（6）如果计划变更，寻找更改原因，取消未完成计划。

（7）如果计划未变更，查明原因，监督完成。

六、车间任务监控

车间任务监控的目的是按计划生产，按时完成任务，控制物料消耗。

（1）检查车间任务是否及时下达。

（2）检查车间任务是否按计划完工。

（3）如果车间任务未按时完工，分析未完工原因。

（4）检查是否缺料，如果缺料，通知业务员催料。

（5）如果不缺料，检查是否调整计划。

（6）如果计划未调整，则进一步分析未完工原因。

（7）如果计划已调整，未完成任务挂起，调整完工时间或完成数量。

（8）如果车间任务已完成，则检查相应任务物料是否发齐。

（9）如果完工任务物料发齐，则关闭相应任务，结束查询。

（10）如果完工任务物料未发齐，检查是否存在物料替代。

（11）如果有物料替代，检查相应物料是否发齐。

(12) 如果没有物料替代，分析未发齐原因，进行相应的事务处理。

(13) 如果替代物料未发齐，分析其原因。

(14) 如果替代物料发齐，关闭车间任务。

附录二 M 风扇公司 MRP Ⅱ系统的基本作业流程

一、销售作业流程

(一) 内销产品销售流程

(1) 订单录入流程：本部财务（或分公司财务）根据客户发货申请，首先对客户做信贷检查，信贷检查通过，则在系统中录入订单。订单录入主要包括客户名、订单类型、价格调整、项目编码、数量、发货子库及货位等信息。

(2) 订单发放流程：在订单发放屏幕中，选择相应的订单发放条件，存盘后产生发放批次。

(3) 打印单据流程：发放订单后进入高级查询系统，根据发运批次打印“产品发货通知单”（一式三联）和“产品出仓单”（一式三联），其中分公司财务只打印“产品发货通知单”。

(4) 发货确认：分公司财务做的“异地分销订单”，由分公司财务根据发放批次及客户提货数量做发货确认并关闭批次。本部的“国内销售订单”由内销成品仓根据发放批次及客户提货数量进行发货确认并关闭批次。

(5) 运行三个界面程序：更新发货信息、库存界面、应收账款界面。

(二) 内销成品（铺底）调拨流程

(1) 本部调往分公司或区域仓：由财务根据申请数量从 Z-1（调拨中间仓）用“成品货源调拨”转至分公司在途仓，并打印产品调拨出库单；成品仓根据实际出仓数从 Z01（内销成品仓）转至 Z-1（调拨中间仓）；分公司收货后将货物从在途仓转至分公司仓，并打印产品调拨验收入库单。

(2) 分公司之间的调拨：调出方分公司财务将相应的产品转到调入方分公司货位，并打印产品调拨出库单；调入方分公司收货后，将确认的货物从在途货位转入自己的仓库，并打印产品调拨验收入库单。

(三) 退货流程

(1) 销售财务录入退货订单，并做退货授权审批。

(2) 运行退货授权界面，将相关信息送至库存模块。

(3) 成品仓根据审批的退货订单在库存模块做 RMA 退货接收。

(4) 运行库存及应收账款界面。

(四) 出口销售流程

(1) 出口部根据客户需求明细录入订单。

(2) 外销成品仓管员在客户提货时用“出口产品转销售成本”账户发料，并打印产品出仓单。

二、采购业务操作流程

(1) 在“计划员工作台”选项中，选取“重新计划的接收”，维护产生的例外请购单。

(2) 在“计划员工作台”选项中，选取“实施计划订单”，查找条件选取“采购员+建议的开始日期=今天”，将计划订单下达。

(3) 把请购单拷贝成采购单，并选取供应商，提交领导审批。

(4) 打印已批准的采购订单，交供应商签字确认。

(5) 根据“查看计划例外信息”提供的例外信息，对所属采购员的例外信息进行维护。

三、车间管理操作流程

(一) 标准作业流程

(1) 车间计划员按照 MRP 的运算结果，每日从计划员工作台下达后三天的车间任务。

(2) 由于计划变动等原因，车间计划员可从计划员工作台进入维护计划订单屏幕，对前几日的车间任务进行维护。

(3) 车间计划员可进入车间任务查询屏幕，对当日下达的任务进行查看，查看其需求、工艺路线是否需要更新。

(4) 车间计划员对需要更新的车间任务及时更新，将错误信息及时反馈给相关部门。

(5) 由于某种原因，必须手工定义车间任务的，经相关部门批准，车间计划员可在车间任务定义屏幕手工定义。

(6) 车间计划员对已确认要生产的任务，运行 W00 报表，并及时打印第二天的生产领料单。

(7) 车间计划员运行车间排产通知单，并及时打印第二天的生产派工单。

(二) 非标准任务流程

(1) 车间计划员对需返工任务必须提前几日，在定义车间任务屏幕手工定义非标准任务，将非标准任务的供应子库改为 G01—C033，供应方式改为推式。

(2) 车间计划员在 MD-发料屏幕将物料发出。

(3) 领料员填写限额领料单，必须将非标准任务号写上。

(4) 发料仓仓管员根据领料员手中的限额领料单上的任务号及数量，在库存事务处理屏幕将物料如数转移至 G01—C033 仓，并在参考栏填上非标准任务号。

(三) 外发计划流程

(1) 车间外发计划员按照 MRP 的运算结果，每日从计划员工作台下达当天的请购合同。

(2) 由于计划变动等原因，外发计划员可从计划员工作台维护计划订单屏幕，对前几日的请购合同、采购合同进行维护。

(3) 车间外发计划员在 PO 采购订单自动生成屏幕，将请购合同下达成采购合同。

(四) 仓库事务流程

(1) 车间仓管员根据生产领料单，在 MD-发料屏幕对推式物料进行发料事务处理。

(2) 车间仓管员对替代发料首先在更新任务需求屏幕进行更新，再在 MD-发料屏幕进行发料，将错误信息及时反馈给车间计划员。

(3) 车间生产管理人员根据当日的派工单安排现场作业生产。

(4) 车间仓管员对已完工的半成品、成品，在车间事务处理屏幕或车间完工屏幕及时做完工事务处理。

(5) 车间仓管员对外车间的领料以及推式物料的领料，严格按领料单上的任务号，在 MD－发料屏幕及时准确发料；对拉式物料的领料，根据限额领料单，用库存子转移屏幕，选子库存转移进行发料。

(6) 车间仓管员对西南、现代两处的领料，首先按领料单上的任务号，在车间任务更新屏幕，用领料数量将车间任务的需求数量冲减，直至为零，然后在库存子转移屏幕再做调让事务处理。

(7) 车间仓管员对外协加工领料，按照限额领料单在库存子转移屏幕做外协加工领料事务处理。

(8) 车间仓管员对售后领料，在库存子转移屏幕做售后领料事务处理。

(9) 车间仓管员必须严格按采购合同进行接收，对无单价、无采购合同的采购计划，在无相关部门批准的情况下，拒绝接收。

(10) 车间仓管员对普通的采购订单的接收，在库存事务处理接收屏幕用标准接收做事务处理。

(11) 车间仓管员对 V 开头的采购件的接收，在库存事务处理接收屏幕可做直接、替代接收，接收至 V000 仓。

(五) 车间盘点流程

(1) 对拉式物料用周期盘点法，定期盘存，每日运行库存盘点报表，打印出要盘点的物料，进行盘点。

(2) 对要调整的物料，用库存事物处理移库调整屏幕，调整至 X04 仓。

(3) 车间统计员每月 28 日前，运行收发存报表打印程序，把报表递交至财务科存档，并对 X04 仓物料余额说明原因，上交财务科备查。

(4) X04 仓由财务科定期初始化。

四、库存操作流程

(一) 进仓流程

(1) 标准采购订单流程。供应商在采购订单规定的日期内送货，仓库根据已经批准的标准采购订单进行接收。接收人先做收据，待质检科出了质检报告后做“检查”。如果物料质量合格，则做“交货”，使库存量增加；如果不合格，则用“调整”，返回到供应商。

(2) 供应商多送流程。供应商把物料无偿送给风扇公司时，用“账户别名”接收进行处理，“账户别名”写上“供应商无偿多送”，如果供应商无偿多送物料不合格，则做报废处理。

(3) 车间使用中不合格退回流程。使用过程中发现不合格，退回给仓库时，用与发出事务相同的事务处理退回，一一对应。

(4) 客户提供物料流程。对客户提供的物料，用“账户别名”处理，“账户别名”写上“客供物料”。如果客供物料不合格，返回时应先用“移库调整”转至 Z99 仓，然后再用“账户别名发料”发出。

(5) 车间返工成品时物料退回流程。对返工成品时物料退回的处理，都用“库存子转移”从 G01—C032 仓转回。

（二）出仓流程

（1）加工领料流程。对发外加工物料，用“加工领料”转到供应商仓库，每月由物料科核算员负责核算。

（2）MD－发料流程。对车间领用推式物料，用“MD－发料”直接发到任务。

（3）库存子转移流程。对车间领用的拉式物料，仓库用“库存子转移”转到车间仓库。

（4）账户别名发料流程。对“装样领料”、“科室领料”等非正常事务领料，仓库用“账户别名发料”处理，各个事务都有一个相对应的账户别名，进行处理时，所发生的费用直接记到相对应的账户上。

（5）调让流程。OEM 厂家来风扇公司领料，仓库用“调让”转到 OEM 厂家，月底由 OEM 部核算员统一用材料销售方式进行发出及核算。

（6）零星材料转让流程。供应商来工厂零星购买材料时，仓库用“调让”发到相应的供应商库位上。

（7）待处理流程。当物料不能使用，又不能退回给供应商时，用“库存子转移”转至 Z80 仓，成为待处理物料。

（8）报废流程。当物料确实不能使用时，用“库存子转移”转到 Z83 废品仓，废品仓由财务科管理。

（三）物管科核对与外协核算流程

（1）物管科核对流程。出仓单都由物管科进行统一打印并核对，发现错误应及时通知操作员更正。

（2）外协核算流程。物管科外协核算员每天用外协任务反冲供应商送回的加工物料，并于每月底打出外协月报，由供应商及核算员签名盖章认可。

（四）盘点流程

（1）每日盘点流程。为了保证物料账物高度一致，各仓库实行每日流动盘点，每天盘点仓库的一部分物料，出现错误及时改正。

（2）每月盘点流程。每月月底打印出仓库库存数，并进行盘点，对少量误差，用“盘点调整”进行调整。

附录三 M 风扇公司 MRP Ⅱ考核细则

一、生产计划科 MRP Ⅱ考核细则

生产计划科是全厂的生产指挥中心，生产计划科的主要职责是制订可行的主生产计划，利用 MRP Ⅱ这一工具，自动分解成品生产计划，将生产计划下达机加车间、注塑车间、电机车间、网罩车间生产零部件，将采购计划下达供应组进行各项采购。

由于 MRP Ⅱ计划在时间上都是以主生产计划为准绳，所以各部门必须有整体观念，任何部门的拖延势必影响最终总装的生产，而总装车间也必须按主生产计划生产，否则将导致缺料而无法生产的后果。

因此，生产计划科必须使主生产计划的编排科学、合理、可行，同时要监督各车间按照 MRP 生产，督促采购组按 MRP 建议的日期、数量采购物料，控制库存量，防止缺料的发生。主生产计划的执行率是最终考核的量化指标。

（一）计划考核

以总装车间每日任务执行完成率（系统报表）作为考核指标。计算公式是“总装车间每周计划执行率＝（总装车间每日任务执行完成率一周之和）÷每周天数”。要求周计划执行率达 98%，每差一个百分点罚 500 元，每超一个百分点奖 500 元。

（二）库存考核

对于车间的零部件库存、物管科的采购件库存，由厂部确定库存总价值指标，根据系统的成本周期按月确定实际的库存价值。各仓库的库存超标，处以超标处罚，生产计划科承担 40% 的罚金，另外 60% 由车间和供应组承担。

（三）主生产计划员

主生产计划员决定主生产计划的质量，对于因主生产计划员工作失职，如工作日历不准、计划乱变动、非规定时间运行 MRP 等而产生的不良影响，将根据影响程度由 MRP 办公室提出处罚建议。

二、采购人员责任考核细则

为保证风扇公司正常生产运作和 MRP Ⅱ系统的正常运行，采购部门须更好地履行职能，控制采购成本，并且明确以下职责。

（一）采购主管

（1）不及时审核在线订单或向上提交订单，造成缺料或库存负数的，罚 50 元/个。

（2）采购单价错误，罚 50 元/个。

（3）采购订单“拒绝”后，不及时通知采购员，造成缺料的，按影响产量值的 5% 处罚；造成库存负数的，罚 30 元/次。

（4）对订单数量和送货时间不做审核，造成缺料的，按影响产量值的 3% 处罚；造成库存积压的，罚 30 元/次。

（5）没有检查和监督采购员，对采购订单控制和维护失常造成缺料或库存积压的，处以与采购员相同的处罚。

（二）采购计划员

（1）采购计划员没有及时从计划员工作台下达采购计划到采购员的，罚 30 元/个；没有及时对计划调整做处理的，罚 30 元/个。

（2）对采购员反馈信息不做处理，造成缺料的，按影响产量值的 3% 处罚；造成库存积压的，罚 30 元/次。

（三）采购员

（1）由于提供的采购提前期不准确，造成缺料的，按影响产量值的 3% 处罚；造成库存积压的，罚 30 元/次。

（2）提供的项目固定供应天数和最小订单数量等参数不准的，罚 20 元/个。

（3）使用系统查询、运行报表处理例外信息或向采购计划员反馈信息不准，造成缺料的，按影响产量值的 3% 处罚；造成库存积压的，罚 30 元/次。

(4) 没有及时将请购单生成订单或漏做订单，或者该手工做单而没有及时做单，造成缺料的，按影响产量值的3%处罚。

(5) 做采购订单时，编码、日期、价格或数量输入错误的，罚40元/次。

(6) 不按采购计划员下达的计划采购，造成库存积压的，按积压值的3%处罚；造成缺料的，按影响产量值的3%处罚。

(7) 不及时提供外协加工协议给发外加工核算员，影响库存事务处理的，罚30元/次。

(8) 不及时维护采购订单状态，或者不及时处理例外信息，造成缺料或库存积压的，罚20元/个。

三、技术科责任考核细则

技术科负责的 BOM 和 ROUTINE 是 MRP Ⅱ系统中最重要的基础数据，BOM 也是企业生产、订货、成本核算的基本依据，为确保风扇公司 MRP Ⅱ系统运作的准确性，技术科必须履行职责。

(一) 技术科科长

(1) 熟悉技术科在 MRP Ⅱ管理下的所有业务流程。

(2) 协调 MRP Ⅱ系统 BOM 的业务运作关系。若由于协调不够而造成 BOM、ROUTINE、ITEM 不能及时保质、保量完成，属技术科长责任。

(3) 对 BOM 组提交上来的 BOM、ROUTINE 清单及时审核，倘若影响了生产计划，属技术科长责任。

(二) BOM 组管理员

(1) BOM 组管理员必须严格按照 BOM、ROUTINE、ITEM 定义及更新流程中的有关规定，准确及时地制定 BOM、ROUTINE 及 ITEM。

(2) BOM 组管理员对 BOM、ROUTINE 及 ITEM 的准确性、及时性负直接责任。

(三) 技术科工艺员

(1) 技术科各工艺员必须严格按照 BOM、ROUTINE、ITEM 定义以及更新流程中的有关规定，及时对 BOM 组提交的 BOM、ROUTINE 进行校核。

(2) 及时将工艺更改信息送交 BOM 组手中。

(3) 技术科各工艺员对 BOM 的维护负直接责任。

(四) 具体考核标准

(1) 技术科长须力求 BOM 的总体准确率在98%以上，准确率为80%～90%时处罚5 000元，70%～80%时处罚10 000元，70%以下处罚20 000元；力求 ROUTINE 的总体准确率在95%以上，准确率为80%～95%时处罚3 000元，70%～80%时处罚6 000元，70%以下处罚10 000元。BOM 的准确率＝（完备的 BOM 数÷审核的 BOM 数）×100%；ROUTINE 的准确率＝（完备的工艺流程数÷审核的工艺流程数）×100%。

(2) 对新建的 BOM、ROUTINE，每发现错挂、漏挂一个项目，处罚30元。及时性维护延误一天的处罚30元，延误一天以上的罚款按30元逐日递增。罚款金额中，BOM 组管理员占70%，工艺员占30%，技术科科长的罚款按罚款金额总数的两倍计算。

(3) 由于工艺改进等原因未及时维护，造成 BOM、ROUTINE 准确性降低，影响计划生产并造成损失的，按损失的5%罚款，及时性维护延误一天的罚款30元，延误一天以上的罚款按30元逐日递增。罚款金额中，BOM组管理员占20%，工艺员占80%，技术科科长负连带责任，罚款按罚款金额总数的两倍计算。

（4）力求BOM的总体准确率在98%以上，每超一个百分点，技术科科长奖5 000元，技术科每位科员奖工资总额的4%。

四、物管科责任考核细则

库存数是MRP Ⅱ系统运作最重要的基础数据之一，为保证风扇公司的生产和MRP Ⅱ系统的正常运行，物管科必须严格履行职责。

（1）当天的收发事务未在系统中及时处理的，罚操作员10元/笔业务。

（2）无采购订单且未经批准而接收实物的，对当事人罚款10元/次。

（3）送货单上物料的编码、规格、数量与实际接收不一致的，根据情节轻重对当事人罚款5～30元/次。

（4）送货单上物料的编码、规格、数量、供应商与系统中的接收不一致的，根据情节轻重对该操作员罚款5～30元/次。

（5）“检查”和“交货”不及时，导致负库存或打不出收料单的，对该操作员罚款5元/次。

（6）发外加工物料送货单做了“交货”之后，未在当天4：30之前送物管科打单的，罚仓库主管10元/张；每月最后一天4：30之前未把本月所有已“交货”的送货单送物管科打单的，罚仓库主管30元/张。每月最后一天4：30之后不能再做“交货”。

（7）入V000接收仓的V开头的项目和出V000接收仓的V开头的项目编码和数量没有一一对应的，罚操作员5元/次。

（8）未及时审核及修改领料单上的需求，罚仓库主管10元/次。

（9）做调让和发外加工时选错类型且未及时改正的，罚操作员20元/次。

（10）退货不严格按程序进行，造成实收、收料报告和系统中收据上的数量不一致的，罚操作员10元/次。

（11）发外加工核算员未及时反冲物料而影响主计划的，罚核算员10元/次。

（12）发外加工核算员出具的月结表有误的，罚核算员10元/次。

（13）打单员出具的单据与送货单或出仓单不一致的，罚打单员、审核人各10元/次。

（14）擅自动用不属于自己操作范围的其他子库物料的，罚当事人50元/次。

（15）力求仓库账物相符率达到100%，未达到95%的，罚仓库主管100元/次。

（16）任何失职，科长负连带责任，处罚双倍。

五、生产车间考核细则

（一）车间主任考核细则

（1）车间主任必须监督本车间人员，努力完成本车间的生产计划，确保本车间计划的执行率达标，每降低一个百分点，罚车间主任200元。

（2）熟悉本车间在MRP Ⅱ管理模式下的所有业务流程，如有车间主任因不熟悉车间业务而造成车间业务混乱、管理不顺等情况，每人罚款100元。

（3）协调本车间调度员、仓管员、领料员和外协业务员的业务运作，如车间主任协调不够而造成本车间任务不能及时完成，每人罚款 100 元。

（4）对外协业务员提交上来的采购订单要及时审核，并向上级领导提交，如未及时提交而影响了生产计划的执行，每人罚款 100 元。

（二）车间调度员考核细则

（1）车间调度员必须充分调度本车间所有能力，以保证本车间生产计划的执行率达标，每低一个百分点，罚款 100 元。

（2）执行 MRP 的生产指令，如不按 MRP 的指令生产而造成库存积压或影响生产计划执行，属车间调度员责任，每个项目罚款 50 元。

（3）因能力问题造成车间任务不能及时完成，又不反馈给主生产计划员，因此影响生产计划执行，属车间调度员责任，每次罚款 50 元。

（4）对确定要生产的车间任务，要打印领料单交领料员，也要打印排产单，把生产任务派发给各班组，不及时打单而影响生产计划，属车间调度员责任，每次罚款 50 元。

（5）不及时对车间任务进行跟踪和维护而造成车间任务混乱，属车间调度员责任，每次罚款 50 元。

（6）无正确的任务号，要领料员去仓库领取物料，造成仓库物料管理混乱，每次罚调度员 50 元。

（7）对已到完工期限的车间任务，在两天内检查该任务的物料是否已发齐，如没发齐，则要相应仓库补发；如该任务不再需要，则把该任务需求删掉。否则，每次罚调度员 50 元。

（三）外协业务员考核细则

由于外协事务多、涉及部门多，因此，外协业务员必须履行职责。

（1）外协事务处理错漏，造成车间停工待料，每次罚款 500 元。

（2）外协事务处理有误，造成公司损失，按损失的 5% 予以罚款。

（3）外协合同有下列情况，每次每项处 100 元罚款：①定义不及时，推迟 2 天以上。②漏做合同。③外协数量错误。④外协单价错误。

（4）外协物料不及时收回，收回后不做相应的事务处理，每次罚款 20 元。

（5）做了领料、退料、换料、借料事务处理，不做相应事务的电脑处理，每次罚款 50 元。

（6）外协合作单位发生变化，未根据变化后的方案做合同，每次罚款 50 元。

（四）车间仓管员考核细则

车间仓库数的准确与否直接关系到车间生产任务能否顺利完成，仓管员在系统中的主要事物处理为订单接收、子库转移、按任务发料、完工入库、原材料调让等，其工作的质量直接影响 MRP Ⅱ。

（1）仓管员出现以下情况属严重失职行为：①不按既定的业务流程做事务处理。②做事务处理时选错项目或输错数量。③漏做事务处理或拖延事务处理时间在一天以上。④做调让或发外加工物料的子库转移时选错子库。⑤库存数据抽查准确率在 95% 以下。⑥其他经 MRP Ⅱ 办公室确认可视为严重违规的行为。

（2）仓管员出现以下情况属一般失职行为：①无订单或超订单 5% 以上接收物料。

②内部子库间转移选错子库。③没有按领料单上的任务号及限额数量发料。④当天事物处理未及时完成，拖延时间在一天之内。⑤库存数据抽查准确率在 90% 以上，98% 以下。⑥其他经 MRP Ⅱ办公室和厂制造部确认可视为一般失职的行为。

对于一般失职行为，通报批评，且每次每笔罚款 20 元。对属于车间层的失职处罚，车间主任负连带责任，处以被罚人员双倍的处罚。

六、销售管理责任考核细则

（一）事故分类

为了保证风扇公司销售业务电脑化管理的正常运行和 MRP Ⅱ系统的正常运作，使销售业务电脑管理员更好地履行职能，对电脑管理中不规范和违反管理要求、管理制度的行为划分为四种不同程度的责任事故：

第一种为不规范操作，能及时修正，不会带来不良后果，给予警告。

第二种为违反管理要求，操作出现失误，并有不良后果，但能够挽救，罚款 30 元/笔/次。

第三种为操作出现失误，不及时修改或向上反映，或者违反管理制度但未产生严重后果，罚款 100 元/笔/次。

第四种为违反管理制度，产生严重后果，客户出现投诉或管理出现混乱，罚款 1 000 元/笔/次。

（二）日常维护

（1）根据电脑系统的要求定期更改用户密码，以防他人盗窃密码；因丢失密码而造成不同程度损失的，根据损失程度分别按上述四种责任事故处理。

（2）盗用他人的密码，在销售管理软件上查询资料或处理事务，根据损失情况从严按第三、四种责任事故处理。

（3）不按正常操作程序进入、退出系统或随意断机，造成系统损坏，按前两种责任事故处理。

（4）利用通信网络进行非工作性质的操作，浪费通信费用，根据损失程度按后三种责任事故进行处理。

（三）业务操作

（1）及时处理各种业务，坚持当天业务当天完成，不能推后处理业务。因推后处理或不予处理所造成的损失按后三种事故追究责任。

（2）严格按照操作规程手册和管理制度处理各种业务。跨越业务流程或越权操作而造成不良后果，根据实际情况按后三种事故处理。

（3）数据录入要求准确无误，因各种原因录错数据或数据不完整要及时修正，并注明修正原因。未进行修正处理而造成各种后果，视其情况按后三种事故进行处理。

（4）各种业务的电脑处理，应尽可能注明原因、理由和单据号码，为今后查询、核对数据提供方便。对特殊处理（如退货、审批和数据事后修正）一定要注明原因或理由。如果操作过程中不录入这种信息，而为事后管理造成困难，应根据实际情况按前三种事故进行处理。

（5）各用户应认真处理各自责任范围内的事务，不能影响职权范围以外的其他数据。

因某些原因影响其他用户处理数据的，无论产生什么后果，应从严按后两种事故进行处理。

(6) 注意数据的保密性，严格遵守公司的制度，不查询、传播责权范围外的任何数据。因某些原因未遵守保密制度的，无论产生什么后果，应从严按后两种事故进行处理。

(7) 系统出现异常，应及时向系统管理员反映实情，未及时反映情况而耽误业务处理的，应根据实际情况按后三种事故进行处理。

(8) 系统要求增加新的数据（如新客户、新产品），应及时向相关维护人员反映，未及时反映而耽误业务处理，所造成的后果根据实际情况按后三种事故进行处理。

(9) 系统数据不完整（如产品没有价格、税码等），应及时向相关维护人员反映，未及时反映而耽搁业务处理，所造成的后果根据实际情况按后三种事故进行处理。

（四）单据管理

(1) 严格保管单据，不能丢失任何单据。因丢失单据而造成不良后果的，应根据实际情况按后两种事故进行处理。

(2) 各种作废的单据要回收保管，不能随意丢失。因丢失单据而造成不良后果的，应根据实际情况按后两种事故进行处理。

第二篇

MRP Ⅱ/ERP 的基本原理

第二章 国外 MRP Ⅱ/ERP 的发展历史及启示

MRP Ⅱ/ERP 的发展走了相当漫长的一段路，从最初比较初级的物料需求计划发展成为企业资源计划花了约 40 年的时间。MRP Ⅱ/ERP 不仅是一种新的计划管理方法，而且是一种新的生产经营模式，它们的出现和发展引起了生产管理理论与实践的划时代变革，也给企业管理带来了先进的计算机辅助管理工具，促进了企业管理的科学化、数字化和精密化。

MRP Ⅱ/ERP 的发展大致经历了五个阶段：①订货点法和传统库存管理方法；②物料需求计划（MRP）；③闭环物料需求计划（Closed-loop MRP）；④制造资源计划（MRP Ⅱ）；⑤企业资源计划（ERP）。

第一节 企业的目标和主要生产类型

企业是利用资金、物料、人力、设备、工艺、技术等资源为社会提供商品和劳务的自负盈亏的经济实体。企业的目标和管理是为了实现企业盈利。

一、企业的目标

从投资或资本运营的角度看，企业是增加社会财富的手段或工具。如果企业的经济效益和社会效益不能满足投资者的需要，那么企业将会被拍卖、改造甚至破产。从系统论的角度看，企业是一个物流、资金流、信息流的转换器，如图 2－1 所示。

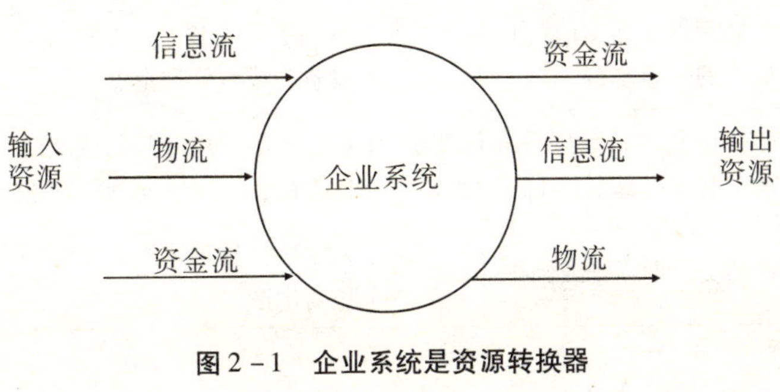

图 2－1 企业系统是资源转换器

从企业增值的角度来看，企业选择制造或加工某种商品和劳务的出发点是使输入的资源增值。企业可以选择不同的行业、不同的产品进行资源转换，但是企业的目标是使企业的产出大于投入，也就是企业的输入资源通过企业系统的转换实现价值增加。

二、企业制造的基本类型

虽然企业生产的产品千差万别，但其制造方式可以分为两大类：一类是离散型制造，另一类是流程型制造。

1. 离散型制造

离散型制造是指依照生产进度计划把离散的零部件以合理的速度和数量组装成产品的生产过程。离散型制造的特点是产品可数、加工过程非连续，如机械加工、冰箱组装等。

2. 流程型制造

流程型制造是使用化学或热力学方法对原料或配方以混合、分离等方式获取成品的连续生产过程，流程型制造的特点是产品不可数、加工过程连续。例如农药生产、炼油等。

三、离散型制造和流程型制造的主要区别

离散型制造和流程型制造的主要区别如表 2 –1 所示。

表 2 –1　离散型制造和流程型制造的主要区别

	离散型制造	流程型制造
产品研究	开发新产品，推销适销对路的产品，缩短制造提前期	开发新工艺、新配方，向市场促销合适的产品，缩短产品的开发周期
供销管理	关注营销代理，有多家备选供应商	管理复杂的分销网络，100% 完成交货，控制少量成本高的关键原料或添加剂以降低采购成本
库存控制	对原材料、半成品、成品、在制品都进行库存控制	主要对原材料和成品进行库存控制，很少对在制品进行库存控制
设备投资	通用型设备可按功能或对象放置，关键设备能力影响加工进度；人工费和制造费占总成本的一半左右	资金密集型设备按串联方式排列，原材料成本占总成本 70% 以上；节约能源、尽快收回固定资产投资为成本管理重点
工艺流程	工艺流程可变更，可顺序或并行加工，通过更改工装或模具来加工不同物料	特定产品使用专门的生产线，工艺流程的操作是固定的；加工不同物料要花较长时间清洗设备
生产计划编制	基于订单的交货期顺排或倒排计划	以生产批量为计划加工的基准数量，追求设备满负荷生产

（续上表）

	离散型制造	流程型制造
原材料	原材料分发到多个加工中心，以加工订单号跟踪物料的消耗	以批号跟踪物料储备或运输，原材料大批发放，加工后就成了成品，几乎无半成品
生产控制	可按库存生产也可按订单生产，注重物料配套和完工期限	为标准化大批量生产，主要按库存生产；重视分析废品和实验室管理，保证高产出率和低废品率
物料清单	复杂的产品结构，产品规格多，物料清单层次多	产品配方多，但加工层次少；物料配方和加工条件影响产出率，相同的配方或原料可以产生不同的产量；原料消耗可变，有副产品、联产品等
质量控制	有国际、国家或企业的质量标准，质量采集点、质量抽检、人工操作水平影响质量	质量标准和工艺有严格的要求，国家有专门的法规对包装、标签、工艺、配方比例等进行质量认证；工艺或环境影响质量，需要严格控制每个工艺步骤和质量数据采集，对原材料的货架存放时间，产品的失效期、保质期等必须严格控制

四、不同制造类型的共性为三流统一

从上面两大制造企业类型的区别中可以看出，无论是离散型制造还是流程型制造，在设备管理、配方管理、质量管理、生产计划、生产控制等方面各有侧重，但在物流、资金流、信息流的转换上没有本质区别。从物流的流程长短、流量大小上看，离散型制造存在在制品和半成品，其物流控制更复杂、更费时。因此，长期以来，生产管理的专家们致力于离散型制造系统的物流优化，以期使生产过程中的库存成本降至最小。

第二节　传统库存管理方法

企业库存管理即对企业的供给和需求进行平衡，建立缓冲库存以减少供需矛盾。理想的企业经营是零库存状态，在原材料、半成品、成品和用户之间是一种流动的形式，无中间库存。但是，实际工作中，企业需要保持一定的库存以平衡供应、生产和服务之间的波动所形成的物料短缺。

一、企业库存管理及其层次分析

企业的库存管理有两个层次，即宏观层次和微观层次。

（1）宏观库存管理主要是从成本、财务、生产效率、客户服务的角度确定企业的库存水平和资金运用额度，根据行业的库存资金周转次数、竞争对手采取的库存订货水准确立

企业的常规库存储备水平，监督主要原材料的供应数量和供应周期，执行库存计划和资金计划，保障企业物流增值。

（2）微观库存管理是指具体的库存事务处理，针对物料进行自制、外购的分类管理，确立库存的 ABC 分类原则和订货期量，并对物料的入厂接收、检验、退货、入库、出库、发货、盘点等活动进行跟踪。

二、传统库存管理方法

企业的生产是将各种原材料经各个工序制成成品，因此，生产管理面临的主要问题是以尽可能少的库存满足生产计划和产品订单，加速企业的生产资金流转。传统的库存管理方法是用产品订单的数量来安排库存需求，依据过去的经验估计库存的存储水平，保持一定的安全库存量来满足生产进度计划的需求。20 世纪 40 年代到 60 年代，流行的库存管理方法有订货点法、经济订货批量法、ABC 库存分类法，还有库存优化的数学模型等。下面分析订货点法。

三、订货点法

初期的物料需求计划 MRP（Material Requirement Planning），其雏形是 20 世纪 40 年代至 60 年代广泛应用的订货点法。当时，第二次世界大战刚刚结束，民用品短缺，企业处于供不应求的卖方市场，因此企业管理的主要目标是降低库存成本，实现大规模生产的连续化、均衡化。

订货点法的基本原理是按照过去的库存管理经验来预测未来的物料需求，保证企业的订货能满足市场。应用这种方法的企业要具备两个条件：①市场需求是平稳的。②一段时间内每一种物料都能保持一定的安全库存量。

当生产中物料的库存记录降低到确定的订货水平时，采购或生产部门就发出订货申请，此时的库存水平即为订货点（见图 2-2）。当库存物料继续消耗、实际库存量降低到安全库存时，根据订货单生产或采购的物料已经到货，恰好保证了物料的补充。

订货点 = 订货提前期内的消耗量 + 安全库存量

= 日平均物料消耗量 × 生产或采购提前期 + 安全库存量

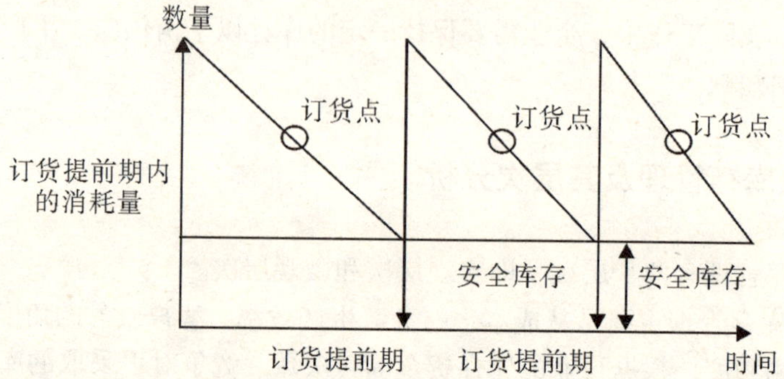

图 2-2 订货点法

例如：某物料的安全库存为100，采购订货提前期为5天，物料每天消耗量为20件，为了在物料消耗完之前及时把物料采购到位，那么订货点的数量为 $5\times20+100=200$ 件。

四、订货点法的局限性

订货点法虽然具有对物料库存进行计划与控制的功能，但受其原理本身的影响，它的应用面是很狭窄的，不能适应社会生产力发展的需要。订货点法存在下列缺点：

（1）大多数企业的物料需求是随着客户和市场需求的变化而变化的，并不平稳。因此，订货点法对企业的市场环境的应变能力较弱。

（2）为了生产活动正常进行，订货点法要求每种物料保持一定的安全库存量，造成企业库存资金的大量积压，造成的损失是相当大的。

（3）从生产计划角度来讲，订货点法只做到了有限的计划能力而没有计划的调度能力，难以区分物料的急需程度。

从原理上讲，订货点法仅适用于需求相对平稳的企业，对于大多数企业来说，订货点法并不是一种最好的、全面的、有效的物料计划方法。

五、传统库存管理方法的局限性

20世纪40年代到60年代，流行的库存管理方法除了订货点法外，还有经济订货批量法、ABC库存分类法以及一些库存优化的数学模型等。这些方法主要是对库存周期内的物料进行预测并寻求最佳的订货批量和存储额度。但是，多年的实践表明，传统库存管理方法并不能把企业的库存降低到理想水平，这主要是因为：

（1）没有认识到库存管理实质上是一个大量信息处理的过程。由于人们难以及时、动态地处理库存信息，难以依据库存模型作出库存控制，因而就无法把握企业的真实需求，也就不能把握降低库存的重点对象。

（2）由于库存订货之间间断、离散的需求是波动的，时间并不是不变的，依据数学模型处理的参数难以定义准确的库存需要量和需求时间，模型的一些前提条件与假设经不起实践的检验，甚至有些强加于事，因此，理想的库存管理模型实际运用价值有限。

（3）传统库存管理方法和数学模型难以超越信息处理工具的能力限度，是在人工条件行得通的情况下“大概差不多”的做法，因此，运用的范围和条件不广。

六、计算机的发明解除了信息处理的瓶颈

计算机的发明解除了信息处理的瓶颈，使得企业的信息处理能力大大加强，解决了管理工具缺乏、信息处理能力弱的问题，受信息处理制约的管理方式也随之被淘汰。由于计算机处理大量库存信息成为可能，因此库存控制与生产计划管理的许多难题迎刃而解，传统库存管理的理念和方法被筛选、修改或者干脆被淘汰，物料需求计划被用来管理库存。

七、订货点法等传统库存管理方法在我国企业中的应用

20 世纪八九十年代，我国企业处于卖方市场，产品供不应求，因此，大多数企业的生产库存管理是以订货点法估计企业的物料需求，一定程度上满足了企业的需要。进入 21 世纪，随着市场竞争的加剧，企业产品种类的增加，产品结构客户化水平的提高，企业需要区别需求的轻重缓急，若仍然采用订货点法管理企业的库存就会造成资金占用多、零部件之间配套性差、企业效益低等问题。因此，广大企业产生了对 MRP 的需求。

例如，北京第一机床厂在实施 MRP Ⅱ系统以前，采用运筹学中的线性规划法对企业的库存、生产资源进行统筹规划，在实际操作过程中遇到变量多、约束多、信息不确定等问题，数学模型的部分功能难以实现。1993 年以后，企业实施 MRP Ⅱ系统，在MRP Ⅱ系统中及时查询库存信息，采用人机协调机制解决了原来的线性规划法不能解决的问题。后来企业就没有再用原来的运筹学模型了，而是直接采用 MRP Ⅱ计划，推动了企业管理的现代化。

应用 MRP 系统的关键，不是通过计算机来加快、改良现行手工系统的库存管理模式，不是穿新鞋走老路，而是对整个企业的管理系统进行大整顿。美国 20 世纪 60 年代运用 MRP 系统成功的公司、我国近 30 年应用 MRP Ⅱ成功的企业都重新认识了传统的库存管理模式，抛弃了实践中不能令人满意的旧管理方法，毅然采用了与老办法截然不同的新管理系统。这些企业对订货点法等方法仍然采用，而且发挥了订货点法在 MRP 中的作用。对于没有纳入 MRP 计划、实施了 ABC 库存法的 C 类物料或非生产性物料，企业仍采用订货点法控制库存，只是此时的订货点法被纳入了 MRP 计划的滚动计划和时间分割的框架之中。

第三节　滚动计划和 MRP 计划管理

俗话说："凡事预则立，不预则废。"因此，一个企业的计划工作非常重要。计划是管理的首要职能，强调计划管理的首要作用为库存管理带来了转机，也使企业从计划的角度重新审视现场调度不力、零部件配套性差等局部问题，避免了"头痛医头，脚痛医脚"。

一、企业管理中计划的重要性

计划是对未来的行动制订方案的过程。企业管理过程中计划具有非常重要的作用。首先，计划是企业各部门分工和责任落实的基本出发点；其次，计划确定的目标成为领导和下属沟通、监督、激励的最终目的；最后，计划为控制提供了衡量标准。因此，一个企业不能因为环境变化快而不做计划，正是因为环境变化快、竞争激烈才要做计划，计划降低了组织和环境的不确定性，增强了企业的适应能力。

二、制订计划的基本过程

制订一个完整的计划，需要评估机会、确立目标、研究前提条件、寻找备选方案、选择满意方案、使计划数字化。制订计划主要有以下几个步骤：

第一步：评估机会，明确前提条件，确立目标。

本步骤包括预测企业外部环境的变化趋势，明确企业内外部条件，分析企业的长处和短处，估量企业的各种机会，确立企业的目标，并把总目标分解为企业各部门、各层次的分目标，建立由上到下分解目标、由下到上反馈目标实现情况的沟通路径。

第二步：寻找备选方案，选择满意方案。

本步骤围绕计划目标，寻找可实现目标的各种方案，编制选择方案的标准，对方案进行综合比较，从中选择出符合计划目标、接近企业实际、风险小、效益佳的方案作为最终满意方案。

第三步：对方案进行定量分析，把计划数字化。

本步骤包括对方案进行定性分析，也包括对方案进行定量分析，把计划转化为预算，并用准确、可评估的数字表达出来，作为衡量目标是否完成的基准。

三、计划方法和滚动计划法

企业计划的制订有多种方法，如滚动计划法、盈亏平衡法、线性规划法、零基预算法等。其中滚动计划法被实践证明是制订计划的有效方法。

1. 滚动计划法是“近细远粗”的计划法

由于企业处于不断变化的环境中，要保证企业持续、稳定地发展，需要在计划执行过程中依环境变化对计划作出修订。滚动计划法是一种定期修订计划、行之有效的计划方法。

滚动计划法采用“近具体远粗略”的办法，根据市场和其他条件的变化调整和修改未来计划，顺期向前移动，不断滚动，同时对已经确定的近一段时间内的计划内容保持不变，保证计划的相对稳定。滚动计划法使企业的长期计划、中期计划、近期计划紧密衔接，使计划的制订具有灵活性和稳定性，有利于提高企业的应变能力。

2. 企业的年度经营滚动计划（如图 2-3 所示）

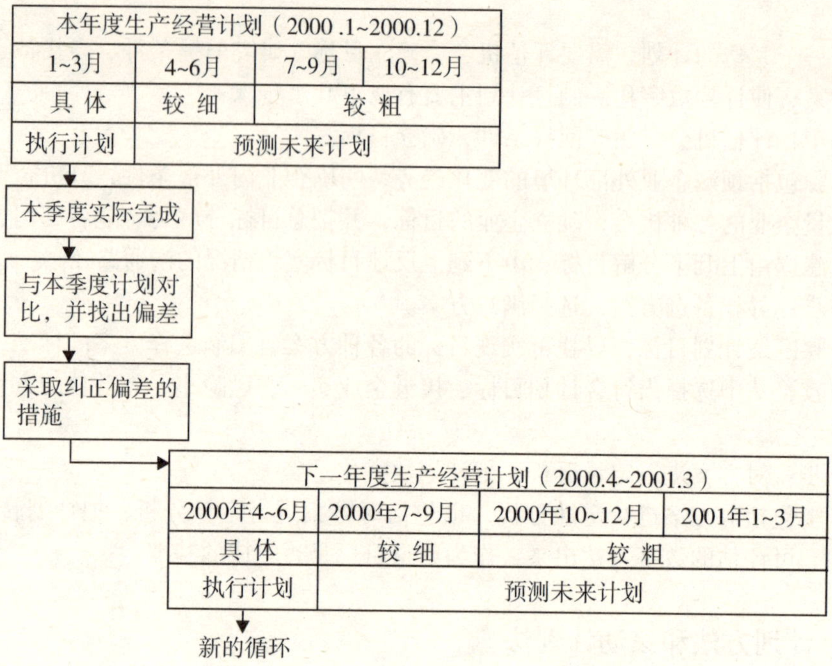

图 2-3　年度生产经营计划的滚动计划法

四、计算机的应用可以发挥滚动计划法的优越性

滚动计划法要对每个计划期时段内的计划执行与外部变动作出对比，在计划时段内逐期滚动，因而使得计划的任务量不断加大，计划的计算工作量不断增多。但是在计算机应用于管理后，能有效解决滚动计划法的计算问题，因此被广泛利用。滚动计划法可以应用到任何类型的计划中，其中广泛应用、获得成功的是 MRP、MRP Ⅱ、ERP 的计划体系。MRP、MRP Ⅱ、ERP 系统都是以计划为核心，系统内多种计划的编制和执行都是采用滚动计划法，使得企业的生产经营、财务、销售等众多计划的制订有了弹性和灵活性，增强了企业的应变能力。

第四节　初期物料需求计划

20 世纪 60 年代的初期物料需求计划，是为了解决订货点法的不足而提出来的。初期物料需求计划主要是从生产计划的角度考虑库存管理，此时的计划针对物料，把物料间的供需关系区分为独立需求、相关需求，而且提供了物料需求的准确时间和数量，解决了相关需求问题。初期物料需求计划极大幅度地降低了零部件特别是相关需求零部件的冗余库存，对生产计划和控制具有重要意义。

一、初期 MRP

初期 MRP 可以定义为：“利用主生产计划 MPS（Master Production Schedule）、物料清单 BOM（Bill of Material）、存货（Inventory）及未交订单（Open Order）等各种资料，经计算而得到的未来物料的需求状况，同时提出各种订单补充的建议，并对已开出的订单进行修正的一种技术。”

二、MRP 计划系统的流程和目标分析

MRP 的流程如图 2－4 所示。

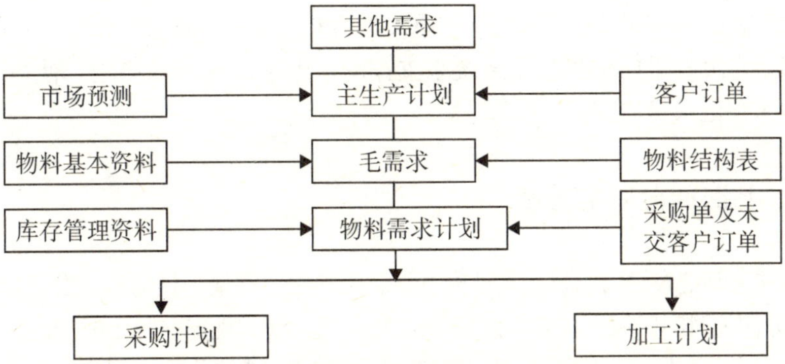

图 2－4 初期物料需求计划的流程

从图 2－4 可知：MRP 依据主生产计划及物料清单计算毛需求，再依据仓库库存信息、采购信息和生产信息计算出物料需求，并确定相关物料的需求量和需求时间。

MRP 与经济学的研究目标是一致的。经济学要解决为谁生产、用什么生产和怎样生产的问题。企业 MRP 计划的目标从属于社会经济目标，也是要解决为谁生产、用什么生产和怎样生产的问题。

MRP 系统研究领域的鼻祖怀特先生最初指出：“MRP 的目标是按反工艺路线的原理，在最准确的时间（Right Time）、最准确的地点（Right Place）获得准确的物资（Right Material）。”也就是“3R”（3 个 Right 的缩写）目标。MRP 为了实现“3R”，必须严格按照计划保证企业物流畅通，把库存降低到最低限度，以实现企业资源（物料、资金、设备、人力）的最佳利用，获得最优经济效益。为实现这个目标，MRP 引入了重要的管理理念，即时间分割。

三、MRP 时间分割贯彻了企业的滚动计划

时间分割即把库存状态数据加上时间坐标，按照具体的日期、计划时区准确记录并存

贮库存状态数据。

现实的企业生产好比一个连续滚动的山水画卷轴。虽然企业的经营丰富多彩、内容繁多，但从计划管理角度来看，企业是对物流、信息流、资金流进行输入、贮存处理和输出的转换器。企业的计划是统领信息流、物流和资金流的龙头。企业的长期计划是3—5年，年计划是12个月，旬计划是按每月份上旬、中旬、下旬各10天的周期进行细分，周计划按7天确立工作班轮番，日计划落实了企业每天的日常生产。企业画卷的未来是无限延伸的计划预测，包括不确定的环境和信息，随着由远至近推移，新的时间单元进入计划期，新数据和信息得以更新，企业每天的库存记录反映物流的实际进入情况。

物流记录不但要处理物料间的数量关系，还要处理时间关系，要长年累月地维护生产记录，持续不断地更新按天记录的库存状态，计算工作量巨大，非人工能够胜任。例如，在一个典型企业中，如果对2.5万个库存项目按周划分时间段，对一年内的计划进行滚动，那么将处理500万个左右的数据单元，这样大的数据量以人工方式完成是无法想象的，也只有计算机才能胜任这样繁重的数据处理任务。2013年，京东集团，中国国内最大的直营电商企业，每年处理3.23亿个订单，拥有0.402亿SKUs（单品），有1 620个配送站，这些都是靠最先进的信息技术系统来支撑的。由于计算机的应用，使得MRP按时间、地点分割的库存记录可以完成。

四、MRP时间分割的分析

MRP时间分割把客户需求量、预计到货量、可利用库存量、订货指令发出量等一系列活动的连续时间分割为时间区域，按时间区域来组织生产。MRP规定在各个时间区域里的生产活动一定要在该区域里完成，对生产活动的调整也要在时间区域的分区处调整完毕，这样就保证了计划的滚动性和静态性的辩证统一。因此，时间分割的思想与制造业的事务处理流程本质上是一致的，与表示产品构造关系的产品结构表也是一致的。时间分割充分表达了产品由零件、部件到组合装配为成品的加工顺序和时间流动。依照“零件—组合部件—产品”的关系进行时间分割，按照细分的时间区域从事企业的生产活动，充分体现了工业企业的“3R”目标。

例如，合肥叉车总厂为了适应市场形势，力求以最少的投入，在最短的交货期满足用户多样化的需求，在1994年对企业的传统计划体制进行了变革。企业对计划的修改时限进行了明确的界定，使企业的天计划、周计划、月计划在各个计划时段内得到了统一，如图2－5所示。

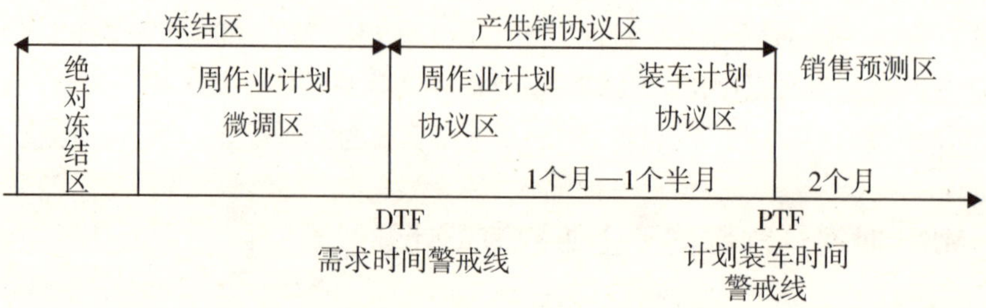

图2－5　合肥叉车总厂的计划时间分割

其中，从当日开始算起，两个月之后的预测区计划完全由市场预测确定，两个月之内的计划进入企业的计划时间框架PTF（Planning Time Fence），纳入滚动计划范围。从两个月后往前推的一个月到一个半月，企业的计划是产销计划协调区，可以对装配计划和周作业计划进行协调。以一个月为分界线，企业的滚动计划进入需求时间框架DTF（Demand Time Fence），往前的一个月，企业的计划进入周计划的微调区，这个时期生产订单正在进行最后组装，若没有必要则不变动装配计划。再往前滚动3周，进入计划的冻结区，指从今天到以后7天的时间，企业的计划一般不允许修改，如果营销人员反映要修改，则由厂长决定能否修改。“商品完工期=装车上线日期+各项目商品完工期”，其中装车上线日期为生产科的周作业计划时间，而各项目商品完工期限因商品种类的不同而不一样，具体的有：C型车7天，电瓶车8天，5吨以上叉车30天，1~3吨叉车30天。

合肥叉车总厂对企业计划时限的变更明确了计划的滚动性和灵活性，也明确了计划的严肃性，使得企业计划科原来的季度计划被滚动计划替代，企业可以根据需要随时下达计划表，做到商品计划、总装计划、在制品计划等各个计划之间相互衔接，使企业的计划按周滚动，对不同客户的交货期可以排列优先级。“近细远粗”的模式，适应企业的客户需求。

五、时间分割对库存管理的重大意义

时间分割对库存管理具有重大意义。需要指出的是，自从中国引入计算机到企业管理领域，过去的几十年来，我国许多软件商、企业优秀设计人员热切地开发了一些进销存库存管理软件，还有的企业委托科研院所辛辛苦苦开发了MIS系统。然而最终，这些系统有的变成了“鸡肋”，有的完全不能用，大多数都失败了。失败的主要原因是按照原有的手工库存管理和计划管理方式编写程序，没有果断地抛弃传统库存管理方法，“穿新鞋走老路”。利用计算机模拟手工库存核算的报表，不能依据时间分割动态处理企业的库存数据信息，不能满足企业运营管理对于时间控制的需求，因此这些系统免不了失败的命运。

例如，合肥叉车总厂曾经花了8年时间由计算机人员攻关企业的库存模块，但是如同走进了死胡同，迷雾重重，而企业却完全找不到原因在何处。后来，一个偶然的机会，合肥叉车总厂的前任厂长凌忠社先生找到了失败的原因。凌忠社厂长在去北京出差的火车上和北京航空航天大学的一位教授同坐一个车厢，厂长谈到企业的库存管理问题，也谈到计算机开发的库存管理系统使用效果不佳的情况。北航的教授向凌厂长介绍了MRP概念以及MRP在国内外的应用状况，并且指出，凌厂长遇到的库存管理问题国外早已解决。此番谈话为凌厂长指明了方向，他找来有关MRP的书籍研读，仔细研究企业材料不配套、库存不准确的表面症状及其根本原因，最后果断引进了国外MRP Ⅱ软件，从此把企业带入了一条现代化管理的大道，实现了企业连续9年叉车行业全国综合经济指标名列首位的佳绩。

此外，我国的美的集团、健力宝富特容器公司等企业花了上百万元委托科研院所开发的MIS系统却用不了，主要原因是没有针对物料之间的需求关系引入时间分割概念。一批财务进销存软件商进军ERP领域的主要障碍也是没有突破传统库存管理和会计核算的窠臼，没有充分重视MRP的时间分割和处理逻辑。因此，为了彻底解决库存管理和生产计划问题，企业必须从瓶颈问题入手，不回避矛盾，正视落后和不足，对症下药，寻求科学先进的解决方案。

第五节　闭环 MRP 系统

由于 MRP 方法需要对大量的动态数据进行运算，严格区分产品零部件之间的结构关系、产量数目和交货期限，计算量大，是手工方法无法实现的（请参阅第三章第一节“MRP 的处理逻辑”）。因此，MRP 在产生的初期并没有得到很好的应用。

随着 20 世纪 60 年代末计算机系统由美国的国防部门向民用部门应用扩散，IBM 公司率先开发了 MRP 的计算程序，使繁杂的数据交给计算机处理后变得简洁清晰，因此带动了 MRP 的应用。到了 70 年代，随着 MRP 应用的深入和计算机数据处理能力的加强，人们发现实际上 MRP 已无法适应企业客观环境的变化，尤其是在生产计划的变化受市场需求、企业生产能力和各种资源需求的影响下，MRP 计划的执行率变得较差。在此背景下，MRP 发展成了闭环 MRP，即闭环物料需求计划系统（Closed-loop Material Requirement Planning）。

一、闭环 MRP

MRP 能够有效地解决制造企业为谁生产（Who）、生产什么（What）、用什么生产（How）、什么时间生产（When）的“4H”问题。还有在哪里生产（Where）没有有效解决，即没有把生产工艺和工作部门纳入 MRP 中。初期 MRP 没有解决如何保证计划实施成功的问题，涉及的是企业市场的界面及输入，而没有深入企业内部的生产管理核心。

美国生产和库存控制协会（APICS）将闭环 MRP 定义为：以物料需求为核心并包括能力等生产计划功能的系统。闭环 MRP 中的闭环有两层意思：第一层意思是把生产能力需求计划、车间作业计划、采购作业计划等纳入 MRP，形成一个封闭的系统；第二层意思是在制订计划的过程中利用反馈信息进行平衡。

二、闭环 MRP 的特点

闭环 MRP 具有以下特点：

1. 计划管理的内容增加了生产和加工能力

初期 MRP 单纯地管理“物料”，即成品、半成品、在制品、外购外协件、原材料等，而闭环 MRP 除了管理物料外，还增加了人力、机器、时间等的管理，使由 Who、What、When、How 构成的“4H”增加了 Where，成为“5H”。

2. 具有了产能模拟环节

初期的 MRP 假设主生产计划较稳定、可信赖，产生的订单不发生巨大的差异，资料也准确可靠，这与企业经营的实际情况有出入。因为稳定的主生产计划较难取得，生产过程中各种随机干扰因素制约了 MRP 计划的实施，计划实施成功的机会很小。闭环 MRP 以整体生产计划流程为系统根基，在制订主生产计划、采购计划和车间作业计划的过程中包括了粗能力计划、细能力计划等产能模拟环节，而且经过计算机多次更新与均衡，使得依主生产计划展开的物料需求计划较可行，因此使得计划变更的频率大幅度降低，也保证了生产系统的均衡性和高效率。

3. 包括了执行反馈信息

初期的 MRP 没有现场实施情况以及采购信息的快速反应功能，需要等到实际资料正确及时地输入系统后才能重新核算新的物料需求。而闭环 MRP 包括了各实际执行子系统的信息反馈，生产活动控制子系统、采购子系统等系统间的资料可自动存取和相互查询，依此建立的统计分析保证了系统对外界的变化及时反应及回馈，也就保证了计划系统的可预见性和灵敏度。

三、闭环 MRP 的流程

闭环 MRP 的流程如图 2－6 所示。

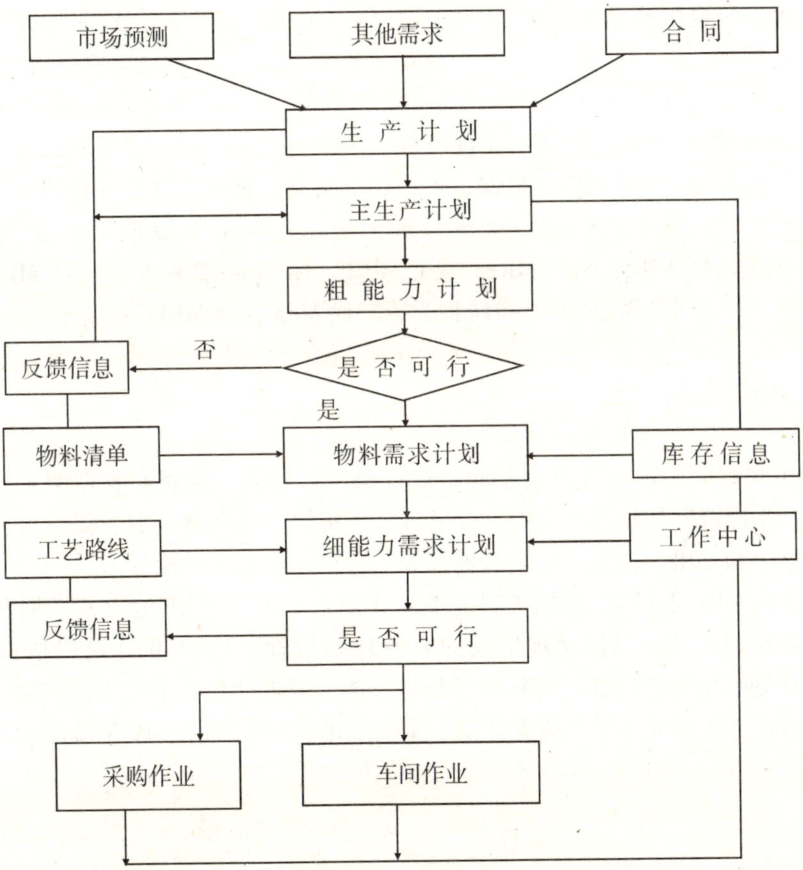

图 2－6　闭环 MRP 的流程

四、APICS 大力宣传 MRP 和闭环 MRP

闭环 MRP 较之传统的 MRP 能以整体生产为出发点，利用“计划—执行—评估与回馈”的管理逻辑正确有效地对生产的各项资源进行规划与控制，它一度成为医治美国生产效率危机的“妙方”，为制造业作出了巨大的贡献。

此外，针对当时美国企业采用非正规计划系统、生产效率低下的状况，美国生产与库存控制协会（APICS）组织了各种研讨会和培训班，出版了多种书刊、录像带，向企业广泛宣传了 MRP、闭环 MRP 的工作原理和方法，对当时企业管理的变革和管理水平的提高起了极大的推动作用。过去 30 年，我国也借鉴了 APICS 的经验，在国内大力宣传和普及 MRP、MRP Ⅱ及 ERP 理论。

第六节 制造资源计划 MRP Ⅱ

20 世纪 80 年代，全球经济受石油危机的影响而衰退，企业对资源占用也开始重新审视，管理方法也由追求大批量生产的低成本转向准时生产的高效率和高质量。这是因为在企业管理中，生产管理只是一个方面，企业的其他活动也是企业生存发展的必备条件。

闭环 MRP 经过 10 年的应用有了新发展。1980 年左右，一些企业把最重要的资源——资金也纳入了系统原有的材料、机器、人力、时间里，对财务计划、销售计划、现金收支计划、生产计划、技术计划加以统筹管理，在此基础上发展成了企业制造资源计划 MRP Ⅱ。为了区别 MRP、闭环 MRP，便把 MRP、闭环 MRP 称作第一代 MRP，把扩充了财务、销售、技术等资源的 MRP 系统称为第二代 MRP，即 MRP Ⅱ。

一、MRP Ⅱ的定义

MRP Ⅱ可以简单定义为对企业的制造资源进行计划、控制和管理的系统，其中的制造资源包括生产资源如物料、人力、设备，市场资源包括销售资源、供应资源，财务资源包括资金来源和支出，以及工程制造资源如工艺路线和产品结构等。

APICS 对 MRP Ⅱ的定义是：“制造资源计划是对闭环 MRP 的直接发展和扩展，它由不同的功能模块组成，共同实现集成的业务计划管理。MRP Ⅱ计划包括销售和经营计划、生产计划、主生产计划、物料需求计划、能力需求计划、生产执行控制等。这些计划的输出与报告互相集成，提供业务计划、采购承诺、发货预算、库存预计、货币计量等集成信息。”

二、MRP Ⅱ的流程

MRP Ⅱ的流程如图2－7所示。

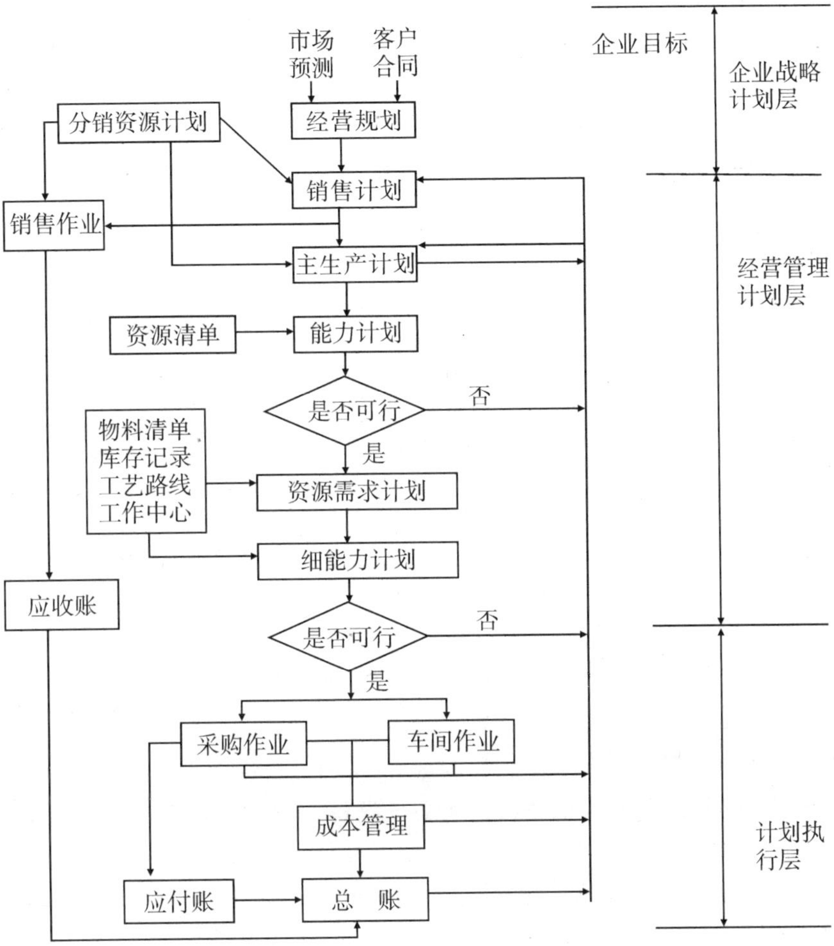

图2－7　MRP Ⅱ的流程

三、MRP Ⅱ的特性

1. MRP Ⅱ对库存价值进行准确反应

MRP Ⅱ库存管理的特点是依时间段对企业的原材料、零部件、产成品等库存状态数据进行实时跟踪，按时间段对库存状态的现有量、预计到货量、需求量、可使用量以及库存价值进行管理，保证了库存与生产需求的时间合拍，保证在恰当的时间对每项库存做到恰当数量的订货，并保证在恰当的日期到货。由于MRP Ⅱ的库存能够对企业物料的动态流速和流量及时作出反应，对库存项目的货位布置、库存货位及监控点的物流状态和资金占用都有严格记录，并用计算机处理大量的动态库存数据，因此有利于减少库存资金的占用（如图 2－8 所示）。

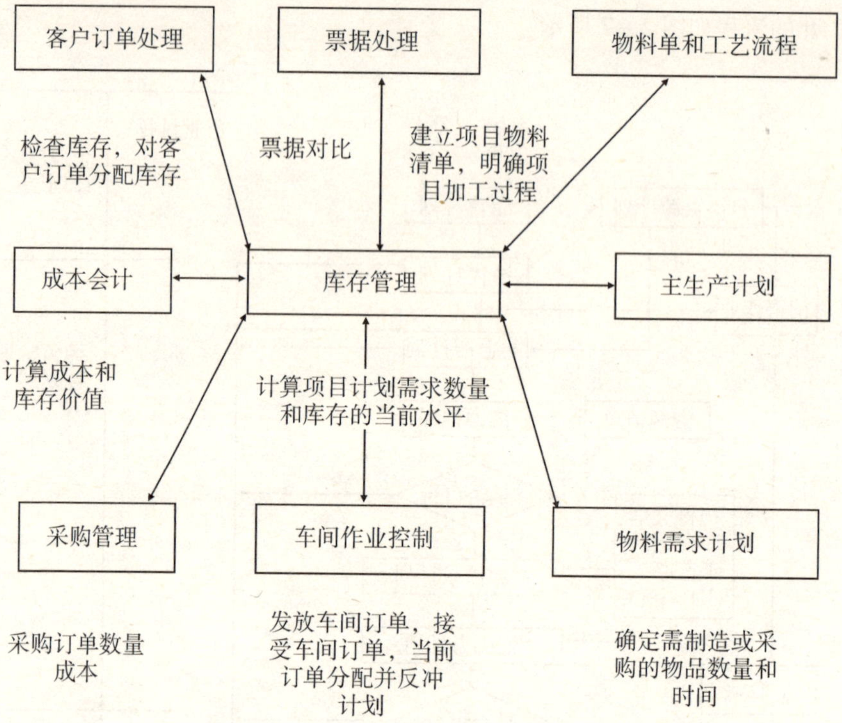

图 2－8　库存与其他系统的内在联系

2. MRP Ⅱ系统的模拟性

MRP Ⅱ系统的制造资源包括物料、人力、设备、资金、时间等众多资源，数据信息统一在一个中央数据库中，根据系统多层次的反馈信息可以模拟生产计划，对产品结构、工艺、成本在没有生产前进行模拟，不合意的地方可作出人工调整，企业可以事先采取措施平衡物料准备和加工能力，因此有利于把隐患消除在计划状态中。

3. MRP Ⅱ系统的动态性

MRP Ⅱ系统提出的建议信息方便管理人员作出方案比较和科学决策。因此，MRP Ⅱ具有计划动态预见性，具有能够将物流、资金流、信息流三流统一的优势。

四、MRP Ⅱ的效益

MRP Ⅱ作为一种实现企业计划管理的科学方法被世界各地的企业所接受，成为制造业提高生产率的利器。MRP Ⅱ研究人员 Laforge 及 Stanr 1986 年在南加州做过调查，该地多于 100 人的工厂 31% 是 MRP Ⅱ系统的应用企业。MRP Ⅱ从产生至今已在发达国家的制造业得到广泛应用，并取得了很大的经济效益。

美国 20 世纪 80 年代初的调查结果表明，成功和比较成功地应用 MRP Ⅱ的公司取得的收益包括：①平均库存量减少 20% ~30%；②加班加点减少 50% ~90%；③装配车间的劳动生产率增长 25% ~40%；④零件劳动生产率增长 5% ~10%；⑤服务水平较高；⑥产品质量得到明显改进。

20 世纪 80 年代末，MRP Ⅱ被引入我国，1990 年左右我国出现了第一次 MRP Ⅱ应用热潮，1998 年开始，我国掀起了 MRP Ⅱ应用的第二次热潮。我国实施 MRP Ⅱ成功的企业也取得了上述的效益。

此外，我国企业实施 MRP Ⅱ还获得了一些潜在效益：①摸清了库存等家底，为高层管理提供了有效的决策信息；②管理部门达到最佳的计划水平，不用人工分解计划；③企业的组织机构设置更加合理，促进了因事设人；④零件齐套率提高，现场工作条件大大改善；⑤员工在企业中集体工作的能力和意识得以提高。

五、MRP Ⅱ与其他管理技术的融合

20 世纪 80 年代，MRP Ⅱ系统吸收了及时生产（Just in Time）、有限能力计划（Finite Capacity Schedule）、并行工程（Concurrent Engineering）等多种管理技术，其应用范围也从传统的离散型生产企业向流程型生产、混合型生产企业扩散。经过多年的理论研究和实践积累，MRP Ⅱ系统已成为适应于多种生产制造环境的先进管理技术。

例如，国际计算机有限公司（ICL）制造工厂的 MRP Ⅱ系统包括五个相关的集成系统，即 MRP Ⅱ、JIT、专家系统、并行工程和人的参与。其中 MRP Ⅱ、JIT、专家系统是三个信息技术系统，为企业的物流管理提供一个集成的且基于数据的信息支撑平台。并行工程把设计与生产工艺集成起来，在产品设计的同时确定生产工艺，在实际生产前考虑设计信息和生产资源的协调，有效地缩短了新产品的推出时间。人的参与主要是企业员工对通用数据以及人和计算机使用的信息进行理解并作出分析，让企业职工主动承担信息分析与决策的责任，而职工承担责任的能力和意愿又正是企业竞争的力量源泉。因此，MRP Ⅱ系统把人的潜能，把员工利用数据作出决策的积极性充分调动了起来，使 MRP Ⅱ系统成为有机的人机协作系统。因此，MRP Ⅱ成为世界制造企业普遍使用的生产营销计划模式，同时也推动了企业资源计划 ERP（Enterprise Resources Planning）系统的产生。

第七节　企业资源计划 ERP

20 世纪 90 年代，随着经济全球化和客户化生产的加强，企业追求以市场为导向，通过企业战略和组织创新来提高企业的竞争力。这表现在两个方面：一方面，许多企业利用信息技术、网络技术改造企业的业务流程，在供应商和客户之间结成战略联盟，实施电子商务和供应链管理，把“大而全”、“小而全”变为企业间的相互协作，把跨行业、跨地域的供应商、供应商的供应商、客户、客户的客户等众多资源纳入企业管理之

中；另一方面，企业内部的供应链资源也开始细化，企业内部上一个部门、上一个工序的需求推动下一个部门、下一道工序的需求，加工车间的计划决定后勤备料部门的需求，用户需求决定企业的需求，企业的需求决定供应商的需求。这种层层递推、环环相扣的供需资源管理成为企业资源计划 ERP 的主要内容。

一、ERP 的定义

虽然国际上对 ERP 系统没有完全统一的定义，但基本上沿用了 20 世纪 90 年代初美国 Gartner Group 公司首先提出的 ERP 概念。Gartner Group 公司将 ERP 系统界定为四个方面：①超越 MRP Ⅱ范围的集成功能；②支持混合方式的制造环境；③支持能动的监控能力，具有模拟分析和决策支持能力；④支持开放的客户机、服务器计算机环境。

ERP 系统反映了供应链管理的理念。一条完整的供应需求链是从自然资源的开采开始，经过一系列增值的生产和运输过程，直到产品到达最终消费者。

二、ERP 的流程

ERP 的流程如图 2－9 所示。

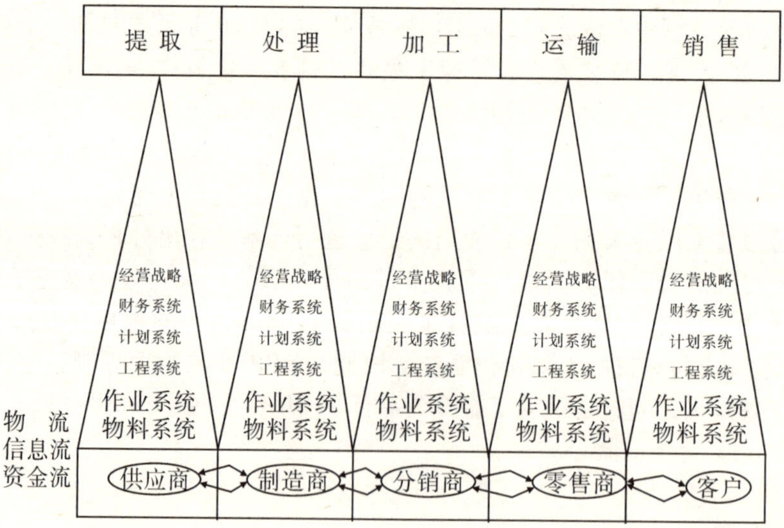

图 2－9 ERP 的流程

ERP 覆盖了从产品设计、原材料采购、产品制造到分销零售的物流、信息流和资金流的全过程，集成了客户关系管理（Customer Relationship Management）、流通领域的 JIT 管理、实验室管理、全面质量管理、电子数据交换 EDI、电子商务等众多管理技术和方法，为实现企业间的虚拟动态联盟提供了强大的信息支持。

三、ERP 与 CIMS 融合，向 ERP Ⅱ发展

近年来，生产管理技术的应用范围从传统的生产领域向流通服务领域渗透，出现了虚拟制造、动态企业建模、精细生产、敏捷制造等新方法。同时，随着计算机技术的进一步发展，世界制造业正向计算机集成制造系统（Computer Integrated Manufacturing System，简称 CIMS）的方向发展。CIMS 主要包括下列内容：

（1）计算机辅助设计系统（CAD）；

（2）计算机辅助制造系统（CAM）；

（3）计算机辅助工艺系统（CAPP）；

（4）计算机辅助工程系统（CAE）；

（5）计算机生产过程控制系统（CPPC）；

（6）计算机辅助质量管理（CAQ）。

CIMS 把制造业的生产、经营和技术等各项工作，通过计算机连成一体，形成一个高度自动化、智能化和最优化的综合制造系统。ERP 系统把 CIMS 系统中的各个子系统通过计划有机结合起来，达到互通信息和共享数据资源的目的，因此可以说，ERP 系统是 CIMS 的信息中枢。随着 ERP 本身的发展，它向 CIMS 渗透的力量逐步增强，ERP 系统将具有自组织、自学习能力，并向更高阶段——ERP Ⅱ发展。企业管理系统向更高阶段发展的过程中，ERP/ERP Ⅱ仍将是企业管理信息建设的中坚力量，应用前景将是非常广阔的，对社会和经济的效益和贡献也将是巨大的。

第八节　国外 MRP Ⅱ/ERP 发展的历史总结及思考

国外 70 年 MRP Ⅱ/ERP 系统的发展历史，也是一部管理理论与方法的创新史，MRP Ⅱ/ERP系统凝结了制造企业管理实践的精华，也聚集了西方工业的进步和文明。

一、MRP Ⅱ的历史概括

对 MRP Ⅱ历史的简单概括如图 2－10 所示。

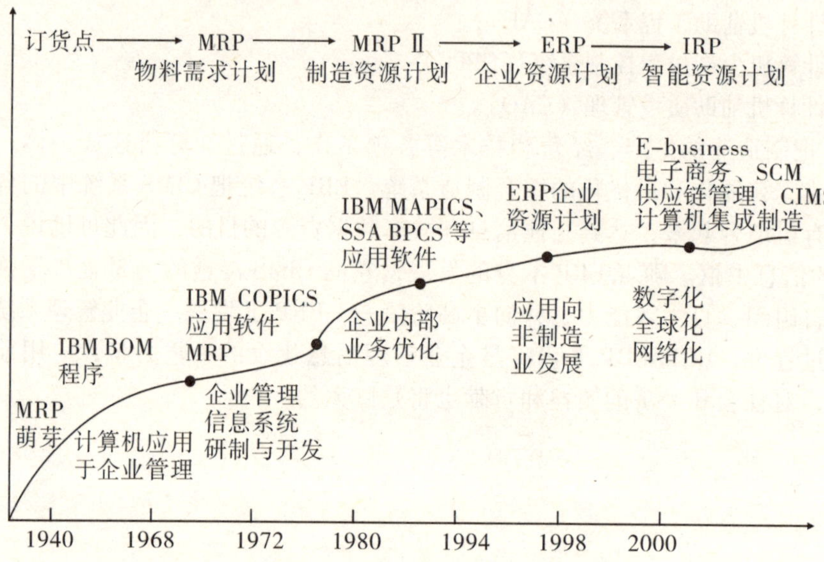

图 2－10　MRP Ⅱ/ERP 的历史及其发展

二、MRP Ⅱ/ERP 的发展给企业的启示

MRP Ⅱ/ERP 的发展给企业带来的启示主要有以下几个方面：

（1）MRP Ⅱ/ERP 的应用是管理方法与计算机系统相互作用、相互促进的过程。信息技术、网络技术、计算机技术日益改变着传统的生产和经营模式，已渗透到日常生产的每一个环节和每一个部门。因此，现代化的企业管理必须充分利用计算机技术，否则企业将失去竞争优势，员工将失去决策工具和责任。

（2）MRP Ⅱ/ERP 的发展是循序渐进的。我国在应用 MRP Ⅱ/ERP 实现企业管理科学化的过程中可以充分吸收西方企业 70 年的经验和教训，但必须紧密结合企业外部、内部的市场环境和竞争机制，在适当的时机引入相关阶段的 MRP Ⅱ/ERP 系统。没有任何 PC 应用基础，没有贮备企业的 MRP Ⅱ/ERP 应用人才，想一步应用到 ERP 水平是不现实的，也是很危险的。

（3）在引进西方 MRP Ⅱ/ERP 的管理思想时，要注意充分发挥我国企业的传统管理优势，发挥企业员工的积极性。MRP Ⅱ/ERP 系统是人机系统，不是一台自动化的计算机设备，只有把人的参与、人的责任、人的决策融入 MRP Ⅱ/ERP 系统的信息中，MRP Ⅱ/ERP 才会在企业生根。因此，MRP Ⅱ/ERP 并非简化了人的参与，而是把人本管理的思想贯彻到了具体的信息、数字和决策步骤中，是对企业管理文化、管理制度、管理方法的数字化、网络化，使管理从无形化变为有形化，从定性管理为主转为定量管理为主。

（4）MRP Ⅱ/ERP 促进企业间协作。MRP Ⅱ/ERP 除生产外，还包括了销售、财务、会计及成本的处理，虽然在技术上只前进了一小步，但在观念及效率上却前进了一大步。企业作为市场竞争中的主体，它的采购计划是协作单位计划的需求预测，信息、产品则成为订货单位的供应计划的输入。MRP Ⅱ/ERP 的功能不但能够满足单个企业的经营及生产活动，也能满足企业之间的协作计划。对于全面实施 MRP Ⅱ/ERP 的多个企业，它们之间可以通过 MRP Ⅱ/ERP 系统使企业的物流、信息流、资金流相互作用，促使行业的资源配置达到最优，资产存量和流量得以在最大空间上、最短时间内分布和流动。

案　例

中山 GLT 公司生产计划与控制的优化研究

一、公司简介

中山 GLT 镀膜玻璃有限公司（以下简称 GLT）是中山某高技术实业（集团）股份有限公司的控股企业，位于中山火炬高技术产业开发区内。从 1994 年创立投产以来，GLT 的经营规模不断扩大，2000 年已发展成为享誉业界的镀膜、钢化和中空玻璃生产厂家之一。GLT 的大型磁控溅射镀膜生产线设备来自于德国莱宝公司，大型水平钢化玻璃生产线是采用美国格拉斯泰克公司的技术和设备，电脑全自动异形玻璃切割生产线是采用美国比尔柯公司的设备，电脑自动玻璃双磨边生产技术和工艺则源于意大利。GLT 主要生产和销售建筑业和相关工业用镀膜玻璃、钢化玻璃和中空玻璃。其中，镀膜玻璃年产量为 100 万平方米，钢化玻璃年产量为 80 万平方米，中空玻璃年产量为 20 万平方米。2000 年，GLT 总资产为 1.8 亿元，全年加工玻璃 765 214 平方米；实现销售收入 5 635 万元，比上一年下降 1%；利润 370 万元，比上一年下降 32%；现金流量为 -440 万元，盈利由 1999 年的正转为 2000 年的负，企业面临现金流断流的困境。

GLT 在创业之初，就以高起点、高标准、高收益为目标，先后从德国、美国等地引进钢化、镀膜和中空生产线，凭借高性能的设备和有效的管理，GLT 的经济效益逐年提高，受到政府和企业界的关注。然而，进入 21 世纪后，随着国内制造技术水平的提升，国内厂家的玻璃生产线的设备性能也不断改进，在价格动因刺激下，一些小企业纷纷加入了竞争行列。这些小厂家利用国产设备便宜的优势，压低产品售价，在争取订单上成了 GLT 强有力的竞争对手。面对激烈的竞争形势，GLT 亟待提升管理水平，巩固企业已有的市场地位。

二、GLT 的生产特点和竞争重点

（一）订货型生产的主要特点

GLT 是典型的订货型生产企业，即必须完全按照客户订单所提出的玻璃加工规格、颜色、原片质地、数量、交货期等指标组织生产。与备货型企业相比，GLT 的生产组织特征主要包括以下几点。

1. 围绕订单安排生产

按订单生产是一种以客户为中心的“以需定产”方式，生产厂商严格根据客户的需求计划来形成企业自身的生产任务计划，不能擅自更改。在接到客户订单之前，企业难以预测客户所需的产品品种、规格与数量，也就无法进行相应的生产技术准备活动。只有在接受订货后，生产者才能着手制订生产计划、物料需求计划、采购计划、作业计划，才能组织购买原材料、生产加工、质检、包装、入库、发货等一系列活动。因此，从某种意义上说，企业必须绝对服从客户，客户的需求是企业生存的基础。

2. 生产工艺流程的组织相对复杂

客户不同，其所需加工玻璃的大小、厚度、形状、色彩、数量、交货期也就不同。为完成客户的订单任务，企业必须按照要求组织产品在不同的生产工序上流转。从简单的钢化—镀膜加工，到较为复杂的钢化—镀膜—中空加工，每个订单的生产工艺流程都需对工艺路线做相应的调整，进行生产的调试、准备。故而，工艺路线的多变使得按单生产的组织工作量非常大。另外，按单生产不像重复式生产，可以有稳定的生产节拍，它的生产周期是不确定的。车间内部的生产任务安排，必须根据设备负荷和生产任务本身的特性，进行合理的作业排序和临时调度派工，因此，生产调度工作非常重要，任务也十分繁重，仅靠传统的生产计划方法难以保证企业高效、均衡地生产。

3. 生产工艺流程的不确定性大

玻璃生产中的不确定性主要体现在，一是产品的生产受到客户订货量的刚性约束，一旦超过客户需求量，则多余产出就会变为废品，造成浪费。所以生产部往往都是严格按订单下达生产任务单。但玻璃生产工艺流程中极易产生损耗和不良品，为保证客户的订货数量，厂家往往需要补片，重新安排生产，这样就会延长生产周期，导致不能按期、按质交货，影响企业的声誉和形象。二是主要原材料的供给也存在不确定性。原片的采购要根据客户的订单需求而定，一般不可能将各种规格的原片大量地存放在仓库，一方面是因为仓库容量有限，另一方面是因为久置的原片容易产生霉点，镀膜时会发生脱膜现象。常规品种的原片可保持一定的安全库存，但订货量大时就要及时采购。原片的供应受到供应商生产状况的制约，若是遇上急单没有原片，供应商又不能正常供应，往往就会影响企业的交货期。由于用户需求的随机性（订货时间、批量、品种、交货期等）以及市场原材料供应的不稳定性，做好企业的生产计划管理工作就显得格外重要。

（二）订货型企业生产运作管理的重点

按订单生产，是一种高度客户化的生产组织形式。如何根据企业自身的生产特点和生产能力向客户争取更多的订单，从而获取更大的生存空间，是每一位关心企业发展的管理者时常思考的问题。这一命题概括起来就是要解决企业订单赢得要素和订单资格要素问题，换言之，也就是要解决订货型生产的竞争战略问题。

一般认为，一致性的质量、及时交货和产品可靠性是绝大多数制造商的订单资格要素，低成本则是订单赢得要素。但是，订单资格要素和订单赢得要素会随着竞争形势的变化和行业的差别而有所不同。对玻璃产品而言，客户对价格、交货期和产品质量的重视程度是不一致的，因而价格、交货期和质量都可能因客户对象的不同而成为订单赢得要素。GLT在组织玻璃加工的过程中，要尽可能地降低成本，提高质量，保证及时交货，创造企业赢得订单的起码条件。然而，对GLT来说，仅有基本的订单赢得要素是不够的，还必须有针对性地强化自己有别于其他企业的优势，为赢得订单争取最有利的筹码。为此，GLT认为，2000年以后的生产运作管理重点应放在：

1. 及时交货，快速交货

GLT的客户主要是一些建筑承包商，为保证工期，他们往往对建筑用材料的准时交货非常重视，尤其是大的工程项目，时间的要求极为严格，延期交货的时间价值损失很大。GLT如果不能做到及时交货、快速交货，要争取大的客户订单是很困难的。这就要求GLT在生产管理过程中必须强化时间意识，树立"时间就是订单，时间就是效益"的理念，从基础管理做起，力争较高的按期交货率，牢固树立自己在业界中交货准时、快速的新形象。

2. 质量可靠有保证

可靠的质量是产品的生命，GLT对产品质量是非常重视的。目前企业已通过了ISO9002认证，GLT玻璃的品牌已在同行中享有一定的声誉，说明其质量管理工作已取得初步成效。但也必须清醒地认识到，GLT还不是享誉国内外的名牌，它与国内其他一些厂家如上海耀皮、深圳南玻等尚有不少差距。GLT的竞争对手在不断发展，GLT也必须继续提高产品质量，创出优质名牌，让广大客户认同GLT的质量，认同GLT的品牌。

3. 建立柔性生产方式，以快速的市场适应力取胜

柔性生产的核心是企业根据客户个性化、多样化的需求，作出灵活的适应性调整。柔性生产不仅要以柔性制造生产线为基础，还要具备弹性的生产计划组织。GLT的主导产品是玻璃深加工，目前已有镀膜、钢化和中空三条生产线，拥有异型切割机等先进设备，若能将这些设施充分加以利用，就能够满足客户多层次的需求，特别是客户对异型玻璃的需求，以及对具有节能、隔音效果的中空玻璃的需求。GLT还可从未来玻璃市场发展的需要出发，开发新的产品生产线，比如装饰玻璃等。当然，企业要提高市场适应力，离不开相应的资金实力和必要的技术、人才储备。

企业创造在交货期、产品质量以及快速市场响应等方面的优势，并不意味着成本不再重要，而是在不断降低成本、提高效率的基础上对生产运作系统提出更高的要求。若要实现上述竞争战略重点的转变，一个必要的前提条件是，GLT必须改善现行计划管理的薄弱环节，建立起高效的生产计划管理体系和有弹性的生产运行体系，形成良好的生产计划监控机制。

三、GLT生产计划与控制方面的问题及原因分析

（一）GLT生产计划管理的现状与问题

1. 订单不足，产能低下

订单是订货型企业安排生产的出发点，没有订单或订单量不足，再先进的设备也难以发挥其作用，再优秀的人才也无法施展其才干。GLT的玻璃生产任务主要取决于销售人员争取订单的数量。由于众多厂家参与竞争，全国玻璃生产的供给能力大大增强，厂家基本

上都面临着生产能力过剩、总体开工率不足等情况。从表 2－2 可知，2000 年，GLT 镀膜、钢化和中空三个车间的实际生产量普遍较低，远低于设备的设计生产能力，产能分别只有 21.627 8%、18.112 3%和63.162 5%。除了中空玻璃生产线的利用率稍高外，钢化和镀膜生产线的利用率均不足30%。尽管 GLT 认为其三大生产线的年设计能力根本达不到预计标准，但 GLT 的产能低下却是一个不争的事实。

表 2－2　2000 年 GLT 生产能力利用状况

	年设计能力（万平方米）	实际生产量（万平方米）	产能利用率
镀膜玻璃	100	21.627 8	21.627 8%
钢化玻璃	80	14.489 9	18.112 3%
中空玻璃	20	12.632 5	63.162 5%

2. 难以保证按时交货

GLT 的生产负荷相对不足，按理来说，其订单的按时交付率应该很高，但事实上，企业却时常出现延期交货的现象。2001 年上半年，GLT 仅完成产量 193 179 平方米，比去年同期下降 33%，其中镀膜 129 399 平方米，钢化 42 397 平方米，中空 21 383 平方米，且同期订单延期完成的现象有递增的趋势。由于掌握的资料有限，这里仅以企业部分时间段的数据作分析。从表 2－3 的资料可知，2001 年 4—6 月钢化、镀膜和中空车间的按期交付率都偏低，分别只有 74.54%、65.57%和 85.71%。尤其是镀膜生产线，在 122 个销售订单中，就有 42 个是拖期完成的。其中，拖期 1 天的订单有 23 个，拖期 2 天的订单有 10 个，拖期 3 天的订单有 3 个，拖期 5 天以上的订单有 6 个。由此可见，GLT 的订单管理确实存在较多问题。

表 2－3　GLT 2001 年 4—6 月钢化、镀膜、中空车间部分订单完成情况

项目	钢化		镀膜		中空	
	订单数	百分比（%）	订单数	百分比（%）	订单数	百分比（%）
提前完成	58	26.85	22	18.03	11	31.43
按期完成	103	47.69	58	47.54	19	54.28
拖期完成	55	25.46	42	34.43	5	14.29
合计	216	100	122	100	35	100
按期交付率	74.54%		65.57%		85.71%	

3. 成本居高不下

近三年的 GLT 成本核算资料显示，公司的生产成本有所增加，但这只能说明 GLT 的各项费用开支比较大。由于统计上的原因，GLT 无法准确地分析完成每批订单的实际成本开支情况，也无法准确判断每个订单的实际盈利和亏损状况。据介绍，为保证产品质量，GLT 基本上采用的是深圳南玻和上海耀皮公司的原片，购价较高，这是生产成本偏高的主要原因之一。另外，进口设备每年的折旧和维护保养费用也很高。除了生产上的直接材料费较高，GLT 还存在着许多浪费现象，如切下的玻璃残料不能充分利用，操作不慎损坏的玻璃数额较大，加工过程中的不良品多，设备空转消耗大量的水电等。种种现象表明，GLT 的生产降耗工作还有较大的开发潜力。

4. 产品质量问题时有发生

GLT 的质量管理工作比较严格，但系统造成的质量问题和人为因素造成的质量问题还是不可避免。从 2000 年客户投诉反映的情况来看（见表 2－4），因运输破损、数量错误、脱膜和划伤等原因感到不满的较多。虽然 GLT 没有在投诉订单与同期总成交订单的对比中计算顾客投诉比例，分析客户对 GLT 产品的总体评价，但顾客的投诉至少可以说明，GLT 的产品质量仍存在一定问题。2001 年 1—6 月，GLT 接到顾客投诉共 90 起，但 7 月间的投诉就发生了 34 起，显示出客户不满程度有递增的趋势。如不及时采取应对措施，GLT 的产品形象就会受到影响。

上述问题的存在，反映了 GLT 在生产运作管理上的不足。若要迅速增强市场竞争力，提升市场地位，GLT 就必须抓住问题的关键，深入剖析问题产生的根源。下面就交货延期这一困扰 GLT 的突出问题做进一步的探讨。

表 2－4　2000 年客户投诉情况

投诉原因	投诉次数	百分比（%）	平均投诉数量（平方米）
运输破损	39	30. 233	38. 82
尺寸错误	8	6. 202	18. 25
划伤	10	7. 752	24. 61
数量错误	13	10. 078	41. 13
脱膜	12	9. 302	23. 33
自爆	7	5. 426	7. 11
色差	2	1. 55	140. 5
发霉	9	6. 977	39. 10
爆边缺角	4	3. 101	10. 21
镀反	8	6. 201	6. 52
应力不符	1	0. 775	—
其他	16	12. 403	39. 95
合计	129	100	

（二）GLT 交货延期的原因分析

1. 小单、补单、插单多，使生产计划落实困难，调度工作流于形式

GLT 目前接受的订单以小单居多。从生产部下达的生产任务单看（见表 2－5），2001 年 4—6 月钢化、镀膜和中空三个车间的生产任务中，100 平方米以下的小单分别占了 77. 78%、57. 35% 和 88. 57%。这些订单，一部分确实是客户要求加工的小额单，另一部分则是由于操作过程中因数量有误或因质量问题需要重新补单的。补单一般都有优先权，因为这部分数量不完成，就会导致整批订单不能发货，延误时间。小单、补单的加工量虽

小，但生产工艺流程却与大订单基本相同，也必须经过领料、准备调试、规定工序的加工、装货发运等过程。按照规模经济的原理，由于小单生产中分摊的设备、人工的固定成本高，生产成本显然要高得多。由于不同订单的加工要求不同，期间的转换过程需要耗费一定时间，订单数越多，转换时间就越长，所以小单的生产周期往往是不容易把握的。

表 2-5 2001 年 4—6 月 GLT 部分销售订单分布情况

按面积分组（平方米）	中空		钢化		镀膜	
	订单数	百分比（%）	订单数	百分比（%）	订单数	百分比（%）
0～10	22	62.86	107	49.54	42	32.56
10～50	7	20.00	51	23.61	25	19.38
50～100	2	5.71	10	4.63	11	8.53
100～200	0	0	16	7.41	10	7.75
200～300	0	0	4	1.85	5	3.88
300～400	0	0	10	4.63	11	8.53
400～500	3	8.57	7	3.24	7	5.43
500～1 000	1	2.86	6	2.78	7	5.43
1 000～2 000	0	0	3	1.39	8	6.20
>2 000	0	0	2	0.93	3	2.33
合计	35	100	216	100	129	100

GLT 公司的订单交货期也有偏紧的倾向，30%～50%的订单都是要求在 2 天内交货的（见表 2-6）。以钢化车间为例，2001 年 4—6 月，钢化车间 216 个订单中要求当天交货的有 12 个，1 天内交货的有 40 个，2 天内交货的有 56 个。为了完成这些交货期太紧的订单，生产时往往就需要插单，所以经常是调度员把每天各工段的生产任务刚安排好，又会接到新的小单、急单任务。调度员根据订单重新排序觉得太费时，于是干脆直接把任务下给车间，由车间灵活自主安排完成。在生产任务负荷不重的情况下，车间的小单生产没有大碍，反正工人上班时间总要安排一些工作。但如果在大单进行中插入小单，就会因保证小单的交货而影响大单的及时完成。

2. 采购作业和仓库管理难以适应准时生产、准时交货要求

保证准时交货的一个前提就是加工所需的物料必须提前到位。对于大宗订单，一般需要根据客户的加工要求采购原片。做采购计划前，采购员必须准确了解库存原片的数量和规格。虽然从 GLT 的仓库记录中可查阅到原片的库存情况，但是采购员很难对物料的实际数额做到心中有数，由于不能对库存数额实时查询，制订采购计划的盲目性就非常大。GLT 没有独立的原材料库和产成品库，大量的原片、在制品和产成品都堆放在作业现场，摆放不一，很难说按先进先出的原则使用原片。有的原片堆放时间太长，已产生霉点，准备生产时才发现已不宜再用，这不仅造成了巨大的资源浪费，更重要的是影响了订单的正常生产和按期交货。这种行为所导致的情况就是：一方面，存在大量的多余库存，使库存

占用资金增多；另一方面，生产所需的物料又不能及时供应，贻误生产，使准时生产和准时交货都无法实现。

表2-6　2001年4—6月GLT部分销售订单的交货情况

计划交货期（天）	钢化		镀膜		中空	
	订单数	百分比（%）	订单数	百分比（%）	订单数	百分比（%）
当天	12	5.56	6	4.92	0	0
1	40	18.52	15	12.29	8	22.86
2	56	25.93	27	22.13	7	20.00
3	41	18.98	24	19.67	7	20.00
4	24	11.11	17	13.93	1	2.86
5	15	6.94	15	12.29	4	11.43
6	9	4.17	7	5.74	1	2.86
7	8	3.70	7	5.74	1	2.86
8	4	1.84	3	2.46	2	5.71
9	2	0.93	0	0	0	0
10	2	0.93	0	0	2	5.71
>11	3	1.39	1	0.83	2	5.71
合计	216	100	122	100	35	100

3. 设备故障增多，时间损失大

GLT的进口设备，其性能无疑是优越的，但它对维护保养的要求也高。在引进、调试进口设备时曾有11人受过短期培训，但这些人大多已离开了公司。GLT现有的设备管理人员普遍素质较低，对进口设备的结构性能不了解，难以适应大型设备管理的要求。目前，设备使用已达一定年限，平时超负荷使用，且维护保养的投入比较低，使得设备的故障次数已有明显增多的趋势，故障时间也越来越长（见表2-7）。镀膜设备近年来频繁发生事故，其分子泵、真空泵、探头等部位都非常容易损坏，亟待维护，但由于备件费用高昂，分子泵换新工作一直未能完成。设备生产性能的降低以及频繁出现的故障，已经影响到GLT的产品质量、交货期和生产成本。按照GLT生产部日生产情况的统计，2001年7月31日至8月14日，镀膜车间连续发生多起设备故障，仅抽真空用时达44.5小时，故障时间22小时，平均每天产出量只有826.1平方米，最终导致武汉凌云等大订单拖期完成。

由于设备故障造成的时间损失主要有：①设备故障停机时间。如2001年6月的13次故障造成停机85小时。②转换调整损失时间。每次换靶，镀膜机的抽真空时间至少为12小时。③物流停止损失时间。④制造出不良品损失时间。⑤速度低下损失时间。1998年12月因一条电源电缆破皮造成短路故障，使得GLT的切割机X轴速度只能运行到正常速度的2/3。由于主控操作不小心，导致切割机设备参数丢失，切割异型玻璃速度参数不正常，只能代之以手工切割。设备故障和设备性能的减弱，不仅导致了物流的阻塞与混乱，使多余搬运增多，维修的工作量和管理难度加大，而且影响了员工的工作情绪和士气，导致生产计划不能按期完成，损害了企业的市场形象。

表 2－7　2001 年 2—6 月 GLT 设备故障发生情况

项目	时间				
	2001. 2	2001. 3	2001. 4	2001. 5	2001. 6
设备故障次数	19	12	7	8	13
停机时间（小时）	41. 5	17. 5	15	47	85
最长停机时间（小时）	8	2. 5	3. 5	36	36
平均故障率（%）	2. 9	1. 2	1. 0	3. 2	5. 9

4. 部门之间的协调性不够

多工序生产效率的高低，取决于各车间之间的配合程度。由于 GLT 员工的业绩考核主要与完成任务量挂钩，各车间工段往往只关注于完成自己的生产任务量，对整个订单是否按期完工并不关心。领导分配工作时首先考虑的是能否拿到钱，与物质利益不挂钩的工作不愿多干。至于怎样才能加快在制品流转，怎样安排订单生产是最有效的，他们认为那是计划员的工作。各工序没有对生产任务的完成进行及时反馈、监督和统计。整个订单任务完成后才统计生产欠数，然后向销售部门重新申请补单，再经过领料、生产等过程，浪费了时间。

5. 操作人员技术不熟练

GLT 除了玻璃上生产线和在工序间流转需要人工搬运外，绝大部分作业都是机器自动完成的。机器作业由电脑控制，必须由主控操纵调节参数，所以主控的操作技术对产品质量的好坏以及生产工艺流程的正常运转至关重要。参数调节不当，不能达到客户需要的颜色，就要重新生产。由于主控的技术不熟练，没有经验，需要调整多次才能将参数调准，每次调色都要占用较长的时间。一旦出现问题，又要停机检查，不合格品重新生产，势必造成时间上的延误。GLT 不少有经验的主控都因种种原因陆续离开企业，留下的主控也工作不安心。中空车间的主控在短时间内连换三任，新的主控需要时间熟悉生产工艺过程，对易发问题不能很好把握，没有充分的时间钻研业务及提高技术水平。

6. 重视质量检验，但全面质量管理的意识不强

GLT 对产品质量检验工作是较为重视的，设有专门的质检部，负责全公司的产品质量检验、产品标准制定和客户投诉处理。每个车间都配有 1～2 名专职质检人员，每周由质检部公布质检分析报告。质检员对待工作十分负责，在 GLT 产品质量的改善方面发挥了作用。但总体上，GLT 推行的仍然是一种传统的事后质量检验，即由质检员在产品生产出来后才对产成品一一进行检验。质检人员的把关固然重要，但这仅仅是少数人的努力，不但费时，而且由于质检员的疏忽很可能让不合格品进入市场。操作工人虽然有质量指标的考核，但在实施中贯彻不严，并没有形成每一个员工每一道工序的质量检验，不能把每个员工的积极性调动起来。例如，一旦客户投诉，公司一般要补货，不仅增加了成本，浪费了时间，也影响了其他产品的正常生产。

四、按照 MRP Ⅱ/ERP 的管理思想设计 GLT 的计划与控制体系

（一）改进之前的 GLT 生产计划与控制管理模式

计划是落实各部门工作和实现人员职责分工的基础。计划管理是企业运作体系的主线，计划的科学性和有效性可以保证生产运作系统的高效率运行。

GLT 对计划工作给予了高度的重视。但限于条件，改进之前的计划工作主要由手工处理完成，耗时长，精度差，可行性弱。像大多数按订单生产的企业一样，改进之前，GLT 的计划工作首先是将销售订单的产品需求计划转化为生产计划，然后根据生产计划制订采购计划和生产作业计划，采购人员向供应商发出采购订单，采购物资入库，满足生产需要，车间计划员将生产作业计划分解为各车间、各工段的生产任务单，然后根据加工流转单进行投入产出控制，生产的产品出库满足客户需求（见图 2－11）。

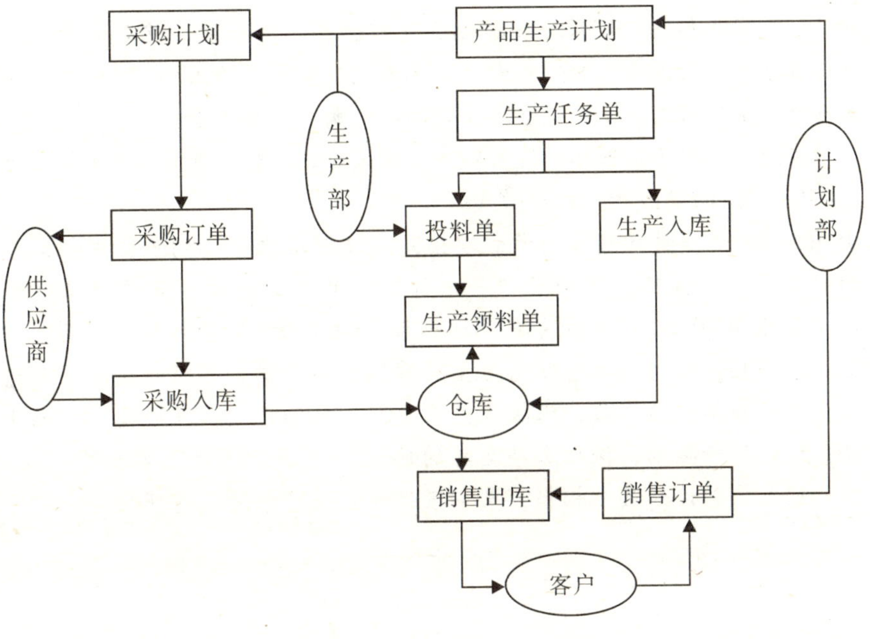

图 2－11　按订单生产示意图

这种计划模式，表面上看是从需求到计划，再进行物料采购和产品生产，似乎很科学合理，但订单生产组织的有效性是从“销售订单—采购订单—生产任务单”的流转过程中体现出来的，关键是要存在有效的机制保证生产任务按预期计划完成。对多工序生产的玻璃加工品来说，制订的生产计划是否具有可操作性，能否被严格执行，是 GLT 关心的问题。GLT 知道，计划应具有一定的稳定性才具有可执行性，如果计划赶不上变化，那么这样的计划是无法执行的。从前面的分析已看到，由于 GLT 的订单中多数是小单、插单，多项任务的排产本身就已相对困难，加上临时性的急单插入，调度员也就没有做更多的努力，只是简单地将任务分配至每个工段，至于这些任务加工的先后顺序，则由工段自己把握。显然，在各工段之间没有很好协调的情况下，随自己方便安排生产，结果必然导致在制品不能有效流转，订单任务在每道工序都要等待，生产周期必

然延长。所以，单纯依靠改进之前的 GLT 计划任务单的可执行性是比较差的，几乎没有排产，生产计划与执行是脱节的。

计划能否被执行，既取决于计划本身的科学性、合理性，也取决于车间对计划执行的控制性。其实，在改进生产计划与控制体系之前，GLT 的各车间、各工序对下达的计划一般只能作为他们实际工作任务的参考，至于加工顺序的科学性是很难考虑的，经常性的插单使有计划成了事实上的没计划。车间主任关心生产任务的完成，日常工作的重点主要是忙于处理生产现场的各种紧急问题。主观上他们也希望把各订单任务及时完成，但繁杂的各种现场问题使得工段负责人忽视了对计划的完工汇报工作，没有把现场信息和发生的生产问题及时提交生产科，计划科也无法通过后续计划来及时纠正前期生产计划的偏差。调度员有责任随时掌握每个订单的完工和拖期状况，但实际上在现有的计划执行情况下是很难做到的，因而 GLT 的计划与控制也是脱节的。

采购计划也同样如此。计划与采购分头管理物料，其后果必然是采购计划的科学性差，可执行程度差。采购计划的不科学自然也影响到采购员的工作重点，导致采购部门不能明确知道生产上的需求，等知道需求计划再去采购，时间又太晚了，采购工作难免陷入被动赶工的境地，出现了该采购的没采购，不该采购的物料又重复采购的怪现象。

（二）MRP Ⅱ/ERP 的计划管理模式

MRP Ⅱ/ERP 是一种计划导向的管理模式。计划层次由高到低，由粗到细，逐层细化，但始终围绕订单任务，贯彻了“一个计划”的原则精神，从而保证计划的一贯性和可行性。按照 MRP Ⅱ/ERP 的分层计划体系，GLT 的计划管理模式（见图 2-12）大致应该是：第一层，销售订单转化为主生产计划；第二层，车间调度员将下达的订单任务分解成生产任务单；第三层，根据生产需要制订采购计划，并通过自下而上的逐层反馈，对任务计划进行控制，保证工序运转的协调，充分发挥计划管理的“龙头”作用。生产加工计划和采购计划层层相扣，采用滚动计划进行分时段管理。

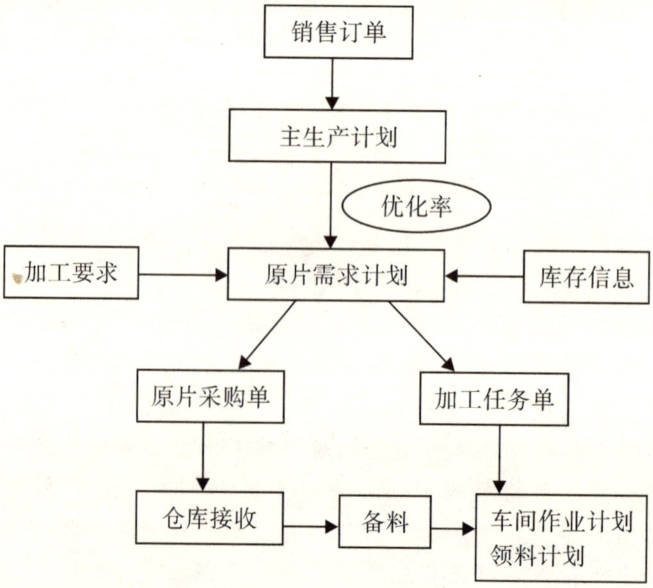

图 2-12　GLT 的计划管理模式

按照 MRP Ⅱ/ERP 的计划管理模式，GLT 计划管理的控制关键应放在以下几点上：

（1）销售订单根据营销部的要货申请来决定，并根据销售订单安排生产计划。为保证企业的生存和发展，针对重点客户（主要是大型建筑公司）展开营销工作，积极配合客户的工作，尽量争取批量较大、金额较多的销售订单。

（2）营销部根据客户加工要求和优化率大小，确定原片等重要原材料的物料需求计划，并依据库存信息生成采购计划，定时通报信息，确保生产所需的重要原材料的供应。

（3）生产计划部门根据已有订单情况、订单实际履行情况以及新增订单情况，考虑生产车间、工段的生产能力，以生产欠数表的形式对各车间、各工段下任务，拟定粗略的下周生产计划、详细的本周日计划。明确生产要求，使各工段认真完成生产计划，并随时反馈。此外，还提出一系列生产准备计划，包括对供应、工艺、包装、质管的准备计划，生产计划部门须追踪这些生产准备计划的执行情况，定期汇报给公司高层管理人员。

（4）生产计划下到各车间、各工段后，各车间、各工段需要考虑设备能力和排程情况进行生产前准备，检查物料、工具，安排人力，做好生产排程表，严格按照生产排程表组织实施生产，将生产排程表的详细信息反馈给生产计划部门。

（5）生产工艺流程中由各主要工段、各班组进行生产记录，统计表由工段主任负责，根据欠数表和完工报表调整实际生产进度，每班将生产排程表完成情况汇报给车间和生产计划部门。

（6）作业执行管理体系依据计划管理体系安排企业的生产活动，并跟踪现场实施过程，进行实时控制。作业计划体系中信息流与物流的完整结合是作业活动高效率的关键，有利于现场管理的简单化和生产的动态调整。GLT 需要现场人员及时提供车间的生产进度信息，调度员不定期巡视生产现场，抽查生产排程计划的执行情况，对真实的信息进行分析，并汇报给有关高层管理人员，必要时调整生产计划。

（三）业务流程设计——生产计划管理的核心

1. 销售订单处理流程

销售订单的管理应包括订单录入、订单发放、订单完成确认、发货确认等内容。营销部根据客户订货申请，首先对客户做信贷检查，信贷检查通过，则接受并录入订单。订单录入包括客户名、订单类型、价格调整、数量等信息。根据订单下生产订单，并随时了解每个订单的生产进度、完成情况，保证按期交货。销售订单业务流程如图 2－13 所示。

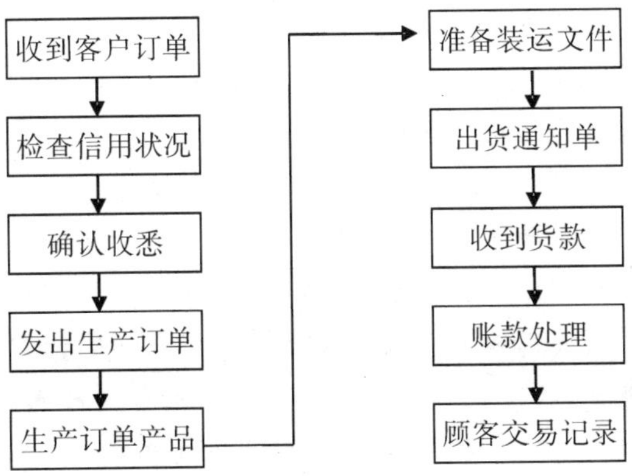

图 2－13　订单处理业务流程

2. 生产计划员的工作流程

将营销部下达的产品需求计划转化为生产任务单，根据加工要求分解到各生产工段，并随时从生产工段了解订单计划任务的完成情况，进行订单跟踪，并将之反馈到营销部。

3. 采购业务流程

采购业务流程包括：①资源调查，供应商认证。②生成请购单。核定采购提前期是否足够和有效，核对料号、数量、批量，可否动用安全库存，确认采购的必要性和采购条件的合理性，核实采购员的购买权限，根据库存费用、运输和价格优惠政策等因素确认某一物料的采购量。③下达采购单。与供方签订协议，确定交货批次、装卸方式、交货地点、价格与付款条件等。④采购单跟踪。跟踪供方加工进展情况，控制进度，并做好运输安排。⑤验收入库。登录验收报告，核对采购单、到货量和发票的一致性，进行库存事务的处理，在出现不合格品时要及时采取补救措施。⑥结清。进行付款结算，分析采购费差异，评价供应商的业绩，维护采购提前期和批量规则数据的准确性。采购业务流程如图2－14所示。

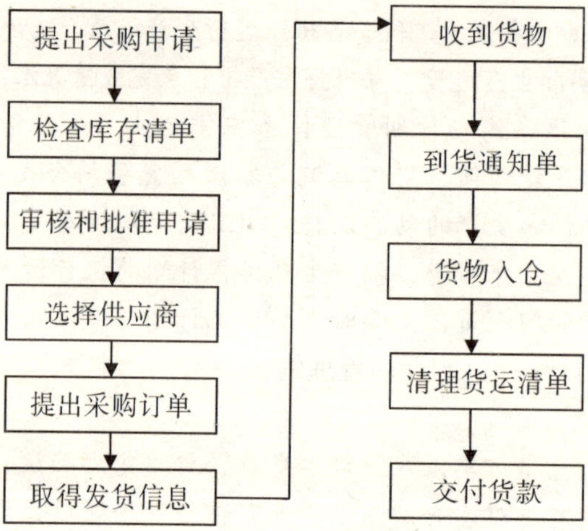

图2－14 采购业务流程

（四）实施监控——计划有效运行的手段

为达到控制库存、保证交货、降低成本、提高管理水平的目的，必须对GLT计划管理体系的运行进行有效监控。为此，设计以下监控内容：

（1）计划管理监控。检查是否安排生产，如果没安排生产，检查原因。安排生产后，检查物料供应是否正常；物料供应不正常，分清原因，明确责任。监控计划是否按时完成，如果按时完成，则结束监控，否则追查责任，按章处罚。

（2）库存监控。库存监控的目的是使企业保证库存账物一致、准确，确保事务及时、流畅，更好地服务于计划、生产。具体包括：定期抽查库存账物；随时查询库存信息，如果不存在负库存，检查库存值是否过大，如果存在负库存，检查相应的库存事务是否处理。如果库存事务有误，通知相应人员修正。如果库存值偏大，检查库存账物是否相符。

如果不相符，调整账面价值，使账物一致。

(3) 采购监控。目的是保证供货，以确保生产正常进行，控制供货节奏，减少库存。具体内容包括：合同维护监控，请购单监控，检查采购合同是否完成，如果因质量问题所致而未完成，责成供应商改进质量，根据供应商质量改进情况，决定后续供货。如果未完成原因不是质量问题，分析是否变更计划。

(4) 车间任务监控。目的是按计划生产，控制物料消耗。检查车间任务是否及时下达。检查车间任务是否按计划完工，如果车间任务未完工，分析未完工原因。检查是否缺料，如果缺料，通知业务员催料。车间依据加工流转单进行投入产出控制。车间计划的主要依据是调度表和缺件表。

车间控制的基本内容包括：①日常调度单。生产调度即组织执行生产作业计划工作。其任务就是按照生产作业计划的要求和生产实际情况，对企业的生产进行监督和控制，并且通过对各种信息的收集和整理，积极预防生产中可能发生的事故，并向上级报告。②决定订单顺序。③对已排序作业开始安排生产调度。④生产作业控制。在作业过程中，检查其状态和作业速度，对关键的作业重点控制。⑤各种状态和例外报告，如预期延期报告、废品报告、返工报告、短缺表等。⑥输入/输出控制报告。

(5) 成本监控。成本监控的目的是使成本发生在标准成本范围内，编制合适的标准成本，指导生产和采购，随时进行成本项目查询。对已完工的车间任务，检查成本是否有差异。

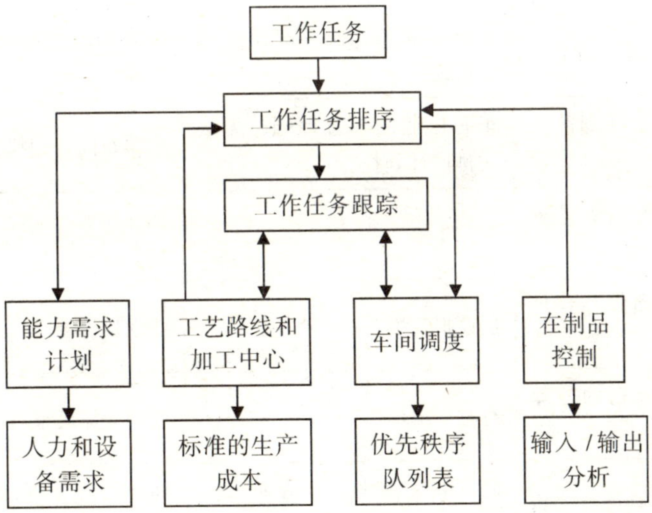

图 2－15　生产控制图

（五）对比 MRP Ⅱ/ERP 看 GLT 计划管理的改善措施

表 2-8 GLT 改善计划管理的主要着眼点

计划管理的需求	GLT 的差距	改善对策
订单是生产计划的基础，要力争更多的订单	订单任务少	改善营销管理，定位于大中型建筑工程公司，提高销售人员的积极性
客户需求转化为各工段的生产任务	生产工艺流程和生产任务信息不够精确	按照生产工艺流程分解生产任务，追踪生产信息，注意工作负荷的平衡
调度员提前知晓订单任务，保证安排时间充裕	急单多，造成调度员安排被动	有把握的合同可预先通知生产部做准备
根据生产任务计算物料需求	没有按照 BOM 清单展开，没有核算物料需求	
了解生产使用原片情况和仓库的原片变动情况	生产使用记录不准确，不能及时汇总领用的原片数据	改善仓库管理，杜绝先领用再办手续的现象
了解库存原片的存放时间，实现物料使用的先进先出	无法及时查询物料的货架时间，有时不能做到先发出存放时间长的原片	原片按入仓时间摆放整齐，避免过期物料的浪费
掌握物料采购供货期的保证	没有确定再订货点和经济批量	制定科学的采购提前期，加强对供应商的管理
制订可执行的二次排产计划	小单和插单，使二次排产流于形式	提高调度员的业务水平，减少插单现象
提高车间日常排产计划的实际执行率	车间作业的随意性强，无法按排产计划执行	改善车间计划执行的监控管理
跟踪订单的执行情况，了解计划任务的完成状况	跟踪不够	加强统计工作，及时了解拖期订单情况
工序反馈报告必须完整且足够准确	反馈报告不及时	建立报告制度
生产计划、采购计划的处理时间最小化	有时会出现延迟	利用计算机来提高处理效率
设备正常运转，物料顺序移动	设备故障增多，等待加工时间长	加强设备管理，特别是加强预防式维修
各工作地的负荷均衡	磨边的节拍慢	设备性能改进

五、建立 GLT 生产计划与控制管理的保障体系

（一）组织保障

作为企业的结构性要素，组织是管理的基础和支持系统，而业务流和信息流作为企业的功能性要素，必须附着在组织及其结构之上并通过一定的手段才能有效运作。生产计划

管理体系的完善是优化 GLT 业务管理的重要内容，它能否顺利实施并取得应有的效果，加强组织管理、明确权责关系也是十分重要的。

GLT 历来重视组织机构的调整与完善，但由于种种原因，改进之前，企业内部职责不清、权限不明、目标不定、推诿扯皮、运营紊乱等“组织病”仍随处可见，越级指挥、越级报告、部门主义等现象时有发生。生产管理是中层管理者的主要工作，良好的生产管理不仅取决于生产系统内部的组织安排，还取决于生产系统与营销、财务等部门的配合，因而它是一个系统的组织设计。改进之后，GLT 与生产计划管理有关的组织调整如下：

1. 质检部的归属设置

质检部是对企业的产品质量进行保障监督的部门。改进之前，质检部设在生产技术部之下，由生产技术部领导。由于是对本部门的产品做检验，自己为自己做诊断，难免会碍于情面而有失监督的公正性。改进以后，从质量管理的有效性、质检工作的独立性等原则出发，该部门独立于生产技术部之外。

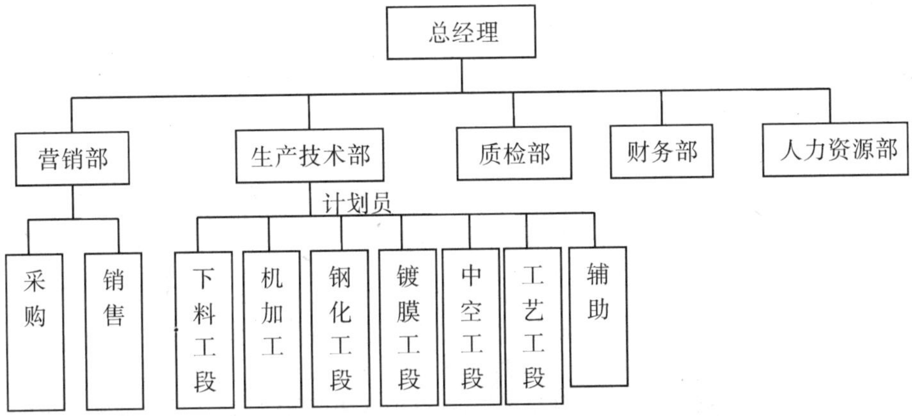

图 2-16　GLT 组织结构图（调整后）

2. 调度员的职权问题

调度员对计划工作意义重大，应该专职负责计划与调度工作。但是，目前 GLT 名义上拥有一个专职调度员，实际上该调度员仅是一个兼职的计划员，还承担着多项繁杂的工作，甚至主要工作还不是计划工作，这就导致了他不能全心全意地做好调度。另外，调度员责任大，但相应的权限不够，这也是他不能把各方面关系协调好，把计划控制任务完成的主要原因。因此，要改善 GLT 的计划管理，应设立专职的调度员，在安排生产任务，作出排产计划的同时，还负责任务完成情况的统计工作。各工段负责人应及时将有关信息报告给调度员。

3. 仓库管理问题

玻璃原片的新鲜度、镀膜材料规格等指标对于玻璃加工的品质有比较重要的影响，应交由熟悉最终成品以及原材料的营销部管理，由他们来承担原材料库存方面的成本与费用，而非目前的仓库管理部门——生产技术部。

（二）人员保障

众所周知，人是企业管理的核心，人力资源是企业最重要的资产，对人的选拔、培训和有效利用，是管理的重中之重。没有员工的积极努力和卓有成效的工作，任何完美的计划都只能是“空中楼阁”。从 GLT 计划管理的现状看，生产计划改善的“瓶颈”依然是人的因素。

其一，调度员。调度员是具体生产计划的制订者，也是计划执行的监督者，这一工作对整个生产任务的按期完成可谓责任重大。GLT 现在的调度员虽然已具备一定的理论和实践工作基础，肯学、肯钻研，但承担的工作较为繁杂，无法集中精力做好调度工作，且指挥权限有限，难以敦促各工段执行计划要求，因而难免产生畏难情绪。在暂时没有更合适人选的情况下，GLT 可否在征求本人同意的情况下，考虑对调度员的工作做适当调整，比如做专职计划员，同时对企业经营状况做全面的统计分析工作。如有可能，可派调度员进行专门进修，学习一些现代的计划方法，特别是掌握生产排产软件系统的使用。

其二，统计员。加强统计工作，确保关键资源利用和实际能力数据的真实性和正确性，是改善计划管理必不可少的环节。GLT 的生产、质检、仓管、设备等管理建立起的原始数据很多，但这些资料准确性差，大多数没有经过认真整理，没有形成规范的文档，难以提供给各主管部门做决策分析，使得统计工作流于形式，没有起到统计为管理服务的作用。改进以前，数据录入占用了统计员大量时间，使得他们没有足够的时间和精力进行思考。改进以后，投入人力、物力对生产、质检、仓管、设备等原始数据进行重新校核，使之规范化、合理化和精确化。同时，重新规范了统计数据的格式、录入流程以及处理方式，严格考核数据的录入和处理工作，从而改善 GLT 的计划管理工作基础数据。GLT 还配备了得力的人员，根据计划管理的要求，定期对各环节、各工序、各部门的经营业绩进行全面考核，为绩效考核提供量化的指标和依据。

其三，财务管理人员。从生产计划管理的角度来看，财务管理人员最重要的是按分批法提供成本核算资料，并根据管理会计的要求，能够对不同工序、不同业务员、不同订单的获利水平进行分析。GLT 通过信息化建设，实施精细化管理、数据化管理，通过计算机辅助生产计划和控制管理，精确地跟踪各项成本财务数据，从而可以较好地提供相关的管理会计信息。

其四，技术熟练的主控。缺乏技术熟练的主控人员是 GLT 生产管理要重点解决的问题。对此，企业一方面要大力加强对现有人员的培训，创造良好的工作环境，鼓励其钻研技术，提高业务水平；另一方面要积极创造条件，从薪酬、职业前景等多个方面吸引优秀人才进厂工作。

吸引优秀人才进厂工作，关键是要有好的工作环境和好的福利待遇，也许更重要的是前者。GLT 的现有人员中，有不少经验丰富的工人，也有在各种岗位工作过的大学生。为什么这些人在 GLT 不能组成一个有效率的工作群体呢？GLT 认为，GLT 需要重新思考自己的用人政策，因为任何完美的计划也是由人来操作的。很明显，GLT 需要有才干的人，也会创造条件引进所需的人才，这是企业发展之未来。但从目前来看，恐怕最重要的是如何使用好内部员工，对现有人员加强培训，提高素质，并根据各人专长安排合适的岗位，创造一个好的工作环境。引进一个得力的人才固然可喜，但能否留才、用才、尽才，这就取决于 GLT 是否有一个积极的工作氛围和有效的激励机制。

（三）设备保障

GLT 拥有性能优越的进口设备，却没有发挥其流畅高效的作用。这些超负荷服役多年的设备，平时缺少精心的维护和保养，已经是带病作业，随时可能发生大的故障。GLT 在生产工艺流程中也饱受故障停机、不良投诉、操作失误、废品报废等困扰，为此必须加强对设备的管理工作。设备管理的工作内容包括设备台账管理、设备使用和维护管理、设备点检和维修管理、故障分析与履历管理、工夹具及备件管理、设备运行指标管理、设备改良等。

从 GLT 设备管理的实际出发，管理重点要放在：

（1）明确关键设备的使用要求，将故障多发设备作为关键控制点，每天登记关键设备的使用情况，每月做一次统计分析工作。

（2）做好设备保养、预维修工作。设备保养是整个设备管理体系的基础工作，保养的主要目的在于保持设备的基本条件、遵守设备的使用条件、根除劣化、提升设备维护技能等。保养工作的安排按照组织职责的区别，主要分三级进行：一级保养由班组长负责监督，主要内容包括清洁、补给、润滑、紧固和安全检视；二级保养由专门的设备组负责，包括检查、调整、更换和修复；三级保养主要是设备定期大修。

（3）建立故障报告和分析制度。每一次故障都要及时登记，报告故障描述、责任分析、故障处理、故障损失、故障主要原因以及预防对策。同时，要定期对故障模式及其影响和故障损失进行分析，不能简单地做事故报告，要写出书面文件，内容包括故障发生位置，故障描述，故障原因分析，故障损失、对策及如何防止再发生，责任人等。

（4）增加对设备维护、保养的投资。在生产任务不是很紧迫的月份，对工厂设备进行预防性维修、维护和保养工作，确保设备处于最佳状态。

（5）提升操作/维护人员的能力。加强操作者的自主保全教育以及维修者的保全机能教育，培养操作人员和维护人员的异常发现能力、异常处置能力、条件设定能力和维护管理能力。

（四）制度保障

GLT 通过长时间的制度建设工作，已经形成了不少制度规范，对企业的正常运作发挥了一定的作用。但是，若要充分发挥制度的功能，服务于企业的管理，关键是要让企业的全体员工知晓并且认同这些制度，逐步内化为自觉的行为。对 GLT 来说，制度实施的环境还有待改进。企业需要健全以下管理制度：

（1）岗位职责。各岗位职责规范需要建立，交给全体管理干部和员工讨论，修改完善后通过，并付诸实施。

（2）例会制度。为加强各部门的协调和沟通，营销部与生产部门需要举行每日的营销工作例会，每月举行一次计划工作研讨会。

（3）统计报告制度。每天提供每个工段、每个车间、每份订单、每个业务员的经营业绩报告给高层经理参考，每个月对这些报告统计汇总后，提交一份工作报告交由最高管理层。建立文字报告制度，规范文档管理。

（4）责任制度。各工段结转在制品时，随时清点数量。如果数量不足，立刻申请补片。申请时要交代补片原因，明确责任人，以建立监控机制，完善奖罚制度。

六、GLT 改进生产计划与控制管理的效益

中山 GLT 公司在 2001 年下半年开始实施基于 MRP Ⅱ/ERP 的计划与控制系统，到 2001 年底，圆满地解决了不能按时交货的问题，能够 100% 保证按与客户协商好的交货时间供货，大大降低了客户投诉率，特别是基本上消除了客户在产品质量方面的投诉问题，同时也大大降低了产品成本，扭转了产品成本上升的趋势。

2002 年，GLT 公司完善新的生产计划与控制系统的实施措施，将 MRP Ⅱ/ERP 的计划管理与控制思想渗透到了公司管理每个人、每个环节，取得了非常显著的效益。

定性方面的效益：

（1）提高了顾客忠诚度。由于交货准时率、交货品质以及服务水平的提升，大中型客户对 GLT 的满意度大大提升，重复购买比率上升，大单数量增加。

（2）改善了经营管理水平。由于提供的订单、生产计划与成本绩效方面的信息准确、及时，决策层能够及时掌握各种动态，拟定科学、合理的经营决策。

（3）提高了员工的士气和积极性。随着计划与控制体系的完善，员工的权责利进一步清晰化，绩效与收入更加精准化，公司与员工收入同步增加，从而极大地提升了员工的士气和积极性。

定量方面的效益：

（1）销售额。2002 年比 2000 年增加了 45%，2002 年销售额超过了 8 200 万。

（2）净利润额。2002 年比 2000 年增加了 170%，2002 年净利润超过 1 000 万。

（3）现金流。2002 年经营性现金流量为 1 800 万，使公司摆脱了现金流困境。

第三章　MRP 系统的工作逻辑及 MRP Ⅱ新思维

MRP Ⅱ/ERP 系统是一种现代化管理技术，我们往往在计算机技术、软件的汉化、数据库系统以及系统编程等方面重视较多，但是对 MRP Ⅱ/ERP 的计划管理特性却有所忽视。为了透彻了解 MRP 系统的目标，深入理解实现 MRP 目标的基本步骤和具体业务流程，本章分析 MRP 的处理逻辑和 MRP Ⅱ/ERP 系统给我国企业管理带来的新思维，剖析 MRP Ⅱ/EPR 系统对传统管理模式变革所产生的影响。本章为后面的几章做了铺垫，有利于深入分析我国企业应用 MRP Ⅱ/ERP 系统的难点和重点，有利于客观地回顾我国企业应用 MRP Ⅱ/ERP 系统的历史、经验和教训，促进 MRP Ⅱ/ERP 在我国的普及。

第一节　MRP 的处理逻辑

MRP Ⅱ/ERP 是由 MRP 发展而来的，MRP 朴素简单的处理逻辑是 MRP Ⅱ/ERP 系统的精华。在进行 MRP Ⅱ/ERP 软件包的开发时，我们不能抛弃或破坏 MRP Ⅱ/ERP 的时间分割原理和 MRP 的基本处理逻辑，更不能以 MRP Ⅱ/ERP 系统来将就现有的企业管理现状，做削足适履的事情。

一、MRP 的处理逻辑

MRP 计划的基本处理逻辑很简单，包括三个步骤：

首先，对主生产计划的需求依物料清单展开，从物料清单的最终产品开始逐层从上往下分解需求，直到最低层次的外购原材料为止。其次，在分解过程中 MRP 系统逐层计算库存项目的毛需求量和净需求量，不够的库存通过编制生产加工计划和采购计划进行库存补充。最后，MRP 系统产生加工计划和采购计划建议书，经人工调整后确认加工计划和采购计划，用于指导生产和采购。

二、MRP 的数据准备

MRP 计划逻辑简单，但是在展开 MRP 计划前需要获取大量的基础数据。MRP 基础数据主要包括以下四个方面。

1. 主生产计划

主生产计划，即一定时间段内企业将要生产的产品项目和数量。制订主生产计划首先需要参考企业的经营规划和生产大纲，要预计企业的库存目标，综合考虑未完成订单和企业的关键能力资源，然后确定企业将生产的产品大类、产品组，最后依据各个产品组中的比例把具体产品项目和数量进行计划分解，确定依时间段分布的产品项目和数量。

2. 独立需求

独立需求提供主生产计划下层项目的需求量数据，包括客户订单、备件订单、厂内需求订单、特殊项目订单等。

由于市场变化快，企业难以确立主生产计划，因此一般把独立需求作为 MRP 系统的主要需求输入。

3. 物料清单

物料清单通常称为产品结构文件或产品结构树，不仅反映了物料、零件的数量组成，而且反映了产品的制造顺序。

物料清单中物料的层级码反映了物料在整个产品中的位置。在产品的不同层次如果存在相同的零件，则可以把该零件看成公用件。公用件用最低层次的层次码表示，称为低层码。

低层码的处理逻辑是：在建立物料清单时，系统把最上层物料的层次码用零层表示，然后依次增加层次码，层次码的数目越大表示越处于产品结构清单的低层。如果某个零件在前面已经出现，有了层次码，那么，该零件的层次码将进行调整，用新层次的层次码代替旧的。公用件最后所在的层次成为该公用件的低层码。

当 MRP 展开需求时，如果遇到某个零件的层次码与该层其他零件的层次码不一样，即处理层次还没有到达低层码所表示的层次，该零件的净需求暂时不做处理。当继续进行需求分解后，处理层次到达了该低层码所在的层次时，则把各层相同低层码的公用件毛需求进行合并，然后再计算出净需求。

4. 库存文件

库存文件提供成品、在制品、原材料、半成品等物料项目的订货信息和可用量信息，包括提前期、批量、现有库存等。库存文件应及时登记所有物料的库存事务，包括入库、出库、残废料损失、报废零部件和取消订单等，并不断进行数据更新。

MRP 系统中的库存记录文件是很全面的，包含了每一种物料的详细资料，MRP 系统的程序根据特定时间段来存取库存记录文件，在每次运行 MRP 系统程序时将访问这些文件。因此，MRP 计划要求库存管理的数据非常精确。

三、编制物料需求计划的流程

编制物料需求计划的流程如图 3－1 所示。

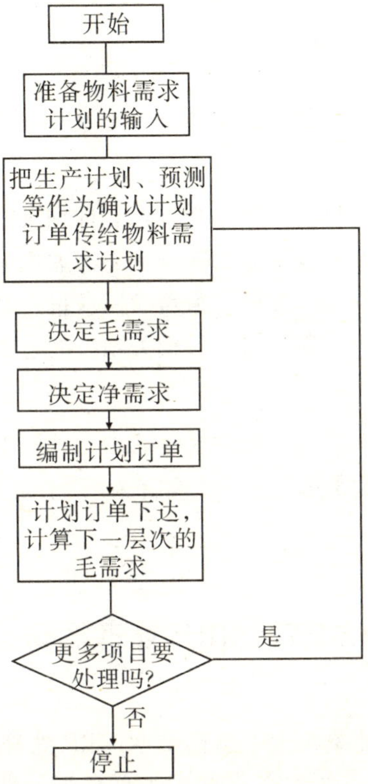

图 3－1　物料需求计划的处理流程

四、MRP 计划的编制和需求计算

MRP 计划的基础数据达到较高可靠性和及时性后，可以进行 MRP 计划的编制。

编制 MRP 计划时，首先依据项目的层次码选择处理的先后顺序，最上层项目先处理，以后逐层向下分解，逐层计算毛需求和净需求。

1. 计算毛需求

将父项的相关需求与在 MPS 中未提到的独立需求相加，计算的结果为该项目的毛需求。

计算公式如下：

毛需求＝独立需求＋非独立需求

　　　＝独立需求＋上层物料计划订单的数量×物料单中每一个组装件的用量

2. 计算净需求

计算净需求时首先计算每个时段的预计可用量，将计划周期内的现有库存量与计划接收量相加可以得到预计可用量。

其次计算总需要量，将毛需求量与同一时间段的已分配量相加得到总需要量。

最后计算净需求，当时间周期上全部预计可用量不能覆盖掉总需求量时，产生了净需求。

计算公式如下：

净需求 = （现有库存量 + 计划接受数量）-（已分配量 + 毛需求量）

3. 产生计划订单

当净需求存在时，产生物料的计划生产订单和计划采购订单。

确立计划订单的下达日期和数量分为三步：①考虑损耗、废品和回收率，考虑采购批量或者生产批量，计算计划订单的数量，覆盖净需求量；②考虑提前期，计算何时下达订单；③利用计划订单计算同一周期更低一层相关项目的毛需求。

4. 计算其他层的需求

上层物料的计划订单产生了对下层物料的需求。计算下层物料的需求时首先考虑是否还有其他要处理的需求，其次考虑层次码，如果存在需求分解则返回第一步进行毛需求计算，否则停止处理。

第二节 MRP 处理循环示例

第一节的处理逻辑显得抽象，为了透彻说明 MRP 处理循环，本节举一个简单的例子说明 MRP 的详细计算过程，方便大家掌握 MRP 的计划处理逻辑。

一、物料需求计划的输入

有关物料需求计划的输入资料如表 3－1 至表 3－5 及图 3－2 所示：

表 3－1 主生产计划单

周期	1	2	3	4	5	6	7	8
项目 X	5	7	13	5	6	5	4	3
项目 Y	12	15	22	16	9	15	10	12

表 3－2 独立需求

周期	1	2	3	4	5	6	7	8
项目 C	5	5	5	5	5	5	5	5

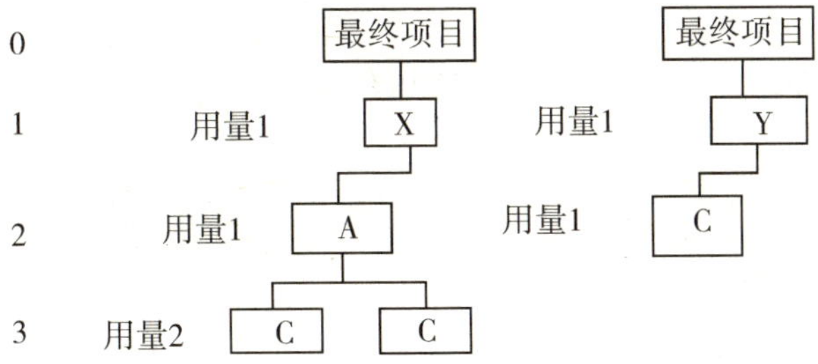

图 3－2　产品结构

表 3－3　层次码及用量

层次码	用量
X　1	1
Y　1	1
A　2	1
C　3	1
C　3	2

表 3－4　库存文件

周期	1	2	3	4	5	6	7	8
X（计划收到量）	5	7	13					
Y（计划收到量）			20					

表 3－5　其他参数

产品代号	现有库存	已分配量	提前期	订货批量
X	0	0	2	直接批量
A	5	0	1	批量＝10
Y	43	0	3	直接批量
C	80	0	2	批量＝20

二、计算毛需求和净需求

1. *依次处理各层需求*

毛需求和净需求的处理过程由层次码决定。首先处理部件 X 和 Y（层 1 部件），然后处理 A（层 2 部件），最后是层 3 部件 C。尽管在层 2 也有一个 C 部件，但是一个部件应在其最低层码处理，因此 C 在所有毛需求量计算出来后再处理。

2. *考虑相关需求*

由于 A 在 X 中的消耗为 1，所以 X 的计划订单下达就成了 A 的非独立需求。在考虑独立需求后，X 的计划订单下达就成了 A 的毛需求。

C 在 A 中的消耗定额为 2，将 A 的计划订单下达数量乘以 2 即得出 C 的一个相关要求。

另外，C 的相关需求还存在于 Y 中，表格中的最后部分计算了 C 在 A 和 Y 中的毛需求。在求 C 的毛需求中还考虑了每周 C 的独立需求。

3. 计算净需求

求净需求的步骤即第一节叙述的内容，在此不再赘述。求解过程参看求解毛需求和净需求的表格（见表 3－6）。

表3-6　计算MRP毛需求和净需求的表格

				1	2	3	4	5	6	7	8
提前期＝2	X	毛需求		5	7	13	5	6	5	4	3
批量＝直接批量		计划入库		5	7	13					
低层代码＝1		预计库存	0	0	0	0	－5	－11	－16	－20	－23
		净需求					5	6	5	4	3
		计划订单入库					5	6	5	4	3
		计划订单下达			5	6	5	4	3		
提前期＝1	A	毛需求			5	6	5	4	3		
批量＝10		计划入库									
低层代码＝2		预计库存	5	5	0	－6	－11	－15	－18		
		净需求				6	5	4	3		
		计划订单入库				10	10				
		计划订单下达			10	10					
提前期＝3	Y	毛需求		12	15	22	16	9	15	10	12
批量＝直接批量		计划入库				20					
低层代码＝1		预计库存	43	31	16	14	－2	－11	－26	－36	－48
		净需求					2	9	15	10	12
		计划订单入库					2	9	15	10	12
		计划订单下达		2	9	15	10	12			
提前期＝2	C	毛需求		7	34	40	15	17	5	5	5
批量＝20		计划入库									
低层代码＝3		预计库存	80	73	39	－1	－16	－33	－38	－43	－48
		净需求				1	15	17	5	5	5
		计划订单入库				20		20		20	
		计划订单下达		20		20		20			

考虑 A、Y 对 C 的需求及独立需求

(续上表)

周期	1	2	3	4	5	5	6	7	8
A 的计划订单下达 X C 的消耗定额		20	20						
Y 的计划订单下达 X C 的消耗定额	2	9	15	10	12				
C 的独立需求	5	5	5	5	5	5	5	5	5
合计	7	34	40	15	17	5	5	5	5

第三节 MRP Ⅱ/ERP 系统管理的新思维

结合上一章 MRP Ⅱ的发展历史、本章 MRP 的目标及其工作逻辑，对照所举例子中的处理循环，可以看出 MRP、MRP Ⅱ、ERP 系统是一种计划主导型系统，MRP Ⅱ/ERP 系统适用于以销定产的市场经济环境。在经营计划、生产计划、主生产计划的编制及实施过程中，MRP Ⅱ/ERP 系统对市场与销售进行预测，确立独立需求和相关需求，利用滚动计划方法实现计划的衔接，使企业的生产经营活动直接面对市场。

管理的首要职能是计划，企业管理的主要职能也仍然是计划。因此，科学的计划及其控制机制能够有效地发挥企业系统的高效率。但是，目前我国大多数企业仍然采用手工方法编制计划，没有利用计算机辅助企业的计划管理。MRP Ⅱ/ERP 系统给我国企业传统的计划管理模式带来了新思维，也给广大企业提供了科学的计划管理手段。

一、传统手工计划模式分析

一般而言，20 世纪 90 年代及以前，我国企业的计划体系是二级计划。首先由计划科依据市场预测和客户订单编制宏观的产品年度计划和月度生产计划，并对宏观计划作出适当修改后下达到车间的计划部门。车间的计划部门再按照累计编号法把月计划分解成旬计划、周计划，各个生产车间依据产品明细表编制微观的零件加工作业计划，根据加工流转单进行投入产出控制，车间计划的主要依据是产品的调度表和缺件表。与此同时，采购部门根据计划科的宏观计划编制采购计划，进行相关材料的采购。

实践证明，在激烈的市场竞争和迅速的信息膨胀面前，传统的手工计划工作流程已经不能适应快速变化的市场环境，企业内部的宏观产品计划日益失去了其原有的地位，微观生产计划不能与零部件加工计划有效衔接，难以维护计划的有效性。越来越多的企业需要借助 MRP Ⅱ/ERP 来改善企业的计划管理体制，实现生产管理的现代化。

二、传统计划管理模式和生产管理方式的弊端

上述计划管理模式和生产管理方式至少有下列三个弊端。

1. 计划归计划，生产归生产，计划与生产两层皮，计划的龙头作用难以发挥

传统的计划管理模式中，计划科的计划工作主要是任务下达，对于计划的实际完工时间和数量关心较少，把计划的具体执行及论证工作推到了车间，由车间来平衡计划的资源分配和统一调度。

其实，车间对于计划科的计划一般只作参考，各种现场问题使得计划难以认真执行。宏观计划与微观计划的脱节使得计划的严肃性下降，有计划实际上也成了没计划。虽然企业的调度会议频繁召开，也有销售、采购和生产等多方人员的参加，但是各个部门经常相互扯皮，说不清根本的责任在谁，丧失了计划工作的科学性和严肃性。

2. 生产组织工作的难度大，车间既堆积了大量在制品，又忙于加班赶工，辨别不出真实的优先加工级别

首先，厂部计划科把计划执行的矛盾、问题下移，企业这条河流在中下游成了一条干涸的“黄河”，诸多企业管理问题最后都汇集到车间，使得生产管理的组织调度工作繁重，经济效益差。虽然车间主任的权利大、责任大，但是缺乏得力的计算机系统辅助安排生产进度，日常工作的重点主要是忙于生产现场的紧急问题处理。

其次，尽管车间调度人员每天都忙得晕头转向，但却忽视了对计划的完工汇报工作，没有把现场信息和发生的生产问题及时提交到计划科，计划科无法通过后续计划来及时纠正前期生产计划的偏差。

再次，生产部门的人员大多陷于被动生产的局面，无暇顾及生产资金的占用细节，也无力关心生产出来的产品的可销售性，无力敦促财务部门提高应收账的回收率。由于企业生产系统内部还无力直接消减企业的市场竞争压力，整个生产系统的组织仍然还是以完成产值为主的计划经济管理模式。

最后，由于计划管理工作的控制反馈机制在车间一级“消音”了，企业依据不真实的数据编制的计划基本上是“被污染”的计划，车间的生产组织工作最后免不了成为信息缺损的受害者，出现到处都是紧急问题、到处都有物资积压的怪现象。

同样道理，计划部门把材料的可采购性推到了采购部门，计划科与采购科分头管理物料的后果是采购计划的科学性差。可执行程度差的采购计划也同样影响采购员的工作。导致采购部门不能及时知道生产上缺什么，即使有时知道了而去采购又太晚了，采购工作难免陷入被动赶工的境地，出现该采购的没采购、不该采购的重复采购了一大堆的怪现象。

3. 计划管理手段落后，使得车间领导凭借经验管理，信息不共享，不能实现民主管理，无法全员参与现场管理

由于企业的产品明细表复杂，零部件的替代关系多——一般企业的零部件数目都是上万种，车间人工静态编制计划时工作量已经非常大，手工出错率高。遇到企业计划改变时，企业不知道家底，不知道企业可利用资源的分布状况，对制造设备、人工工时、可用库存和计划进度等资源不知根知底，因此不能制订出切实可行的生产计划。由于生产调度的机密数据在调度人员的小本子上或者头脑里，关键数据产生于老工人的经验中，导致企业的生产管理信息不透明，个人经验色彩严重，计划调度没有成形的文字规章可循。由于资源不能共享、神秘色彩浓厚，企业无法实现资源的有效调度，也就无法充分激发一线工人的主动性和积极性。

三、MRP Ⅱ/ERP 实现了宏观计划与微观计划的无缝连接

原国家科委（现改为国家科学技术部）主任宋健曾说："CAD 是我国企业的甩图板工程。"那么，MRP Ⅱ/ERP 计划就是我国企业的甩产品明细表工程，是企业生产管理科学化的开始。

1. MRP Ⅱ/ERP 计划一脉相承，科学可靠，提高了计划的精度和可信赖程度

我们常说计划是龙头。龙头之外还有什么呢？还有龙脖子、龙腹和龙尾。

打个比方，企业就像一条龙。首先要有龙脖子——产品生产计划来承接，其次还要有龙腹——车间生产加工计划来消化吸收，最后还要有龙尾——采购供应计划来摆动，并把最有效的外部资源吸纳到企业生产系统中去。

MRP Ⅱ/ERP 计划使企业这条龙首尾呼应，动态集成。MRP Ⅱ/ERP 系统把企业的计划分成五个计划层次：首层是企业的经营计划，第二层是主要产品的生产计划，第三层是主生产计划和粗能力计划，第四层是依据产品计划分解的零部件需求计划和详细能力计划，最底层是加工计划和采购计划。MRP Ⅱ/ERP 的计划层次如表 3－7 所示。

表 3－7　MRP Ⅱ/ERP 计划层次分析

计划层次	计划频率	计划约束条件	计划展望期	计划涉及的人员	计划的细节
经营计划	年	市场环境、销售收入、生产规划	中长期 1—5 年	董事会、高级管理人员、中层干部	(1) 工厂的选址或扩大设备投资 (2) 投资、融资计划
生产计划	月	把销售收入落实到产品系列和产品品种中	年度 约 1—2 年	生产管理、市场营销、财务管理人员	(1) 加工能力的获得 (2) 采购提前期的物料采购 (3) 劳动力需求 (4) 综合库存计划
主生产计划、粗能力计划	周—月	产品项目层的预测及订单数目	季度 1—12 月	生产副厂长、计划调度员、生产人员、市场人员	(1) 订单数量的确定 (2) 物资采购计划 (3) 能力水平及负荷计划
零部件需求计划、详细能力计划	天—周	物料库存水平、采购提前期、加工提前期	月度—周 1—30 天	主生产计划员、设备科长、车间主任	(1) 依 BOM 分解物料需求 (2) 依工艺路线等分解详细能力计划
采购计划、加工计划	周—月 或 天—周	订单完工期、采购提前期、加工周期	天—周 1—7 天 或天—月 1—30 天	车间调度员、采购员、班组长、车间主任、采购科长	(1) 生产排程和完工时间 (2) 采购发出及收货时间

MRP Ⅱ/ERP 五个层次的计划打破了我国传统的生产计划管理模式，五层计划一竿子插到底，在编制产品生产计划的同时运用计算机分时段编制零部件加工计划和采购计划，使得企业的计划体系一脉相承。多时间、多地点的计划集中于一个计划系统，保证了计划

的科学性和严肃性，实现了手工难以达到的宏观计划与微观计划的无缝连接。

此外，MRP Ⅱ/ERP 的原理简单朴素，处理逻辑严密细致，借助计算机大大减低了管理人员的文书工作和计划工作量。当企业的产品系列和品种多达百种时，对比例子中的 MRP 处理工作量，可以看出用人工编制计划是相当烦琐、费时的工作。因此，采用 MRP 系统能够减轻文书工作，也大大减低了计划人员的工作量和计划难度。

例如，科龙集团的冰箱公司在上 MRP 的过程中，为了维护 MRP 计划的严肃性和可执行性，对厂级主生产计划和车间微观生产计划的衔接进行了脱胎换骨的大手术。首先，由 MRP 协调委员会召集产销联席会议，从产销联席会议开始抓计划的可销售性和科学性，制订主生产计划的同时就检验生产计划和采购计划的匹配状况。每月一次的产销联席会议从源头就保证了预测信息、可销售信息、可生产信息的相互依存和共同发展，从源头保证了计划信息没有被污染，使主计划和车间计划“骨肉相连”，计划和生产的两层皮成为一张皮。其次，车间主任认识到车间加工计划值得信赖后，逐步纠正了原来的手工工作模式，最终抛弃了传统的各自为政的车间调度模式。五年下来，科龙集团依据规范化、科学化和职责明晰的 MRP 计划，极大地改善了生产管理系统，企业产值从 1992 年的 10 亿元增加到 1998 年的 60 多亿元，而生产资金占用比率却逐年下降，平均每年节约资金占用 4 000多万元，单台冰箱的成本 1997 年比 1996 年下降了 11%。最后，MRP 计划增强了企业的市场应变能力，科龙冰箱的生产线每天能够生产七八个品种，市场上哪个品种好卖企业就及时采购原料、组织生产，在第一时间抢占市场，使得企业的市场反应速度最终全部细化到了生产系统的加工速度上。因此，科龙集团适应市场而采取的变品种生产计划较其他同类企业先进得多，在企业管理手段和运转机制上有强大的信息技术作后盾，这与企业较好地使用 MRP 系统是分不开的。

2. MRP Ⅱ/ERP 系统严格了企业的基础数据管理，完善了企业的定额管理，有效降低了库存

MRP Ⅱ/ERP 系统的突出特点是企业生产的“3R”原则（正确的时间、正确的地点和正确的数量）。由于每种零件、部件都考虑了提前期、现有库存和最佳批量，物料在最准确的时间投入，使得企业的库存降低。从 MRP 作业循环中可知，MRP 的数据要求非常严格，采购、入库、出库、加工、完工和发货等各环节的数据都要有完整准确的记录，因此对在制品管理、库存管理、采购管理等都有严格的零部件跟踪回报制度，促进了企业基础管理的数据化。

我国企业数据的 80% 集中反映在产品明细表上，几年下来产品明细表至少有上万张。如果工艺科一改产品明细表，下面的计划部门、生产部门、采购部门都需要跟着改图、改表、改产品搭配关系，工作量非常大，手工处理远远不能适应市场需求的变化。实施 MRP 计划首先就是向产品明细表开刀，翻箱倒柜整理企业的产品基本数据，建立产品结构树，把分放于工艺科、计划科和各个生产车间的多套重复的产品明细表进行计算机唯一化处理，做到全厂共用一套产品数据，不再一物多名，也不再一名多物。此外，数据的维护由数据管理科统一负责，在网络上统一修改，坚决维护了数据的一致性和神圣不可侵犯性。可以说，我国实施 MRP 的企业中，甩掉多重产品明细表所带来的效益是首位的，也是最直接的。

企业手工产品明细表依照产品结构树整理成物料清单后，可以很方便地对企业的可用库存量进行齐套处理，直观地计算出企业的物料最多可以配套生产多少产品，不够的零星物料可以提出采购建议或者推迟生产的建议，也可以清晰地预见什么时候可以补齐物料。用 MRP 进行齐套处理既提高了计划管理的可预见性，也大大降低了企业的各类库存。

例如，康佳电视机厂每天有上千万元的物料从装配线上流走，在没有上 MRP 计划前，企业为了赶工，在缺料时会把后续生产批次的物料移到本次缺料的产品中来替代使用，下次缺料时再挪以后批次的物料。由于控制不严，导致人们对不规范的吃料操作习以为常。企业并没有估计过这些违规操作对计划和生产现场的冲击到底有多大，因此也难以估算损失数额。实施 MRP 系统后，计划科在下达物料加工计划之前就预算了加工过程中的齐套程度和缺料比率，利用 MRP 估算拖欠物料补齐后的准确时间，不足的物料尽量采取措施备齐，保证物料上装配线之前已经全部备齐，不齐套的物料禁止上装配线，把物料不齐的“害群之马”从生产线上摘下来后保证了生产的正常秩序，杜绝了相互吃料现象，维护了生产系统的均衡，也保证了生产调度工作的规范化和优先级不被无缘无故地打乱。

3. MRP Ⅱ/ERP 系统提供了计算单台产品成本的科学方法，方便产品报价

MRP Ⅱ/ERP 系统财务成本模拟体系是以往的手工成本管理方法无法实现的，企业可以依据系统处理后的物料清单及时报价，提高了企业的利润和竞争能力。MRP Ⅱ/ERP 以零部件组织方式滚动累积产品成本，为企业财务决策提供了科学数据。MRP Ⅱ/ERP 财务管理中的物料成本由单阶 BOM 物料成本卷积而成，制造费用、材料费用、人工费用、管理费用都纳入了以零部件为中心的生产方式中，费用和物料逐级累加形成成本化的 BOM。其中制造加工费用按作业百分比计算，并参照机器开动的小时数和折旧百分比计算机器成本和人工成本。这种逐级滚加的核算方式提供了清晰的成本数据，也是进行 ABC 作业成本法的基础。通过成本寻源，企业可以对产品的工厂成本、销售成本进行分订单核算，也可以通过成本模拟建立企业最低成本的产品组合与制造流程搭配，为企业的产品报价提供翔实的财务基础数据。

我国企业的产品不能计算出准确的成本是普遍现象，当企业需要按照客户订单加工非标准产品时，生产部门往往拿不出一套科学可靠的成本指标供销售部门报价。因为从来没有生产过，谁也估计不出上万种物料的变动采购价格和工资管理费分配到底该如何。

例如，某鼓风机厂由于产品结构复杂，零部件搭配关系人工难以确定，再加上生产周期长，从设计到完工有近两年时间，因此企业对单台产品的成本了解不清楚。企业用了 MRP 系统后，以 BOM 成本数据计算出企业接的某台鼓风机订单一开始报价就太低，在接订单时就是赔本的。厂长不信产品会赔本，财务部门也不买账，但是由 MRP 系统显示的料工费表明企业的确赔本了。厂长和财务部长在数据面前低下了头，也只好认了这桩赔本买卖。从此以后，厂长信赖了 MRP 系统的科学性和权威性，把 MRP 作为企业的产品报价依据。MRP 计划能够报价看似简单，其中的数据处理量却是惊人的。由此可见，提供科学的报价进而产生讨价还价的余地是 MRP 科学管理的力量所在。

4. MRP Ⅱ/ERP 有效提高生产率

MRP Ⅱ/ERP 系统依照零部件方式组织生产，在生产经营系统内部将多品种、少批量生产的具体生产任务进行统一安排，使得企业面对市场以销定产，提高了劳动生产率。

MRP Ⅱ/ERP 把台份生产转化为按零部件组织生产和经济批量生产，能够有效缩短生产周期、降低成本。前面实例中 C 的订单需求综合了 C 在 X 与 Y 中的需求，在最低层代码处处理，打破了产品台份界限，有效地实现了按零部件组织生产。以零部件组织生产的管理方式将各时间区域中的各生产任务的产品个性特点抹去，将多品种、小批量的需求在零部件级统一安排，有效地实现了达到最佳经济效益的批量生产，有利于企业缩短生产周期，降低加工成本。

5. MRP Ⅱ/ERP 系统达到了物料计划与加工能力的平衡

为了保证计划的实施，MRP Ⅱ/ERP 系统在编制主生产计划时就考虑了粗能力平衡，对各项目和工作中心负荷进行计划，具体实施时各生产任务统一用工时等明确负荷量，既抹去各时间区域的生产任务的项目个性，也可依照加工机床号、产品号、加工工序号等查询订单的进程，使机器设备的利用率提高，设备停台停工率下降，有利于保证生产任务的准时完工。

MRP Ⅱ/ERP 能力计划的编制如图 3－3 所示。

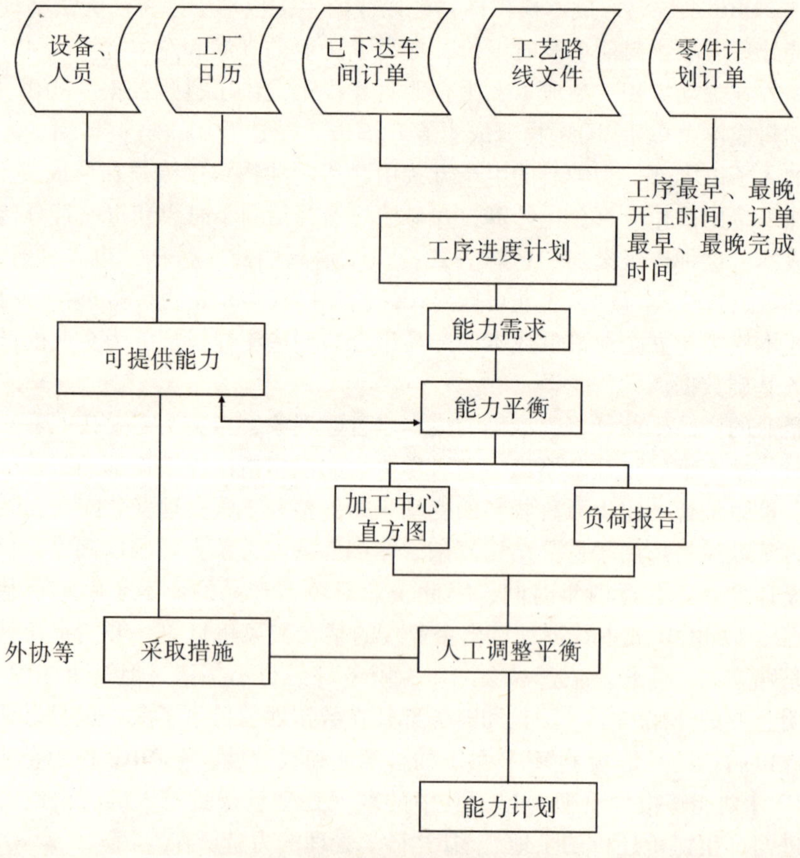

图 3－3　能力需求计划编制的总框图

6. MRP Ⅱ/ERP 系统有利于现场管理的简单化和生产的动态调整

MRP 计划的好处是及时提供车间的生产进度信息，由调度员对于透明、清洁、真实的信息源进行分析，依据经验来进行 MRP 计划调度。

首先，在执行物料计划、能力需求计划时，MRP Ⅱ/ERP 提供的车间作业计划模块和采购模块能够对现场进行动态调整，对外界需求和采购供应及时作出反应，使现场调度工作统一、集中，复杂度大大降低。实施 MRP 计划后，调度重点与原来混乱的人工调度相比发生了质的飞跃，一览无余的信息使得车间的调度工作简单了许多，这也是 MRP 系统得到车间的真心拥护、成为车间得力帮手的主要原因。

其次，改变了现场实施层调度人员的工作重心，由于计划人员对调度规则及相应建议的处理变得简单易行，一个计划操作员可以胜任原来多个调度员的工作，使车间主任从繁重的日常调度工作中解放出来，物料管理员和采购员也可以集中更多的时间处理战略性问题。因此，车间主任、采购部长、销售部长、财务部长平起平坐，改变了企业管理人员的沟通方式，大家共同关心企业的市场状况。

最后，实施 MRP 计划促使企业形成了一整套规章制度，把深埋在车间各个角落里的数据交由计算机网络来统一处理，做到了数出一门、全员共享。数据的精度和流动增值状况由全员共同监督，责任明晰、相互制约，消除了营私舞弊和个人感情用事等情况的发生。

7. MRP 计划促进了企业对业务流程的增值评估

实施 MRP 计划后，企业开始重新审视各个部门业务的重要性，促使企业依据产品在各个部门的增值幅度来确定部门地位的高低，依据价值增值幅度来重新安排企业部长们的座次和“交椅”。价值评估促进了企业的业务处理流程的再造，促进企业因事设人。由于以岗位确立人员，新人上岗后按照管理流程办事，企业不怕人员的流动性大，保证了业务流程的持续性。

例如，美的集团风扇厂让供应商的终端直接与该厂的 MRP 采购系统连通，供应商直接利用 MRP 采购计划给企业供货，一方面保证了供应商的生产计划的可预见性和可执行性；另一方面也让采购员从发传真、打电话、确认计划、纠正错误、撤除采购指令等一系列烦琐的事务性工作中解放出来。采购员原来的日常工作现在只需要 30% 的日工作时间就可以完成，剩下的时间可以用来对采购价格、供货质量进行评估。并且可以在工程设计变更、新产品开发所需要的新材料方面花更多的时间进行供应商挖掘，化被动为主动，真正起到了企业物资后勤保障部门的支持作用。

四、实施 MRP Ⅱ/ERP 系统，促进企业管理的科学化、数字化

实施 MRP Ⅱ/ERP 就如同会计人员甩掉算盘、实施会计电算化系统一样，没有深奥的道理，关键是打破旧的计划管理体系，借助计算机这个工具来完善生产管理，切实做到数据共享、令出一门、时间分割、精益求精。如果说目前我国大多数企业的生产管理还是 80% 靠经验和管理“艺术”，20% 靠数据和科学管理，那么实施 MRP 计划就能够借助计算机技术打一个彻底的数据管理的翻身战，让生产管理 80% 依靠科学管理和真实数据，20%

依据建立在科学数据之上的艺术化决策。

可以相信，随着近几年 MRP、MRP Ⅱ、ERP 系统在我国的普及和深入应用，会有越来越多的企业走入生产管理科学化、数字化和精细化之列，获取 MRP Ⅱ/ERP 系统效益，获得企业的竞争优势。

案 例

金蝶 EAS 支撑南车株洲电力机车有限公司商业模式的协同运作

一、南车株洲电力机车有限公司概况

（一）企业简介

南车株洲电力机车有限公司（以下简称株机公司）是中国南车旗下的核心子公司，是中国轨道电力牵引装备主要研制生产基地和城轨交通设备国产化定点企业，享有“中国电力机车之都”的美誉，也是国内唯一的电力机车整车出口企业。株机公司的主要业务集中在电力机车、城轨车辆、城际动车组、新技术轨道车辆、重要零部件、专有技术延伸产品及维保服务等领域，致力于为客户提供轨道交通领域的系统解决方案。自 1936 年创建以来，株机公司始终保持着稳步、快速、健康的发展势头。2009 年至今已连续 5 年实现年销售额超过百亿元人民币，营业收入增长年均 37.6%。2014 年，株机公司销售收入突破 220 亿元人民币，新签订单总额超过 400 亿元人民币，新增电力机车订单、城轨订单和海外项目合同等，均突破历史纪录，成为国内领先、世界一流的轨道交通装备研制企业。

（二）以项目管理为中心协调株机公司跨地区跨部门业务

株机公司采用典型的跨地域、多组织、多事业部的组织管理模式，通过项目管理中心协调各项业务。其中主营业务集中销售、集中设计、集中工艺、集中采购，各项业务都具有跨组织的特性，各分、子公司之间，分、子公司与总公司之间相互都存在协同业务。

（1）株机公司客户的每个订单都有个性化要求，企业采用基于订单项目驱动的管理模式，包括设计、工艺、采购、生产、物流、供应商等业务领域都是由项目计划和项目任务来驱动业务的。

（2）株机公司采用纯项目制生产模式，而且是多项目、多组织的混合生产模式。生产管理采用二级计划管理模式，包括项目计划和事业部生产计划。每个事业部的产品和生产组织模式不同，所采用的生产计划排产模式也就不同。生产计划排产模式包括工序关系排程、工序模板排程、基于设备排程等多种模式。

（3）株机公司的竞争优势主要在于成本和交期，对成本的控制要求很高，为了满足交期的需要，在生产环节要求做到准时作业（工序作业精确到时、分、秒），对生产执行系统的精益化要求也很高。

（4）株机公司以打造一个完整的生态链系统来支撑公司的快速发展，要求供应商能够在统一的平台上实现合同、计划、交货、定价、发票、结算、质量监控、索赔、设计变

更、供应商评审和评价等业务的协同，并要求供应商按计划进行物料配送，满足公司准时作业的生产需求。

（三）株机面临的形势

1. 迎来快速发展时期

国家大力发展基础设施建设，株机迎来了快速发展时期。企业全面市场化，生产全面提速，2009 年营业收入实现百亿元且规模产值在逐年提高，2014 年超过 200 亿元。未来轨道交通装备将成为国民经济大动脉和绿色环保型产业，株机必将在中国经济转型升级发展中发挥更大的作用，面临更多的发展机遇。

2. 全面走向国际化

受益于国家的“高铁外交”和“走出去”战略，海外市场将成为中国铁路装备企业新的增长极。南车恰逢其时自觉担负起我国高端装备制造“走出去”的历史使命，发挥产业链组合优势，在国际高铁市场上取得了实质性突破。2014 年新签海外订单总额达 230 亿元，同比增长 76.9%，实现了行业领先，创下历史新高。

3. 客户化定制

面对市场的激烈竞争及快速扩展，株机公司积极拓展新产品市场和新区域市场，扩大市场覆盖面。为了适应客户的个性化需求，株机公司针对不同区域、不同客户开展客户化定制产品业务，积极贴合用户需求，为快速占领市场提供强有力的保障，促使客户满意度得到极大提升。

4. 项目化管理

为适应市场的快速变化，形成标准化、高效率、低成本的关键竞争能力，株机公司建立项目化管理体系，持续推动项目管理模式优化创新，全面提升项目执行能力，加强项目监控。同时还制定了项目管理成本及成本指标，以便于跟踪反馈项目运行情况并提高项目管理水平。

5. 国内外市场竞争激烈

随着国内市场竞争的逐年加剧，株机公司开始加大对海外市场的拓展力度，认真做好全球市场研究，以适应全球贸易投资规则，深入拓展既有市场，努力提高市场份额。与此同时，中国铁路装备制造企业逐步打破了以产品输出为主的传统出口形态，形成产品、技术、资本全方位“走出去”的态势。南车相继在马来西亚、土耳其、南非等重点市场投资，实施以本地化生产带动市场的深入拓展和海外产业布局，增强南车的全球资源配置能力。按照企业未来的海外计划，将继续推进既有海外本地化投资项目的实施。

（四）株机公司 ERP 选型及实施策略

株机公司建立信息化道路重点考虑了自身特点、行业特点、开发能力、投入资金与技术风险等相关因素。

株机公司现有产品有电力机车、城轨车辆、动车车辆、车辆核心技术及其衍生产品等，具有制造工艺流程复杂多样、装配流程多、客户化定制程度高、成本控制难度大、质量要求更加严格等特点。株机公司作为我国高端装备制造业的先行者，对 ERP 建设提出了更高要求。

目前，ERP 市场上的产品有两种选择：一是使用国外大型 ERP 公司如 Oracle、SAP 的产品，二是与国内有实力的软件供应商如金蝶、用友等合作。在同行的 ERP 选型中，南车株洲所和青岛四方均采取了与 SAP 合作的方式，然其缺点是投资大，软件模式相对固定，定制化程度不高，对于离散制造型企业风险较大。

株机公司结合自身的生产特点，在较低的实施风险下选择了金蝶作为信息化合作伙伴。金蝶 EAS 软件及 BOS 开发平台为企业提供了灵活的生产应变能力，一批熟悉制造行业的软件实施的开发人员为株机公司的产品个性化定制需求提供了有力支持，构筑起凝聚株机公司管理思想的信息化平台。

在实施过程中，株机公司与金蝶公司真诚合作，共同发展，相互理解，在五年的信息化建设中，ERP 工作逐步推开、分步实施，建成了有株机特色、符合株机管理思想的 ERP 系统。

株机公司的信息化建设采用了循序渐进的分步实施策略，一期为财务供应链一体化，二期为生产业务集成，三期为 ERP 全面应用及管理系统定制开发，同时通过金蝶的精细实施过程，打通企业关键流程，建立财务业务一体化平台、现场生产执行平台、供应商一体化平台等，实现了数据实时传递，为数据分析提供了有力的支持。株机公司的信息化建设符合行业发展特点并有自身特色，符合管理管控需要，在装备制造业处于领先地位，其特点可以概括为：

（1）投资低，风险低。株机公司选择了金蝶平台化产品及定制开发模式，根据自身个性化需求定制开发。

（2）量身定做，技术先进。金蝶 EAS 系统采用稳定的 J2EE 技术，系统架构达到世界先进水平，且 EAS 是金蝶的成熟标准产品，在此基础上定制开发，数据稳定，技术领先。

（3）平台支持自由转化。在金蝶 EAS 基础上，采用金蝶集成化的开发平台 BOS 定制开发，便于系统维护和扩展。通过信息化建设，株机公司也培养了一批有自主开发实施能力的核心人才。

（4）起点高，设计理念先进。株机公司的 ERP 建设是与制造行业的特点紧密贴合的，其以项目为导向，以生产销售为主线，成本控制贯穿整个工作流程，实现了精益生产，实现了物流、资金流、信息流动态同步。

（五）株机公司 ERP 实施的关键目标

（1）打造一个统一的智能制造信息化管理平台，并逐步覆盖各分、子公司，打通设计、工艺、制造、物流、财务等各个业务领域的信息通道，实现各业务领域与各分、子公司之间的数据同步及业务协同。

（2）以项目管理为主线，通过项目计划驱动营销、设计、工艺、制造、物流等计划，监控任务执行，在项目执行过程中进行质量及成本控制，对项目执行结果进行绩效评估。实现多工厂之间的项目计划协同，包括总公司与各分、子公司之间的设计、工艺、生产、物流协同。

（3）以精益生产为切入点，以准时作业为落地目标，实现计划、执行、成本、质量等各业务、各环节的精细化管理，最终整合株机公司价值链的上下游，打通株机公司与客户、供应商之间的信息通道，实现供应链大协同。

二、株机公司利用 EAS 实现商业模式的协同运作

（一）EAS 支持株机公司七大业务协同

株机公司的整体计划体系流程如图 3－4 所示：

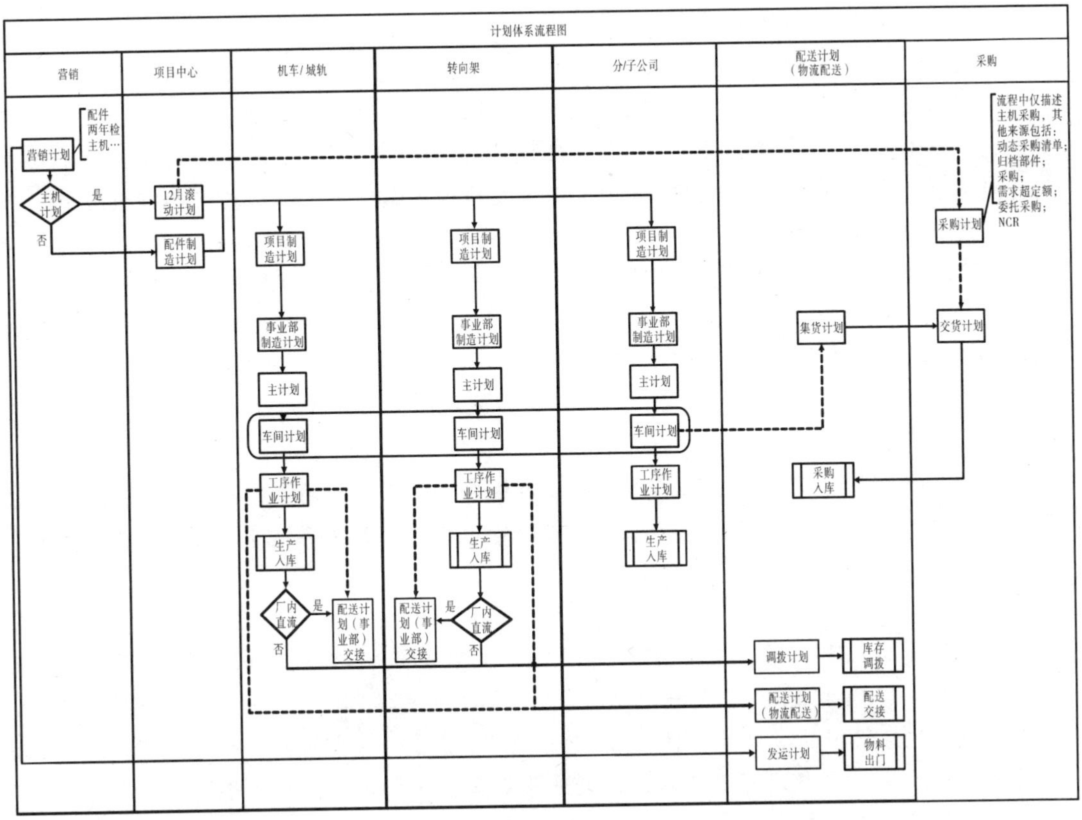

图 3－4　株机公司的整体计划体系流程

1. 项目计划协同

建立以项目中心为拉动力的项目管理模式；以项目拉动采购，降低材料采购的盲目性，降低材料库存资金占有，提高材料采购的到货及时率及准确率；以项目拉动生产，实现各事业部与项目之间的协同以及事业部与事业部之间的生产协同，满足企业按时、按质交货的要求；实时监控采购、生产、物流的执行情况。

2. 生产计划协同

实现“项目制造计划—事业部制造计划—主计划—车间计划—工序作业计划”五级生产计划管理模式，有效地将生产计划与项目计划进行集成化管理；全面记录工序作业的开工、完工、质检、故障等过程，实现工序作业的全面监控；以生产计划为龙头，驱动物流、资金流与信息流的同步流转；适时进行缺料分析（延伸到工序级），生产看板满足精益生产的要求；适时、动态反映分项目的工序作业状况，因为设计或工艺变更会实时影响生产计划；允许相同项目号、相同名称、相同生产组织的工序进行合并生产。

3. 采购计划协同

通过动态提前采购清单、部件 BOM 下推、完整工艺 BOM 下推、委托采购生产等多途径智能化地触发采购申请的发放；规范采购中心的计划管理，使所有下达的采购计划都有迹可循，杜绝重复采购，降低库存积压；所有的采购计划变更，都由系统运算得出，解决了人工比对易出错、周期长的问题，且对于已下达给供应商的订单，可通过供应商门户直接传达变更信息，尽最大可能减少可能产生的损失。

4. 设计、工艺与制造协同

实现研产一体化的 BOM 协同管理。通过集成的方式连接 PDM 和 ERP 系统，消除信息孤岛，在 ERP 系统里实现设计 BOM 引入及设计更改响应，实现 BOM 资料从设计到制造的一致管理，最终实现从编制采购计划、保障供应到成本核算、质量控制的有效管理。

实现株机公司多组织管理模式下的 BOM 协同管理。满足株机公司对 BOM 的集中设计与分散设计相结合、集中工艺与分散工艺相结合的需求。集中 BOM 更改管理就是对 BOM 资料进行更改集中管理和分发同步。PDM 的设计更改传递至 ERP 系统中，可确保更改信息在 PDM 和 ERP 两个系统中是准确的、一致的、及时的。一体化 BOM 实现了设计初期对提前采购物料的支持，设计中期对部件逐步归档采购及生产的支持以及设计成熟后对批量采购及生产的支持。

在 MES 系统的“个人作业”板块可以查看操作者本人对应的生产加工工序信息，可以根据生产加工工序信息查看其对应的三维（二维）文件，在现场系统中对各文件进行展示。

5. 设计与工艺协同

株机公司采用 Team Center（简称 TC）作为三维设计的支撑软件，设计与工艺均在 TC 中完成。TC 负责向 ERP 传送工艺 BOM（支撑 ERP 采购业务）、制造 BOM（支撑 ERP 生产计划）、工序 BOM（支撑 ERP 工序用料配送）、工艺路线（支撑 ERP 工序作业计划）等数据。

为保证双方数据的安全性，TC 与 ERP 采用 TC 负责传入中间表（TC 负责写入）、ERP 负责读取中间表（ERP 只有只读权限）的分段式接口完成数据传输任务。

6. 物流与 CAM 集成

株机公司的主要原材料为钢板，为提高材料利用率，在下料环节采取加工中心配合使用 SigmaNEST 套料软件的模式来进行套料管理。由于套料软件与 ERP 为管理不同领域的软件，所以计划以 ERP 为准，材料定额则以套料软件为准。套料软件输出格式化的套料图数据，转换至 ERP 套料计划中。ERP 套料计划产生后，可以根据套料计划直接下推物料（钢板）需求计划（领料出库单），不再需要人工去计算，解决了原 ERP 材料定额无法真实解决的问题；生产订单上反写套料计划的实套数量、套料图号等信息，满足计划、生产单位的实时追踪，避免漏套、多套，保证生产计划的完整性、连续性。

7. 供应商协同

建立供应商管理门户，实现与供应商的实时数据交互，包括采购订单信息、订单变更信息、报价、交货、合同、入库、发票、质量、索赔及申诉、供应商库存等。

供应商对关键件、重要件物料的生产进度进行监控，对关键的物料编制生产节点并及时对生产节点的开工、完工情况进行汇报。采用委托采购申请，周边配套单位的委托采购申请可在“供应商门户”板块编制，审批后自动传递至 EAS 系统；申请单位可在“供应商门户”板块中查看委托采购的物料的流程进展情况。

（二）精益生产

1. 成本管理实现以项目号为依据进行追踪统计

建立采购价格管理业务流程，通过定价单控制采购订单与采购合同，减少采购过程中的人为因素对价格的影响，严格控制整个采购环节的价格。实现质量问题产生的原因及过程跟踪，记录质量损失，通过报表分析质量数据，加强质量管控。通过项目号及跟踪号实现成本跟踪统计，建立项目成本核算体系。成本核算报表能够按照项目展示，实现以项目号为核算维度的成本核算，满足精益生产的要求。

2. 准时作业实现现场可视化、看板化

现场人员可以在现场机器上方便、即时地实现获取任务、报开/完工、申报故障、质检、物料交接；管理人员可以即时查看生产的实时动态；借助生产异常管理系统建立生产异常管理机制，实时反馈生产过程中的异常信息，并及时上报处理，推动生产进程，提高生产效率；通过生产看板提高生产现场的可视化水平，贯彻精益生产理念。

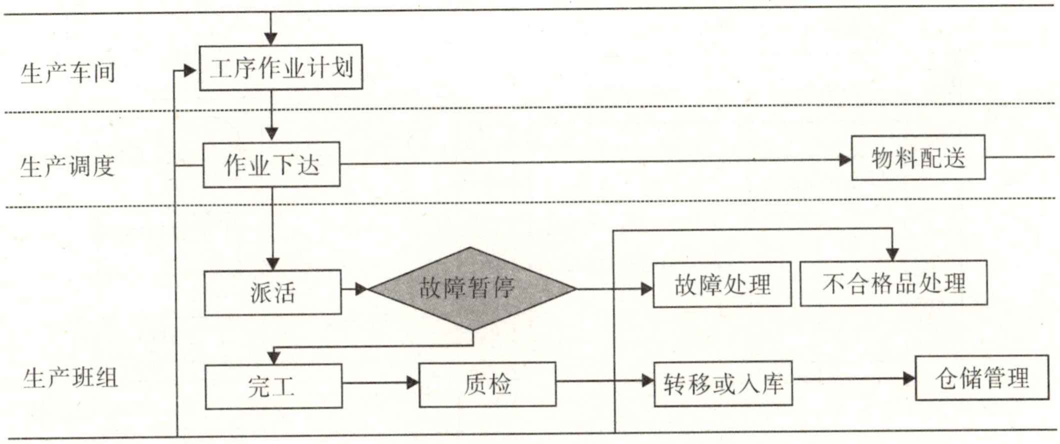

图3-5 准时作业实现现场可视化、看板化

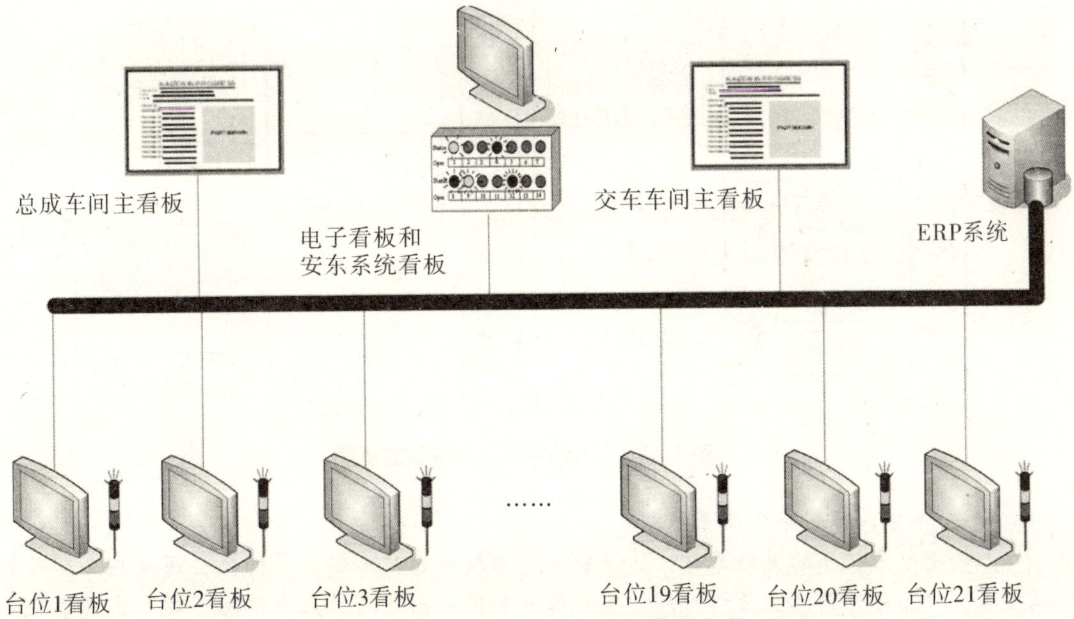

图3-6 通过生产看板提高生产现场的可视化水平

3. 智能物流配送促进供应协同

集中统一管理物料的收货入库和配送出库。按照项目号、事业部等分仓库，实施分库位的管理，确保物料及时入库、准确存放。各个生产事业部所需要的物料，都是通过生产订单下达的物料计划来领料出库的，物流部依据领料计划提前安排物料配送到各个车间，确保生产的稳定和连续，并按各个事业部确认物流成本的归集。直流件物料配套供应商可以在“供应商门户”板块中查看生产物料需求计划，通过配送单及时将物料送到各个事业部，实现配送业务与采购订单业务、领料需求计划业务的关联，以及和株机公司采购部、物流部、财务部的业务的协同。

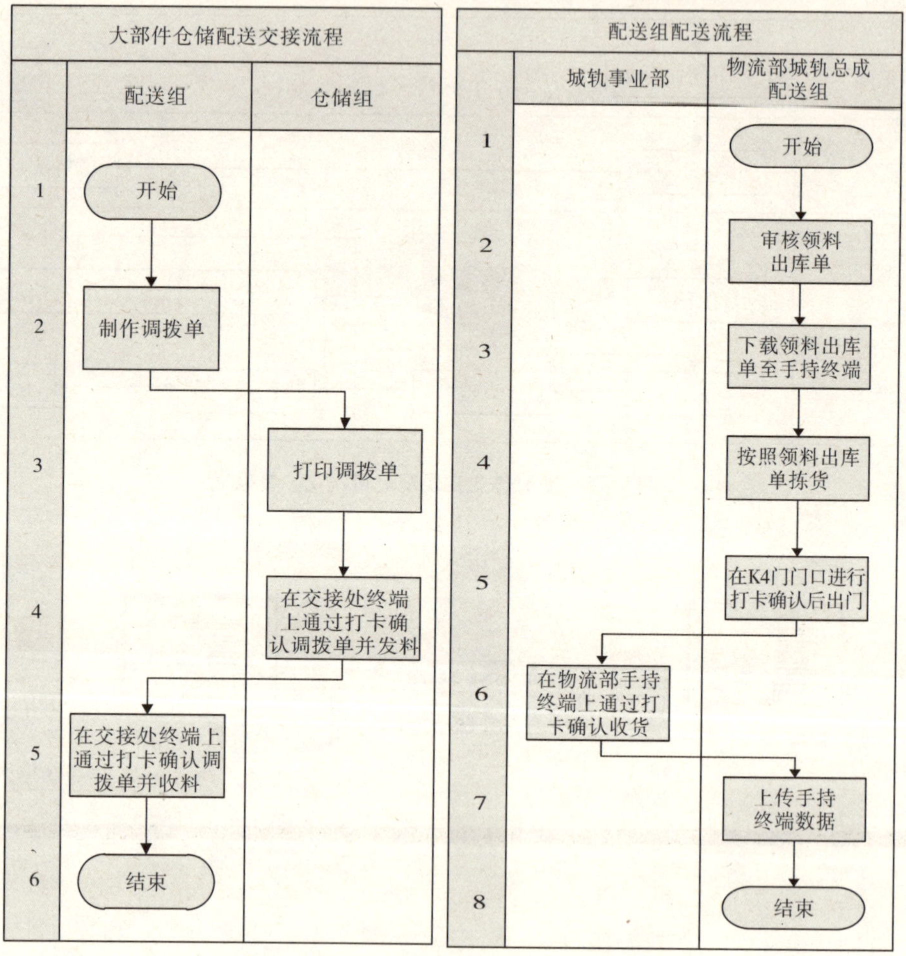

图 3-7 智能物流配送促进供应协同

4. 关键零件实现全程质量追溯

车轮是电力机车的关键零件，其性能决定着机车的行车安全。株机公司使用序列号条码技术，确保每件产品在原料入厂、生产作业和成品出厂的过程中根据条码能实现全程质量追溯，形成完整的产品质量履历，同时有效提高工作效率。

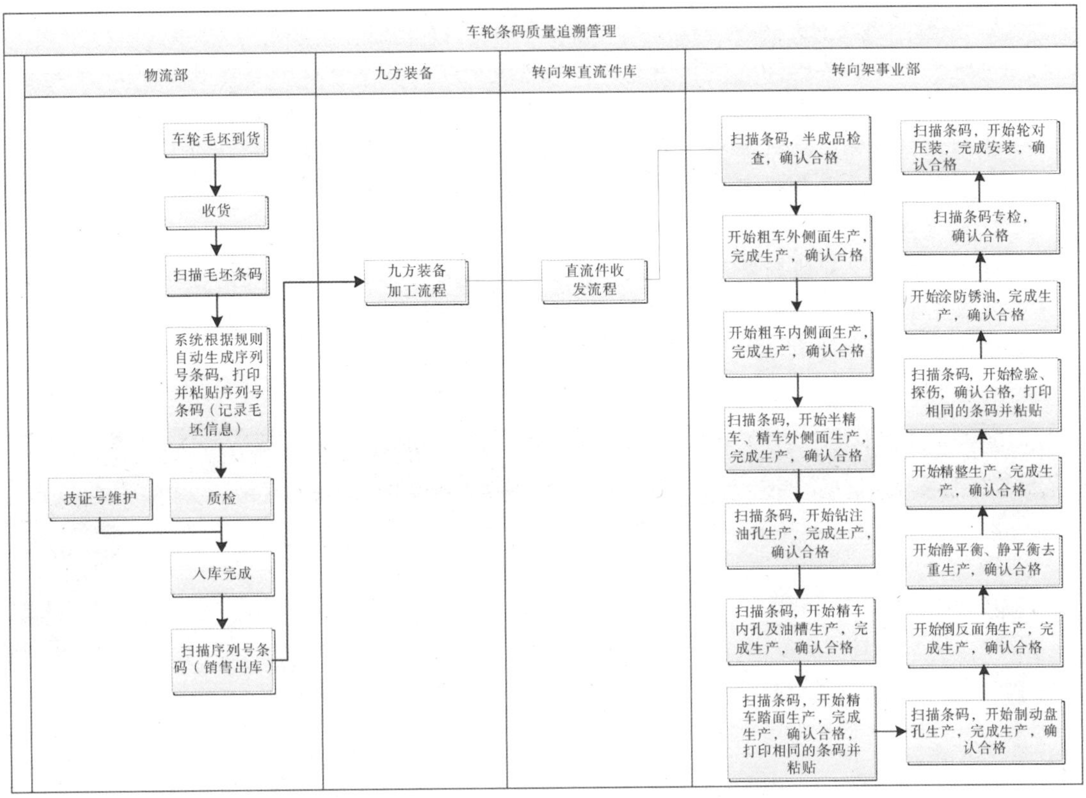

图 3－8　车轮条码质量追溯管理

（三）移动应用

目前，株机公司的移动应用业务覆盖供应商门户应用、物流业务应用、生产业务应用，后续可能根据需求扩展其他应用。

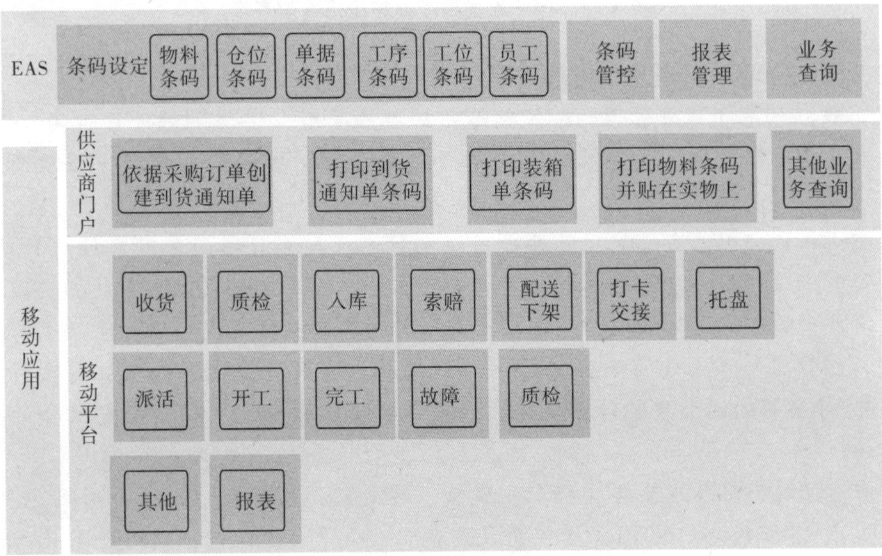

图 3－9　株机公司的移动应用业务

1. 物流实现二维码管理

全面规范物料及工序条码管理，实现物料与工序对应管理，有效提升物料及工序工艺管理水平，加快物料流转速度，切实提高生产效率，实现过程控制和追溯。

基础资料条码：物料条码、员工条码、仓位条码、工位条码等。

业务条码：单据条码（收货、入库、质检）、工序条码等。

2. 移动物流利用手机操控

株机公司基于智能制造平台系统，在手机设备上实现供应商协同、仓库收货、外购检验、入库上架、配送下架、托盘绑定、车间交接、物料追踪、仓库盘点、仓库调拨、报表分析等业务。

图 3-10 金蝶移动应用手机操控界面

三、株机公司 ERP 应用取得的成果

（1）建立了基于项目管理的智能制造基础数据平台，实现了对项目时间、项目采购、项目成本的全过程管理，支撑株机公司基于项目管理的经营管控模式，推动商业模式的创新。

目前，株机公司已完全实现了按项目编制计划、按项目进行采购、按项目计算成本，由项目管理中心利用项目计划推动生产计划的执行，通过一体化 BOM 数据实现按项目采购及对项目采购成本进行管理，通过生产计划与项目的关联实现对项目生产成本的管理。

（2）搭建了科学高效的多组织 ERP 系统架构，有效地支持了株机公司项目生产和事业部、分/子公司的运营架构计算机化，实现了物流、资金流、信息流相结合的企业业务高度集成。

目前，株机公司各事业部（机车、城轨、转向架、备料）、分/子公司（电气、制动、广州城轨）、各职能部门的 ERP 管理系统均在同一个平台上执行，采用金蝶 EAS 的多财务组织、多库存组织进行有效的基础数据统一及业务数据隔离，物流、资金流、信息流均在同一账套中进行管理。

(3) 通过智能制造基础数据平台与金蝶 ERP 的系统集成，实现规范化、科学化管理，优化、固化管理流程，提高企业的成本管控能力，推动企业管理创新，提高经营管理水平。

数据统一平台、业务统一平台为株机公司的管理固化提供了执行基础，设计、工艺、采购、生产、物流、营销、项目、财务均已纳入 ERP 平台进行管理。按项目管理的 ERP 模型为企业提高成本管控能力、经营管理水平提供了信息化手段。EAS 项目可出具业务蓝图，包括：项目管理、BOM 及工艺管理、NCR 管理、采购业务管理（含材料销售）、库房业务管理、供应商门户管理、存货成本核算、电气制造管理业务蓝图、工序合并业务蓝图、基础资料蓝图、生产制造业务蓝图、总体业务蓝图等十多个业务蓝图，详细业务流程数百个，均已固化到 ERP 系统中。

(4) 基于 ERP 系统统一公司管理信息平台，逐步建立适应母—子公司集团管控模式的信息化架构。

除株机公司总部以外，电气分公司、制动分公司、广州城轨也已经纳入 PMERP 平台，这标志着统一公司管理信息平台的架构构建完成，下一步的目标是根据各分、子公司的管理水平，逐渐完成所有分、子公司信息化管理平台的统一。

株机公司也逐步建立起适应母—子公司集团管控模式的信息化架构，形成了主数据集中（如设计、工艺、物料数据等）、财务集中、ERP 主业务流程集中（如采购、生产计划、物流管控等）、专业系统无缝集成（如 MES 系统、质量管理系统等）的集团信息化架构模式。

总之，株机公司的 EAS 系统应用推动了其商业模式的创新，支持了株机公司的国际化战略。金融危机后，我国制造企业面临艰难的转型，传统的产品出口形态转化为产品、技术、资本、管理等全方位“走出去”态势，信息化与工业化的融合需要整个产业链上的资源协同，同时还需要每个企业精工细作。ERP 系统和精益生产方式将进一步推动中国制造向中国“智造”转变。

第三篇

我国 MRP Ⅱ/ERP 的应用历史

第四章　我国 MRP Ⅱ/ERP 应用的试用期

30 多年来，我国企业应用 MRP Ⅱ/ERP 的历史也是企业改革和管理创新的历史。1978 年到 1990 年的 12 年间，我国处于从计划经济向市场经济的过渡时期。这段时间里，MRP Ⅱ系统给广大企业带来了市场经济下以销定产的管理模式，帮助一批企业面向市场，实现了从传统计划模式向 MRP Ⅱ计划模式的转变。1990 年至 1998 年的 8 年间，我国企业处于从单一品种的大批量制造向多品种小批量生产的转型时期，MRP Ⅱ又帮助一批企业有效地协调了产供销、人财物资源，实现了生产经营模式的转变。从 1998 年至 21 世纪初，我国企业面临由多品种小批量制造向客户化大批量柔性制造的转变，MRP Ⅱ/ERP 系统帮助企业改造生产经营系统，协调与供应商和客户之间的战略联盟关系，提高客户满意度，加快企业的市场反应速度。

虽然我国 MRP Ⅱ/ERP 的应用不乏失败的例子，30 多年来也引起了很大的争议，但是 MRP Ⅱ/ERP 的需求不以人们的意志为转移、从弱到强逐年成熟了起来。“以史为鉴，可以知兴替。”从本章到第六章，总结我国 30 多年来 MRP Ⅱ/ERP 的应用历史，客观分析成功企业的经验，剖析企业应用失败的原因，将有利于澄清 MRP Ⅱ/ERP 的认识误区，避免企业 MRP Ⅱ/ERP 的应用再度失败，为广大企业提供切实可行的指导。

第一节　MRP Ⅱ应用条件分析

从 1978 年到 1990 年的 12 年间，我国机械、电子、医药等行业的制造企业从国外引进了 MRP Ⅱ系统，也有一些科研院所帮助企业开发了 MRP Ⅱ系统，但是将 MRP Ⅱ真正投入应用的企业数量并不多。多数国有企业引进的 MRP Ⅱ系统只是对代表产品做计划，并没有完全应用起来。虽然有少数合资企业做到了依据物料需求计划下达采购订单和生产订单，但是这个时期我国的 MRP Ⅱ在整体上还处于试用期，企业主要是对 MRP Ⅱ的管理思想和计划方法进行消化吸收。

一、改革开放促进 MRP Ⅱ系统传入我国

我国国土面积大、资源丰富、劳动力充足，几千年自给自足的小农经济影响着我国工商业的发展。从 1949 年到 1978 年的近 30 年里，我国实行的是中央集权的计划经济。由于国内外政治和经济环境的制约，传统的计划经济形成了“重积累，轻消费；重产值，轻

效益”的社会资源配置模式。从 1978 年开始，我国的发展重点转移到经济建设上来，改革开放促进了我国企业与西方企业的接触，也促进了 MRP Ⅱ系统传入我国。

从 1978 年开始，我国的一些企业走出国门，引进国外的生产设备和管理技术，同时也把 MRP Ⅱ系统引进了企业。此外，改革开放促进外资进入我国，某些外资企业在投资建厂期间便把 MRP Ⅱ系统带进了我国。与此同时，我国的科研工作者也在积极地向企业宣传 MRP Ⅱ的管理理念和计划方法。因此，MRP Ⅱ的管理思想在我国逐步传播开来。

二、以引进 MRP Ⅱ软件为主

从 1980 年开始，我国机械行业的国有大中型企业开始利用 MRP Ⅱ系统辅助企业管理。据机械部北京自动化研究所 1991 年的抽样调查，我国机械行业至 1990 年底约有 MRP 用户 36 家。按开发方式分类，企业与合作单位联合开发的有 3 家，企业自行开发的有 5 家，引进国外商品化软件二次开发的有 28 家。引进的国外系统“1/3 能用，1/3 不能用，1/3 改进后能用”，也有一些系统买回后由于实施不力、硬件过时而被弃置不用。此外，本阶段 MRP Ⅱ的硬件和软件投资都较大，培训也要到国外进行，因此实施费用也大，一般在 500 万元左右。有的企业采用小型机作硬件平台，需要建立机房、配备专门的基于小型机上的 MRP Ⅱ软件。因为实施条件较苛刻，限制了 MRP Ⅱ的普及。

三、我国企业 MRP Ⅱ的应用动力不足

1978 年到 1990 年，我国以计划经济为主、市场经济为辅，企业在本阶段需要从生产型向生产经营型转变。由于企业的经营机制不同，同样的 MRP 软件在不同的国有或民营合资企业命运却不相同。国有企业在实施过程中对传统的计划管理模式的变革很是困难，因此 MRP Ⅱ应用取得的效益不是很明显。除了受制于传统的生产模式外，企业对用科技拨款购买的软件消化能力不够，“花国家的钱不心疼”等体制因素也制约了企业的实施动力。

总之，由于生产资料和消费资料短缺，市场处于供不应求状态，企业市场竞争压力不大。因此，某些企业没有改革的动力和远见，影响了企业实施 MRP Ⅱ的效果。

四、20 世纪 80 年代我国企业管理状况与 MRP Ⅱ应用条件的差距

从前两章的分析中可以看出，MRP Ⅱ系统有其特定的应用背景和应用条件。1978 年到 1990 年我国改革开放不全面，MRP Ⅱ受到我国国情和企业管理模式的影响，应用条件还不成熟。

这个阶段我国引入的几百套 MRP Ⅱ系统成功的少、失败的多，主要原因是在改造传统管理体系及方法上花工夫不够。实施成功的企业在计划管理模式、生产组织和人员配备上进行了改革，没有条件创造条件实施了 MRP Ⅱ系统，从而发挥出 MRP Ⅱ的功能，实现了企业经营机制的转换。

表 4－1 是我国企业管理状况与 MRP Ⅱ应用条件的差距分析。

表 4－1　MRP Ⅱ系统的应用条件与企业管理现状分析

管理项目	MRP Ⅱ系统的应用条件	我国企业管理现状
确定生产品种	以销定产、追求利润最大化，以销售收入确定产品最佳组合，有准确的主生产计划表	20 世纪 80 年代国家指令性计划和指导性计划决定企业的生产指标，90 年代后市场需求和预测变化快，以销定产，但主生产计划的输入不稳定
确定生产率	经营计划、生产计划、主生产计划、能力需求计划、加工计划、采购计划协调性强，生产均衡性强	市场需求变化快，订单的随机性大，生产前松后紧，加班加点随机性大，产品质量不稳定，生产配套性差
确定物料	严格按计划投料，产品结构准确率在 98% 以上，库存记录准确率在 95% 以上，每项物料均有产、供、销、存等信息	按照订货点法确定物料，仓库中没有固定货位，账物不符，材料定额富余度大，库存积压严重
确定能力	考虑设备维修，工作中心的能力工时统一核算	设备落后，设备维修工作不规范，超期服役的多，工时数据难以确定，备品备件没有纳入 MRP 管理范围
确定生产批量和采购提前期	专业化分工使产品加工层次按物料清单展开，每个物料均有提前期和加工时间，工时定额的准确率在 95% 以上。有严格的采购提前期，有多个供货商，能及时从市场采购到原材料	工序长达十几道，生产周期长，采购部门希望提前期加长而不是缩短，生产部门希望在制品定额加大，生产准备时间和等待时间没有准确的定额标准
确定反馈信息	以日为单位统计物料、能力、生产进度、产品质量、实时跟踪、动态输入数据、生产工人素质	生产作业统计以日为单位，工单由工人管理，零件完工、流转、废品、返修品信息不及时回报，管理人员凭经验管理，代用件、代用料混杂，盘盈、盘亏工作中掺入了不真实的数据

第二节　六家典型企业 MRP Ⅱ的应用概况

从 1990 年开始，由于企业应用 MRP Ⅱ的失败案例时有发生，我国的理论界和企业界对 MRP Ⅱ是否适合我国展开了争论，对我国企业到底需不需要 MRP Ⅱ这一问题产生了分歧。有一些学者开始深入企业，对 MRP Ⅱ进行实证考察研究。本书作者之一王惠芬在汪星明、施礼明、张第元、温咏棠、潘家轺等老师的指导下，于 1991 年对广东省轻工机械厂、北京内燃机厂、王安公司、中国惠普公司、北京自动化研究所、清华大学等单位进行了调查，初步掌握了企业界、软件公司、科研院所对我国 MRP Ⅱ应用的评价。由于当时多数企业的应用主要在小 MRP 阶段，因此写作了硕士论文《关于我国工业企业实施 MRP 系统的实证研究》。

一、六家代表性企业的 MRP Ⅱ应用情况分析

论文《关于我国工业企业实施 MRP 系统的实证研究》分析了 MRP Ⅱ对我国管理模式的影响，总结了我国企业实施 MRP Ⅱ的层次，客观地分析了企业实施 MRP Ⅱ的阻力，建立了我国企业实施 MRP Ⅱ的前期工作模型和实施 MRP Ⅱ的人机工程模型。下面抽取论文中六家企业的情况进行我国 MRP Ⅱ应用第一阶段的案例分析。这些企业分别是沈阳第一机床厂、哈尔滨电缆厂、广东省轻工机械厂、东方汽轮机厂、厦门华侨电子企业有限公司和沈阳飞机制造公司。表 4 -2 对这六家企业的性质、产品类型、生产方式、MRP Ⅱ开发方式、MRP Ⅱ实施过程、通过 MRP Ⅱ获取的效益进行了对比分析。从对比中可以看出当时我国 MRP Ⅱ应用的一般情况。

二、第一阶段我国 MRP Ⅱ应用的层次和深度分析

从 1980 年到 1990 年的十年间，多数大型国有企业 MRP Ⅱ的应用基本上处于国外 20 世纪 60 年代到 70 年代的小 MRP 应用水平，许多企业没有实施能力需求计划和财务系统，不是闭环 MRP，也不是 MRP Ⅱ。但也有一些企业取得了一定的效益，这些企业是走在改革前列、对市场经济的规律把握较早的。还有一些真正合资的企业没有受国有企业的制约，轻装上阵，直接实施到了财务、现场数据采集层次。

依实施深度的不同，可以把我国第一阶段实施 MRP Ⅱ系统的企业分为三类。

（1）第一层次的企业指实施到小 MRP 的企业。这些企业进行了总体规划，对现有生产秩序进行了整顿，对基础数据进行了整理，开展了 MRP 前期准备工作，进行了库存管理、采购管理、订单管理、材料用量管理，完成了由手工编制计划向计算机辅助计划管理的转变。当时，我国大多数企业处于第一层次的应用水平。

表 4－2　1980—1990 年我国应用 MRP Ⅱ的典型企业

企业名称及企业性质	产品类型	生产方式	MRP 系统开发方式	MRP 系统实施过程	获取的效益
沈阳第一机床厂（国有）	普通车床、高精度车床、丝杠车床等 9 大类，80 多个品种，200 多种规格	批量、小批量生产	引进联邦德国 Inteps 系统二次开发	项目分两期实施，一期工程分为三阶段： ①跳出按累计编号法安排生产计划、组织生产的旧框子； ②采用任务号法排计划； ③以物料需求计划为核心安排与组织生产 一期工程有：数据、生产计划、库存、作业统计子系统等 二期工程有：作业统计、限额发料、销售管理、情报子系统等，还包括粗能力计划、网络计划以及细能力计划几大模块	①缩短加工装配周期 3%～5%，缩短设计、工艺工装准备周期 20%； ②减少自制件库存量 10%，减少在制品资金 7%； ③设备停台率下降 50%； ④提高产品质量，减少了零件盘亏损失； ⑤累计获得经济效益 2 100 万，平均每年 300 万
哈尔滨电缆厂（国有）	电线、电缆	产品结构呈倒树型。生产批量小，产品品种多，产品层次少，生产周期短	由机械委自动化所在 Power－32/600 超微型机上开发	分三步进行，花了一年多时间试运行，共有八个子系统：工程数据、订货管理、销售管理、库存管理、年计划编制、厂级计划编制、物资供应、生产统计	①改善管理人员的工作条件，信息处理及时，提高了管理水平； ②销售动态分析能把握住市场信息，以利于扩大市场规模； ③生产计划编制周期缩短，库存降低等

（续上表）

企业名称及企业性质	产品类型	生产方式	MRP 系统开发方式	MRP 系统实施过程	获取的效益
广东省轻工机械厂（国有中型企业）	啤酒罐装设备、液体罐装设备	小批量生产，生产周期长达 9 个月，最大工序数为 14，为订货生产；产品分解后零件上万件，自制件达4 000件	与清华大学管理学院联合开发，在小型机上运行	策略：一级计划在总厂先开发，各分厂分期导入，导入的分厂纳入 MRP Ⅱ系统的产品，零部件以主要件、关键件为主 实施阶段：分三期工程 第一期：厂级生产管理、分厂（包括机一分厂和铆焊分厂）生产管理、物资管理、财务管理、数据管理、计量管理 第二期：经营计划、营销管理、（机工分厂、油包分厂）生产管理 第三期：技术管理、设备管理，向 CIMS 方向发展	①解决了原手工系统无法解决的矛盾； ②计划管理水平提高，合理利用生产能力，缩短生产周期，降低在制品库存
东方汽轮机厂（国有大型企业）	20 万千瓦、30 万千瓦发电汽轮机	小批量生产，生产周期长达 14 个月	引入 HP 公司 MRP Ⅱ软件，在 HP 3000 上二次开发	1969 年开始用计算机，有精干的计算机专业人才及单项管理软件，实施的重点在于物料管理和生产管理 策略：先在叶片分厂试点生产管理系统，然后在汽机厂试运行，之后再向其他五个分厂推广 实施系统：销售、仓库、材料清单、工票打印、车间综合统计、产品成本分级管理、生产网络计划以及人员管理、设备管理、能源管理和机组质量管理	①提高生产能力，增强计划性，降低库存； ②增大流通，提高质量，降低成本； ③提高工厂管理水平和效益

（续上表）

企业名称及企业性质	产品类型	生产方式	MRP 系统开发方式	MRP 系统实施过程	获取的效益
厦门华侨电子企业有限公司（合资企业）	彩电、收录机、电子元器件	成批生产	引进 VS - MRP 软件在 Wang VS - 65小型机上开发	物料库存管理、材料清单管理、材料发放管理、采购订单管理，由 Philips SOPHO - S1000 程控交换机与 US - 65 组成小规模计算机数字通讯网络，采集现场数据	①减轻事务工作量，提高工作质量；②物料随时受控，最大限度做到资源共享；③库存采购的效益很明显，日常工作的管理已离不开电脑
沈阳飞机制造公司（国有）	飞机部件、货车、客车	客车产品为军转民产品，小批量生产	HP MRP Ⅱ软件在 HP 3000 上开发，选择客车产品开发积累经验，为在飞机产品上的应用奠定技术、管理、数据上的基础	①三个月数据测试，建立典型车型的数据库信息；②对现场系统改造，建立定置管理；③已实施的功能有计划下达，领料管理，库存控制	①数据共享，统一信息；②提高管理意识、管理效益、造就人才；③缺料管理预先处置，减少库存，减少报废损失；④实现对物料的方便查询

（2）第二层次的企业指向闭环 MRP、MRP Ⅱ系统扩散，实施了能力需求计划，把生产作业计划、销售、财务导入 MRP Ⅱ的企业。第二层次的企业有上海施贵宝、厦门华侨电子公司等。这些企业本身的管理流程顺畅，管理机制先进，产品结构简单，管理工作也相对容易，因此实施 MRP Ⅱ的成功率高。还有一些国有、民营企业，例如沈阳第一机床厂等有较强的技术开发力量和管理人员投入企业的 MRP 开发，在各阶段注重信息关联和功能关联，有效选择实施的突破口和代表产品，由粗到细、由浅入深改造了企业的传统管理模式。

（3）第三层次的企业指开展了多地点、多工厂的销售管理、财务管理和生产管理，具有 ERP 雏形的企业。这个时期我国基本上还没有企业实施到这个层次。

三、企业实施闭环 MRP、MRP Ⅱ存在困难的原因

由 MRP 系统向闭环 MRP、MRP Ⅱ的扩散依赖企业原有的计算机系统、已开发的数据资源、已有软件模块的集成程度。如果 MRP Ⅱ的计算机硬件设备不开放，中心数据库不开放，已有的数据编码不统一，运行数据不准确，那么从 MRP 向第二层次、第三层次的扩展就会遇到困难。

第二层次也是触及传统生产管理方式最多的阶段，也是考验企业的改革决心是否强烈，改革措施是否得力的关键时期。有的企业狠抓了管理的基础工作，奖罚分明、职责明确，也就顺利进行下去。而有的企业改革决心不大，实施不力，导致系统徘徊不前，成为“夹生饭”。由于几年下来数据维护不当、人员流失，最终使得系统瘫痪，成了废铁。这些 MRP Ⅱ系统的失败令人痛惜、令人生畏，也给后来有心想上 MRP Ⅱ的企业带来了负面影响。

四、采用“抓主线、带其他、逐步到位”的方针提高了 MRP Ⅱ系统的成功率

广东省轻工机械厂和东方汽轮机厂在生产性质以及生产方式上很相似，前者是与清华大学联合开发，后者是引进 HP 和 MRP Ⅱ 软件二次开发。这两个企业都采用了“抓主线、带其他、逐步到位”的实施策略。在实施步骤上先对零部件、产品以及采购材料采用 ABC 分类法，选择关键件、主要件纳入 MRP Ⅱ 系统，先抓住某种或某几种产品试运行，成功后再把其他相关产品引入，再向其他分厂、车间推行，因此，这两家企业的实施风险小。

两个工厂的不同之处是广东省轻工机械厂铺得较开，对原有手工系统的功能改进不多；而东方汽轮机厂为了保留 MRP Ⅱ软件的先进性，在清理、整顿管理现状，规范管理、提高管理水平上做的工作更多。每年，东方汽轮机厂都要召开几十次 MRP 协调会及时处理实施过程中遇到的问题，企业还注意结合工厂其他活动来开展 MRP 的实施，在财会达标、在制品严格控制等活动中推动 MRP Ⅱ，使多项管理创新互相促进、共同提高，保证了 MRP Ⅱ的成长。

五、加工装配型、流程型企业实施 MRP Ⅱ的条件好，容易实施成功

哈尔滨电缆厂与厦门华侨电子企业有限公司的企业性质不同，但是实施 MRP Ⅱ的条件都较成熟。哈尔滨电缆厂属于国有企业，而且产品结构呈倒树型。厦门华侨电子企业有限公司为合资企业，生产方式为加工装配型批量生产。这两家企业的产品加工层次都只有四层左右，是 MRP Ⅱ应用最理想的企业。

我国有一批合资企业如上海施贵宝公司、广东浮法玻璃有限公司等，与厦门华侨电子企业有限公司一样，应用 MRP Ⅱ的条件较好。这些企业的专业化分工协作程度高，生产现场一般呈 U 形布局，产品的加工层次少，物流通畅，而且这些企业管理基础高，商品生

产意识浓，员工素质高，因此实施 MRP Ⅱ比国有企业容易得多。此外，合资企业采用西方财务核算方式，财务管理、销售管理接近 MRP Ⅱ的运作模式，财务管理、销售管理也能够实施到位，因此这些企业实施了 MRP Ⅱ。

六、现场改造对 MRP Ⅱ的实施有利

MRP Ⅱ系统实施到一定程度后，对生产系统的物流布局、工艺流程以及机器设备的位置将有更高要求。沈阳飞机制造公司客车分厂在 MRP Ⅱ的实施中对现场系统进行了改造，建立了定置管理，将原材料、在制品、半成品、工装器具、设备等实行生产现场区域定置化管理，消除了生产现场不合理、不安全、不整洁等问题，从而优化了企业生产现场环境，使企业的生产作业中人和物达到了布局合理，做到了工艺流程、物料流程畅通无阻。广东省轻工机械厂在实施 MRP 一年后，认识到了生产现场的物流布局和流向不利于生产周期的缩短，作出了重整现场、搬动机床、改造生产线的决定，并决定实施 CIMS。沈阳飞机制造公司客车分厂、广东省轻工机械厂对生产现场的深入管理为 1990 年后 CIMS 的推广起到了示范作用。

第三节　企业实施 MRP Ⅱ的阻力和效益分析

美国计算机辅助生产管理是随着计算机技术、数据库技术的发展而丰富起来的，经历了几十年的 EDP、MRP、MRP Ⅱ的积累，是自底层向顶层发展的。我国企业引入 MRP Ⅱ系统采用的是“自顶向下设计，自底向上实施，分层并行开发”的方法。由于把 MRP Ⅱ移植到手工的管理信息系统中相当于一到两年里要完成西方国家十几年的任务，因此在实施工作量上是不可同日而语的。

此外，我国企业的管理落后，与 MRP Ⅱ实施的条件相差甚远，所以我国工业企业实施 MRP Ⅱ系统阻力重重、工作艰巨，出现了失败。

一、企业实施 MRP Ⅱ失败的原因分析

推广应用 MRP Ⅱ是一个管理系统工程，势必涉及国家经济体制、企业经营机制、企业现行生产管理方法和人们的传统观念等一系列实际问题。因此，如何看待这些问题，如何采取有效的措施来解决，成为企业应用 MRP Ⅱ成功与失败的关键。第一阶段我国 MRP Ⅱ系统应用失败主要有下列原因。

1. 不能化解传统计划管理模式与 MRP Ⅱ现代管理模式的冲突，决心不大，得过且过

（1）不重视 MRP Ⅱ系统的管理特性。

传统计划管理模式是“以产品为中心”组织生产，“以生产调度为中心”控制整个生产进度；MRP Ⅱ则强调“以零件为中心”组织生产以及“以计划为中心”监控整个生产过程。企业经营决策层对 MRP Ⅱ的计划管理特性重视不足，往往把 MRP Ⅱ系统视为计算

机系统，把 MRP Ⅱ系统交给计算机部门的人去实施，由于管理人员参与少，导致管理人员不理解，计算机人员推不动。

（2）中层干部阻力大。

国外企业 70% 的员工在销售经营部门工作，20% 左右在生产现场工作；而我国企业 70% 的员工在生产部门和职能科室工作，20% 左右在销售部门工作。MRP Ⅱ系统效益的发挥使得手工工作量大大降低，对业务岗位的工作量和业务流程有了数字指标，因岗设人将使劳动力从现有职能部门中解放出来。由于商品经济不发达，MRP Ⅱ淘汰的人员在企业内部的流动性受阻。这种人员在 MRP Ⅱ进入企业时就心存戒备，为了维护既得权益，便设法阻止信息共享、技术进步，使 MRP Ⅱ成为“中梗阻”。

（3）技术进步动力弱。

由于受传统技术进步机制的制约，有的企业对于国家要企业开展计算机辅助管理的战略意义认识不足，把“要我搞计算机”视为负担，不愿花时间、资金、人员在 MRP Ⅱ系统的消化上。加上系统一般要一年左右才见效，某些企业对 MRP Ⅱ的应用效果持怀疑态度，使 MRP Ⅱ成为“引进—安装—评审—展品—闲置品”，没有深入应用到企业的各个经营环节之中。

2. 不重视“三分技术，七分管理，十二分数据”的贯彻

我国实施 MRP Ⅱ没有国外的管理基础，没有经历 EDP 数据阶段。实施 MRP Ⅱ的关键工作就是狠抓基础数据库的建立，实现资源共享。有的企业由于基础数据整理不够、维护不力，导致系统实施失败。

（1）“大而全”、“小而全”的企业模式和复杂的产品结构给数据整理带来困难。

我国企业“大而全”、“小而全”，企业生产分布在多个分厂，由多个部门掌握基础数据。此外，产品零部件结构非常复杂，产品结构达到十层，影响 BOM 建立。产品种类及产品零件种类过多，不仅使生产准备时间增加，管理难度加大，而且使 MRP Ⅱ 系统的负担过大，难以覆盖整个生产过程。

（2）基础数据不齐全，“输入的是垃圾，输出的是垃圾”。

有的企业由于工序多、部门分割导致管理工作的制度化、程序化、标准化程度低，各种数据准确度、可靠性非常低，更不用说做到及时和完整。由于没有建立科学合理的工作标准和作业时间，企业生产中的生产工艺和操作方法变化比较大，MRP Ⅱ系统中的工程数据管理陷入混乱，导致数据不能反映实际情况。

（3）“你对计算机讲假话，计算机对你说废话。”

MRP Ⅱ系统中，限额发料、废品、工序进度、工时定额等都是以日为单位进行控制，须对现场操作工人的工作量进行严密的监督和把关。在实施 MRP Ⅱ以前没有监督工票，每月奖金发放与干好干坏没有直接联系。而实施 MRP Ⅱ后，所有数据必须及时输入。在现场操作层，由于各级管理措施没跟上，操作工人为了私利不输送数据入计算机或输入假数据，往往导致“你对计算机讲假话，计算机对你说废话”。

3. 传统习惯扼杀新生事物，使得 MRP Ⅱ的成活率下降

在实施 MRP Ⅱ的改革中破旧立新建立一套工作习惯成为项目实施的难点。一方面，

长期的管理模式影响 MRP Ⅱ的实施，另一方面，传统的习惯势力又可能把辛辛苦苦建立起来的系统扼杀掉。MRP Ⅱ的实施要扭转企业几十年的老一套，做到经验数据化、工作公开化、信息网络化，难度较大，受到各种习惯势力的冲击。

传统习惯对 MRP Ⅱ的影响主要有：

（1）心里不踏实，相信自己算的手工报表，不相信计算机计算的报表；相信自己算的数据，不相信他人核对后从网上传来的数据。

（2）喜欢看老报表的格式，不愿意看新的计算机报表格式。相信自己手工编制的报表，不相信计算机打印的报表；总是要求把报表打印出来，而不愿直接在屏幕上查询核对，不愿在屏幕上工作。

（3）愿意用原有的各自为政的方法工作，以不习惯为借口不愿意接受新的环环相扣的工作流程。

4. 对实施 MRP Ⅱ的项目组织工作重视不够

在制造企业实施 MRP Ⅱ是一项管理系统工程，涉及面广、投资多、难度大，需考虑企业的远景规划、经营目标、发展规划等，同时必须针对企业的具体情况而实施，是一项耗时长、成本大、极其复杂的工作。有的企业把 MRP Ⅱ系统的实施看成引进几台先进的计算机设备，就能以最短的时间、最少的投资、最简单的方法获得实施 MRP Ⅱ带来的各种利益，在项目的组织和实施进度上把握不够，最后导致人心涣散，得过且过，这主要是组织工作不得力。

MRP Ⅱ系统的组织工作是无法从西方引进的，它必须与企业管理体制和管理方法的改革同时进行。这种改革是对传统小农经济思想的否定，也是对企业经营决策层、职能部门层以及现场操作层落后的习惯势力的冲击。MRP Ⅱ的实施过程也就是与传统习惯做斗争、摆脱旧有体制的束缚，使企业面向市场、面向竞争的过程，也是企业管理现代化的过程。

二、第一阶段我国 MRP Ⅱ应用的效益

第一阶段我国 MRP Ⅱ应用的效益如下：

（1）MRP Ⅱ的引进使广大企业开始了与西方企业管理模式的对话和接触，认识到了企业管理的差异和冲突，对规范企业的管理流程、共享数据资源有了深刻的认识。

（2）加深了企业对“大而全”、“小而全”生产模式的高成本、低效益的认识，促进企业认识到开展专业化协作，实施产品标准化、系列化有利于提高企业的经济效益。

（3）对改善企业的宏观市场环境，加快零部件市场化供给，创造实施 MRP Ⅱ的条件有了迫切的要求。

（4）解决了手工计划系统无法实现的矛盾，对计划、库存、技术、销售、财务的集成性管理有了深刻的认识。

（5）缩短了产品的加工周期，降低了库存，改善了现场管理，提高了人员素质，提高了全员劳动生产率。

例如，沈阳第一机床厂在改变传统企业生产计划模式上下了很大的工夫，从 1982 年

至 1990 年，企业持续不断地对 MRP Ⅱ进行消化吸收，在国有企业中是应用成功的代表。1990 年，沈阳第一机床厂的 MRP Ⅱ项目被评为国家级“管理创新奖”。沈阳第一机床厂实施 MRP Ⅱ初期的效益主要是理顺了生产计划，加强了产品入库的批次管理。从表 4－3 中可以看出，沈阳第一机床厂实施 MRP Ⅱ后计划的执行率大大提高，促进了零部件按照期量标准生产。从表 4－4 中可以看出，企业实施 MRP Ⅱ后有效地降低了库存资金。

表 4－3 中列出了沈阳第一机床厂 1982 年 9 月实施 MRP Ⅱ前和 1983 年 9 月实施 MRP Ⅱ后的第一个月零部件的出入库情况。从表中可以看出，实行 MRP Ⅱ前 1/2 批、1/4 批以及月批的零部件拖期入库的多。其中 1/2 批的 7 种零件入库次数应该为 14 次，而实际入库次数多达 37 次，是计划的 2.65 倍；1/4 批的两种零部件每周入库 1 次，1 个月应入库 8 次，而实际入库达 15 次，是计划的 1.87 倍；3 种月批的零部件应该入库 3 次，而实际入库 6 次，是计划的 2 倍。总的说来，几种零部件的合理入库次数应该为 25 次，而实际入库次数则达 58 次，为计划的 2.32 倍。其中，零部件 4031 最少的一次入库量为 11 件，相当于装配车间半天的工作量，可见当时车间的短缺件多，没有严格按计划生产。

实施 MRP Ⅱ后，同样的几种零部件在 1983 年 9 月入库次数为 26 次，比期量标准规定的入库次数 25 次只多 1 次，不合理的入库次数为 9 次，比实施 MRP Ⅱ前的 37 次下降了 75%。

此外，MRP Ⅱ计划改变了过去盲目投料的陋习，由于严格按照期量标准投料，企业 1983 年的在制品资金占用减少了 268 034 元，月平均减少 22 336 元。由表 4－4 可见，MRP Ⅱ的实施使得企业的在制品资金占用急剧下降，加快了企业的资金周转。

三、MRP Ⅱ的应用促进了企业管理的第一次革命

改革开放后的 1978 年到 1990 年，我国广大企业完成了企业管理的第一次革命。这个阶段我国企业主要完成从生产管理向生产经营管理的转变。企业开始从国家给指令性指导、指导性计划转化为企业从市场争取订单。MRP Ⅱ在企业的应用带动了我国企业从以产定销向以销定产模式的转变，为企业处理销售订单、处理 MRP 计划、处理生产任务、提高企业的加工能力和生产效率作出了贡献。一些成功应用 MRP Ⅱ的企业在这个阶段实现了企业经营模式的转变，取得了较好的经济效益，为我国的企业管理改革起到了示范作用，而且这些企业实施 MRP Ⅱ为 1994 年以后的市场调整做了先期准备，完成了管理模式的首次飞跃。

表 4-3 沈阳第一机床厂 1982 年 9 月与 1983 年 9 月期量标准执行情况比较表

批量	批量标准（件）	零件号	1982 年 9 月零件入库频次				实际入库批次	不合理入库次数	按批量入库次数	1983 年 9 月零件入库频次				实际入库次数	不合理入库次数	按批量入库次数
			第一周	第二周	第三周	第四周				第一周	第二周	第三周	第四周			
1/2	250	2064A	39/50	52	118/99	143	6	2			229	231		2		2
1/2	250	2136A	54/119	43	113/27/40	50/52	8	6			411	80	80	3		
1/2	250	2141	31/83	50	276		4	2	1		497			1	1	
1/2	250	7107	20/100	22	73	28/70	6	4		211		280		2		2
1/2	250	9012	100/75	40	51/20	109	6	4				235	242	2	1	2
1/2	250	1011		92		28	2	2					362	1	1	
1/2	250	4031			34/56/11	79/81	5	4				134	263/133	3	2	1
1/4	125	4031			11/60/49	26/64	5	4			136/131		128/128	4	2	4
1/4	125	5012	46/54	32/60/46	60/78	78/63/66	10	6		119		123	119/112	4	1	4
月	500	6149	143		434		2	1	1				521	1		1
月	500	7041			250	240	2	1		120			440	2	1	1
月	500	7052			260	100	2	1				468		1		1
	合计	12 种					58	37	2					26	9	18

表 4-4 沈阳第一机床厂 1982 年与 1983 年期量标准执行情况比较表

项目	年份	1 月	2 月	3 月	4 月	5 月	6 月	7 月
占用资金（元）	1982	825 300	759 283	856 237	784 063	719 070	746 190	737 853
	1983	726 337	636 114	692 789	750 272	708 034	778 852	707 442
项目	年份	8 月	9 月	10 月	11 月	12 月	合计	月平均
占用资金（元）	1982	685 316	637 418	615 254	705 625	679 529	8 751 138	729 261
	1983	701 425	670 476	673 342	776 436	661 576	8 483 095	706 924

备注：1. 1983 年产量比 1982 年产量提高了 150 台。
2. 1983 年是应用计算机管理的第一年。
3. 资金占用主要是指原材料占用。

案　例

沈鼓三十多年坚持不懈地应用 MRP Ⅱ/ERP 系统

沈阳鼓风机集团股份有限公司（原沈阳鼓风机厂，以下简称沈鼓）位于我国东北重工业基地沈阳市，是一家国有大型机电加工企业，主要产品包括工业用鼓风机与压缩机。沈鼓于 1980 年开始应用 MRP Ⅱ，1990 年开始实施 CIMS。沈鼓计算机应用与开发力量雄厚，软件、硬件设施齐全，是国内计算机技术应用范围广、成果显著的先进企业之一。沈鼓 MRP Ⅱ/ERP、CIMS 的应用提高了企业产品的国际竞争力，使得原来 15 个月的产品交货期缩短到了 9 个月，促进了企业管理水平向国际同行靠拢。

一、沈鼓于 1977 年开始计算机辅助科学计算和计算机辅助设计 CAD 的应用

1975 年，沈鼓的技术改造计划获得了第一机械工业部的批准，企业从意大利新比隆公司引进了压缩机制造技术。由于意大利新比隆公司的产品设计是通过 IBM 大型计算机辅助完成的，因此，沈鼓必须在引进制造设备的同时引进计算机辅助设计系统。1977 年，沈鼓从国外购买了与新比隆公司同类型的 CAD 计算机辅助设计系统，成为美国 IBM 公司在中国的第一个用户。

为了消化吸收 CAD 软件和大型计算机技术，沈鼓从全国各地调来了 80 余名计算机技术人才。1978 年 1 月，沈鼓计算中心宣告成立。与此同时，企业派出 32 名技术人员前往 IBM 香港培训中心和 IBM 法国培训中心进行了为期四个月的技术培训，受训人员回国后立即开始安装调试 IBM 370/138 大型计算机系统。1979 年 5 月，IBM 370/138 计算机系统安装调试完毕，企业开始用引进的 CAD 软件进行离心压缩机产品设计。

二、“硬件决定软件”，沈鼓于 1980 年引进 IBM 和 MRP Ⅱ软件包 COPICS

在运用 CAD 的过程中，沈鼓的刘玄厂长发现计算机可以用来计算生产计划的参数，还可以用来管理企业的生产计划，于是决定引进国外的 MRP Ⅱ系统。

经过考察与研究，1980 年底，厂长决定购买 COPICS。沈鼓于 20 世纪 70 年代引进的计算机设备基本上都是 IBM 公司的大型机，因此在 MRP Ⅱ系统选型时考虑到“硬件决定软件”，选择了 IBM 公司的著名企业管理软件 COPICS 系统。

当时，国外的 MRP Ⅱ软件包也处于启蒙阶段，类似于现在国产进销存软件向企业管理软件的转化时期。1980 年，COPICS 只开发了三个模块，但是在介绍产品时说有十几个模块。沈鼓 1980 年把 COPICS 的三个模块全部买回，即 BOM（物料清单）、IA（库存记账）与 MRP（物料需求计划）。两年后，COPICS 宣称的十几个模块才成为商品化软件包。1982 年，IBM 公司 COPICS 的模块全部出来后，沈鼓又购买了剩余的全部模块。

1980 年，企业决定购买 COPICS 系统后，选派了十几个人去美国、加拿大进行了六个多月的培训。由于 COPICS 项目大，计算机容量不足，后来沈鼓又向 IBM 公司购买了一台 IBM 4331 大型计算机及两台 S/I 小型计算机来运行 COPICS。

三、以退为进的 COPICS 二次开发战略

软件买来后，随即出现了一些问题。企业发现软件用起来有一定难度，于是进行了一系列攻关。

1. 对 COPICS 进行屏幕修改，推出了我国最早的国标矢量汉字库系统

COPICS 全部是英文界面，仅少数大学毕业生能看懂，中专生基本上看不懂。于是，企业决定由计算中心对 COPICS 进行改造。计算中心对 COPICS 进行的改造主要是修改屏幕，包括汉化各种提示信息与出错信息，但由于字符终端不支持汉字显示，只得采用拼音来代替。后来，经过摸索，企业推出了我国最早的国标矢量汉字库系统。

2. 摸透软件的管理思想、业务程序和基本算法，完善企业的计划管理系统

1983 年修改 COPICS 屏幕后，并没有起到较好的效果，业务部门特别是生产部门对 COPICS 的抵触情绪比较大。经过自行摸索和深入研究，企业掌握了软件包的管理思想和基本业务流程。沈鼓发现西方的管理模式非常先进，依交货期排计划使得企业直接面对市场；还发现套裁零部件有利于批量生产和节约成本。但是，厂长也认识到，西方的管理模式太先进，太先进的东西，在企业如果用不上还是没有用。由于当时我国广大企业的传统计划体制和社会环境容不下太先进的东西，企业决定采用以退为进的战略二次开发 COPICS。以退为进是先改动 COPICS 的某些排产方式来适应企业的计划，然后再改进企业的计划使之逐步适应西方先进的管理计划的方法。以退为进的策略使企业受益匪浅，为 MRP Ⅱ的进一步实施打下了坚实的基础。

3. 坚持实施，不断摸索

从 1983 年到 1990 年，COPICS 一直处于实验性运行阶段。由于 COPICS 的管理模式不太符合业务部门的要求，企业只对少数几台产品用 MRP Ⅱ做实验性计划。COPICS 完全用起来花了近八年的摸索时间，这期间企业得到了丰富的经验和教训，值得研究。

MRP Ⅱ理论上是按照提前期和订单完工期来下材料计划，而沈鼓的传统下料方式是集中下料，一次把一台压缩机或者鼓风机的料都下完，没有分时间段投料。为了让 COPICS适应企业的计划模式，企业对 MRP Ⅱ排计划的方式进行了改造，把 COPICS 按照产品完工交货时间倒排零部件下料时间改为了由产品投料时间往前安排加工装配时间，增加了向前排产的算法。

此外，IBM 的 COPICS 在做计划时还具有不同产品的零部件的加工可以用一个任务单下达的特点。而沈鼓的传统手工计划是不同的产品不能并在一起下达计划。这是因为沈鼓的上级管理部门要求沈鼓的统计报表必须分产品计算原材料消耗量和成本，每个任务单上

不同产品的零部件不能并到一起。为了把 COPICS 的任务单合并的功能用上，企业给每一个毛坯、零部件都带上了一个产品轴号，依据轴号通过 COPICS 查零部件的归属，再通过轴号和零部件的数量来核算单台毛坯的消耗量。增加轴号充分发挥了 COPICS 订单寻源迅速简便的优势，也满足了上级部门的统计要求。

4. 持续不断的改进，转变了企业的计划模式，获得了实施效益

通过对 COPICS 程序多年的摸索和计划模式的改进，COPICS 系统逐渐在企业扎下了根，广大工人也逐步过渡到 MRP Ⅱ计划管理模式中来。从中可以看出，沈鼓所追求的并不是最先进的系统，而是一个适用的系统。也就是说，在符合 MRP Ⅱ思想的前提下，尽可能使系统适合于企业自身的管理特点，符合自己的操作习惯。开始时先带上 MRP Ⅱ系统的“帽子”，先用起来部分模块，然后再持续不断地改进，最后形成了规模，取得了实施效益。

四、COPICS 的二次开发工作量大，故成立北方电脑公司专门消化吸收 COPICS 软件包

1984 年，第一机械工业部批准沈鼓计算中心从工厂独立出来，成为经济上独立核算的北方电脑应用开发公司。鉴于 COPICS 系统在使用过程中存在的一些问题，北方电脑公司在借鉴 COPICS 系统管理思想的基础上，没有改变 COPICS 的核心算法，重新为沈鼓开发了一个面向制造企业的 MRP Ⅱ系统。沈鼓 MRP Ⅱ系统是国内首批适合中国企业管理要求的管理软件。

沈鼓 MRP Ⅱ系统以 IBM 43 系列的大型计算机系统为硬件平台，软件平台由事务管理系统 CICS、数据库管理系统 IMS 和 DB2 组成。20 世纪 80 年代末，这些系统全部投入使用。20 世纪 90 年代，沈鼓实施 CIMS 工程期间，为 MRP Ⅱ系统扩充了销售和供应功能，使 MRP Ⅱ系统发展成为 ERP 系统。目前市面上流行的 ERP 系统的功能，沈鼓 ERP 系统都具备，只是该系统还需要加强商品化推广工作。

沈鼓 ERP 系统的结构如图 4－1 所示。

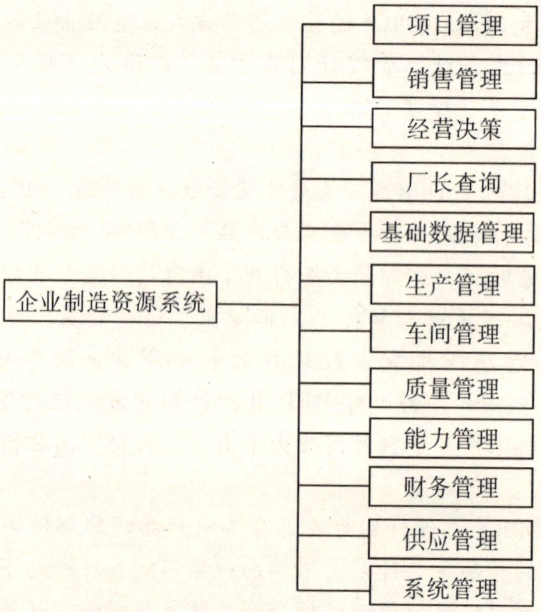

图 4－1 沈鼓 ERP 系统结构图

五、七年整理 COPICS 基础数据，数据成为企业宝贵的财富

管理软件必须具备基础数据才能用起来，“三分技术，七分管理，十二分数据”就说明了基础数据的重要性。企业的数据越多，越需要用 MRP Ⅱ系统，而且更需要花大力气整理基础数据。虽然沈鼓的基础数据整理前前后后花了七年多时间，但是基础数据输入计算机后再维护起来就方便多了。现在沈鼓 30 多年的产品数据就全部储存在大型机上。丰富的数据为 1990 年 CIMS 的应用打下了基础，也为系统从 MRP Ⅱ发展成 ERP 打下了基础。

沈鼓的 MRP Ⅱ软件开发水平高，懂计算机的人也多，可以用 Excel 等办公软件直接输入数据到系统，还可以脱机准备数据，企业整理基础数据的条件比 20 世纪 80 年代好多了。80 年代沈鼓整理基础数据较困难，物料编码一时不可能全面，数据精度也不能要求太高，企业只能八九不离十地输入基础数据。

在整理数据时，沈鼓遇到了零件号与图纸号不统一的问题。手工系统为了管理方便，同一个零件在不同的图纸上就有不同的编号，存在一物多码、一码多物的问题。由于“不看图就不知物”，整理起来很麻烦，必须改图、改码。企业因此花了大力气来编码，从数据的一致性、唯一性出发重新进行了物料编码。刚开始，企业感觉不到数据编码的重要性，但是数据多了，运行 MRP Ⅱ时间长了，就发现编码影响到整个系统的扩展和后续模块的应用，企业这才下定决心重建了完善的编码体系。

由于物料编码保证了数据的一致性、唯一性和可扩展性，使得数据维护方便、简捷。现在，沈鼓产品的所有基本数据都在数据库里，企业的基本运作数据都在网络上奔跑。计算中心的计算机只要出现问题，10 分钟内厂长办公室的电话就会铃声不断，要求厂长马上处理，否则影响员工的日常工作。企业管理人员在计算机有问题时不找计算中心，而是去找厂长，说明沈鼓的 MRP Ⅱ系统已真正成为管理系统，真正融入企业的日常工作中，也说明企业建立起了一套维护系统正常运行的管理制度和责任体系。

20 世纪末开始流行 ERP 系统，沈鼓由于基础数据健全，不缺乏开发 ERP 的基础数据，企业很快便对 MRP Ⅱ系统进行了扩充，由北方电脑公司开发了沈鼓的 ERP 系统。沈鼓 ERP 系统在原有的 MRP Ⅱ系统之上又开发了销售系统、物资供应链系统，从原来的进库、发料数据库里抽取了某些数据，添上了一些数据项，分析了企业的需求后就成了沈鼓的 ERP 系统。

沈鼓小 MRP、MRP Ⅱ、ERP 三十多年的应用历史说明了 MRP Ⅱ/ERP 系统的数据关联性强，我们不能凭空制造出企业的 ERP 系统，需要扎扎实实建立基础数据库。同时也说明了数据是企业宝贵的财富，“破坏了企业的数据，怎样惩罚都不过分”。

六、厂长发现计算机辅助制造的威力，1990 年开始建立 CIMS 工程

从 1989 年到 1990 年，由沈阳市科委和机械电子工业部推荐，经过 90 多家企业的角逐，沈鼓于 1990 年被国家 863CIMS 专家委员会选为四家 CIMS 应用示范企业之一，另外三家示范企业分别是成都飞机制造公司、上海第二纺织机械厂以及济南第一机床厂。

从 1990 年开始，沈鼓十年内共建立了三期 CIMS 工程，主要内容为利用 CAD、CAM、MRP Ⅱ把 30 台数控机床和企业的信息孤岛控制起来，做到用电脑设计、用电脑下料、用

电脑制造。

首先，企业完善了 MRP Ⅱ/ERP、CIMS 的功能，开发了 PADIS 生产管理与经营决策系统、销售管理子系统、质量管理子系统、物资供应管理子系统、车间任务监控子系统、综合统计子系统、配套件管理子系统、资金流建模与分析子系统、外协管理子系统、人事管理子系统、年计划编制子系统等。

其次，企业开发了 CAD/CAPP/CAM 工艺一体化子系统、装置 CAD 子系统、透平压缩机并行工程系统、透平压缩机设计系统、七车间 DNC 系统、SB－CIMS 主机环境改造等。

最后，企业完成了 SB－CIMS 网络环境改造，建立了 SB－Intranet 网，开发了 C/S 平台下的 PADIS 分系统，移植了主机环境下的透平压缩机计算软件，还移植了主机环境下的 CAD 图形软件等。

七、沈鼓开始了企业的网络建设

沈鼓的企业网络建设始于 1994 年，是沈鼓计算机集成制造系统（SB－CIMS）的基础信息设施。沈鼓的网络建设分两期。

一期工程建成了园区网，由一个园区主干网和两个以太局域网组成。主干网是 16Mbps 的光纤令牌环网，由六台 IBM 8230 智能型集线器连接而成；局域网是 10Mbps 的以太网，通过 IBM 8209 网桥与主干网相连。网上连接的主要设备有 IBM 4381 大型机一台、AS/400 超小型机一台、RISC/6000 工作站五台、SGI 工作站五台以及 PS/2 等微型机五十余台。

二期工程是建立企业内联网，即 Intranet 网。该网由原来的园区网扩建而成。扩建的部分包括一个 100Mbps 的快速以太主干网和七个以太局域网。以太主干网由三台 3COM 以太交换机连接而成，连接介质也是光导纤维，通过路由器与原来的令牌环网相连。新增的局域以太网的传输速率也是 10Mbps。

沈鼓整个企业内联网的上网设备共四百余台，除接于原令牌环网的设备外，新增的三百多台设备都连接在新建的以太主干网和局域网上。新增的主要上网设备有 IBMS/390 大型机一台、RS/6000H50 超小型机一台、Windows NT 服务器十台，余者都是 PC 机。

沈鼓网络采用 TCP/IP 开放式网络协议，出于 IP 地址和安全上的考虑，企业内联网被分隔成内、外两个网段。外部网段服务于沈鼓的对外信息发布，上网设备有 WWW 服务器、FTP 服务器、E-mail 服务器、DNS 服务器和防火墙。外部网段通过路由器接入国际互联网，并以一台代理服务器与内部网段相连。内部网段也接有 WWW、FTP、E-mail 和 DNS 服务器，为企业对内发布信息服务。

沈鼓在这两期网络工程上的总投资为 420 万元，其中一期工程投入 300 万元，二期工程投入 120 万元；在网络软件、硬件设备和线缆上的投资为 390 万元，在网络工程上的投资为 30 万元。

八、沈鼓历任厂长扶持 MRP Ⅱ/ERP 应用

"火车跑得快，全靠车头带。"在实施 MRP Ⅱ/ERP 项目的过程中，沈鼓的领导层认识深刻、决心很大、支持有效、舍得投资，30 年共投资了 4 000 万元。

30 多年来，沈鼓历任厂长均是名牌大学毕业生，技术与管理经验丰富，具有较高的威望，对项目的实施起到了有力的推动作用。此外，沈鼓的厂长具有远见卓识，舍得花钱投资在企业的信息化建设上。20 世纪 70 年代的老厂长刘玄是东北大学压缩机专业的研究生，对高新技术非常敏感，在企业实施 CAD、MRP Ⅱ项目的过程中身体力行。30 年来，老厂长一直关心企业的信息化建设，退休后还给企业当顾问，指导企业的管理工作。沈鼓的继任厂长在计算机应用上也极具魄力，在 1998 年 8 月份更新换代了 IBM 大型机，投资 50 万美元把 IBM 360 升到了 390。

九、中层干部坚持不懈，深入运用 MRP Ⅱ/ERP

MRP Ⅱ/ERP 项目实施的好坏除了企业领导的支持外，中层管理人员的作用也不容忽视。多年来，沈鼓总结出了一条经验："常来反映问题的用户是好用户。" MRP Ⅱ/ERP 的实施最怕企业人员没有反应，否则不知道问题出在哪里。如果上面领导着急，而下面的管理人员不动，最后还是行不通。沈鼓的中层干部对项目的实施特别上心，积极性也高，遇到问题常常是不舍昼夜地琢磨。

沈鼓的中层干部中，计划科长对 MRP Ⅱ的实施立下了汗马功劳。计划科长非常熟悉企业的业务，和厂长一道刻苦钻研 MRP Ⅱ的业务流程。计划科长对于改变沈鼓的传统计划管理模式很下功夫，仔细对照了中西方管理模式的差异，对 COPICS 的计划模式进行了深入的考察与钻研，最终探索出了一套适合沈鼓的 MRP Ⅱ计划模式。

沈鼓在实施 MRP Ⅱ/ERP 项目的过程中积极性最高的是生产处。计划调度员和物料员最欢迎 MRP Ⅱ，他们感受到了 MRP 计划模式的科学性和先进性。基层操作人员基本上不存在愿不愿意用的问题。哪怕是在下岗问题很严重的沈阳，MRP Ⅱ也是一门技术，因此，操作人员把 MRP Ⅱ当成一门技术来培养自己的技能，工人很愿意接受 MRP Ⅱ培训。对 MRP Ⅱ抵触最多的是财务部门，因为传统的财务核算模式与西方的差别较大。

十、高素质的人才队伍是沈鼓成功应用 MRP Ⅱ/ERP 的关键

沈鼓成功应用 MRP Ⅱ/ERP 系统还得益于其拥有一支高素质的计算机应用与开发队伍。从引进第一台计算机开始，沈鼓就派出大量人员到国外学习、考察。多年来，企业与十所大学、全国各地的 80 多名 CIMS 专家建立了广泛的联系，获得了科研院所的支持。长期以来，沈鼓还是东北大学、大连理工大学的研究生、博士生实习基地，接纳了大批管理人才和计算机技术人才到企业进行实习和交流。数年来，企业还接收了大量的计算机应用专业的大学毕业生，现在企业的操作员都是大学本科或者专科毕业。

此外，沈鼓对企业信息系统的管理也有了经验，对于规划、设计、实施、操作计算机系统都有了科学有效的方法。例如，企业的计算机设备有专门的空调、电钳组来维护。新产品的数据准备、工程更改的数据维护由专门的标准室处理。企业的系统每天都运行，做到了定时开机、关机。企业的计算机人员不离开机房就可以对全厂的信息进行网络化处理，全面控制企业的信息收集、处理和存储，实现了企业管理的网络化、数字化和科学化。

十一、沈鼓实施 MRP Ⅱ/ERP、CIMS 和网络建设所取得的经济效益

沈鼓实施 MRP Ⅱ/ERP、CIMS 和网络建设取得了较大的经济效益，除了改变企业的计划模式外，沈鼓还获得了以下效益：

（1）产品报价周期从过去的 6 周缩短到 2 周，订单处理周期达到了国际水平。

（2）产品供货周期从 18 个月缩短到 10 至 12 个月，达到国际透平压缩机的供货期量标准。

（3）产品开发能力提高一倍以上。

（4）零件加工周期缩短1/5以上。

（5）机床利用率提高了10% ~20%，生产能力和制造柔性达到国内先进水平。

（6）企业的国际竞争能力有所增强。大庆裂解气压缩机的研制标志着沈鼓的产品设计和制造水平上了一个新台阶，接近了国际同行业的先进水平。

（7）企业综合效益指标逐年提高，如表4－5所示。

表4－5　1991年到1996年沈鼓主要经济效益指标

项目	单位	1991年	1992年	1993年	1994年	1995年	1996年
工业总产值	万元	11 390	13 215	20 702	26 407	30 623	33 863
销售收入	万元	12 119	13 559	21 761	24 409	27 603	36 806
新产品数	种	27	31	37	33	51	63
利税总额	万元	1 389	2 162	2 623	2 630	3 340	4 034
全员劳动生产率	元/人/年	27 446	32 004	50 345	70 400	80 188	81 440

十二、北方电脑公司 MRP Ⅱ/ERP 系统推广应用的经验总结

沈鼓的 MRP Ⅱ/ERP 应用吸收了国外优秀管理软件的精华，结合自身特点进行了大量二次开发，沈鼓的 MRP Ⅱ/ERP、CIMS 系统处于国内较高水平，荣获了国家科技进步二等奖和机械工业部科技进步特等奖。此外，北方电脑公司十几年来为外单位开发了计算机应用项目65项，用户遍及银行、航空、海港、税务、科研、教育、体育、军队、政府机关和公共事业等十余个行业和部门，取得了显赫的业绩。

北方电脑公司几十年来积累了多个领域的系统开发经验，公司成员用为外单位实施 MRP Ⅱ/ERP 系统的经验反哺沈鼓的信息系统建设，保证了沈鼓的信息建设有一支过硬的实施队伍，保证了沈鼓的信息系统建设紧跟最新的计算机技术和网络技术。北方电脑公司为沈鼓的 MRP Ⅱ/ERP 作出了重要的贡献。可以说，没有北方电脑公司，就不会有 SB－ERP，更不会有 SB－CIMS。

北方电脑公司几十年来积累了宝贵的 MRP Ⅱ/ERP 系统开发和系统实施经验，为广大企业提供了借鉴：

1. MRP Ⅱ/ERP 软件应该提供核心模块，在需求确定后再为客户量身定做，这是今后管理软件的业务重点和发展方向

北方电脑公司在推广 MRP Ⅱ/ERP 系统的过程中发现，某些商品化软件包太庞大，存在许多不必要的功能，致使软件价格昂贵。今后的软件开发将走精简化道路，将只为客户提供核心的、基本的、少数的几个模块，其他的模块等到客户需求确定后再采用组件技术量身定做。

由于传统的 MRP Ⅱ/ERP 软件在程序编写时把客户不需要的功能也编了进去，包含了众多功能的软件其灵活性反而变差。因为商品化软件包的程序中存在很多分枝语句，企业

需要某些功能就走某些分枝，不需要就封死不走剩下的分枝。企业购买软件时必须付不走的那些分枝的钱，这是不合理的收费。此外，如果企业迫切需要的功能软件包没有，则企业必须进行大量的二次开发才能弥补。随着计算机技术的发展，MRP Ⅱ/ERP 软件包会走精简开发的道路，这给企业的 MRP Ⅱ/ERP 应用减轻了成本，也会缩短实施周期。

MRP Ⅱ系统较多地强调生产制造，ERP 则更加强调产供销一体化。但是，由于国外 MRP Ⅱ/ERP 软件包价格昂贵，我国的中小企业买不起，于是某些企业邀请北方电脑公司开发了 MRP Ⅱ/ERP 系统。北方电脑公司以沈鼓的 COPICS、CIMS 系统为蓝本，按照客户需求，为客户量身定做了 MIS 系统，陆续开发了沈阳高压开关厂、神龙汽车集团等单位的 MIS 系统，这些系统后来均收到了良好的应用效果。

2. 软件开发要重视对中外软件开发模式的比较研究，重视文档资料的整理，严格按照软件开发的标准行事

日本、美国的软件开发是流水作业，注重岗位分工，每个岗位分工严密，一步一个脚印，有章可循。国外软件仅仅文档资料就要写几年，软件开发完了，文档资料才写完，写得很细。

我国的软件开发还很不规范。首先，我国的软件设计人员擅长编写程序，但就是不愿意写文档资料。由于设计思路在设计人员的头脑里，软件开发完了文档资料却迟迟出不来，影响了软件的推广。其次，软件开发不重视资料整理工作，认为软件不成熟，还需要修改，就没有把文档写得很细。最后，我国的软件公司在文档资料的编写和整理岗位设置方面做得不好，有的开发项目根本就没有文档整理人员的编制，或者文档资料的整理人手不足，不能实现设计资料的共享。

其实，软件开发是社会化大生产，如同制造企业的生产流水线需要工序分工和节拍均衡一样，软件开发的环节设置不当就会影响软件质量。忽视文档整理不利于软件开发的标准化工作，不利于软件的社会化大生产。设计装在头脑里相当于小作坊里的小裁缝做衣服，修修改改，改得面目全非，不利于软件的专业化、标准化。

北方电脑公司在开发神龙 MIS 系统时，发现法国人做事也非常讲求规范，如同日本和美国的软件开发一样非常重视开发质量。开发 MIS 时，神龙公司要求北方电脑公司的每个子系统都要有详细的文档资料和设计标准，每个设计必须文档资料健全才可转入下一个设计。北方电脑公司借鉴了国外软件开发的模式，严格遵循了初步设计、详细设计的信息系统开发标准，编制了 IPO 图以及详细的用户手册。北方电脑公司还把系统开发分成目标明确的几大步骤，每个步骤都由客户签字盖章认可。如果开发过程中有问题，经过界定，双方签字同意修改后才改开发方案。北方电脑公司从法国人那里学来的经验以及他们自己积累的开发经验值得国产软件商借鉴。

3. MRP Ⅱ/ERP 软件商与客户谈需求时要善于启发需求，重视积累对企业运行机制方面的诊断经验

现在我国许多 IT 人员没有在企业工作过，没有实际经验，不擅长挖掘企业的需求。北方电脑公司则采用循循善诱的方法来了解企业的需求。基本方法是调查企业需求时多问、多听，找出企业的问题。由于企业开始接触 MRP Ⅱ/ERP 系统时并不知道计算机能够干什么，因此，先了解企业现行的业务是关键。然后可以了解软件怎么满足管理需求，最

后把其他企业的解决方案进行比较，启发企业的进一步需求。北方电脑公司就是采用这种方法培养了一批开发人员，掌握了了解企业需求的方法和技巧。

此外，北方电脑公司还鼓励开发人员下到企业钻研业务流程，培养企业诊断的技巧。有的毕业生到企业基层后由于无人指导，又不懂得钻研业务，一年时间也没有被工人接纳，只能看小说消磨时光。针对这种情况，北方电脑公司采用了师傅带徒弟的方式培养人才，由专门的师傅带特定的徒弟，一个一个逐个带，最后培养了一支坚实的实施队伍。

4. 管理软件不能要求非常准确，先用起来就不错了，再好的系统不用就没有用

管理软件不像财务软件追求试算平衡，由于条件多、影响因素多，要求管理软件算得很精确很难。例如，提前期不能按照每小时的切削量来计算，因为计量单位是秒，不适用。企业不要追求绝对准确的提前期，可以先粗后细，逐步深化。

企业认可、愿意用的就是好的软件；再好的软件，不用就是不好，就是废弃物。遇到 MRP Ⅱ/ERP 系统用不好时企业要分清楚，看看是不是个人问题，要善于鉴别。有些人从自身利益出发说软件不好，其中技术问题比例很小，关键是思想问题。再好的软件要这样的人来用，他也用不好。“谁不用开除谁”的方法不一定奏效，关键是要转变思想观念。

企业刚开始运行 MRP Ⅱ/ERP 系统时会遇到阻力，但是企业要尽量先用起来，用着用着就会逐渐向理想的情况靠拢，过去看不进去、听不进去、不理解的逐渐就会明白了。当企业人员用惯了系统，习惯了用计算机查询数据后，MRP Ⅱ/ERP 系统的功能就发挥出来了，最后经过持续改进就会达到预期的目标。

5. 企业需求是 MRP Ⅱ/ERP 系统应用的第一推动力

有的企业为了给自己脸上贴金，没有真正弄清楚企业的需求就上 MRP Ⅱ/ERP、CIMS，结果实施起来困难重重。实施 MRP Ⅱ/ERP、CIMS 需要强大的技术力量和资金支持，光靠企业的几个计算机应用人员是不够的。由于计算机人员分散在各个科室，忙于日常工作，没有权力去协调管理人员的工作，因此需要企业领导花费时间进行企业信息系统的整体规划。

此外，MRP Ⅱ/ERP、CIMS 不能包治百病，企业期望不能太高。而且 MRP Ⅱ/ERP、CIMS 实施必须靠近企业，不靠近企业不行，必须从优化企业资源的角度来开展企业的计算机应用。

6. 软件开发不要追求花哨，而是要追求功能简单、实用，技术可靠

应用技术的专家们讲求 IT 技术的先进性，但是 MRP Ⅱ/ERP 软件的开发不能站在计算机人员玩计算机技术的角度来做，而是要站在用户的角度开发适宜的产品，操作越简便实用越好。否则，基层作业人员会觉得麻烦，增加软件操作的工作量，进而对系统产生抵触情绪。另外，管理系统的操作界面也不宜做得太花哨。因为我国企业员工的计算机应用水平相对较低，界面太花哨反而使工人不知从何下手。

例如，20 世纪 80 年代，沈鼓的一线操作工人的计算机知识还很欠缺，计算机应用几乎摸不到门。有的工人连汉语拼音都不会，只记得在某个位置输入数据，系统做微小的改动工人就不敢擅自做主，不记得原来和现在的差异在哪里，就会抱怨 MRP Ⅱ 系统不稳定。因此，广大一线工人更愿意用傻瓜终端，多屏幕操作会犯糊涂。

又如，北方电脑公司给武汉神龙汽车有限公司开发了 MRP Ⅱ 软件包，工厂的计算机

人员开始时追求界面友好、屏幕多层次调用，北方电脑公司根据沈鼓的经验指出，MRP Ⅱ系统文件庞大，模仿计算机的操作会影响操作速度。但是神龙公司的计算机人员听不进去，北方电脑公司只得妥协。一年以后，神龙的 MRP Ⅱ系统因为数据庞大、外存不够、空间不足、运行速度慢，一线员工不堪忍受，只得又找北方电脑公司帮忙再设计，费时费力。因此，一线工人不拥护的管理系统肯定不会好用，MRP Ⅱ软件商要针对我国工人计算机操作水平普遍不高的现状，开发简单实用的系统，而且要技术可靠，不要改来改去。

7. 国产软件的国际竞争力急需提高

如何使 MRP Ⅱ/ERP 软件适合中国的国情、适应中国企业的需要是国内许多企业与软件商面临的一个严峻问题。虽然国外 MRP Ⅱ/ERP 软件提供了二次开发工具，但主要是集中在报表方面。沈鼓这几十年弯弯曲曲的发展路线为我们提供了一个 MRP Ⅱ/ERP 软件的本地化范例，但它只适合于自身技术力量雄厚的企业。

虽然我国有一大批缺乏技术实力的企业需要本地化 ERP 软件，但是，20 世纪初期的国产 ERP 软件也存在问题。国产 ERP 软件的关键应该是具有国外先进 ERP 软件的管理内核，适合中国的企业并不意味着软件功能的弱化或丧失，国产 ERP 软件在产品功能上还要下功夫。一方面需要深入调查和分析，使产品尽可能简单方便，在输入界面、报表、管理方法、业务流程等方面符合管理人员的习惯；另一方面要注意追踪国外优秀 ERP 软件的新动态和新技术，维持技术内核的稳定性和管理的先进性。只有这样，才能使产品具有较强的生命力和市场竞争力。

第五章　我国 MRP Ⅱ/ERP 应用的成长期

从 1990 年开始至 1998 年的 8 年间，我国 MRP Ⅱ的应用处于成长期。至 1998 年底，我国约有 1 000 家企业运用 MRP Ⅱ系统辅助企业的管理，我国企业在 MRP Ⅱ上的投资约有 80 亿元。

第一节　16 家典型企业实施 MRP Ⅱ/ERP 系统的调查研究

金蝶、用友等财务管理及进销存管理软件商在 1998 年下半年宣布全面进入 ERP 等企业管理软件领域，一段时间里我国掀起了第二次 MRP Ⅱ/ERP 宣传热和企业管理创新热。在热潮面前，许多企业辨不清 ERP 等企业管理软件的重心到底是什么，被我国前 30 年的 MRP Ⅱ应用失败报道所吓倒，开始怀疑并且否定 MRP Ⅱ在我国的适应性；有的企业还希望坐上 ERP 直通车进入 21 世纪；还有的企业很想了解前 30 年我国典型企业的 MRP Ⅱ系统的应用效果，想知道这些企业实施 MRP Ⅱ过程中的难点和有效控制方法有哪些以及这些企业选择 MRP Ⅱ系统时主要考虑哪些因素。在这种研究背景下，暨南大学管理学院企业管理系“我国 MRP Ⅱ/ERP 应用研究调查”课题组结合多年来对华南地区的 MRP Ⅱ应用跟踪研究的基础，于 1999 年 6 月至 9 月对全国 16 家企业的 MRP Ⅱ系统进行了实地考察，目的是对我国 MRP Ⅱ应用作出实证研究并且探讨我国 ERP 的发展模式。

一、调研内容

调研本着“眼见为实，耳听为虚”的原则，首先，着重了解了各家企业 MRP Ⅱ系统的运转情况，主要看系统是否在用，运转是否正常，进一步确定系统是否应用失败；其次，了解了各家企业 MRP Ⅱ系统的选型过程，引进 MRP Ⅱ系统的切入点，详细的实施步骤，实施过程中的难点和有效控制方法；最后，听取了厂长经理们对于自己系统的真实评价，也去企业的财务、生产、计划、仓库、销售、供应等部门听取了各级 MRP Ⅱ应用人员对于系统的评价和异议。本次实地调研平均每家企业的调研时间为两天，参与座谈的人员平均每家有 12 人，16 家企业约有 200 人参与了访谈。调研样本的选择考虑了多个行业、多个国内外软件商、不同的实施阶段等因素，使得样本抽取具有可比性。调研的企业包括科龙集团、美的集团、深圳中国集装箱进出口公司、康宝电器有限公司、潇湘卷烟厂、山西经纬纺织机械厂、西安高压开关厂、北京第一机床厂、联想集团、哈尔滨电机集团、沈阳鼓风机厂、中山香山衡器厂、健力宝富特容器厂、康佳集团、广州日立电梯集团、合肥叉车总厂等，今日集团、美晨公司、华为集团等3家企业也作为对比企业进行了不同程度的调研。此次调研是学术界开展的“上山下乡”活动，贴近了企业第一线，获得了丰富的一手资料，也得到了企业的大力支持。

二、应用 MRP Ⅱ的基本情况

从调研结果中可以看出（表5-1），16家企业在上 MRP Ⅱ系统以前都有两年以上的计算机应用基础，都有财务工资、库存、订单处理等单项计算机管理的经验，而且企业有两三个人对于计算机在管理方面的功效有超前的认识。16家企业走向 MRP Ⅱ应用是日渐成熟的过程，都有 PC 应用的基础，没有哪家企业是未经过长年累月的 PC 应用基础就跳跃式地进入 MRP Ⅱ/ERP 时代的。企业对 MRP Ⅱ产生需求的原因都是企业规模扩展快、企业效益好、企业管理信息膨胀快引起对集成管理的高要求，但是有的企业中间走了一些弯路。有的企业一开始并不知道 MRP Ⅱ系统能够解决自己的管理问题，有4家企业曾经自行开发或者委托科研院所开发过综合性的 MIS 系统，如合肥叉车总厂开发了8年的库存系统最后还是以失败告终；有两家交的学费都是上百万元，最后系统根本不能用。由于传统的 MIS 系统依据手工模式开发，企业内部的各级库存管理没有 BOM、MRP 计划贯通，只能静态处理库存进出事务，不能实施动态的计划管理，因此不能满足企业对集成库存管理的要求。在经历过失败之后，这些企业通过多种途径了解到 MRP Ⅱ系统的优越性，通过慎重的选型，终于接受了 MRP Ⅱ的计划预见性、模拟可靠性和系统的先进性，以前的挫折成了成功之母，反而提高了成功率。

20世纪末，我国大批中小企业的 PC 应用基础还相当薄弱，西北地区会计电算化还没有普及，全国大多数企业的员工对电脑有恐惧感、排斥感，年老的中高层管理人员还需要花大工夫打破对 PC 的神秘感。因此，我国当时急需大力普及电脑的应用，不经历扎实的小 MRP 基础应用是很难把企业的管理基础打牢的。我国大批的中小企业还需用计算机管理代替手工管理，用小 MRP 计划代替手工计划，尤其是 BOM 清单对库存的管理需要加强。

三、MRP Ⅱ系统选型日趋成熟，前期准备工作日益充分

16家企业的系统选型时间最长的有4年，最短的有1年，平均起来有两年左右。20世纪90年代末期，企业选型时间逐渐缩短，不少民营企业看中了合适的软件就马上掏钱买，很爽快。

调查中发现，我国企业 MRP Ⅱ选型的演变有如下特点。

20世纪80年代末期，MRP Ⅱ选型是先买硬件、后买软件的为多。由于受制于外国的硬件类型，可选择软件基本只有一个。例如沈阳鼓风机厂、科龙集团是先买硬件，后选择软件，因此，一般没得选。

表 5－1　16 家企业实施 MRP Ⅱ的基本情况（表中未标注的金额单位为元）

企业名称	主要产品	引入PC时间	PC单项应用及MIS基础	考察MRP Ⅱ的时间	比较软件包	选择软件	投资MRP Ⅱ软硬件的资金
沈阳鼓风机厂	鼓风机等	1978年	1980年，大型机用于数据处理	1978—1980年	无	COPICS	20年规划，4 000万投资
康佳集团	彩电	1990年	王安系统的MRP Ⅱ用了4年	3年系统更新，几百万交学费	SSA、SAP	SAP	一期工程2 000万，其他3 000万用于企业网
美的集团	空调、风扇	1990—1992年	1992年花了几十万委托开发MIS，却失败	1993—1996年考察	SAP、SSA、四班、QAD、COPICS、EMS、启明、利玛等	Oracle	共4 000万，其中Oracle软件700万，实施服务300万
科龙集团	空调、冰箱	1986年	1986年实施MIS，18个子系统；1991年获省科技进步一等奖	1991—1992年，用MANMAN软件	无选型比较	MANMAN	软件50万美元，其他费用1 000万；后期2 000万建企业网
联想集团	电脑	1993年	1996—1997年，惠阳联想用SAP	4年	SAP	SAP	共3 000万，包括BPR
合肥叉车总厂	叉车	1996年		2年	EMS、四班、SSA	EMS	500万
中集集团	集装箱	1990年	1992年，财务系统	2年	利玛、启明、SAP、SSA、QAD、四班等	启明	1 000万
山西经纬机械股份有限公司	细纱机	1982年	1982年，库存人员工资管理	1990—1991年	COPICS，I-Manufacturer	I-Manufacturer	软件20万美元，共1 500万
北京第一机床厂	卧式铣床、镗床等	1978年	1978—1983年，用于单项生产数据处理、财务账等	5年	I-Manufacturer	I-Manufacturer	2 000万

（续上表）

企业名称	主要产品	引入PC时间	PC单项应用及MIS基础	考察MRP Ⅱ的时间	比较软件包	选择软件	投资MRP Ⅱ软硬件的资金
康宝电器	消毒碗柜	1991年	1993年，人员工资管理等	1995—1997年，共3年时间	SSA、启明、EMS、经纬	JW MRP Ⅱ	软件40万，其他累计300万
香山衡器厂	弹簧秤、电子秤	1996年	1996年，财务管理	1998年，半年时间	无	金蝶K/3	100万
潇湘卷烟厂	香烟	1988年	1989年，委托开发MIS失败	1990—1992年	QAD，COPICS，SSA、BULL等的软件	BPCS	前期65万美元，后升级硬件、软件约20万
富特容器厂	易拉罐	1992年	1994年，自建企业内部网	1年	四班、SSA、SAP	四班	1 000万用于MRP Ⅱ软硬件等
广日电梯	电梯	1992年	1994年，计划财务、人事单项管理	1996—1997年	SSA、比创	比创	200万
哈尔滨电机集团	发电机	1992年	1992年，CAD	1996—1997年	利玛、启明、金航联、经纬	利玛	利玛100万，其他1 000万用于CAD/CAM等
西安高压开关厂	高压开关	1988年		1994—1996年	JW MRP Ⅱ、BPCS	BPCS	共投资300万，其中BPCS 100万

20 世纪 90 年代初期，在选型顺序上，我国企业本着“先分析需求，后选择软件，再选择硬件”的原则，选择软件的方法有了很大的改进。但是由于国内基本没有自主版权的产品，进入中国的 MRP Ⅱ外商很少，MRP Ⅱ软件基本上是基于小型机系统，大部分外国软件的代理商较难在全国提供本地化服务，因此企业选型时可供选择的软件商少，企业的选型还是“基本上没得选”。例如，潇湘卷烟厂、山西经纬纺织机械厂、北京第一机床厂只能选购国外软件。

1994 年以后，我国企业的选型工作有了很大的改善，有了可选的国内外软件商，而且选型工作可以考察四五家不同软件商的样板企业，可以深入、细致、周到地选型。美的、合叉、富特等企业在选型工作中积累了宝贵的经验。他们的选型工作持续了两年多，边考察、边学习、边体会、边进入决策拍板，最后由企业的中层干部投票评分选择自己喜欢的软件。评价的方法采用百分制，评价标准主要有以下几个方面：①软件的价格；②软件商的资信情况；③管理人员的服务能力；④软件本身的情况。每一个方面又由若干小的评分标准组成。谨慎、踏实的系统选型调动了各部门管理人员的有效参与和实施积极性，也敦促各级管理人员爱惜自己选择的系统，从而提高了实施成功的概率。

四、MRP Ⅱ的实施周期长短不一

据调查，企业 MRP Ⅱ的实施周期一般为两年左右（见表 5 - 2）。其中，现有系统分析、软硬件配置、项目计划制订等环节耗时约半年，整理现有数据、导入基本数据约半年，系统切换和平稳运行约半年。有的企业有较强的管理基础，在半年内快速实施部分功能是有可能的，但是一般是财务、销售等外围模块，整个产供销系统完全运行起来还是要一年以上。企业一般一两年内完成手工系统切换，系统稳固运行半年后 MRP Ⅱ的第一个实施周期的基本步骤才结束。在此基础上，企业可以开始第二轮、第三轮的实施周期，把系统由单个工厂扩散到集团内的其他分厂、分公司，实现集团的经营扩张。例如，中集集团在南方中集实施 MRP Ⅱ后两年内把系统扩散到新会、南通、上海、大连的分公司，科龙集团也把顺德总部的 MRP Ⅱ扩散到营口、成都的分公司，康佳集团把深圳的 MRP Ⅱ扩散到牡丹江、东莞、陕西、安徽四地的分公司，这些 MRP Ⅱ系统的扩散有效地辅助了企业的低成本扩张，帮助集团实现统一销售、统一采购大宗物资，同时也能够有效控制各个分公司的生产经营自主权和生产总量，使得现代企业制度建立在科学的信息管理系统上，保证企业的可持续发展。“没有 MRP Ⅱ，企业的其他现代化管理方法都免谈。”这话充分说明了我国实施 MRP Ⅱ的战略性是不能忽视的。经过长年累月的 MRP Ⅱ系统实施和扩散，我国有一批企业已经明白了信息技术和管理技术对企业可持续发展的支撑作用，也为企业升级成为国际型企业积累了后备力量（见表 5 - 3）。

五、MRP Ⅱ实施的难点和重点分析

从 16 家企业应用 MRP Ⅱ的历史和系统扩展来看，MRP Ⅱ实施的难点和重点主要在整理基础数据。企业需要从传统的产品明细表、加工路线中依据产品结构树建立物料清单，

按照物料清单展开相关物料的采购需求和生产需求，通过确立库存策略、批次、安全库存等参数，用物料需求计划来驱动采购计划和生产加工计划，把手工计划科的一级计划和车间生产科的二级计划用统一的 MRP Ⅱ计划体系代替。

MRP Ⅱ的实施并不是很难，然而过分强调咨询和诊断服务的重要性则不利于企业人员树立信心，容易产生依赖思想。因此，软件商宜采用“授人以鱼，不如授人以渔”的方针帮助企业掌握实施要领。从被调研的企业来看，他们经过十多年的摸索，已经掌握了 MRP Ⅱ实施的三个关键控制点。

表 5－2　企业的实际应用情况

企业名称	企业应用 MRP Ⅱ的主要模式	应用起来的周期	实施的关键因素	效果的自我评价	其他相关手段
沈阳鼓风机厂	1980—1988 年试验性运行，上库存管理、小 MRP 计划；1989—1999 年，逐步应用起来，销售、财务、生产都用上，成为 ERP 系统	约 10 年时间	厂长支持，持续投钱；计算中心有强大的二次开发力量和项目实施经验	满意。保证了企业管理与国际接轨	CIMS 一期、二期工程及 CAD/CAM
康佳集团	财务、BOM、分销、物料计划、采购	1 年半	虽然企业基层的人员素质低，但是实施骨干力量强；有咨询公司帮助实施	满意。但投资没有马上收回	企业内部网
美的集团	应用了 13 个模块：INV、PO、MRP、WIP、COST、ENG、CRP、OE、BOM、AP、AR、GL、FAX	2 年	投钱买服务与咨询，自力更生完善二次开发；善于建立操作规程来固化 MRP Ⅱ运作体系	暂不宣传。实施水平高、效益大	CAD/CAM
科龙集团	BOM、MPS、采购、MRP、INV、项目管理、设备、工资	2 年	深入挖掘应用系统，善于移植系统实施经验，而且责权利紧密结合	满意。机构重组	工业工程及 CIMS
联想集团	无，1 年业务流程重组后导入	1 年以上	企业流程重组，誓师大会、全员动员	不宣传。暂无结果	企业内部网
合肥叉车总厂	BOM、MPS、MRP、生产工艺、产品配置、成本核算、销售	2 年	厂长成为 MRP Ⅱ专家，CIO 敬业，有一支高精尖的开发队伍	自己打 60 分。项目获了科技进步奖	CAD
中集集团	销售订单、BOM、收发料、采购、成本换算、财务	2 年	企业必须自行开发、消化、吸收软件精华，而且软件商提供源代码	很满意。少花钱，多办事，办实事	企业内部网

（续上表）

企业名称	企业应用 MRP Ⅱ 的主要模式	应用起来的周期	实施的关键因素	效果的自我评价	其他相关手段
山西经纬机械股份有限公司	买了 MRP、BOM、SPC、CRP、INV 等 5 个基本模块，自行开发了多个模块；准时生产、生产计划、物资供应、销售工具、设备、财务成本、项目管理等	3 年	厂长的决心，中层干部支持；一支有实施经验的队伍、持续改进系统、深入 CIMS 应用	满意。促进企业上市、管理与国际接轨	CIMS 三期工程，内部银行系统，项目管理
北京第一机床厂	成本换算、销售、计划、财务、采购，向 ERP 靠拢	6 年	软件要看数据库 Oracle 的前景；手工计划模式逐渐打破，系统要持续改进	满意。向世界水平看齐	CIMS 项目
康宝电器公司	11 个模块：财务销售、采购、物料计划、BOM、库存、发运等	1997—1998 年	软件实施人员的经验很重要，花钱少、有成效；CIO 沟通能力很重要	满意。花 300 万做了其他企业上千万才能做的工作	CIMS 一期工程、CAD
香山衡器厂	仓库、采购、销售	1 年	加强计划管理和培训，认定 ERP 是企业的发展方向	满意。将深入使用计划系统	CAD
潇湘卷烟厂	买 15 个模块，1/3 可用，1/3 不能用，1/3 改写后可用；用了 BPCS 销售、库存、BOM、财务；没有用 MPS、MRP	2 年	企业一定要善于学习西方的先进经验，把管理制度融入日常工作中	满意。将加强质量控制以及现场数据采集的应用	质量控制系统、CIMS
富特容器厂	18 个模块，主要用于生产计划、采购、销售、财务、库存等	1 年	先用小软件包练兵；认定方向，把财务系统实行到底	对系统较满意	CAD、现场数据采集和质量管理
广日电梯	目前在整理数据，暂无完全切换	1 年多	软件要稳定，领导要介入，培训要得力	没有完成系统切换，但投资已经收回	CAD
哈尔滨电机集团	全部改写利玛软件包，与哈尔滨工业大学合作开发主计划、物料需求计划、库存、财务	2 年	软件包有行业适应性，能力需求计划很重要	很满意。但是二次开发的力量不够	CIMS 二期工程

（续上表）

企业名称	企业应用 MRP Ⅱ的主要模式	应用起来的周期	实施的关键因素	效果的自我评价	其他相关手段
西安高压开关厂	先在部分产品用，车间作业没有用；与 SSA 存在付款纠纷	3 年	体制具有激励作用；人力缺乏，CIO 权力不大	不太满意。费用高，想重新开发一套	CAD 联网

表 5－3　企业 MRP Ⅱ的投入状况

企业投资额（万元）	企业（MRP Ⅱ/ERP 部门的人数：10　20　30　40　50　60　70　80）
4 500	
4 000	康佳（20 人，4 000 万，5 个生产基地）；沈鼓（78 人，4 000 万，65 个项目）
3 500	美的（20 人，3 500 万，3 个公司）
3 000	联想（8 人，3 000 万），科龙（20 人，3 000 万，3 个公司）
2 500	
2 000	一机床（10 人，2 000 万，10 个项目）
1 500	潇卷（16 人，1 200 万）；经纬（65 人，1 500 万，30 个项目）
	哈电机（10 人，1 100 万），富特（8 人，1 000 万），中集（20 人，1 000 万，5 个分厂）
1 000	
500	合叉（13 人，500 万），康宝（4 人，300万），西开（20 人，300 万）
	广日（4 人，120 万） 香衡（2 人，100 万）

10　20　30　40　50　60　70　80　（MRP Ⅱ/ERP 部门的人数）

首先是重点检查企业的应用基础的成熟程度，从资金、MIS 单项管理经验的积累以及企业管理业务的需求这三方面量力而行选择合适的软件和合适的组织队伍。

其次是狠抓基础数据的精度，保证管理人员形成依据 MRP 计划工作的新习惯，而且将企业的各级原材料库存、在制品库存、采购在途库存、成品发货结存库存、工程更改数据、新产品维护数据环环相扣、相互监督、首尾一致地输入电脑，共同维护系统运行。

最后通过健全管理制度，保证整个企业在数据上工作和生存。这三个关键因素决定企业实施阶段的成功率。

六、企业实施 MRP Ⅱ的主要经验

16 家企业对于实施难点和实施控制已经有了经验，归纳起来有三点：

首先，企业在计划实施 MRP Ⅱ系统时就要有一套完整的实施机构，责任分明，权利相符，同时需要充分调动各级管理人员的积极性。

其次，在实施过程中，不论是数据整理还是系统维护都适宜采用“谁的孩子谁抱走”的实施策略，由各级管理部门唱主角，把企业手工管理的计划体系扭转过来，计算机部门的人员主要是蹲点指导，充当软件公司和业务操作人员的二传手。系统运行起来后，还需要管理人员和计算机部门的人员制定数据收集、存储、交流、维护的管理制度，使得企业在 MRP Ⅱ中用数据说话、用数据工作、用数据生活。

最后，MRP Ⅱ的实施过程只能一步一个脚印，若有一个步骤出现差错就会使实施打折扣，导致后期失败。整个实施过程又是一个持续不断的改革和改进过程，尤其需要在基础数据整理上花大工夫，不可避重就轻、穿新鞋走老路。合肥叉车总厂的凌忠社厂长认为：“MRP Ⅱ的实施没有什么理论上所说的沉到底、见不到效益的时候，见不到效益是极其危险的事。MRP Ⅱ的实施必须步步为营，保证每一步都实施成功，否则后续实施不好交代。”

七、遵循 MRP Ⅱ系统的实施规律，降低实施风险

从调查中可以看出，MRP Ⅱ系统的实施成功和失败是可以控制的，科学的实施策略和实施步骤能够降低实施风险，保障实施的成功。通过对比分析国内外多家软件商的实施方法，我们发现其基本步骤是相同的，都有需求分析、原型设计、系统试运行、系统切换等四个基本阶段。不同的是，有实施经验的软件商或者管理咨询公司在实施前善于把企业实施的组织机构设置起来，确立好从厂长到一线操作人员的职责和任务；在 MRP Ⅱ系统交付使用后，善于把企业的规章制度建立起来，使企业各级人员都遵守 MRP Ⅱ交通规则，保证系统融入每个人的日常工作中。这种重开头、重收尾的实施策略保证了系统的成功，也是成功的软件商和不成功的软件商的分界线。

通过对 16 家企业的各个实施阶段所作的横向比较可以发现，企业实施过程基本上是相似的。企业类型、企业规模、企业投资大小虽然不同，但是实施 MRP Ⅱ的基本过程和主要步骤是一样的，而且成功和失败有着明显的分水岭。每家企业在实施过程中都

遇到过类似的问题，较有代表性的包括：提不出需求，考察软件商的样板企业时心里对需求不明朗、似懂非懂，中层干部任务重难抽出时间培训，财务系统实施不彻底被国产软件替代，基础数据输入时走弯路反复输入等。通过对问题的有效解决，这些企业已经掌握了一套科学的实施方法，找到了实施的关键控制点，而且积累了经验、培养了一批企业级的 MRP Ⅱ专家。

八、MRP Ⅱ/ERP 的应用可以扩散到集团子公司，有第二次实施循环

MRP Ⅱ的实施如同质量管理的 PDCA 循环一样，可以反复多次。第一循环重点是软件商的咨询和培训，第二循环是企业二次开发，第三循环是由单个企业扩散到多个企业实体。沈鼓成立北方电脑公司，承接开发 50 余项项目；经纬成立科西盟，承接开发 30 项项目；北京第一机床厂的计算中心，承接 10 余项 ERP 项目开发；康宝、富特、合叉为软件商的样板企业，为软件公司的推广起了示范带头作用。MRP Ⅱ/ERP 的应用可以扩散到集团子公司，产生第二次实施循环（见图 5－1 和表 5－4）。

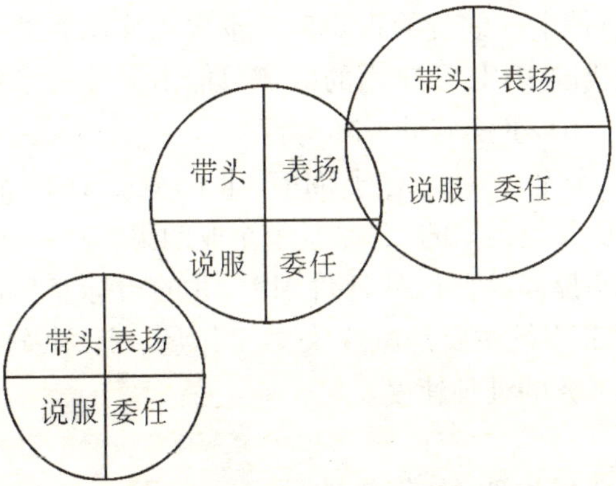

图 5－1　MRP Ⅱ/ERP 实施循环

表 5－4　MRP Ⅱ/ERP 在企业集团间扩散

1998 年康佳总部应用 ERP	重庆康佳应用 ERP	ERP 应用扩散到莞康、陕康
1996—1997 年美的风扇公司应用 MRP Ⅱ	美的空调公司 1998 年实施 MRP Ⅱ，美的电机、电饭煲公司应用 MRP Ⅱ，14 个财务实体用了 Oracle 财务	美的供应商和各分销点应用 MRP Ⅱ
1996—1997 年南方中集应用 MRP Ⅱ	南通中集应用 MRP Ⅱ，新会中集、大连中集、上海中集应用 MRP Ⅱ	

九、企业对于 MRP Ⅱ软件的自我评价

我国企业在实施 MRP Ⅱ系统时，对于原始的库存周转、资金占用等数据没有作出仔细的收集，新系统实施后，新旧系统的库存数据对比不强。由于 MRP Ⅱ涉及企业的大量商业数据和核心机密，一般企业不愿意外界评论系统的实际效果，即使有的企业使用得非常成功。因此给人的感觉是我国对于 MRP Ⅱ的应用是失败的。

接受调研的 16 家企业中有 15 家企业对于 MRP Ⅱ系统在加强企业库存管理、处理销售订单和采购订单上的成绩是肯定的，认为小 MRP、BOM 的管理实施效益最大，而且也是 MRP Ⅱ系统的基本功能和必要功能，是企业现代化管理的出发点。如同 CAD 甩掉制图板一样，用 BOM 甩掉产品明细表，实现产品的齐套下料、及时报价，生产加工订单的及时跟踪反馈是革命性的成果。从五位厂长对系统的满意程度看，MRP Ⅱ虽然实施起来有些艰难，但投资是值得的，是花钱办实事。我国理论界认为，我国的 MRP Ⅱ应用失败主要是从整体的应用水平来评估的，然而，从局部的效益来看，我国的 MRP Ⅱ应用是成功的。合叉、美的、康佳等企业交了上百万、上千万的学费还是一如既往地实施 MRP Ⅱ，说明企业对于 MRP Ⅱ所带来的效益的肯定。从本次抽样调查的结果看，绝大多数企业是自我满意的，这也说明我国 MRP Ⅱ应用的好坏只能由企业说了算，应该以企业自我评价的好坏来看待我国企业 MRP Ⅱ实施的成功与否。

此外，从被调研的企业来看，对于 MRP Ⅱ的效益评价都表示“不好说”，因为 MRP Ⅱ是集成系统，“功劳是大家的”，是整个企业的集体进步的效益，不能把库存降低、资金速度加快、人员效率提高这些国外评价 MRP Ⅱ的指标套到这些企业上。如果确实需要计算效益的话，MRP Ⅱ系统主要是减少文书工作量、计划及时、杜绝感情用事和营私舞弊，并且加快了管理事务的处理速度。

十、MRP Ⅱ/ERP 是企业的竞争武器

有人说不用 MRP Ⅱ/ERP，企业也可以实现管理现代化，这是可以做到的。例如康佳的生产计划用 MRP Ⅱ/ERP 展开 1 小时，长虹用 300 个人也可以算出来。庞大的计划工作理论上是可以做到的，但是人工计算静态计划数据容易，计算动态数据就会出现工作量大、出错概率大的情况。在康佳实施 SAP 公司 R/3 ERP 系统半年后，长虹也实施了同样的 ERP 系统，这说明 ERP 系统如同银行的 ATM 一样，成了企业管理事务的处理器，没有是不行的。这也是我国近两年 MRP Ⅱ/ERP 系统需求旺盛的原因。我国的人工处理费用在逐年增高，人力资源不便宜。对此，潇湘卷烟厂就深有体会。

MRP Ⅱ/ERP 最根本的效益是提高管理事务的处理速度，最终表现在企业对市场的反应速度加快，市场反应速度最终都需要细化到企业的每个事务处理流程上。对时间、空间信息的处理速度加快了，各个时间段的处理速度加快，最后促进了企业市场反应速度的加快。可参考图 5-2 市场反应速度细分图，也是 MRP Ⅱ/ERP 效益的展开图。

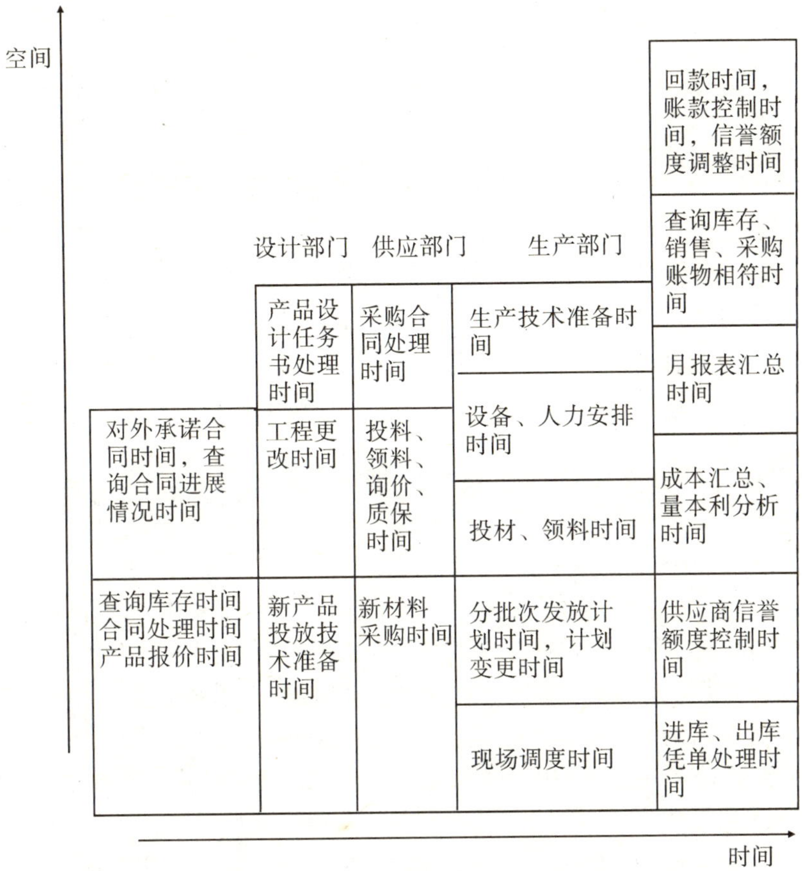

图 5－2　MRP、MRP Ⅱ、ERP 的效益展开图（企业的市场反应速度）

实施 MRP Ⅱ/ERP 的企业不同程度地对市场的反应变快，而且信息处理的空间和跨度在扩展。美的已经建立了虚拟采购系统，供应商在自己的厂里就可以查看美的的供应计划和合同要求，不出门就可以完成与美的的合作，节省了采购时间。此外，哈电机在国际招标时直接接受跨国公司 ABB 的电子图档，输入企业的 CAD/CAM 系统后就可以完成柔性加工中心的毛坯套载，减少了人工干预，也提高了材料利用率。

中集集团厂长刘学斌说，技术包括产品本身的技术，也包括产品的制造技术。产品本身的技术含量低没关系，竞争者可以很快加入也没关系，关键是企业要参与全方位的竞争。企业要得第一，就不能仅靠技术，还要靠管理、资金、经营规模、品牌以及市场反应速度。企业不是产品越先进就越有竞争力，而是要比竞争对手强，要在管理、资金、经营规模、品牌以及市场反应速度方面与竞争对手之间拉开距离，排名第一才有竞争力。16 家企业的调研结果表明“榜样的力量是无穷的”。他山之石，可以攻玉。他们的经验和教训能够为我国的大批中小企业的小 MRP、MRP Ⅱ、ERP 应用提供借鉴。

第二节 企业管理的第二次革命与 MRP Ⅱ应用

从 1990 年开始，我国实施了一系列经济改革措施，企业从利改税、拨改贷等宏观经济调控中逐步转化为自负盈亏、自主经营的独立经济实体。1993 年，我国经济开始出现持续的高速增长，企业也开始出现贫富分化。1994 年，我国国有企业开始出现亏损，1996 年出现大面积亏损，1997 年我国制订了国有企业三年脱困的计划。与此同时，我国一批乡镇企业、合资企业、个体私营企业经过前几年的市场磨炼异军突起。到 1998 年，我国非公有制企业的比重及其产值超过了公有制企业，在国民经济中从辅助地位上升到重要地位。

一、MRP Ⅱ帮助企业完成了第二次管理革命

从 1990 年至 1998 年，我国企业基本上完成了从生产管理向生产经营型管理的转化，企业在快速增长的同时也创造了极大的社会财富，而且为广大消费者提供了丰富的商品。这个时期，我国的消费资料和生产资料市场从整体的供不应求慢慢变成了结构性的供过于求，大部分消费品由卖方市场转为了买方市场。因此，在短短的八年时间里，我国企业从大批量生产市场供不应求的产品转化为多品种、小批量生产适合市场需要的商品，企业必须跟着市场转。

从 1990 年至 1998 年，我国广大企业在急剧变化的市场环境中完成了企业管理的第二次革命，即从大批量生产单一品种转化为多品种、小批量生产。在这个阶段，有一批企业利用 MRP Ⅱ系统实现了内部资源平衡、产销平衡。这些企业用 MRP Ⅱ处理企业的产供销管理事务，使企业的销售生产、技术开发围绕 MRP Ⅱ展开，促进企业从“腰鼓型”向“哑铃型”过渡，实现了生产要素从粗放经营向集约经营的可持续发展。

二、企业应用 MRP Ⅱ出现马太效应

我国于 1992 年至 1994 年出现了 MRP Ⅱ应用高潮。1992 年，SSA 公司在中国成立了分公司。1994 年，SAP 公司进入中国，还有其他几家公司也陆续进入中国。外国公司纷纷看好中国 MRP Ⅱ的潜在市场需求。

这段时期，我国大批三资企业在投资建厂时就实施了 MRP Ⅱ系统，在引进 MRP Ⅱ的理念上超前于大多数国内企业。此外，效益好的国有企业、民营企业也坚持实施 MRP Ⅱ系统。而我国的多数国有企业由于经济效益下滑，工资都发不出，对于实现 MRP Ⅱ系统更是力不从心。

在 1994 年的 CIMtech 技术展览会上，一位广东某国有机床厂的技术骨干在 BPCS 展台前久久不肯离去。他说：“我读了好几本关于 MRP Ⅱ的书，我知道这是好东西，也知道有企业在用。可是我们企业现在连工资都快发不出了，怎么用 MRP Ⅱ呢?”

在这一段时间里，一方面是民营、合资企业对 MRP Ⅱ系统的拥抱，另一方面是某些国有企业对 MRP Ⅱ系统的漠视。我国企业应用 MRP Ⅱ出现锦上添花、绝不雪中送炭的悬

殊对比。和 20 世纪 80 年代末期一样，我国出现了国有企业 MRP Ⅱ应用失败的例子，而且宣传报道中仍然有 MRP Ⅱ不适合我国的评论。但是，我国企业对 MRP Ⅱ的应用由于企业市场化进程的加快而不可阻挡地发展起来。

三、MRP Ⅱ/ERP 是企业的 3C 工程

实施 CIMS 工程是实现 3C 工程，即 CAD、CAM、CAPP 的集成。实施 MRP Ⅱ/ERP 也是 3C 工程，是 CEO（Chief Executive Officer）、CFO（Chief Financial Officer）、CIO（Chief Information Officer）互相配合的管理工程。从 1990 年到 1998 年 MRP Ⅱ/ERP 的应用成长期中可以看出，厂长、财务总监、信息主管联合参与、出钱、出力有利于共同贯彻 MRP Ⅱ/ERP的管理思想和运作体制。

在实施 MRP Ⅱ/ERP 的过程中企业的素养得到了提高，说明实施 MRP Ⅱ/ERP 的过程也是企业“上大学”的过程。如果厂长的支持有效、没有停留在口号上，那么厂长就会花时间、金钱、心智在 MRP Ⅱ/ERP 系统上，会重视利用 MRP Ⅱ/ERP 系统与国际先进管理模式对话，提升企业的管理档次。

企业“上大学”要花钱，而且是花较多的钱，因此，企业的财务总监 CFO 要准备好资金，备足“学费”，重视 MRP Ⅱ/ERP 资金的投入。首先，企业的财务总监要有效控制后续资金的到位，不要在一开始就把钱都花完。有的企业在实施中途看不见效益时就停止投资，导致前功尽弃，怨声载道。其次，整个企业“上大学”有可能成绩好，也有可能成绩不好，学习的好坏与“老师”有关，与软件公司的实施策略和经营方针有关，但更多的是“学生”自身的努力程度。从 1990 年到 1998 年，有企业运用 MRP Ⅱ/ERP 失败后不从企业自身找原因，把责任推到其他人身上，这不利于企业再投资 MRP Ⅱ/ERP。在 1990 年到 1998 年间实施成功的企业，其成功的主要原因是企业在学习过程中努力、勤奋、刻苦，花工夫克服了传统管理体制的弊端，失败了也不放弃，所以成了“优秀生”。最后，企业实施 MRP Ⅱ/ERP“毕业”后不一定能马上挣钱，但具有了挣钱的本领和素养，有了发展的潜力和动力，也就有可能与竞争对手拉开距离并且获得生存的空间。

最后，MRP Ⅱ/ERP 系统的实施成功还需要企业 CIO 的忠心、敬业，花了钱要办事，不能失败了就走人。实施 MRP Ⅱ/ERP 需要从竞争机制和责任机制上保证 CIO 全身心投入系统实施，这是成功企业的经验。例如，某国有企业实施 MRP Ⅱ系统后由于待遇低、机制不灵活，CIO 等实施骨干集体跳槽后导致系统无人接手、陷入困境。科龙在 MRP Ⅱ实施后不久也出现多名实施骨干离开公司自创电脑公司的事件，但是由于科龙有管理制度和实施的责任体系作保证，人走了系统照常运行，企业再招人接手。MRP Ⅱ/ERP 初步实施成功后稳固实施队伍成为重要的工作，这时需要提高实施人员的待遇和地位，减少人员跳槽。

四、MRP Ⅱ/ERP 是企业竞争的利器

1996 年，我国有的企业出现亏损破产，有的资不抵债，这种情况不是一朝一夕形成的。“冰冻三尺，非一日之寒。”当那些富有远见的企业从 1990 年开始跑步进入市场经济，在市

场经济的海洋中求生存、求发展的时候，这些企业却还在观望、徘徊，没有积极投身到市场经济的海洋之中。有的企业等、靠、要好的领导班子、好的机制、好的政策、好的人才，结果是什么也没得到。当那些先进企业用 MRP Ⅱ/ERP 系统使效益越来越好，已经远远跑到前头时，这些企业还在游弋、观望，最后变得“百病缠身”、“缺医少药”，买不起 MRP Ⅱ/ERP系统。

1990 年至 1998 年是我国新旧经济体制改革交替的关键时期，企业改革的矛盾也集中到 MRP Ⅱ/ERP 应用上来。实施 MRP Ⅱ/ERP 成功的企业意味着企业改革的成功，也意味着企业顺利走向了市场。而实施中遇到困难的企业，意味着企业在市场化进程中没有争取到有利的条件，还没有从实施 MRP Ⅱ/ERP 的过程中冲出一条血路为企业打开广阔的生存空间。

从 1990 年至 1998 年，我国实施 MRP Ⅱ/ERP 成功的企业无不用 MRP Ⅱ/ERP 系统改造了企业的经营运作机制，用 MRP Ⅱ/ERP 系统帮助企业上市，帮助企业实现集团化经营，帮助企业实现资产重组，实现了企业经营的三级跳。山西经纬机械厂、美的集团、康佳集团、科龙集团、合肥叉车总厂、潇湘卷烟厂等企业在 21 世纪初期的经营业绩不错，20 年里能够顽强地生存下来，这与企业认识 MRP Ⅱ/ERP、实施 MRP Ⅱ/ERP 密切相关，与用 MRP Ⅱ/ERP 练就企业的管理内功密不可分。

总之，MRP Ⅱ/ERP 系统是企业的管理算盘，是生产率倍增器，也是企业经营机制转换的助推器。

案　例

建滔化工集团基于 ERP 的商业模式转型

暨南大学管理学院：王惠芬、何明昕、钟冬荣、杨丽萍、孙　丽、蒋　演、杨碧华
华南理工大学：黎　文、尤芳敏、梁　雁、周佩钰

一、建滔化工集团商业模式创新

在 21 世纪，尤其是处在金融危机这样的一种环境下，企业间的竞争已经不仅仅是依靠产品、服务、技术等单一要素形成竞争力，而是迫切需要进行商业模式的创新，只有商业模式成功转型，企业才能够在多变的环境下始终保持行业领先地位。

建滔化工集团创立于 1988 年，是全球最大、最重要的覆铜面板生产商，公司业务由四大版块构成：覆铜面板、印刷线路板、化工产品及其他业务。

建滔化工集团自 1988 年成立第一间生产覆铜面板的工厂以来，就一直积极进行垂直和横向双线扩展。建滔化工集团于 1993 年在香港交易所上市，并于 1999 年 12 月成功分拆其子公司建滔铜箔集团有限公司在新加坡上市。2006 年 12 月，建滔化工集团将积层板业务分拆，并于香港联交所上市。包括 2004 年其所收购的依利安达国际集团（新加坡上市）在内，建滔化工集团共拥有四家上市公司。

建滔化工集团目前拥有员工 47 000 余人，分厂近 50 家，经营范围已由早期的覆铜面板

发展为印刷线路板、化工产品、铜箔、绝缘纸等多个领域。特别是自 2001 年开始，建滔化工集团大举介入石油化工及煤化工行业，这成为建滔化工集团新的利润增长点。此外，建滔化工集团旗下的工厂广泛分布于国内多个地方，包括广东深圳、广州、江门、清远、韶关，江苏昆山、江阴、常州、太仓、南京，湖南衡阳，河北邢台，山东高密，山西长治等地，是一个典型的多制造工厂、多元化经营的大型企业集团。

在 2008 年的金融危机中，建滔化工集团依然业绩斐然，2008 年营业额高达 237 亿港元，较 2007 年取得 18% 的增长，纯利润亦达到 21 亿港元。2009 年，随着中国经济的初步复苏，建滔化工集团所接订单量迅速增加，企业再一次充满活力。表 5 - 5 是建滔化工集团 2008 年的核心业务组合。

表 5 - 5　2008 年核心业务组合

财务指标	业务名称		
	积层板	印刷线路板	化工部门
营业额（单位：百万港元）	9 638. 2	7 869. 8	9 464. 3
营业额较上一年增长幅度	-6%	+4%	+74%
盈利（未扣除利息及税项）（单位：百万港元）	1 391	586. 9	763. 8
税前利润率	14. 43%	7. 46%	8. 07%
盈利较上一年增长幅度	-35%	+1%	+16%

（注：化工部门受惠于过去数年持续进行的投资。）

虽然受到全球金融危机的冲击，但是，建滔化工集团由于在商业模式上有独特之处，面向经济高速发展的中国市场，在企业发展上取得了令人满意的结果，不仅巩固了其作为世界上最大的积层板生产商的地位，而且因为有丰厚的盈利和现金流，可以通过重组、兼并获得进一步的发展。例如，企业提出了建滔化工集团全资收购重组在新加坡上市的建滔铜箔集团、依利安达国际集团的建议。

1. 建滔化工集团商业模式的发展历程

任何一个企业的成功，都离不开它特有的商业模式的创新，那么建滔化工集团的成功及其世界领先地位的取得又是靠怎样的商业创新模式呢？建滔化工集团经历了哪几次商业模式的变革呢？建滔化工集团的商业模式发展路径如图 5 - 3 所示。

1988 年，在香港做贸易生意的张国荣先生凭借其独特的触觉和判断力，认识到电子电器组件如覆铜板等在市场中会有越来越多的用途。于是在这一年，以张国荣在深圳莲塘创立覆铜面板厂为标志，建滔实现了由电子电器组件贸易向制造业的转变。这是建滔商业模式的第一次转变，将企业从价值链的最末端向上推移。

随着业务的不断发展，企业的不断壮大，1993 年，建滔开始了横向和纵向的扩张。横向方面，建滔积层板集团扩展生产新的覆铜面板产品，包括环氧玻璃纤维覆铜面板及防火纸覆铜面板；纵向方面，建滔积层板集团向上游发展原料的生产，包括铜箔、玻璃纱、玻璃纤维布、漂白木浆纸及环氧树脂，向下游发展印刷线路板业务。通过这次从单一的覆铜板生产到垂直架构生产的转变，建滔持续发现价值链中有利润的地方，扩展了自己在价值链中的跨度。保障覆铜板生产时原材料的供应，这是这家企业区别于其他企业的一个亮点。通过这种垂直整合的产业链，使得集团提高了对市场的反应能力，并且减少了寻找供应商、达成合约等环节所产生的产业链上的交易成本，实现了经济规模效应。

建滔化工集团开始的时候产品线单一，只做积层板，提供的是一种无差异的产品，凭着产品的低价和易获得性赢得顾客。随着产品线的增多，以积层板为主业，向上发展铜箔、玻璃纱、玻璃纤维、漂白木浆纸及环氧树脂，向下生产以积层板为原料的印刷线路板，集团开始实现差异化的产品竞争，同时也为顾客提供了优质的服务。这也实现了产品的市场细分，因为积层板作为基础产业，属于价格敏感性的产品，集团为市场提供了大量的价格适中的产品，利润空间虽不大，但为集团带来了大量的资金。印刷线路板和化工产品的利润空间相对较大，属于绩效敏感性产品，有很高的边际收益。

建滔化工集团利用资源和技术，使得企业商业模式的创新和运行得到更多的力量支持。集团主要通过收购产业链上处于不同位置的企业，使之变成集团内部供应商或是内部客户，然后分享实时的信息，来共担产品和流程的风险。通过这种外扩的商业模式，集团降低了生产成本，加快了产品到达顾客的速度，挖掘出更多未被满足的需求。

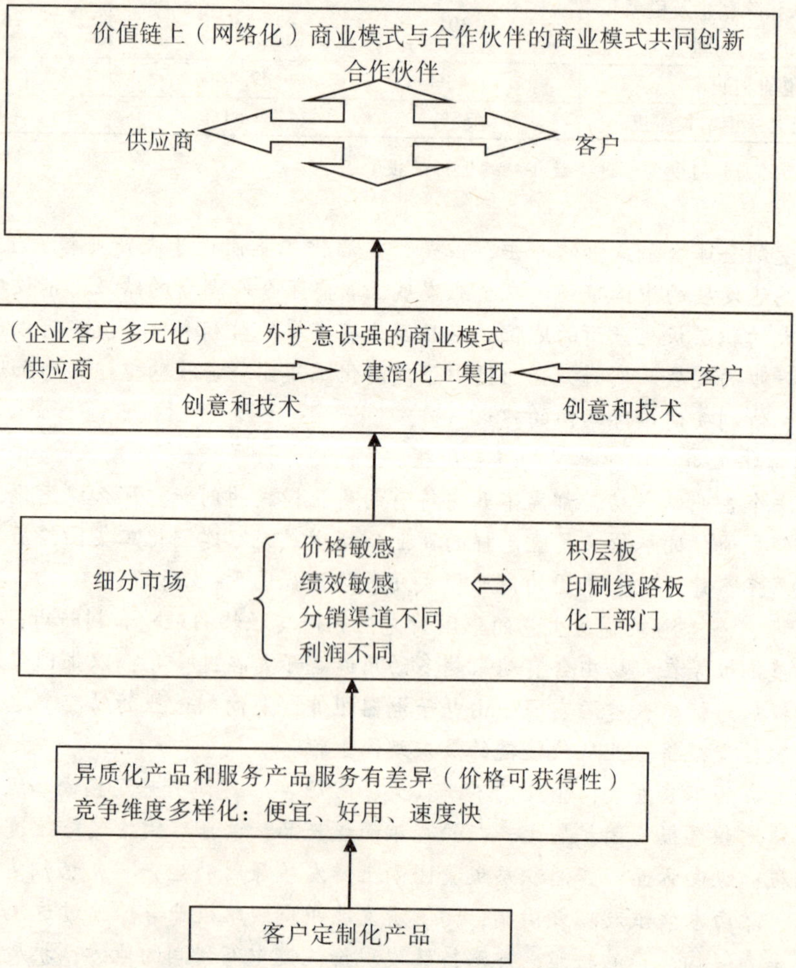

图 5-3　建滔化工集团的商业模式创新路径

同时，供应商和客户也积极地把自己的业务融合到集团的创新活动中去。在这个基础上，通过外部技术和内部产品流程的融合，以及商业模式创新路径的共享，创造出一个集团共享的商业模式。在这个共同的平台上，处于从原材料到最终客户的整个价值链上的集团，其分厂之间相互进行业务往来，共享利润，共担商业风险。

2. 建滔化工集团的商业模式创新

建滔化工集团的商业模式创新主要表现在三个方面，即经营模式创新、收入模式创新及组织模式创新。这三个方面中的任何一个或组合的改变都能够使一个企业的商业模式实现创新，为企业创造利润，使企业提高竞争力。企业的产品和服务是很容易被模仿的，但是一个企业的商业模式却很难被复制。图 5－4 是建滔化工集团的商业模式创新框架图。

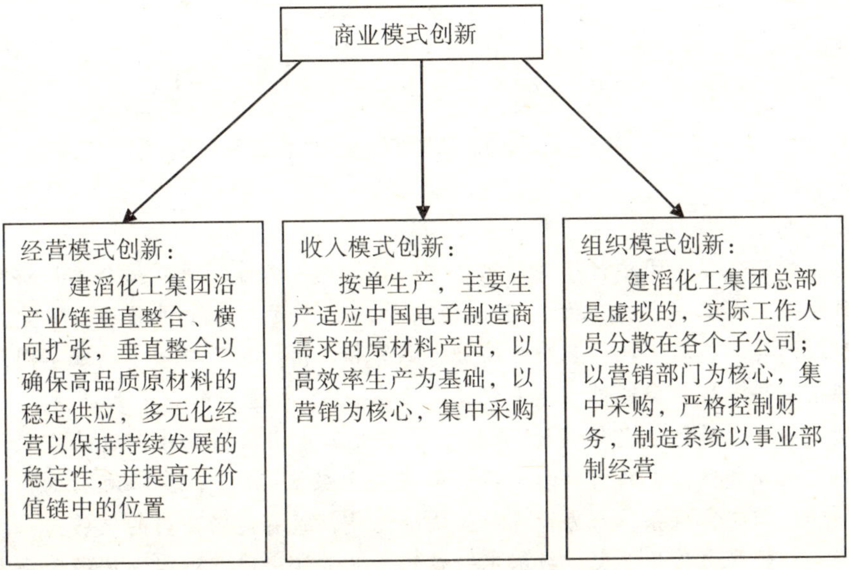

图 5－4　建滔化工集团商业模式创新框架图

二、ERP Ⅱ系统支持商业模式转型

1. 应用 ERP Ⅱ的起因

建滔化工集团的信息化一直是由公司最高领导层亲自领导和推动的，建滔化工集团很早就建立起了非常独立的信息化管理部门，负责整个集团的信息化建设工作。信息化工作的成败直接影响着公司经营战略的实施有无成效。当前，建滔化工集团已经发展成为一个拥有 60 多家下属公司，在地域上高度分散，在营销、采购和财务管理上高度集权，在研发、制造、物流管理等方面极度分权，发展速度极高的企业。其迫切需要建立起统一的信息化平台，实现在时间、空间上信息的高度集中统一和无障碍流动，促进重大决策高度集权与日常管理极度分权的融合，内部经营单位的协同与各个事业单位的业务流程敏捷柔性的融合。

通过实施 ERP Ⅱ系统，可以帮助企业实现上述目标，使得集团总部、下属企业的权责利适当平衡，如图 5－5 所示。

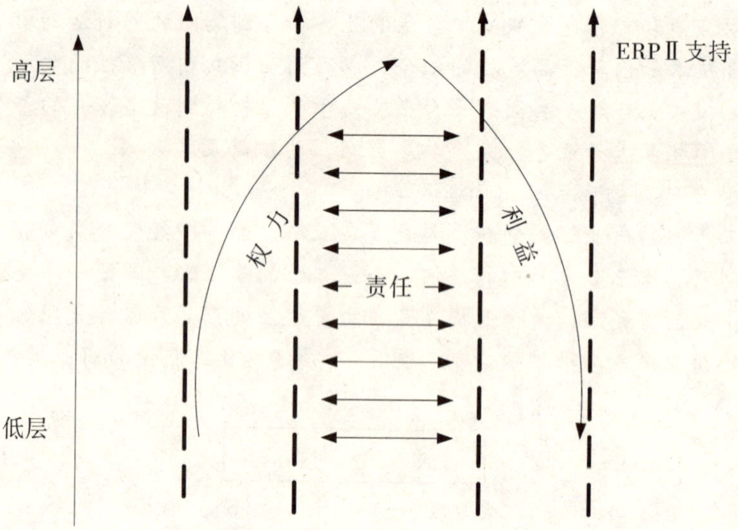

图 5－5 集团总部与下属企业的权责利平衡

2. IT 能力的形成过程

早前，建滔化工集团推行了生产制造方面的信息化工作，使得每个工厂都能够合理地监控到每个车间、工序、工人的生产制造效率，在产量、产能利用率、质量、计划达成率、原材料消耗、能源消耗等多个方面进行测算和评估。为了进一步增强不同经营单位经营绩效评估的科学性、合理性，建滔化工集团在 2005 年通过对众多 ERP 系统以及供应商进行评估、选型，最终选定金蝶 K3 系统。建滔化工集团采用循序渐进的方式，首先在集团下属积层板业务体系下的所有的工厂全面实施金蝶 K3 系统，真正地实施和应用了物料编码、采购、销售、财务、人力资源等模块。但是，随着集团公司的发展，系统内部数据量不断增大，维护工作量很大，数据不一致的情况常常出现，难以满足经营决策的业务信息，以至于不能充分发挥出集团采购和集团销售的优势，也不能很好地支持集团公司的业务经营。因此，建滔化工集团经过信息系统需求分析、信息系统战略规划、软件系统选型、供应商评估以及软件系统测评，依据成本效益、灵活配置、扩展性等原则，选用了金蝶 ERP Ⅱ系统作为统一的信息平台，用于整合建滔化工集团的信息系统。

表 5－6 建滔化工集团 ERP Ⅱ信息化应用模块

应用模块	主要功能	应用规模
供应链管理	采购管理、销售管理、库存管理、多方交易、信用控制	集团和分/子公司 45 家，实现两个统一：基础资料与所有业务操作流程
集团财务	总账系统、出纳管理、固定资产、合并报表、票据管理、存货核算	集团和分/子公司共 75 家，实现科目、报表、核算系统三统一
人力资源管理	员工管理、薪酬管理	30 多家公司的员工基本信息、人事事务处理及薪资都在 ERP Ⅱ中完成

3. 金蝶 ERP Ⅱ的实施效果

由于在 ERP Ⅱ系统和信息系统的实施过程中，企业的经营管理水平、业务流程优化、生产制造水平都在提升，因此，对 ERP Ⅱ系统和信息技术的应用效益，不能直接量化。但是，建滔化工集团认为，金蝶 ERP Ⅱ系统对于企业的经营管理决策提供了非常大的支持和帮助，是不能缺少的经营管理工具，并要求每一位高层领导人都必须熟悉如何应用该系统来辅助决策。其主要效益如下：

(1) 提供集团内部全面的成本信息比较，辅助成本管理，使建滔化工集团的产品极具成本竞争力。应用了金蝶 ERP Ⅱ之后，企业统一了所有的物料编码，统一了成本效益的信息格式，可以进行全面的成本分析，找出成本管理中存在的漏洞，寻找降低成本的有效途径，确保了建滔化工集团包括积层板产品在内的绝大多数产品的成本比竞争对手要低。

(2) 提高了业务运作效率。对于采购管理而言，可以使主要原材料的库存量保持在三天的可用范围之内。对于营销管理而言，营销人员可以做到有存货就马上安排物流配送，没有就下单生产。对于仓库管理而言，可以实现实时盘点，防止成品积压。对于财务管理而言，一套账，统一录入要求，统一核算，无差错，财务信息准确。对于高层经营决策而言，信息准确，随时可以处理业务。

(3) 降低了经营风险。对于客户管理而言，交易历史、信用状况一目了然，不会盲目授信，可减少坏账损失。对于原材料采购管理而言，库存情况、经营情况、原材料采购价格等情况均清晰可查，可以减少不必要库存，辅助采购时点的选择，也可减少原材料价格波动对企业造成的冲击。

三、IT 系统支持集团管控下的商业模式运作

在 IT 系统的支持下，建滔化工集团不仅和外部市场紧密地结合在一起，也加强了集团的子工厂或者子公司之间的内部市场链关系，使集团处于良性循环中，能快速、健康地发展。

建滔化工集团的商业模式运作，是以下面的方式来完成的。各个分/子工厂根据需求向采购部提出采购申请，采购部统一汇总之后向原材料厂商进行集中采购，供应商直接将原材料运到有需求的分/子工厂。

建滔在集团内部对各分/子工厂进行市场化利益的链接，将外部市场目标转变为分/子工厂目标，分/子工厂目标转化为各个员工的目标。营业部是唯一可以销售产品、创造价值的部门，其他所有的部门都变为服务部门、从属部门。每个生产工厂之间互为市场，有直接的买卖关系，上游工厂要保证向下游工厂提供最优质的产品，任何产品不合格，下游工厂可以退货不买，而合格的产品接受了要为上游付费，这样就保证了优质产品的产出。例如建滔化工集团生产的电解铜箔、积层板等，如果它们不符合下游工厂的要求，下游工厂可以向它们的生产工厂要求索赔。

工厂最终的产品由营业部进行集中销售，营业部接受订单，再将各个工厂的产成品按照一定条件，发送到有需求的客户那里。具体实现过程如图 5-6 所示。

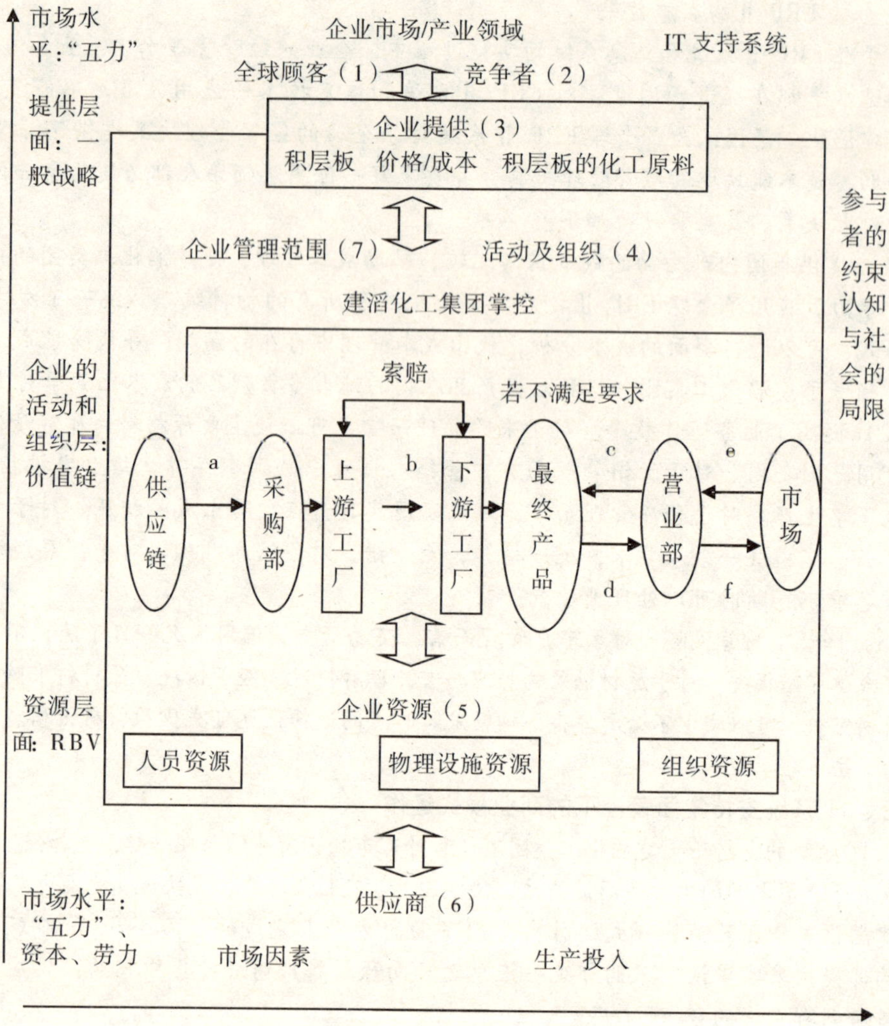

a:集中采购;b:市场关系提供原材料;c:按单生产;d:若满足客户的要求;e:接受订单;f:集中销售

图 5-6 IT 支持建滔商业模式运作

四、金蝶 ERP Ⅱ系统帮助企业加强资源整合和流程控制

建滔化工集团商业模式的有效运作是建立在垂直整合产业链的基础上的,利用信息技术整合资源和业务流程是企业成功的关键。

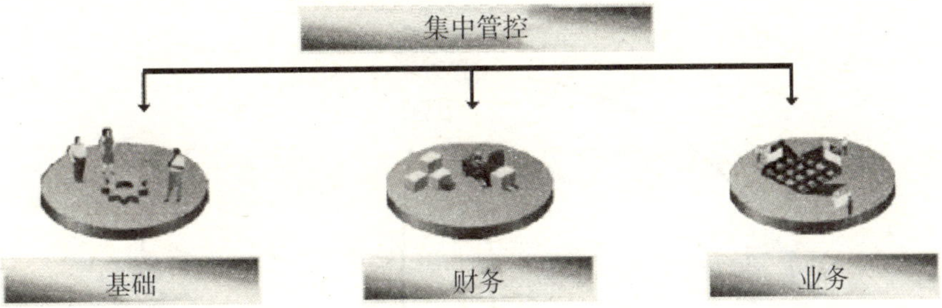

图 5－7　利用信息技术整合资源和业务流程

集团的业务整合与业务流程控制涉及采购、销售、库存、生产、财务、质量、客户、员工等多个方面，还有各个分/子公司、分/子工厂的集成与信息共享。控制的内容涉及审批控制、流程控制、实物控制、金额控制、数量控制、成本控制、项目控制、质量控制等各个方面。如何将这些资源整合途径和控制方式有效组合是建滔化工集团所面临的最大挑战。

1. 金蝶 ERP Ⅱ系统支撑了建滔化工集团的收入资源整合与业务流程监控

建滔化工集团的目标客户群是占市场总额 80% 的中端市场，他们追求的是高品质和低价格。那么，作为全球销售量最大的覆铜面板生产商，IT 系统是如何支撑其盈利的呢？

建滔化工集团是按单生产的，实现了有限能力下的生产均衡。在每一年的年会上，每个厂长做下一年的计划报告。这个计划是从销售和营销部门开始的，业务员做计划时通常会跟客户商量，得到他们的采购计划。因为建滔化工集团的客户群非常大，这个客户多一点，那个客户少一点，最后基本可以将计划和实际销售量拉平。

销售流程的实现方式有两种，一种是集中销售，分开送货，分开收款（如图 5－8 所示），另一种是集中销售，分开送货，集中收款，内部再进行结算（如图 5－9 所示）。

图 5－8 所示的这种方式，在销售过程中，建滔化工集团总部收到客户下的销售订单后，分/子公司就会将货物发给客户，客户收到货物之后，根据收货情况就会将货款付给各个分/子公司；而在图 5－9 所示的方式中，建滔化工集团总部收到一个销售订单，然后会要求各个分/子公司将货物发给客户，客户收到这些货物之后，就直接把货款发给集团总部，之后集团总部再跟各个分/子公司进行内部结算，付款给各个分/子公司。

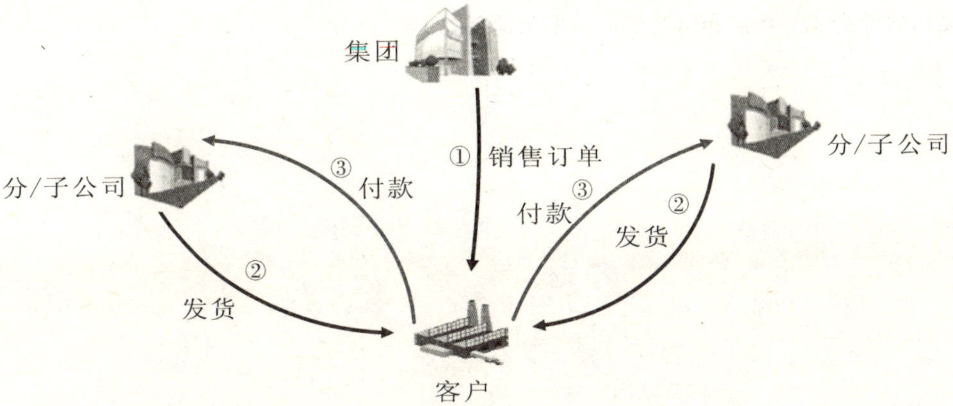

图 5－8　集中销售，分开送货，分开收款

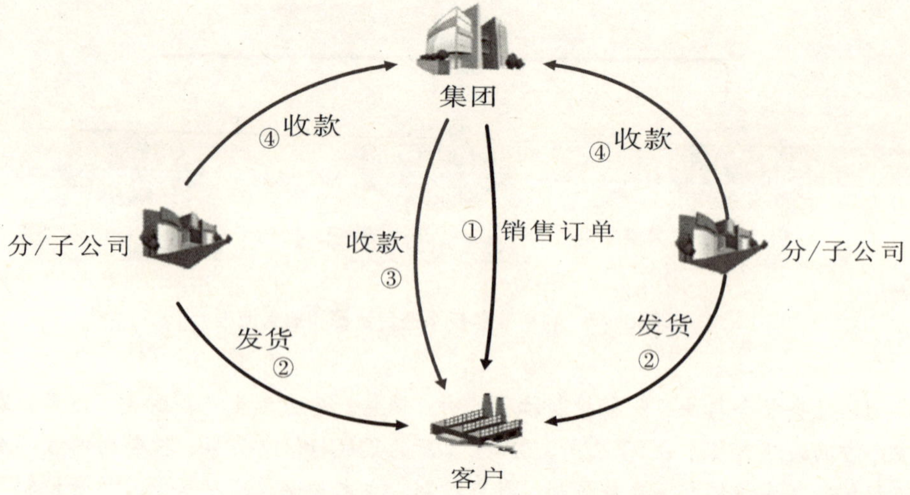

图 5－9　集中销售，分开送货，集中收款

这两种方式的实现，都离不开 ERP Ⅱ的支持。客户若是要下单，必须进入 ERP Ⅱ系统进行登记。如果是老客户，那么系统中就会有他的历史信用信息。当秘书将订单报告给分管的董事时，董事会先查看客户的历史付款情况，信用没有问题才会接受订单。

另外，金蝶设计人员花费 6 个月，在建滔的要求下为建滔量身定做了一个收款统计表。这个表是建滔报表中的经典，有厂名（发货）、客户、产品类型、发货的月份、数期（结算周期）、货币类别（表明余额）、到账日期（合同决定）、进账日期（收了多少钱）、收款模式（电汇、票据、现金）、实收（币别，付款方式）、应收（币别，付款方式）这些条目。这个收款统计表是按订单一笔一笔制作出来的，每个月进行一次汇总。它支持多个币种之间的转换，并表明订单的执行情况。

2. 金蝶 ERP Ⅱ系统加强了建滔的内部资源整合和业务流程监控

建滔化工集团在内部供应链的贯彻执行下，加上优秀的市场人员及垂直生产策略，尽管数年来不断投资厂房设施，生产成本仍然得到了有效控制，产能得以提高，市场占有率不断扩大。

鉴于建滔化工集团内部的特殊情况，在建滔化工集团的要求下，金蝶为其开发了三方调拨、四方调拨模块。这些内部控制模块的实现，从根本上解决了建滔化工集团多组织、多结构之间的资金流、物流和信息流的精准沟通问题。

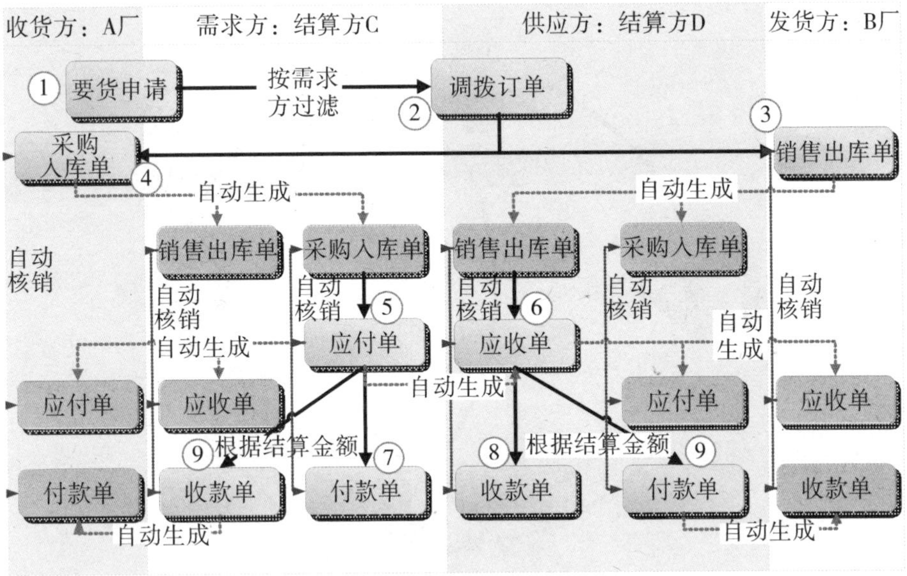

图 5－10　内部增值调拨图

所有分/子公司之间都可以调拨，例如图 5－10 中的 A、B、C、D 这四方。在满足调拨的条件下，发生于收货方、需求方、供应方、发货方四家公司之间的调拨过程如下：

根据需求方的需求，收货方首先生成要货请求，再由要货申请构造调拨订单。发货方得到调拨订单后下推生成销售出库单。收货方在收到发货方提供的产品后，由调拨订单来生成收货方的采购入库单。

需求方得到由采购入库单自动生成的销售出库单和采购入库单，供应方则得到由销售出库单自动生成的销售出库单和采购入库单。在需求方，根据采购入库单得到应付单；在供应方，根据销售出库单得到应收单。（这里的应付单和应收单不是自动生成的。）接着根据需求方的应付单自动生成收货方的应付单，以及需求方本身的应收单。

在供应方，根据应收单自动生成供应方本身的应付单，发货方的应验单。在需求方，根据结算金额生成收款单和应付单。（这里的收款单和应付单不是自动生成的。）由需求方的收款单自动生成收货方的付款单。在供应方，也根据结算金额，由应收单生成本身的付款单和应付单。（这里的付款单和应付单也不是自动生成的。）再由供应方的付款单自动生成发货方的收款单。

为了提高准确率，可以根据在流程中不同阶段生成的有相关联系的单据进行自动核算。比如，在收货方，采购入库单、应付单、付款单这些有相关联系的单据进行了自动核算。如果没有实现应收应付自动协同生成，一张调拨单，工厂要做 12 张与之相关的单据，因为流程复杂，也很容易出错；自动生成时，工厂只需做 6 张，出错的概率也小了很多。

3. 金蝶 ERP Ⅱ 系统加强了建滔化工集团的支出资源整合与业务循环控制

建滔化工集团采购流程的实现有两种方式，一种是集中采购，分开收货，分开付款（如图 5－11 所示），另一种是集中采购，分开收货，集中付款（如图 5－12 所示）。

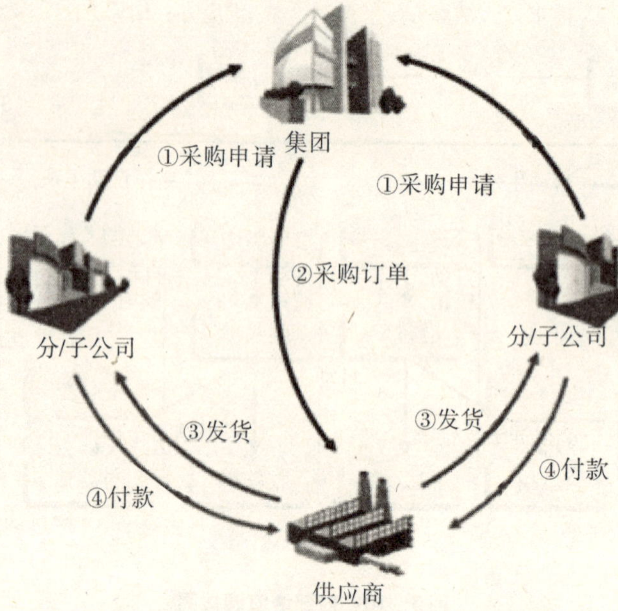

图 5-11　集中采购，分开收货，分开付款

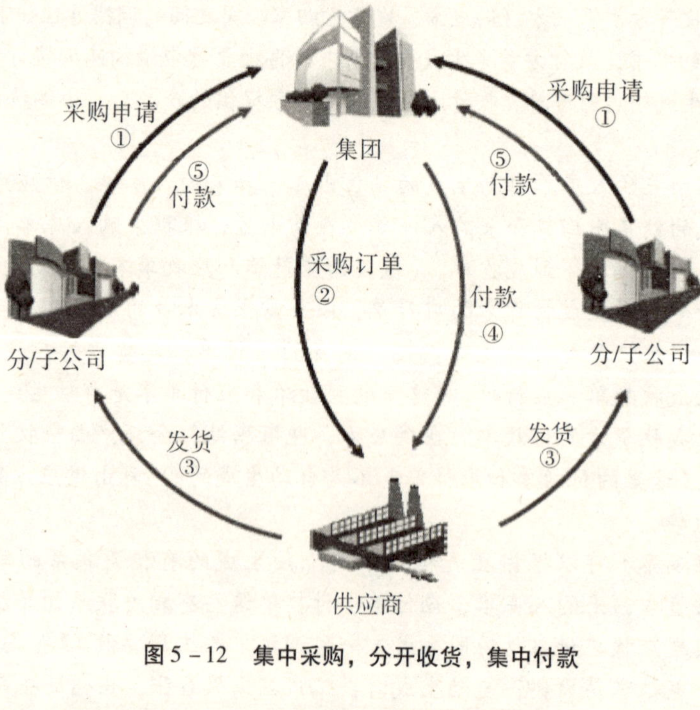

图 5-12　集中采购，分开收货，集中付款

第一种方式，在采购过程中，建滔化工集团的各个分/子公司会向集团总部发一个采购申请，集团总部收到各个分/子公司的采购申请之后，经过分析、计算、审核，接着就会向供应商发出采购订单，供应商根据采购订单的信息给各个分/子公司发出货物，分/子公司收到货物之后就会将货款付给供应商。

第二种方式，在采购过程中，建滔化工集团各个分/子公司向集团总部发出采购申请，通过审核之后，集团总部就会向供应商下采购订单，供应商收到采购订单之后会向各个分/子公司发出货物，分/子公司收到货物之后会把货款给总部，总部将这些货款再付给供应商。

这两种方式同样离不开金蝶 ERP Ⅱ 系统的支持。在系统中，采购的实现反映在报表上就是采购订单。采购是在严格的物料编码下进行的，这使得原材料买入的时候精确不出错并提高效率。因为是采购部统一采购，需求的工厂又很分散，所以系统中有分单、拆单的功能，可以将一份采购订单的数量按需求分到各个工厂，并且付款人和收货人可以不一样，企业实现了集中结算。金蝶 ERP Ⅱ 系统帮助企业整合了多任务厂的原料采购，并且可以做到多组织之间的资源借转。这也是金蝶标准版中没有而建滔化工集团要求开发的。

4. 金蝶 ERP Ⅱ 系统帮助建滔化工集团建立了内部沟通平台

企业利用 ERP Ⅱ 系统的集成性，将总部、分部以及各业务部门进行有效集成，建立了统一的信息平台。利用这个平台可以对集团内各分部的物流信息、财务信息等进行实时共享与查询，以便及时了解各分部的经营现状，并可以对这些数据进行实时分类、合并汇总，为分析整个集团的经营状况和资源的使用情况提供依据。

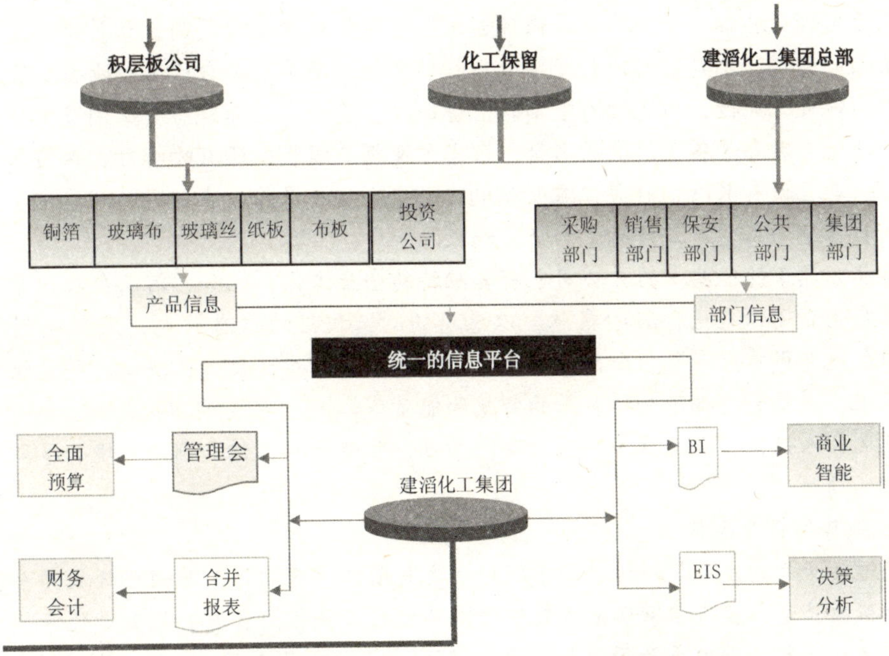

图 5-13　通过建立统一的信息平台加强物流和资金流的管理

五、建滔化工集团的核心竞争力

建滔化工集团之所以取得如此大的成就，主要有以下几个方面的原因：创新的矩阵式组织结构、独特的企业文化、强势的企业品牌、优秀的管理团队及信息化的成功实施。

1. 创新的矩阵式组织结构

内部市场链以及集团的控制打破了传统职能管理的官僚制，集团所有的运营都要以员工为主，他们的权力在董事的支持下深具弹性，从而在主人翁的责任感下，员工自觉追求速度与创新。这种创新的组织结构模式优化了企业生产力要素的配置，调整了生产关系，适应并促进了生产力效能的提高，使得建滔在优化内部资源配置的层面上更为有效地贯彻了集团的战略思想。

2. 独特的企业文化

企业文化是企业内部长期以来在全体员工心中潜移默化形成的一种行为规范、价值观和经营理念。企业文化的重要内容包括文化宣传、品牌策划、薪酬福利、工作作风、管理制度和经营者的思维定律，它主导着企业的走向，左右着企业的发展。

建滔化工集团通过《建滔时代》的宣传、开放式的沟通平台、内部市场链的启动、绩效考核的运作等都向世人展示了建滔化工集团独特的个性化、人性化、市场化管理的现代经营理念。

建滔人的价值观、优秀品质的形成和建立，与开创建滔的张国荣先生分不开，张国荣先生本人就有着敬业的工作精神以及优秀的个性品质。在建滔，员工们称自己是“建滔神经”，很多人为了工作可以不吃饭、不睡觉。但是这种压力却是自己给的，没有人逼迫，没有人设定绩效指标，整个集团在内部创造了一种体现价值的氛围，让员工感受到工作是自身价值的体现，不是被动地接受绩效指标的考核，而是员工自己主动地去发展。

因为地处工业园，周遭没有繁华的消费地段，建滔在内部建有员工阅览室，提供诸如文学、物流、财务等各个门类的书籍、杂志方便员工阅览；还有咖啡厅，供员工交流，共同学习；甚至设有 KTV，让员工在紧张的工作之余进行放松。在这样的环境中，员工们有强烈的被尊重的感觉，工作时更加努力和投入。

在集团旗下的一些小的分公司也有其独特的企业文化，比如，河北分公司奉行的理念是：工厂上下团结奋进，凝心聚慧，以感恩的心，积极的心态做人，用“亮剑”精神做事，出色地完成重大任务。衡阳分公司的文化则是：齐心，关心，决心。就是这样的共同价值追求，动员和发挥了全体员工的智慧和能量。

总之，人性化、重视员工关系、共同学习、营造好的工作氛围与环境、尽职尽责是建滔文化的精髓。

3. 强势的企业品牌

经过几十年的发展，经过持续不断的研发与创新，建滔化工集团已经成为全球最大的覆铜面板生产商，获得国家和地方政府的多项奖励，被各大客户公认为是优秀供应商，还获得了多项国际、国内质量管理和环境管理认证。2008 年 4 月，其被财经杂志《福布斯》选为全球 2 000 大企业之一。2008 年 7 月 25 日，集团旗下公司持有的覆铜板产品“KB”商标被认定为“中国驰名商标”。同时，建滔化工集团也以“KB”覆铜板申请广东省著名商标和广东省名牌产品，着手完善集团的商标体系，以期让全国乃至全球更多的行业认知、了解并认可建滔品牌。

4. 优秀的管理团队

以总裁为首的企业领导七八人，每次开董事会都很轻松，哪怕是关于签单方面的事情，也不需要进行反复的研究与探讨，负责人觉得赚钱，觉得合适就可以拍板了。集团老板的品质与敬业精神是企业员工的原动力。公司高层都会关心员工，体恤下属。

5. 信息化的成功实施

信息化的实施策略是"整体规划、整体实施"。从 2008 年 7 月份正式开始，共实施了总账管理、出纳管理、固定资产管理、销售管理、采购管理、库存管理、多方交易管理、HR 管理、票据管理等业务模块，覆盖 40 多家分/子公司。实施成功的因素有以下几点：

（1）所有基础资料由集团咨询部负责收集与整理，并导入 ERP Ⅱ系统中；

（2）分/子工厂的财务部经理、出纳、会计、应收应付会计、仓务部经理、仓管员等人到集团进行信息系统初始化；

（3）取消所有假期，必须在两周内完成所有的仓库及财力的初始化；

（4）金蝶总部成立建滔专项组，处理建滔初始化及上线过程中遇到的所有技术问题；

（5）分/子公司领导支持，解决资源不足的问题。

第六章　我国 MRP Ⅱ/ERP 应用的成熟期

从 1998 年开始，我国掀起了第二轮 MRP Ⅱ应用的高潮。经过近 30 年的摸索，我国企业的 MRP Ⅱ应用进入成熟阶段，也带动了 ERP 应用的发展——广大企业利用电子商务正在走进 ERP Ⅱ时代。

第一节　20 世纪初我国 MRP Ⅱ/ERP 系统应用的新特点

从 1998 年开始，我国的经济增长速度开始下降，内需出现不足，出口也受到东南亚金融风暴的影响而出现下滑。由于社会需求启而不动，所以我国经济改革处于半市场、半经济、半开放、半封闭的转型时期。

一、从 1998 年开始企业面临日益加剧的经济全球化压力

由于宏观经济的减速以及社会有效需求不足，从 1998 年开始我国企业销售出现困难，彩电、空调、微波炉等价格战长年不断。一方面，我国一些高技术、高附加值的产品依赖进口，广大企业的采购成本居高不下；另一方面，某些企业产品供大于求，出现消费不足下的产品积压，下岗工人增加，企业的经营压力增大。此外，虽然传统工业经济部门竞争非常激烈，但邮电、通信、教育等垄断性行业仍然是以计划经济为主，垄断导致企业的经营费用居高不下。

经济全球化迫使我国企业广泛地参与国内和国际分工，争夺国内和国外两个市场，力求在 21 世纪持续发展下去。为了把整个社会经济推入市场经济的海洋之中，1999 年，我国在中美双方关于我国加入 WTO 的谈判中作出了一些让步，作出了旅游、金融等行业允许外资进入，关税逐年降低等决定。到 1999 年，我国加入 WTO 的主要障碍得以清除，“整个中国都要下海了”。激烈的市场竞争和加入 WTO 的压力催生了我国 MRP Ⅱ/ERP 的需求，使得我国的制造、邮电、金融等行业积极利用 MRP Ⅱ/ERP，实现与国际的接轨。

二、MRP Ⅱ/ERP 应用需求成熟

受 20 世纪末 MRP Ⅱ系统应用失败阴影的影响，广大中小企业投资 MRP Ⅱ/ERP 系统的态度很谨慎，多数处于犹疑观望的状态。

由于中小企业的产品系列不多、产品品种少、客户交货期长，企业利用手工作业、单

项 MIS 系统还可以管理计划运作体系，所以对实施 MRP Ⅱ/ERP 的决心不足。1999 年后，广大企业面临加入 WTO 的压力，对 MRP Ⅱ的投资从考察观望阶段进入了投资拍板阶段。例如，至 1999 年底，SAP 公司在中国的发展速度很快，一方面是历史型的 MRP Ⅱ系统软件更新升级到 ERP 系统，另一方面是单项 MIS 系统升级到 ERP 系统。因此，我国企业的 MRP Ⅱ/ERP 需求成熟起来。

三、企业对 MRP Ⅱ/ERP 的新需求

1998 年后，我国企业对 MRP Ⅱ/ERP 的需求突出表现在对多工厂、多经销点的管理上。

早期我国企业的生存环境简单，产品种类单一。1999 年后多数企业的生产规模扩大，存在多工厂、多计划模式的管理需求，突出表现在经销点由一个增加到几十个，对供应部门的经销库存有控制的需要。因此，进入 21 世纪后，企业对 MRP Ⅱ/ERP 的需求除了内部生产计划管理以外，还需要用 MRP Ⅱ/ERP 系统对企业多个分厂的物料进行跨地区、跨部门的调度，实现供需链管理。

例如，位于广东省佛山市顺德区的震德塑料机械厂（以下简称震德）对 MRP Ⅱ/ERP 的典型需求就表现在以下几个方面。

1. 利用 MRP Ⅱ/ERP 提高订单履约率

随着企业产品系列的增加，客户订单要求的交货时间日益缩短，但是企业订单的兑现率不高。管理人员光凭高昂的热情、激动的情绪、拍胸脯、豪言壮语已经不能辨别信息的真伪，不能清晰地判断企业的运作状态，流于形式的统计报表难以分时间段摸清企业的家底。因此，企业迫切需要使用 MRP Ⅱ/ERP 对企业的资源进行有效调配，在插单生产的情况下正确评估紧急订单对其他脱期订单的影响，使客户的满意度提高。

2. 利用 MRP Ⅱ/ERP 提高物料配套率

由于品种多、物料多、管理庞杂，所以企业的物料更改影响采购质量。某些采购周期长的物料一旦需求产生了变化，企业依照预测提前采购的物料就很难再用得上，导致物料配套率低，死库存增加。因此，企业需要在物料的采购方面实施 MRP Ⅱ/ERP 系统，结合电子采购、供应链、电子商务实现采购批量合理化、采购成本最小化。

3. 利用 MRP Ⅱ/ERP 加强现场管理

企业规模扩大后，作业现场物料堆放多，最后装配阶段往往差一种物料就会使得整个设备无法装配，导致缺料，影响生产现场的清洁及顺利生产。如果在产品调试时发现缺料还可以补救，因为在现场能够看见缺料的对象，能够准确知道缺料的实物，最怕的是那些将缺料的零部件企业还不知道。这是因为仓库已经发料了而车间没有生产，甚至根本没有纳入加工计划，而计划部门却以为车间会按期完工。这是现场物料记录不准确，销售部门、计划部门和生产部门摸不清车间的实际加工进度导致的。因此，为了促进现场加工的可视化、透明化，企业迫切需要实施 MRP Ⅱ/ERP 系统的车间控制功能。

四、企业投资 MRP Ⅱ/ERP 力度大，重视企业咨询和诊断

从 1998 年开始，我国企业对 MRP Ⅱ/ERP 的投资比例开始出现硬件、软件、服务各占 1/3 的趋势，企业逐渐重视对咨询服务的投入。

首先，企业开始重视 MRP Ⅱ/ERP 咨询和业务流程重组，对 MRP Ⅱ/ERP 的选型与企业前期工作日益慎重，花的时间没有前几年多，但是企业管理人员介入多，一旦决定就马上投资。现在我国大多数企业已充分认识到 MRP Ⅱ/ERP 系统是管理系统，也知道花钱买咨询是值得的。

其次，国有企业和民营企业、三资企业一样，实施 MRP Ⅱ/ERP 的力度和深度在不断加大。1999 年，四川长虹集团、海尔集团、联想集团斥巨资购买 ERP 并进行咨询。我国也出现了汉普等一批国内咨询机构，专门为企业提供咨询和选型参考。

最后，我国企业借鉴其他企业的 MRP Ⅱ/ERP 应用经验，企业之间互相交流、取经，并将其他企业的管理经验和实施经验移植于自身。

仍以震德塑料机械厂为例，企业认识到管理咨询的重要性，选择了美的和汉普两家咨询服务公司共同实施 Oracle 系统。

1. *榜样的力量是无穷的*

尽管震德前几年也想用 MRP Ⅱ/ERP，但是听到某些企业失败了，便担心自己也会失败，因此决心不大。此外，加上企业的管理需求没有成熟，因此从 1995 年开始对 MRP Ⅱ/ERP系统处于徘徊、观望、学习阶段。

1999 年，震德看到周边厂家的 MRP Ⅱ/ERP 系统运用出了效益，决定尽快启动 MRP Ⅱ/ERP系统。企业了解到华南地区前几年有近百家企业运用 MRP Ⅱ/ERP 系统，尽管系统运用得不是非常好，但震德在对其他企业进行考察学习的过程中发现，实施 MRP Ⅱ/ERP之后这些企业的财务管理好了很多，企业对资金控制的能力强了许多。

2000 年，震德启动了 ERP 系统，说明成功企业的经验为震德起到了很好的示范作用。

2. *他山之石，可以攻玉*

震德在考察过程中学到了一些应用经验，了解到 MRP Ⅱ/ERP 实施不太好的原因主要有两个。

第一个原因是领导层变动对系统的影响有好有坏。既有后任领导支持，把系统应用得更好的情况；也有后任领导不支持，甚至发生后任领导把前任领导认真扶持的系统全部推倒的灾难性事件；还有的企业由于经济效益不好，重组后就把 MRP Ⅱ/ERP 系统放下不用了。

实施失败的第二个原因是企业与软件公司、咨询公司磨合得不好，导致系统实施周期长，效益出不来。有部分软件商在实施时把技巧留一手，不手把手教企业的员工，让企业的实施人员自己去摸索系统。企业实施骨干试来试去，能从中摸出实施技巧则好，摸不出实施技巧，企业的系统就迷雾重重。实施骨干经验不足也影响了系统实施。

针对以上情况，震德既买了 Oracle 软件，也买了软件的实施服务。软件实施由汉普咨

询公司负责，而美的集团下属的 Oracle 咨询公司进行企业的咨询诊断，力求把美的前几年实施 Oracle 的经验移植到震德来。两家国产咨询公司捆绑在一起，有利于保障实施的步骤科学、风险最小、企业尽快获得效益。

五、我国 MRP Ⅱ/ERP 应用呈波浪状扩展

到 1997 年底，我国共注册个体经济与私营经济企业 2 949 万家，三资企业 23.6 万家。随着 1998 年 MRP Ⅱ/ERP 市场的成熟，我国企业 MRP Ⅱ/ERP 应用呈现波浪状扩展状态。

（1）领导素质高、经济效益好的新兴企业是 ERP 应用的主流，也率先进入电子商务阶段。这类企业有五年以上的 MRP Ⅱ系统应用经验，占我国 MRP Ⅱ应用企业的 10% 左右。这些企业的日常管理已经离不开 MRP Ⅱ系统，现在正朝着 ERP 和电子商务方向发展，典型企业有上海施贵宝、西安杨森、山西经纬集团、上海烟草、美的集团、中集集团等。

（2）第二层次为小 MRP 加财务型企业，这类企业已经实施了 MRP Ⅱ的销售、库存、应收账、应付账等外围模块，但能力需求、实际成本核算、JIT 生产现场控制等模块还有待加强，才能最终形成闭环 MRP 和 ERP。

（3）第三种企业是被其他企业带动、快速进入 MRP Ⅱ/ERP 领域的企业。这类企业没有历史包袱，舍得斥巨资购买管理软件。因此，它们既可获得低价格的软硬件设备，还可以借鉴 MRP Ⅱ/ERP 咨询公司的经验，在实施过程中少走弯路，整个实施过程周期短、见效快，典型代表有今日集团、海尔集团、美晨公司等。

六、我国 MRP Ⅱ/ERP 应用范围从制造业扩展到服务业

随着 MRP Ⅱ/ERP 的流行，MRP Ⅱ/ERP 在我国的应用范围逐渐从制造业扩展到服务业，应用深度和广度加大。从 1999 年开始，MRP Ⅱ/ERP 从制造业向服务业扩展，邮电、通信、银行开始用 ERP 系统改革企业的财务和物料管理，浙江电力集团、中国电信等公司开始运用 ERP 进行辅助管理，开辟了垄断性行业应用 ERP 的先河。

总之，我国企业对 MRP Ⅱ/ERP 的实施规律已经有了深入的认识，有的企业把 MRP Ⅱ的财务、分销、制造全部应用了起来，成功率高。华南地区、华北地区的某些企业在软件公司、咨询公司的帮助下已经把成本核算、虚拟采购、配置物料清单都应用到了企业的日常运作中。海尔、康佳等企业利用 ERP 系统作为后盾实施电子商务，有力地支撑了企业的 B2B 业务（企业对企业的商务）。这都说明我国的 MRP Ⅱ/ERP 应用已经走向成熟。

第二节 成熟阶段企业应用 MRP Ⅱ/ERP 的问题分析

我国的 MRP Ⅱ/ERP 应用人士中，有许多人赞同这种说法：“我们拥有 21 世纪的硬件，20 世纪 90 年代的软件、80 年代的系统、70 年代的应用，但是我们只有国外 20 世纪 60 年代的管理。如果说我们在机器设备等技术装备上与西方有 5 到 10 年的差距，那么我们在管理上要比西方差 30 年。”

我国广大企业的基础管理工作还相当薄弱，在实施 MRP Ⅱ/ERP 的过程中也存在忽视基础管理的问题。

一、成熟阶段企业应用 MRP Ⅱ/ERP 的问题

成熟阶段我国企业对 MRP Ⅱ/ERP 的应用主要存在以下问题：

1. 多数企业的 MRP 没有形成科学的 MRP Ⅱ 闭环系统

由于缺乏项目监督机制，缺少 MRP Ⅱ 系统专家以及 MRP Ⅱ 系统的复合型人才，我国还有些企业实施 MRP Ⅱ 系统停留在开环 MRP 阶段，没有形成闭环的 MRP Ⅱ 系统。这些企业已经实施了 MRP Ⅱ 系统的外围模块，即销售、库存、主生产计划、应收账、应付账等功能。由于财务核算停留在事后核算阶段，缺乏能力需求计划，这些系统可以称为小 MRP 加销售订单处理型系统。小 MRP 加销售订单处理型系统绕开了能力需求计划、实际成本核算以及对生产期量标准的控制，有待于向 MRP Ⅱ 纵深方向发展，形成闭环 MRP Ⅱ 系统。

2. 忽视成本核算、设备管理与 MRP Ⅱ 系统的结合

由于企业重视机器设备的投资与简单扩大再生产，我国企业内部的生产管理一直是企业管理的薄弱环节。大多数企业的 MRP Ⅱ 系统在与手工系统并存时，在生产控制这一级就遇到来自工时整理、实际成本计算等核心问题的挑战，遇到来自工人、设计人员的强大阻力，无法迅速扩大战果的运用范围，在企业迅速成长的同时 MRP Ⅱ 系统本身没有得到同步成长，还需要加强制造执行系统与 MRP Ⅱ 的结合。

实施能力需求计划，建立企业的 BOM 以及工艺路线、加工路线的数据库需要多方协调，但是企业管理人员、一线工人的管理知识有限，对现代生产管理的新观念、新方法还不能马上接受，因此实施能力需求计划比较困难。MRP Ⅱ 系统在我国企业搁浅、走样就在于忽视能力需求计划，导致 MRP Ⅱ 系统产生的计划与企业的实际加工计划是两张皮，进而导致企业的实际成本成为“黑匣子”。忽略能力需求计划的地位与作用在我国企业实施 MRP 系统的初期带有普遍性，尤其是一些进销存软件商向 MRP Ⅱ/ERP 领域扩展时忽视能力需求计划的实施、基础数据的整理以及生产管理核心层的攻关。

3. 忽视能力需求计划从建立 BOM 开始

忽视能力需求计划是从实施 MRP 计划的上游就开始了，即企业在开始建立 BOM 时没

有进行可选件、标准件、专用件的分类优化，而是依据原始的零件图纸建立 BOM。由于企业发展太快，物料品种多、数量多，物料不进行模块化处理就直接输入电脑导致固定 BOM 多。固定 BOM 多导致数据不能全部整理，维护也困难，按照固定 BOM 展开物料需求计划无法对企业所有物料进行全面控制，也就无法发挥 MRP Ⅱ计划的优势，无法进行经济批量生产。

此外，在建立产品结构清单时，由于企业没有花大力气将产品层次加上低层码，所以公用件难以处理。在整理物料主数据时缺乏批量、成本、提前期等基本元素，导致工艺路线的数据难以整理出来，因此产品的结构图无法转化为网络计划图，无法利用关键线路法推出产品生产加工中的关键加工路线，无法确定企业的关键加工中心的能力与负荷，更不可能动态地确定企业的瓶颈资源、成本差异以及详细能力需求计划。

并且，企业整理工艺路线数据时一般只有生产周期中工序的加工时间数据，每道工序的准备时间、等待时间、搬运时间等时间要素没有整理，工序间的转移时间、计划订单下达的松弛时间、正式加工前的松弛时间、平行工序之间的交接时间等没有仔细归类记录，因此无法累计产品加工的准备时间、等待时间、搬运时间、工序间转移时间。由于以上时间大多是人工估计，因此误差大。人工估算的总生产周期水分很大，这也是我国企业的生产周期大大超过了国际同行的生产周期，企业资金周转慢的主要原因。

由于企业的生产时间管理离 MRP 系统要求的时间细化、分时段运行的水平相差很远，因此能力需求计划的实施条件差。

4. 忽视 MRP Ⅱ系统与 JIT 系统的结合

MRP Ⅱ系统与 JIT 系统本质上都是有效控制生产的方法，二者理论上可以结合，但是，忽视能力需求计划将导致二者的结合难度加大。由于引进 JIT 系统需要对企业的生产过程、设备的能力均衡进行有效调度，为了解决瓶颈资源问题，要引进新设备或者设置缓冲库存，这对现行生产系统会产生一定的冲击，因此，要求企业对改进生产系统的风险承受能力较强。所以，尽管许多企业的生产人员很关心 MRP Ⅱ系统与 JIT 系统的结合，但是对于结合的可操作性以及此二者在生产现场控制方面的具体操作步骤仍存有疑问，不敢贸然行动。

看板、推式系统、拉式系统这些名词是对 MRP Ⅱ与 JIT 这两个系统的描述，并不能从本质上说明系统是不同的，其实 MRP Ⅱ系统与 JIT 系统二者不仅是相容的，而且是互相支持的。MRP Ⅱ从产品的交货期开始就在拉动企业的生产，是典型的以销定产模式。如果 MRP Ⅱ的时间分段计划在车间加工计划中与 JIT 的加工节奏一致，那么 JIT 系统就可以完成 MRP Ⅱ系统的生产控制功能，在重复生产的环境下更是如此。因此，MRP Ⅱ与 JIT 结合有利于企业有效分配自身的生产能力，保证物流的节奏均衡。由于我国企业 MRP Ⅱ系统没有很好地实施能力需求计划，因此，启动 JIT 系统存在较多的困难。

二、企业实施闭环 MRP Ⅱ系统失败的原因

企业忽视能力需求计划，使闭环 MRP Ⅱ系统在生产控制阶段搁浅的原因有宏观经济环境及微观企业运作两方面。

1. 建厂时不重视对信息系统的投资

我国国有企业的厂长、经理对 MRP Ⅱ系统的认识是有限的、片面的，在投资建厂时易忽视信息系统的建设。许多企业等到企业发展了才建设信息系统，没有富于远见地把 MRP Ⅱ系统纳入企业的投资中，因此，企业必须花大力气对多年来手工管理积累的企业资源进行再造，相当于在 MRP Ⅱ系统里重塑一个企业。浓缩企业的精华于一个信息系统里，难度很大，产生了许多麻烦。

2. 宏观环境宽松、市场空白多，企业忽视内部挖潜

前几年，由于市场空白多，企业处于卖方市场，没有节约工时、材料的压力，也就没有责任和决心向内部生产管理要效益。1990 年左右，我国曾经掀起过一阵现场管理、定置管理的风，却并没有落到实处。由于这几年企业对生产管理没有加大力度，因此，生产管理与控制始终是我国企业管理的薄弱环节。之后，买方市场的形成以及金融危机迫使企业向内部管理要效益，企业外部的竞争压力需要由内部的管理来削减、吸收。因此，生产系统的优化逐步得到重视，这也是我国深入应用 ERP/ERP Ⅱ的推动力。

3. 由于能力富余，企业不重视精简生产

我国企业重视生产设备的引进，看得见的加工能力一般是富余的，大多数企业的设备没有满负荷运作。企业一般只要有合同就会不遗余力地接下来，通过加班加点解决企业的能力不足。因此，企业假定能力是无限的，实施 MRP Ⅱ系统时认为能力需求计划、生产现场控制在企业的实践中处于次要地位，对企业的效益也不大，因此没有花工夫去处理。

其实，设备的保养以及预维修计划的落实对产品质量有很大的影响，突击加班对内部生产系统将产生较大的冲击，影响原有生产计划的投入产出比例，导致企业的原材料配套紊乱以及采购优先级被破坏，这也是我国企业加工的产品不能长年稳定、可靠的原因。

由于能力需求计划记录了每个订单对加工设备、劳动力的资源占用情况，也是企业的物流流量的检测点，对于企业的工作效率的提高、实现企业的精益生产起关键的作用。因此，现阶段，我国实施 MRP Ⅱ系统必须对设备、工时等能力数据进行科学的管理。

4. BOM 没有优化，影响生产加工路线的优先级控制

某些企业建立 BOM 时忽视对数据的先期整理，对计划 BOM、配置 BOM、成本 BOM 的建立很少花工夫。BOM 整理协调工作多、难度大，某些实施人员由于实施经验不足，在数据整理时跳过去，对繁难的先期数据整理偷工减料、避重就轻，给后续的实施埋下了隐患。

因此，仅仅依据零件结构图建立零部件 BOM，在实施方法上还存在问题。由于没有归纳公用件、整理层次结构码，所以 BOM 庞杂重复、数据量大，也为后期的生产计划管理埋下隐患。

此外，广大企业对 MRP Ⅱ压缩生产周期、降低库存的认识有限，对 MRP Ⅱ在生产排程上的先进性认识不足。传统的企业计划采用配套表或者缺件表来控制生产调度，没有考虑关键线路的时间先后问题，因此，实施 MRP Ⅱ系统，如果依据手工计划模式整理计划数据就会落入俗套。如果仅仅在 BOM 里提供产品的数量和结构层次，没有提供批量标准，没有中间层次的零部件的开工时间、完工时间记录，那么企业就没有办法控制生产加工路

线与生产进度，导致生产计划单只能根据交货期倒排开工时间，无法对中间半成品进行向前或者向后的动态排产。

5. 企业与职工职责利益不完全统一，影响成本核算系统的实施

厂长与工人关心的对象不同，企业的经营由厂长一个人扛着，企业员工则主要关心奖金、工资。由于工时的节约影响工人的工资与奖金，因此在实施 MRP Ⅱ系统的过程中，详细划分工作有难度，同时，测算实际工时也有难度，工人对曝光废品率也有抵制情绪。此外，实施 MRP Ⅱ没有给实施部门增加工资，影响员工的积极性。由于工艺部门对工序的加工、等待、搬运、检验程序要费大力气整理，要对企业几百种型号的产品结构数据进行 BOM 整理，还要针对套裁、料边利用情况计算企业的材料利用率，工作量很大，但是工人的工资没有因为实施 MRP Ⅱ系统而直接增加，因此，实施人员的新鲜感过后便出现了实施动力不足的情况。

第三节 企业管理的第三次革命和 MRP Ⅱ/ERP 应用

1998 年以后，市场对企业的影响已经从企业的边界渗透到企业的每个环节和每个责任人身上，促使企业把市场机制引入企业的生产、财务、分销的各环节中，实现企业生产制造过程的“以销定产”，完成企业管理的第三次革命。

MRP Ⅱ/ERP 系统对企业管理革命的贡献不仅仅是帮助企业内部调节供需资源平衡，而且还要对企业的供应商、企业的客户进行资源调节，对企业的兼并重组、自动化制造和产品设计中的管理事务进行动态调节，尤其是加强生产现场管理，实现 JIT 与 MRP Ⅱ/ERP 的结合。

1. 培养理论联系实际的学风，深入企业第一线建立中国特色的 MRP Ⅱ/ERP 模式

20 世纪 70 年代，美国的 APICS 协会针对 MRP 计划实施不理想的情况组织了各种培训班和研讨会，深入千百家企业讲解 MRP Ⅱ的思想与方法，开展了切合企业实际的 MRP Ⅱ教育，出版了各种书刊、录像带，为推动 MRP Ⅱ的健康发展作出了极大的贡献。

现在流行的 BPR 与灵捷制造包含 MRP Ⅱ 系统的框架与精髓。我国管理理论的科研人员需要重拾我国历来崇尚调查研究的传统，在充分消化吸收西方流行的管理理论的基础上针对国情介绍 MRP Ⅱ/ERP 基本的概念、道理，使得 MRP Ⅱ/ERP 理论变得通俗易懂，把系统仿真、理论模型的构造转化为有效的、操作性强的工作步骤，为企业提供切实可行的指导。

2. 构造好企业的 BOM，加上时间坐标，推导出关键的加工路线以及企业的加工网络计划图

首先，企业建立 BOM 前要先与设计部门联系，利用 PLM 系统获取企业产品的基本零件资料，确定新产品、老产品间的可继承零部件，对非标准设计进行重点管理。然后分析企业的产品系列并确定各产品系列中的关联程度，在此基础上对企业的各个品种进行归类，确定各个品种之间的标准、非标准设计部分。

其次，根据产品品种的选项特征，以可选件、标准件、专用件的标准整理企业的产品

搭配，构造产品的配置 BOM，依据配置 BOM 迅速确定企业的采购、生产、库存的配套管理模式，通过压缩关键线路上的采购或加工周期，缩短产品的交货期，进而实现满足客户要求的、快捷简便的多品种、小批量生产。

最后，针对库存管理、财务管理、采购管理的综合要求对零部件进行 ABC 分类，在此基础上建立起供制订采购计划、预测用的计划 BOM。

尽管企业在建立简单、科学、结构化的 BOM 的过程中会遇到很多借口或困难，不能一步到位，但是也要在指导思想上、工作方法上不回避问题，要硬碰硬。

3. 以 MRP Ⅱ/ERP 系统带动企业的现场管理和工业工程的开展

工业工程与 MRP Ⅱ/ERP 系统在实施战略、实施组织落实、实施步骤以及人员培训上是一样的。我国企业的生产周期一般比国际同类企业长，资金周转的速度则慢了一半，主要原因是我国企业的生产周期没有细化，因此，企业现场管理的潜能还很大。企业可以借助 MRP Ⅱ/ERP 推广的契机，在车间并行实施工业工程。

MRP Ⅱ/ERP 与工业工程是相辅相成的。一方面，工业工程的工作方法简单，原理朴素，而且操作步骤成熟可靠；另一方面，工业工程的数据可以直接进入 MRP Ⅱ/ERP 系统，在 MRP Ⅱ/ERP 系统里运行，发挥信息系统快速处理数据的功能，进而推动工业工程的开展。

此外，企业可以利用工业工程的方法研究改进工作方法和作业测定，通过制定作业系统的标准时间来改善和稳定作业系统，确保数据的统一性、完整性和可靠性。企业可以利用模特法测定工序的操作时间，通过工作抽样、现场记录提问来确定材料的加工路线、加工中心，然后确定工时定额、加工路线、原料发料，最后建立各类作业制度。

推广工业工程可以使工作方法合理化、科学化和标准化。企业通过推广工业工程可以在企业全体员工中树立成本和效率意识、问题和改革意识、工作简化和标准化意识、全局和整体化意识以及以人为中心的管理意识。通过“取消、合并、重排、简化”的原则，企业可以将既不增加产品价值又不满足顾客需求的工序检查出来，进行工作过程重组，把不增值作业减少到最低限度，为推行作业管理和价值链管理提供条件。

4. 深入应用 MRP Ⅱ/ERP 系统，优化生产管理系统

现在西方强调企业的分散化管理，在 MRP Ⅱ/ERP 系统上提倡企业过程再造，通过精益生产、柔性制造提高企业运作的灵活性和市场应变能力。目前，西方的分散化经营不同于第二次世界大战前的分散，其是在经过 50 年的集中管理后的分散，是集中指导下的分散。虽然我国企业的企业组织可以利用信息系统实现扁平化、实现从分权管理向集权管理的转变，但是还必须扎扎实实抓基础管理，针对国情在集中的基础上开始分散，不能跳过基础管理的科学化、数据化、精细化，还必须扎实实施MRP Ⅱ/ERP系统。

1999 年，全球共实施 MRP Ⅱ/ERP 系统 30 多万套，有 3 万多家公司实施了 MRP Ⅱ/ERP 系统，其中美国《幸福》杂志评审的前 500 家大公司中，96% 都用了 MRP Ⅱ/ERP 系统。然而，20 世纪末，我国的 MRP Ⅱ/ERP 普及率还很低，不到 1%。因此，仍需要广大企业工作者和科研工作者努力推广 MRP Ⅱ/ERP 系统，提高我国企业的整体管理水平。

案　例

科龙集团实施 MRP Ⅱ，实现计划管理科学化

科龙集团于 1984 年以 9 万元人民币的冰箱试制费起家，短短 15 年里发展成为家电行业的大型骨干企业，连续 7 年保持国内冰箱产销量第一名的位置。科龙集团的成功与其管理创新密不可分。20 世纪 90 年代初期，科龙集团斥巨资把国外先进的 MRP Ⅱ系统引入企业，连续几年攻关，不断“消化吸收”MRP Ⅱ的精华，终于成为我国首家通过国际 MRP ⅡA 级认证的企业。科龙 MRP Ⅱ的实施改变了科龙传统的计划模式，奠定了企业的信息基础架构，促进了企业的可持续发展，也保障了企业的规模扩张有强大的信息技术作后盾。

一、科龙集团简介

科龙集团位于珠江三角洲综合经济开发区的黄金腹地——佛山市顺德区，是家电行业中的大型骨干企业。科龙是国家一级企业，也是国家机电产品出口基地。科龙拥有容声牌电冰箱、科龙牌空调器和三洋科龙牌冷柜三大主导系列产品，拥有年产电冰箱 350 万台、空调器 160 万台和冷柜 30 万台的自动化生产线，其中电冰箱的生产能力已跃居世界五强。科龙集团 2000 年拥有职工近万人，其中博士 2 名，硕士 50 名，本科 872 名，大专 496 名，中专 107 名，整个集团总部占地面积 54.98 万平方米，固定资产净值达到了 8.9 亿元人民币。

科龙集团组织架构如图 6－1 所示。

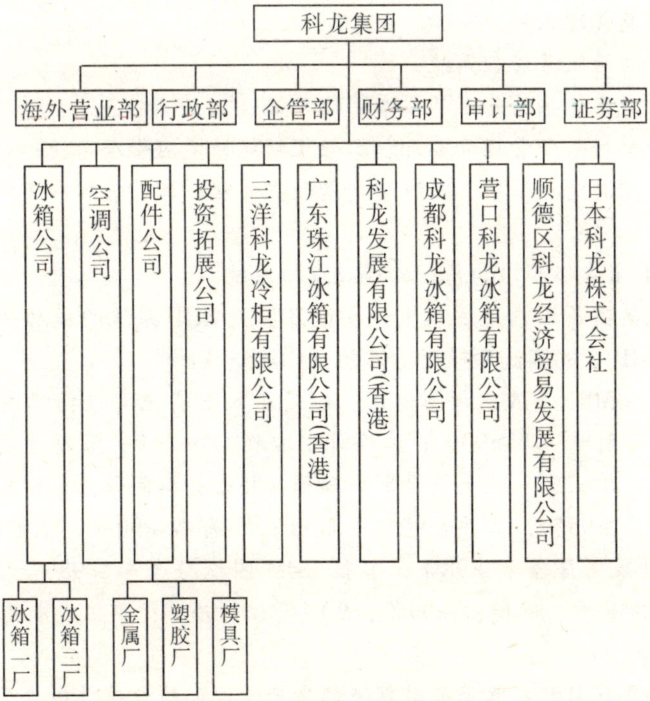

图 6－1　科龙集团组织架构

二、20 世纪 80 年代 RSR 系统提高了企业的产供销管理效率

科龙集团一直有先进的管理意识，重视信息技术对企业管理的推动作用。企业在 1986 年就投资 150 万元人民币开发了覆盖企业管理范围的 RSR 计算机辅助管理信息系统。RSR 系统一共有 18 个子系统，包括销售、人事、财务、工资等。RSR 系统采用两台 DEC 小型机，携带 32 个终端。1989 年，RSR 全面投入使用，并于 1991 年获广东现代化管理成果一等奖。虽然 RSR 系统覆盖范围超越了 MRP 系统，甚至达到了 MRP Ⅱ系统的范围，但是 RSR 在某种程度上是一个单项管理信息系统，没有 MRP Ⅱ系统的计划体系。

三、引进 CA 公司的 MRP Ⅱ，持续改进发展成 ERP 系统

随着企业的进一步发展，原有的 RSR 系统已经不能满足企业经营管理的实际需求，企业作出了对 RSR 系统升级扩展的决定。科龙公司在 1992 年 5 月投资 50 万美元，引进了 CA 公司的 MANMAN MRP Ⅱ系统软件的生产、财务、系统管理等 7 个模块。1994 年 10 月，经 Oliver Wight 国际机构评审，通过了 MRP Ⅱ CLASS A 认证。与此同时，企业还对 RSR 系统进行了修改和扩充，增强了 RSR 系统的销售功能，形成了 RSR 与 MRP Ⅱ相互配合的系统应用格局。20 世纪 90 年代末期，科龙集团对 MRP Ⅱ、RSR 系统进行改善，做了大量的二次开发，把系统发展成了 ERP 系统。此外，科龙总部的 MRP Ⅱ/ERP 系统应用到了集团内的其他子公司，营口科龙分公司、成都科龙分公司都用了同样的MRP Ⅱ/ERP 系统。

科龙系统具有很强的企业特色，尽管内核是 MANMAN 软件，但是由于企业近 10 年来的持续改进，使其为企业的经营和生产发挥了极大的计划和控制作用。

科龙系统包括以下部分：

（1）包括人事管理、行政管理和培训在内的人力资源管理系统；

（2）市场信息管理系统；

（3）销售和售后服务管理系统；

（4）以标准成本体系为基础的成本管理系统；

（5）具有原材料采购管理和委外加工管理功能的供应管理系统；

（6）包括计划与能力管理、工程与制造数据管理、库存管理和车间作业管理在内的生产管理系统；

（7）以 MRP ⅡA 级标准为基础的绩效考核系统。

总之，科龙集团是国内通过二次开发途径实施 ERP 系统的成功企业之一。

四、科龙 MRP Ⅱ的实施考核指标体系（CLASS A）

科龙集团参照 MRP ⅡA 级评审要求，制定了如下实施考核指标体系：市场预测准确率≥90%；销售计划准确率≥90%；库存计划准确率≥90%；滚动计划波动率≤10%；生产计划完成率为 100±2%；主生产计划准确率≥95%；车间作业计划执行率≥95%；作业计划均衡率，总装≥95%，零件≥90%；拉出表准确率≥90%；采购物料到货准确率≥90%；制造 BOM 现场符合率≥98%；工程 BOM 图纸符合率≥98%；加工路线准确率≥98%；库存记录准确率，存储器≥99%，WIP 货位≥95%；单位成本差异为 100±2%；实得材料成本差异≤2%。

例如，1996 年 6 月科龙冰箱公司制造部生产管理周绩效统计报告如表 6-1 所示。

表 6－1　冰箱公司制造部生产管理周绩效统计报告

主生产计划准确率				
下辖公司		准确率（%）	CLASS A 标准（%）	差异（%）
一分厂		98.56	95.00	+3.56
二分厂		98.29	95.00	+3.29
冰箱公司		98.23	95.00	+3.23
车间作业执行率				
下辖车间		实际执行率（%）	CLASS A 标准（%）	差异（%）
一分厂	总装一车间	99.90	95.00	+4.90
	总装二车间	97.80	95.00	+2.80
	喷涂车间	96.80	95.00	+1.80
	塑料车间	99.90	95.00	+4.90
	部件车间	99.10	95.00	+4.10
小　计		98.70	95.00	+3.70
二分厂	总装一车间	99.10	95.00	+4.10
	总装二车间	99.20	95.00	+4.20
	喷涂车间	94.50	95.00	－0.50
	塑料车间	97.90	95.00	+2.90
	部件车间	100.00	95.00	+5.00
小　计		98.14	95.00	+3.14
冰箱公司		98.42	95.00	+3.42

五、成立以副总裁为首的领导小组，大力推广 MRP Ⅱ

1992 年，科龙集团的企业管理副总裁亲自挂帅推广 MRP Ⅱ，使得 MRP Ⅱ的实施得到了集团最高领导层的支持和关注，也使整个集团重视 MRP Ⅱ系统的实施工作。此外，管理职能部门也成立了实施小组，下设生产计划、工程技术、物料管理、成本控制四个功能组。健全的 MRP Ⅱ实施组织架构调动了集团领导人员实施 MRP Ⅱ的责任和决心，同时在组织上保证了 MRP Ⅱ系统能够在各个部门中得到实施。

六、通过教育和集中培训，提高 MRP Ⅱ系统实施人员素养

MRP Ⅱ须从培训开始，而且不同人员须培训不同内容。科龙集团开展了针对性强的培训。企业聘请了国内外管理专家对中高层领导进行培训，使得领导转变管理观念和管理水平。对 MRP Ⅱ实施骨干的培训是基础理论培训，着重提高实际实施能力。对其他人员的培训是现身说法，以点带面，使得员工积极参与实施 MRP Ⅱ，并且了解和支持 MRP Ⅱ系统的实施。多层次的培训使集团所有员工都理解了 MRP Ⅱ系统，大家齐心协力参与、支持和配合 MRP Ⅱ系统的实施工作。

七、基础数据收集和整理阶段

MRP Ⅱ是以生产计划和控制为主线，以实现企业管理整体优化的人机结合系统，也是一种要进行大量数据处理的管理信息系统，因此必须力求数据规范化。由于数据规范化是实现数据准确性及信息集成的首要条件，所以科龙从理顺、统一物流和信息流的角度出

发，分静态数据（固定信息）和动态数据（流动信息）两类对产品工程数据、生产计划数据、销售计划数据、物料采购及仓库管理数据、成本核算及财务管理数据这五大基础信息进行了规范整理。主要包括：

（1）物料信息包括物料编码、物料分类码、仓库和货位码、物料分类会计科目等；

（2）产品信息包括产品编码、物料单（即产品结构图）等；

（3）工艺信息包括部门和车间编码、工作（加工）中心数据、工艺路线数据等；

（4）需求信息包括市场预测、合同等；

（5）计划信息包括各类提前期、定额、能力等；

（6）库存信息包括库存数量、金额等。

八、MRP Ⅱ的开环运行阶段

实施前期，科龙在原有管理的基础上，结合 MRP Ⅱ各管理模块的特点，对主生产计划模块、重复生产模块和车间管理模块进行了模拟实验。这三个模块与手工计划并行管理，但仍以手工管理为主。其中，以手工计划为基准，通过模拟检验静态、动态数据的可行性和准确性，及时进行调整，促使实施工作逐步迈向规范化运行轨道。经过一段时间，企业在并行运行的基础上，逐步以 MRP Ⅱ系统取代了手工管理。

九、MRP Ⅱ的闭环运行阶段

在开环运行的基础上，科龙实现了 MRP Ⅱ系统运行的闭环管理，其中以 MPS（主生产计划）为主线，通过能力平衡运行 MRP（物料需求计划），直到进行车间生产作业控制及物料采购管理，并对生产经营过程进行成本资料的收集、分析和控制。另外，依照 MRP Ⅱ系统的基本要求，企业从产品设计开发、销售预测、全面质量管理到企业组织、企业文化等各个方面进行完善，为将来的成果评定、A 级评审打好基础。

十、MRP Ⅱ的评审和整改阶段

自 1994 年 4 月起，科龙公司根据实际情况，在机械工业部设计研究院和香港 DEC 公司 MRP Ⅱ专家的指导下，学习并对照 MRP ⅡA 级评审标准，从 12 项硬指标和 38 个管理项目入手逐条进行自查和自评。针对在制品货位准确度、车间生产表现、采购订单按时到货率等指标值达不到 A 级 95% 的要求的情况，以及生产能力需求不平稳、标准成本控制不力、产品设计开发变化快等管理方面存在的问题，企业制定了整改措施，层层落实解决。经过全体员工三个月的努力，企业 MRP Ⅱ的应用水平得到了较大提高，企业顺利通过了 MRP ⅡA 级评审。

十一、深化 MRP Ⅱ应用，不断进行 MRP Ⅱ攻关

为进一步深化 MRP Ⅱ的应用，通过 MRP Ⅱ A 级评审之后，科龙公司本着“重视应用，力求突破”的思想，反复研讨了 MRP Ⅱ 应用中存在的问题和发展方向，围绕公司经济利益最为关键以及经营管理中最为薄弱的问题，制订了深化 MRP Ⅱ 应用的规划，成立了 MRP Ⅱ 攻关组，确立了多项攻关项目。在企管部和 MRP Ⅱ 软件公司的努力下，取得了如下成果：

1. 小 MRP 的攻关取得实质性突破

众所周知，在 MRP Ⅱ的推广应用过程中，MRP Ⅱ计划部分中小 MRP（物料需求计划，包括生产计划和物料采购计划）的实施难度非常大。小 MRP 一直是困扰科龙公司的难题，对此，企业成立了小 MRP 攻关组。第一，理清 MANMAN 系统中 MRP Ⅱ计划部分的计算方法和报告中每个字段的含义及其关系。第二，调查小 MRP 存在的问题与难点，提出了确定质量标准、理清基础数据的对策，同时以产销会议为基础，以三个月滚动计划为依据进行产销平衡，用 MPS 进行顶层驱动，形成 MRP 报告，从而指导生产与物料采购。第三，二次开发增强软件柔性功能，使软件适应多品种、小批量的生产模式。虽然 MANMAN 系统有较强的功能，但还不能适应多品种、小批量的生产模式，不能实现以关键资源为核心的自动能力平衡。为此，针对冰箱、空调的重复生产模式，实施组对 MANMAN 软件进行了大量的二次开发，开发了产能维护计划、自动排产维护计划和自动滚动计划等外围程序，实现了系统的自动产能平衡，为小 MRP 的运行奠定了基础。第四，理顺了 MANMAN 的后台流程，实现了每天正常运行 MRP 报告。第五，在空调公司生产科的配合与努力下，以小冰箱为突破口，经过参数调试与模拟运行，获得了工程数据的标准，摸索出了运行小 MRP 的程序。第六，以小冰箱为示范，向空调厂与冰箱厂进行推广。总之，项目组成员与基层人员合作，通过大量的培训、调试参数、追踪数据，突破了实施难点，在小冰箱系列和空调总装柜机生产线上实现了无手工计划，在空调和冰箱物料采购方面实现了大宗物料根据 MRP 报告控制采购量、部分试点物料严格依据 MRP 报告进行采购，从而实现了小批量、多批次的物料组织方式，达到了降低库存、缩短生产周期的目标。

2. 模具生产的 MRP Ⅱ管理取得了丰富经验

由于模具生产的特殊性，其经营和生产管理相对较难。1997 年，科龙公司抽出骨干组成项目小组，深入模具厂同实施小组调查研究模具厂的生产经营现状，分析存在的问题和难点，从 MRP Ⅱ的培训入手，在两套模具上进行了 MRP Ⅱ试运行，为模具厂培养了一批管理骨干，摸索出了模具生产管理的经验。

3. Project（项目管理）在新产品开发中获得了应用

为跟踪和降低产品开发的费用与成本，1996 年 1 月，科龙引进了 Project 模块，开展了 Project 的应用工作，模拟了 Project 与其他模块的连接配套，对 Project 实施人员开展培训，论证了 Project 应用于科龙公司新产品开发的可行性，现已成功地在新产品开发中得到应用。

4. 建立市场信息系统

为深化 MRP Ⅱ的应用，科龙在原有应用的基础上向两头延伸，一头是抓产出管理，从财务运作的效益上反馈、检查 MRP Ⅱ管理中存在的问题；一头是抓市场预测，建立市场信息预测模型，开发市场信息系统，同时健全市场信息收集制度，将全国 28 个信息收集点联网，每天及时将市场信息反馈给总部，使市场预测对产品开发和生产计划起到指导作用。

5. 在合资公司推广 MRP Ⅱ应用

为了将科龙的先进管理思想在合资公司推广，科龙集团企管部成立了专题小组，对几家 MRP Ⅱ软件公司及用户进行考察，结合科龙的实际情况制订了成都科龙和营口科龙的 MRP Ⅱ实施方案，同时对两公司的管理人员进行集中培训，实现了合资公司 MRP Ⅱ管理与企业筹建同步进行。

十二、加强 CAD/CAM 建设，对企业信息网进行改造

在实施 MRP Ⅱ系统的过程中，科龙集团也加强了 CAD、CAM 建设，对企业的信息网进行了改造。

1. 建立 CAD 系统，加速产品开发

1991 年科龙集团建立了 CAD 系统，1994 年与 1996 年对 CAD 软硬件进行了扩充，引进了 SLA 激光成型机、激光扫描机、三坐标测量机、高档 Unix 工作站和中高档微机等硬件，以及 UG Ⅱ、Auto CAD 和 Sigraph-Design 和 Photoshop 等应用软件，提高了产品设计质量，缩短了产品设计周期，使产品设计实现了 100% CAD 化。

2. 创建模具中心，实现 CAD、CAM 一体化

科龙集团于 1995 年 6 月建成模具厂，引进了 8 个国家的 27 种 52 台具有国际先进水平的数控加工设备，配备了先进的硬件设备。其中，HP 工作站和 CAD、CAE、CAM 软件用于模具的结构设计、动态分析、模拟仿真和数控编程，初步实现了一体化。

3. 统一规划，全面进行网络改造

科龙集团于 1997 年投资 600 多万元对企业的计算机网络进行了全面改造，建立了 FDDI 主干网，将集团公司下辖的各专业公司、各部门全部联网。其中，合资公司利用专线上网，香港公司、日本研究所通过拨号上网。同时，企业还投资 200 万元建成了 Intranet，通过防火墙与 Internet 相连接。

经过十几年的建设，科龙集团业已建成投资超过 6 500 万元、覆盖企业生产经营及技术开发全部活动的计算机管理系统，具体结构如表 6－2 所示。

表 6－2　科龙集团计算机软硬件

序号	名称	型号规格	单位	数量	备注
1	VAX7720	2×170MHz/512Mb/24G	台	1	服务器
2	VAX6400		台	1	服务器
3	VAX4300		台	1	服务器
4	ALPHA4100	1×600MHz/512Mb/40G	台	2	服务器
5	SGI2000	R1000/512Mb/20G	台	2	服务器
6	HP		台	27	工作站
7	HPD210	PA7000/128 Mb/20G	台	3	服务器
8	FDDI 环网		套	1	
9	终端服务器		台	60	
10	终端		台	755	
11	微机		台	236	
12	打印机及外设		台	566	
13	IMAN 软件		套	17	
14	UG 软件		套	30	
15	数据库	DBMS	套	1	
16	数据库	RDB	套	1	
17	开发工具	DEVEOPER/2000	套	10	

十三、科龙公司实施 MRP Ⅱ的成功经验

1. 领导挂帅，紧抓关键

科龙公司在推行 MRP Ⅱ之初，就成立了由各分厂、各部门“一把手”组成的 MRP Ⅱ领导小组。其中，由公司主管生产经营的副总裁亲自担任项目经理，直接领导 MRP Ⅱ的推行工作；企管办主任则直接担任 MRP Ⅱ实施小组长，指挥和协调整个实施工作。此外，企业本着“分级管理，分线负责”的原则，把实施计划层层分解、层层落实，确保了整个项目按实施计划完成。

2. 改革机构，理顺管理

为实现 MRP Ⅱ管理，科龙本着“理顺管理，分清职责；精简机构，提高效率”的原则，进行了机构改革，通过合并、撤销等形式，将部级机构由 18 个缩减为 17 个，精简了管理人员，形成了 MRP 内部小闭环运行的管理体系，从而保证了 MRP Ⅱ的顺利实施。

3. 不断培训，提高素质

MRP Ⅱ是一种标准化、规范化的系统，每一项数据、名词和术语都有严格的定义，要求企业每个岗位的人员都要用严谨的态度对待各种信息，每一项事务处理都遵守严格的程序。为此，科龙遵循加强培训、提高素质的指导原则，实施前期通过聘请国内外专家进行基础理论培训，重点培养了一批实施骨干，之后利用专家和实施骨干对基层人员分期分批进行脱产培训，每期培训结束后，将考试成绩记入个人档案作为晋升参考，充分调动了员工的学习积极性。

4. 改变观念，接受冲击

MRP Ⅱ管理的重点在于对其先进思想的接受，特点是集成。推行 MRP Ⅱ必然会冲击现行管理体系内一些不符合管理规律但又沿袭已久的观念和习惯，触动一些责权关系。所以，实施 MRP Ⅱ管理不仅是软件的使用，更重要的是观念的更新和接受与现行管理不尽一致的思想和方法。其中，公司中高层领导主要是发展新思维、转变管理方式和方法；一般工作人员则改变观念，综合分析和看待生产管理中的问题，自觉维护物流与资金流、信息流的统一。

科龙公司在推广应用 MRP Ⅱ的过程中，综合企业管理以及引进软件的具体工作流程，建立和完善了一系列企业管理标准和工作标准，通过实践形成了一整套与软件密切结合的企业运作程序，具体如表 6－3 所示：

表 6－3 科龙集团企业管理标准和工作标准

序号	标准代号	标准名称
1	QG/KL 3320. 001	计算机系统使用管理标准
2	QG/KL 3320. 002	计算机系统开发管理标准
3	QG/KL 3320. 004	MRP Ⅱ新产品物料单编制与维护管理标准
4	QG/KL 3320. 005	工作中心编制及维护管理标准
5	QG/KL 3320. 006	MRP Ⅱ新产品加工路线编制及维护管理标准
6	QG/KL 3320. 007	循环盘点管理标准

（续上表）

序号	标准代号	标准名称
7	QG/KL 3320.008	生产计划管理标准
8	QG/KL 3320.009	主生产计划管理标准
9	QG/KL 3320.010	物料需求计划管理标准
10	QG/KL 3320.012	重复式车间作业管理标准
11	QG/KL 3320.013	订单式车间作业管理标准
12	QG/KL 3320.014	MRP Ⅱ零件资料编制与维护管理标准
13	QG/KL 3320.015	MRP Ⅱ定型产品加工路线维护管理标准
14	QG/KL 3320.016	MRP Ⅱ定型产品物料单维护管理标准
15	QG/KL 3320.017	MRP Ⅱ标准成本管理标准
16	QG/KL 3320.018	MRP Ⅱ成本差异分析管理标准
17	QG/KL 3320.019	MRP Ⅱ加工工时数据编制与维护管理标准
18	QG/KL 3320.020	产能计划及制造资源模拟管理标准
19	QG/KL 3320.021	MRP Ⅱ系统基础数据维护管理标准
20	QG/KL 3320.022	MRP Ⅱ系统编码规则管理标准
21	QG/KL 3320.023	产销会议管理标准

5. 效益驱动，强化考核

科龙公司在推广应用 MRP Ⅱ的过程中，始终坚持以世界权威评审机构 Oliver Wight 制定的 MRP ⅡA 级指标为标准，逐步建立了企业完整的绩效考核体系，严格按体系规定的指标考核、指导经营管理工作，取得了十分显著的成效。

6. 结合实际，消化创新

任何商业软件都不可能完全适应某个特定的企业，开展软件用户化和二次开发是一项对先进技术的引进、消化、再创造工作。科龙公司在推广应用 MRP Ⅱ的过程中，对 MANMAN 系统进行了二次开发，添加了 60 多个命令和 200 多个程序，主要包括：

（1）工程数据管理模块，其主要功能为工程数据的维护管理和工程数据转为制造数据的维护管理；

（2）根据 MRP ⅡA 级标准，开发了 MRP Ⅱ指标考核系统；

（3）围绕科龙生产体系，开发了车间作业执行考核系统，其主要功能包括滚动作业计划、双向物料拉出表和拉出表执行情况考核；

（4）围绕科龙物料管理体系，开发了采购作业执行考核系统，其主要功能包括采购单的执行率、物料的质检和物料的结存；

（5）围绕科龙成本管理体系，开发了成本会计考核系统；

（6）围绕科龙外协工作，开发了外协管理系统以及 RSR 系统与 MANMAN 系统的接口，为 MRP Ⅱ的实施铺平了道路。

十四、科龙集团实施 MRP Ⅱ的特点与特色

1. 始终坚持实施 MRP Ⅱ与管理改革紧密结合

科龙始终坚持 MRP Ⅱ系统与管理体系紧密结合，相互依赖，相互促进。科龙 MRP Ⅱ系统在应用过程中注重以管理改革推动计算机应用，辅以组织机构的必要调整。1992 年，科龙在推行 MRP Ⅱ的工作中，由副总裁亲自抓实施，组成以各级管理部门为主、电脑科为辅的实施队伍，培养了一大批管理骨干，使 MRP Ⅱ管理哲学深入科龙各个阶层。同时，科龙集团在应用 MRP Ⅱ的过程中结合厂情，制定了一整套涉及企业各个方面的企业管理标准，体现了管理驱动的原则。

2. 形成了装配型流水生产方式下的科龙生产管理模式

电冰箱、空调器生产是典型的存储型生产（MTS），生产的主要特点是小制造、大装配、生产节奏快，一般只需 2 ~ 3 天的生产周期，而某些零部件的采购周期较长。

科龙集团通过对现有系统的强化应用，形成了以 MRP Ⅱ为核心的行之有效的科龙生产管理模式。其特色主要体现在以下五个方面：

（1）主生产计划（MPS）通过产销平衡会议进行滚动调整，并通过主生产计划（MPS）驱动物料需求计划（MRP），指导采购周期较长的零部件的采购。

（2）通过产品包装计划以及一些零部件的独立需求计划，二次驱动物料需求计划（MRP），推动下层零部件的生产或指导底层零部件的采购及零部件的委外加工。

（3）在车间层改推式生产为拉式生产，由组装计划驱动拉出表，由拉出表控制物料领用，通过反冲功能实现制造件的完工入库和零部件的消耗，建立标准成本体系。

（4）根据 MRP Ⅱ的管理思想和 APICS 提供的管理方法，结合引进的 MRP Ⅱ系统，建立了一整套既符合生产与经营管理实际情况，又体现了 MRP Ⅱ软件系统具体操作的管理标准和作业流程。

（5）根据 Oliver Wight MRP Ⅱ A 级认证标准，建立了 MRP Ⅱ绩效考核体系。该体系对企业生产经营活动及 MRP Ⅱ实施活动起到了重要作用。

总之，科龙集团严格依照 MRP Ⅱ的管理思想和 APICS 提供的管理方法，对集团的产、供、销各个环节进行了深入的变革，建立了以产销联席会议制度为核心的运作体系。其中，物料计划控制与物料计划执行分离，理顺了管理流程，改善了产、供、销运作体系，重组了组织机构，实现了物流、信息流、资金流的统一。

十五、科龙公司实施 MRP Ⅱ取得的效益

1. 定性的效益

（1）改善经营决策。科龙建立了完善的产销计划管理体系，使得决策层能及时掌握经营状况，针对市场变化进行经营决策，提高了企业的应变能力和竞争能力。

（2）均衡生产，稳定质量。通过实行 MRP Ⅱ管理，全公司统一了生产计划，加强了对原材料、外协件、外购件的控制和生产作业计划的管理，控制了废品的产生，提高了均衡生产率，整机月均衡生产率都超过 98%，从而提高了产品质量。

（3）提高了企业管理水平。通过对 MRP Ⅱ管理思想和方法的学习和应用，企业管理人员从管理思想到管理方法都有了提高和突破，管理人员从事务性的工作中解脱出来，致力于实质性的工作，加强了对企业的管理。

(4) 实现了企业的高效率运作。MRP Ⅱ的实施，不仅深化了企业管理，而且还提高了管理效率。科龙集团从 1992 年的 10 亿元产值增加到 1997 年的 55 亿元产值，人员结构逐年优化，机构精简，效率提高，这都与 MRP Ⅱ系统的支持密不可分。

MRP Ⅱ系统的实施奠定了“科龙生产模式”，也推动了企业经济效益的提高。

科龙集团在兼并华宝空调之前，一直保持非常好的发展势头，经济效益非常明显。根据科龙公司提供的资料，其主要的经济指标如下：

表 6-4 科龙主要的经济指标

指标	1990 年	1997 年	年均递增
企业生产总值（亿元）	4.39	56.1	43.9%
出口创汇（万美元）	594.12	2 272	60.8%
利税总额（万元）	5 754	80 200	46.5%
全员劳动生产率（万元/年）	32.14	70	11.8%

2. 定量取得的直接经济效益

(1) 整机月均衡生产率由 90% 提高到 98%；

(2) 整机一次装配合格率由 96% 提高到 99%；

(3) 百元产值库存资金占用率年均下降 10%；

(4) 全员劳动生产率年平均提高 11.8%。

3. 造就了一支能够独立从事软件开发的技术队伍

十几年的计算机应用为科龙集团培养了一批既懂计算机，又熟悉企业具体管理事务的专业技术队伍，企业具有了在 RDB、DBMS、Oracle 等大型数据库上从事软件系统开发的科研实力。

科龙集团在各个管理层面都建立了常设的 MRP Ⅱ实施组织，培养了一支过硬的实施队伍，也保证了 MRP Ⅱ/ERP 系统的持续改进。

总之，经过十几年的努力，科龙集团已初步建成了以 MRP Ⅱ为核心的计算机信息管理体系，这个体系提高和增强了科龙的快速应变能力和竞争能力，为企业进入电子商务领域奠定了基础。

4. 科龙集团 CIMS 建设将促进其全球战略的实现

近年来，科龙集团面临着严峻的挑战：

(1) 国内家电行业竞争激烈。我国家电行业已经明显供过于求，企业生产能力严重过剩，已经完全是一个买方市场。对于科龙集团而言，过去曾经有过的客户排队等货、销售利润高的日子已经一去不复返了。

(2) 外资企业进入中国家电业，国内其他行业的企业涉足家电业。近年来，国外企业不断进入我国家电行业。韩国、日本、美国等国家的跨国大企业在大陆投资办厂，使得科龙集团在所有产品线上都遇到了激烈的竞争。

(3) 家电产品智能化、高科技化。随着信息技术、机械、电子技术的飞速发展，家电产品的技术含量不断上升，家电产品更加智能化、人性化，更加重视环保与健康，也迫使科龙集团不断进行技术创新、管理创新。

从 1995 年起，科龙逐步将集团总部迁往香港，实施“全球战略”。与此同时，企业加强了信息化建设，决定建立 CIMS。全球战略和 CIMS 建设将促使科龙充分利用国际资金，引进世界先进技术和管理思想，吸纳国内外精英人才，将自身打造成国际型大企业。

第四篇

我国 MRP Ⅱ/ERP 的应用层次

第七章　甩掉手工零件明细表，完善企业基础数据管理

产品明细表是指描述产品结构及其零部件关系的技术文件，一般用图纸表示产品的搭配关系。20 世纪 80 年代，我国绝大多数企业的产品明细表是用手工绘制，由人工管理的。MRP Ⅱ系统中的物料清单（BOM）和零件明细表一样是表示产品结构的技术文件，但是，物料清单用零部件之间的“父子关系”表达零件明细表中的产品结构关系，用子件的数量组成表示零部件的数量组成。此外，电脑和图纸一样可以储存产品结构关系，物料清单比图纸能够更加清晰地描述产品的零部件结构及其组成，实现企业零件明细表的电脑化处理。因此，实施产品物料清单的过程也被称为甩掉手工零件明细表的过程。

实施 BOM 是应用 MRP Ⅱ系统的关键性工作，也是企业应用 MRP Ⅱ效益最大的部分。本章先分析 BOM 的作用和分类，然后介绍合肥叉车总厂甩掉手工零件明细表，实现企业管理模式飞跃的过程。

第一节　物料清单的内容及作用

物料清单是一张列表，包含每单位产成品所需要的所有部件、组件、零件与原材料等。因此，每件产成品都有自己的物料清单。

一、手工零件明细表的局限性

20 世纪 80 年代，我国多数企业没有实现企业基础管理的科学化和规范化，普遍没有以物料清单的形式管理产品数据，而是习惯性地采用手工零件明细表管理产品数据。手工零件明细表就是用图表的形式来描述构成产品的零件的内容和数目，并以此对产品的零件规格和工艺进行管理及控制。一般一个产品要绘制五套手工零件明细表，分别存放在工艺科、技术科、计划科、生产科和各加工班组，分别由不同的人员管理。

在实际工作中，手工零件明细表存在下列局限性：

（1）管理困难，难以发挥零件明细表的作用。

手工零件明细表针对产品编制，不同产品就要编不同的零件明细表。随着企业累计开发的新产品数量的增加，企业的零件明细表数量也直线上升，手工零件明细表成柜成箱，查找困难，更新慢。此外，产品开发人员不愿意使用多种产品的零件明细表，在产品开发过程中难以实现零部件共享，在产品设计和加工过程中零部件的借图率低。同

时，由于每一种规格的产品所采用的零部件数量急剧增加，产品开发人员不可能记住以前采用过的各种零部件，类似的零部件数量多、难以分辨，也会增加生产、采购和服务方面的工作量。

（2）零部件编码不唯一，造成图物不符。

在实际生产过程中由于种种原因，往往会出现不得不紧急修正产品所使用的零部件、原材料以及使用了代用件或代用材料的情况。由于手工零件明细表查找、修改和存档困难，图表上不能及时反映物料变化，工艺科或技术部门也难以对生产部门的零件明细表进行维护和更新，所以可能造成零部件编码不唯一、图物不符等情况。

（3）手工零件明细表实用性较差。

技术人员为了减少文书等非技术方面的工作量，只是将手工零件明细表做成一个技术性文件。由于片面追求方便绘图，设计人员很容易忽视设计的可生产性和物料成本，对加工顺序、材料消耗定额等没有加以规定。这样，生产计划、物料采购、成本管理等由于缺乏产品方面的基础数据，难以做到有章可循。

二、物料清单的用途

物料清单文件列表可以显示制造上一层物料所需的下一层物料及数量。物料清单一般存储在计算机系统中，可以非常方便、迅速地识别和修改企业所生产的产品、部件、原材料数量，也可以非常方便、迅速地识别和修改产品结构、产品的层次搭配关系、产品的有效期等基础数据。

BOM 与传统的手工零件明细表相比，具有下列优势：

（1）BOM 可以作为编制生产计划的依据，也可以作为采购、外协加工的依据。

依据物料清单，可以自上而下将最终产品的需求分解成最终的物料需求，也可以把主计划中的项目分解成零部件的加工计划或采购计划。企业实施完 BOM，可以利用 BOM 区分独立需求物料和非独立需求物料，从而可以进一步实施 MRP 计划，降低在制品库存量，在很大程度上克服了传统库存管理的局限性。

（2）依据 BOM，可以追溯物料的从属关系和加工装配顺序。

根据 BOM 自下而上反查，可以跟踪计划的执行情况，包括加工延期的零部件的互相拖欠等，可以及时清理相互拖欠。根据 BOM，可以对可能缺料的项目采取针对性的领料、催工等方法，减少零部件生产不协调的情况，以提高零部件之间的配套率。企业实施 BOM 后可以接着完善工艺路线，为展开生产加工计划打下基础。

（3）BOM 是计算成本和报价的依据。

根据物料清单，可以对各种加工项目的成本费用进行滚动叠加，从而累计出部件成本和产成品的总成本，为单件产品的成本核算和产品报价提供科学的依据。企业完善 BOM 和工艺路线体系后，可以建立一个比较科学和适用的标准成本管理体系来提高财务管理水平。

根据上面的对比分析，可以得出一个结论：实施 BOM 是企业的一项非常重要的基础性工作，对于成功实施 MRP 计划非常重要。

三、物料清单的种类

1. 固定式物料清单

固定式物料清单是用固定的 BOM 格式来描述每一种产品的产品结构，其中零部件间的“父子关系”是固定的。

固定式物料清单由于父子关系固定，因此，企业每增加一个产品，就必须建立一个新的物料清单。

图 7－1 就是一种典型的固定式物料清单。

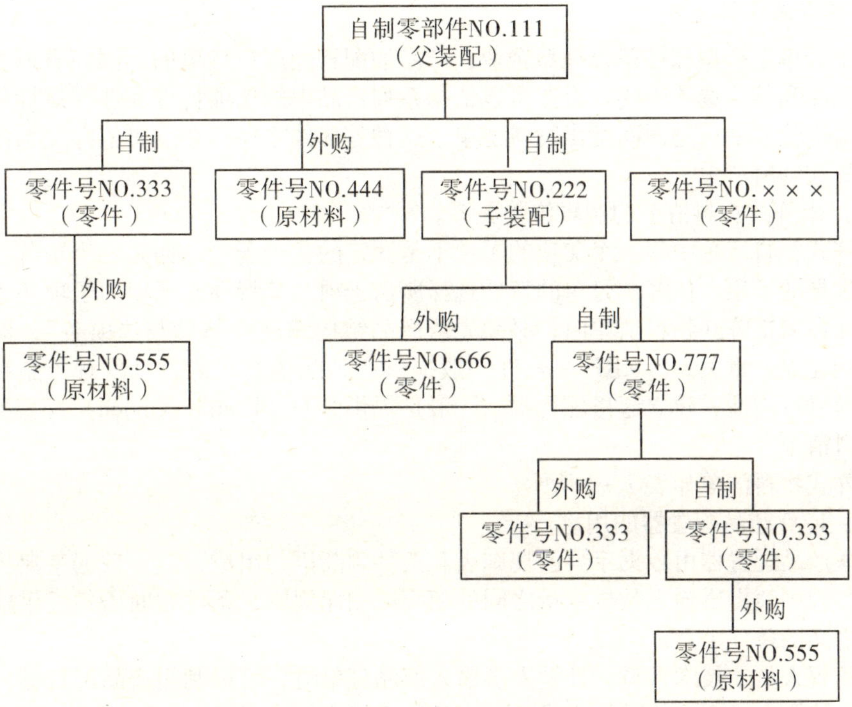

图 7－1　固定式物料清单

2. 模块化物料清单

模块化物料清单是先对产品中的物料组成进行分类，继而依据标准件、专用件、可选件三大模块分析产品的组成。

模块化物料清单的最终产品可以根据客户订单用基本模块组配而成，可以用较少的零部件型号、属性选择搭配出多种规格的产品。模块化物料清单在电子、汽车、家具等行业的物料清单中被广泛应用。这是因为，电子、汽车、家具行业中各种规格型号的产成品所使用的零部件很多是标准件，一般情况下基本的零部件不变，只是在最后装配时可选件、专用件有所不同，因此，可以通过不同的零部件搭配形成不同规格的产成品。

典型的模块化物料清单如图 7－2 所示。

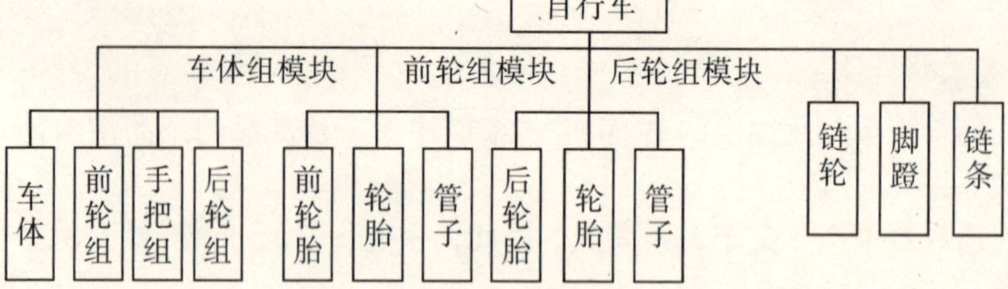

图 7－2　模块化物料清单

3. 矩阵式物料清单

对于订单生产型和订单设计型企业，产品的配置随用户订单的不同而有所不同，主要是产品性能和某些选项不同。企业可以依据系列产品中的选项特性和选项属性建立起选项中的逻辑依赖关系，进而匹配出物料清单。这种零部件之间存在逻辑依存关系的物料清单就是矩阵式物料清单。

（1）矩阵式物料清单的逻辑依赖关系。

矩阵式物料清单中每一个父项的子项不是固定的若干子项，而是一个矩阵。矩阵列出了可供选择的子项，依客户订单的特性选择所需子项及其特性，子项的子项还可以是矩阵关系。在命名矩阵式物料清单时，必须先依产品结构编制“特性与选项表”，即在特性和选项之间建立逻辑关系。MRP Ⅱ软件一般提供产品配置器功能，可以对产品系列中的特性和选项进行构造，建立起搭配规则。一般是提供 F/O（Feature/Option）配置器来建立矩阵式物料清单。

矩阵式物料清单如表 7－1 所示。

（2）F/O 产品配置器的用途。

F/O 产品配置器由数据字典、规则表和条件判断语句组成，其中数据字典提供各种配置变量，规则表提供输入数据变量之间的相容或相斥规则，条件判断语句提供输入变量与规则表之间的条件关系。

当销售人员、技术人员、计划人员输入产品订单时，可以利用产品配置器，根据客户的需求，使用人机交互的问答方式输入产品的选项和性能要求，MRP Ⅱ/ERP 提供的产品配置器对问答进行判断，自动检查系统中合适的零件和物料，相应地建立物料清单和工艺路线。现在，国内外 ERP 软件几乎都提供产品配置器功能。近年来，ERP 还可供用户在电子商务网站上完成个性化产品的定制，实现客户化生产。

四、依据产品特点建立物料清单

企业应该根据产品的种类和搭配关系选择不同类型的物料清单。

产品品种单一、产品结构较稳定的企业可以选择固定式物料清单；产品的搭配关系多，低层零部件中标准件多，主要变化出现在最终装配阶段的，则可以选用模块化物料清单；如果产品结构的层次较多，产品的选项分布在产品结构的多个层次上，零部件之间存在复杂的相容相斥的搭配关系，那么用矩阵式物料清单就很合适。

表 7－1　矩阵式物料清单示例

项目号	零部件描述	单位	自行车系列（车型）			
			SS－53－RM－C－Y	SS－53－RM－C－Y	SS－53－RM－T	SS－53－TM－T
FR－53－S	镀银车架（53cm）	个	1	1	1	1
FR－57－S	镀银车架（57cm）	个				
FR－60－S	镀银车架（60cm）	个				
SA－T－M	男式山地车车座	个		1		1
SA－R－W	女式山地车车座	个				
SA－R－M	男式赛车车座	个	1		1	
SA－R－W	女式赛车车座	个				
SE－01	车座支撑组件	个	1	1	1	1
WH－C	紧钳式车轮组件	个	1	1		
WH－T	管构式车轮组件	个			1	1
CR－01	起降组件	个	1	1	1	1
PD－01	脚蹬组件	个	1	1	1	1
DE－01	脱轨器	个	1	1	1	1
BK－01	车闸组件	个	1	1	1	1
HD－01	手把组件	个	1	1	1	1
TC－01	脚趾套带	个	1	1		

第二节　合肥叉车总厂实现企业管理飞跃

安徽叉车集团公司（原名合肥叉车总厂）是我国规模最大的叉车制造企业，连续九年来主要经济效益指标居全国同行之首。合肥叉车总厂的矩阵式物料清单的应用效果很好，多年来 MRP Ⅱ系统帮助企业甩掉了手工零件明细表，建立起了科学的库存、计划、成本核算、财务管理体系，实现了企业管理模式的飞跃。

一、合肥叉车总厂的基本情况

合肥叉车总厂是中国机械工业部生产叉车的专业骨干厂家，叉车生产已有几十年的历史。企业技术力量雄厚、制造经验丰富、测试手段齐全，拥有零部件试验室、叉车试验场等研究、测试基地。合肥叉车总厂曾 20 多次荣获部、省级嘉奖，连续九年主要经济效益指标在全国同行中排名第一。企业拥有 800 多台冷、热加工设备，下设叉车研究所、铸锻工艺研究所、热处理工艺研究所，拥有年产 10 000 台叉车的生产能力，为国家重点技术改造单位。

二、企业需要 MRP Ⅱ集成管理

合肥叉车总厂于 1985 年引进了日本 TCM 1～10 吨叉车的先进制造技术，随后几年又研制开发了 80 多种叉车，并陆续投放市场。由于性能优越、技术先进，合力牌叉车很快畅销全国，并成为出口欧洲、美洲、澳洲及东南亚等地的名牌产品。

随着投产的产品系列和品种数量的增加，以及市场规模和生产量的大幅度提高，合肥叉车总厂明显感到管理难度加大，迫切需要集成的 MRP Ⅱ管理。

1. 物料管理种类多，计划性差

合肥叉车总厂批量生产的产品包括 1～10 吨汽油、柴油、电瓶叉车，有 80 多个品种，几百种规格。企业属于典型的多品种、小批量混流生产方式，产品的派生系列很多，因而物料种类繁多，不同规格的产品所采用的零部件通用性差。复杂的产品系列带来了复杂的生产组织问题，人工无法很好地管理物料。

2. 生产现场管理混乱

生产现场时常出现由于缺少零部件而致使装配线停工或零部件制造被能力瓶颈牵制的现象。企业无法实现实时生产监控，车间调度效率不高，很难提高实际生产效率。

3. 生产资金占用大

由于产品准备时间过长，关键工序产生瓶颈，按期交货不能保证，企业的流动资金和在制品资金占用率较高，在生产成本中企管费居高不下。

因此，企业迫切需要解决产、供、销、财的协调问题。由于这些问题都是经验管理所不能解决的，所以企业决定引入科学的管理思想和 MRP Ⅱ系统来改造计划管理模式。

三、总体规划，分步实施 MRP Ⅱ系统

随着我国经济体制由计划经济向社会主义市场经济转变，时间成为企业竞争的重点。合肥叉车总厂认识到以后几年企业必定要实现经营计划、物料计划和制造计划的集成。从 1991 年起，合肥叉车总厂在厂领导的倡议下，开始了 MRP Ⅱ的研究。企业根据自身经营、计划、生产的特点，深入挖掘了现行管理模式中存在的主要问题，对比研究了 MRP Ⅱ理论与成功企业的经验，进行了科学的论证，最终决定在企业实施 MRP Ⅱ系统。

从 1991 年 9 月起，合肥叉车总厂与北京航空航天大学合作，于 1992 年 4 月完成了合肥叉车总厂 CAD、CAM、CIMS 的总体方案设计，正式拉开了合肥叉车总厂大规模应用计算机辅助企业管理和技术开发的帷幕。

四、外出考察，认真学习 MRP Ⅱ理论

1992—1994 年的 3 年间，合肥叉车总厂开始了慎重的 MRP Ⅱ选型。企业先后派出多批专业人员前往 MRP Ⅱ实施企业参观，包括对沈阳第一机床厂、沈阳鼓风机厂、北京第一机床厂、北京雪花电冰箱厂、北京人民机器厂、上海大中华橡胶厂、上海重型电机厂、上海施贵宝公司、上海第二机床厂、天津纺织机械厂、天津电机厂等兄弟企业进行专项调研，学习和了解这些企业实施 MRP Ⅱ的经验和教训。

在考察中，企业专业人员认真察看了这些企业 MRP Ⅱ系统的运行情况，特别了解了一线操作人员对系统的评价，同时也与企业的实施人员进行座谈，详细了解了软硬件的投资情况、实施中的难点、软件商的实施水平和质量保证等。

五、慎重选择 MRP Ⅱ的开发模式

20 世纪 90 年代初，我国企业选择 MRP Ⅱ系统时，在采用成熟的商品软件包还是自行开发等方面存在不同意见。当时，自行开发或者与科研院所合作开发 MRP Ⅱ系统是主流倾向。人们普遍认为国内成功实施 MRP Ⅱ的企业之所以不多，一个重要原因就是它们都采用国外的 MRP Ⅱ软件。

合肥叉车总厂在考察过程中也了解到国外的 MRP Ⅱ系统软件与中国国情相距较远，基本上是“1/3 可以直接使用，1/3 不可用，1/3 修改后可以用”，由于我国某些企业无法直接完整地使用引进的软件，MRP Ⅱ系统实施的效果也就大打折扣。但是，合肥叉车总厂慎重地比较了自行开发和购买成熟软件包的优势和劣势，最后还是决定引进国外软件。

六、自行开发和购买成熟软件包的比较分析

合肥叉车总厂认真细致地分析比较了自行开发与购买成熟软件包的利弊后，得出以下

主要结论。

1. 自行开发的优势

（1）与现行操作模式相同，实施障碍小。

（2）拥有自主版权和源代码，易于修改与扩充。

（3）全中文界面，用户界面友好。

（4）能赶上潮流，能充分利用计算机软硬件最新技术。

2. 自行开发的劣势

（1）大型软件的编制不可能一次成功，开发周期长、程序可靠性差，这是许多企业无法承受的风险。

（2）自行开发必然会迁就企业原有的运行体制，不良的管理作风和方法也会被带入新系统，从而使系统失去先进性。

（3）自行开发的投资较大，效益受到影响。

（4）除了周期过长是实施成功的最大敌人外，软件技术人员流动性大也影响企业的系统开发和实施的实际效果。

（5）由于科研机构和大学的研究人员不能全身心投入 MRP Ⅱ的开发，时间上没有保证，并且不熟悉企业的管理业务的变化状况，系统开发和实施的风险非常大。

经过反复的比较研究，合肥叉车总厂认为，企业不是为了应用计算机而搞 MRP Ⅱ，而是为了提高企业的效率和效益而运用管理系统。合肥叉车总厂最后决定购买 MRP Ⅱ软件来建立运行环境，利用与北京航空航天大学合作研制的 CIMS 规划作实施指导。企业的宗旨是通过引进国外的 MRP Ⅱ软件来丰富管理手段，通过引进现代化的企业管理思想和理念来建立科学的管理体制。

3. 选择 TCM－EMS

经过一年多的对 MRP Ⅱ软件的调研、比较，合肥叉车总厂与当时已进入中国的 MRP Ⅱ软件及实施服务供应商进行了广泛深入的接触，最后在美国 SSA 公司（BPCS 软件）、美国 Fourth Shift 公司（MMS 软件）、启明公司（MAS 软件）、美国 Imag/EMS 公司（TCM－EMS软件）、中国汉邦公司（MATIC 软件）五家公司中进行筛选。

（1）筛选的主要条件是：①系统硬件平台对企业需求的适应性。②MRP Ⅱ软件的先进性与企业特点的匹配程度，尤其考虑软件与企业生产、经营、产品结构的适应性。③供应商的信誉度和客户的反映，主要是看软件有没有成功的用户。④供应商提供服务的能力和水平，包括供应商实施能手的业务能力、对软件的熟悉程度、项目实施经验、人际沟通能力、人品、敬业精神等。企业还特别考察了业务人员对管理知识的掌握程度，包括业务能手对人事、财务、信息、物资、时间控制等各方面的了解，以及管理业务诊断与流程重组的经验。⑤价格。

（2）打分筛选。企业根据上述五项指标，对上述五种 MRP Ⅱ系统进行百分制评分，由企业生产、财务、销售等业务部门的管理人员、实施人员对五家产品进行评分。最后，合肥叉车总厂选定了美国 Imag / EMS 公司的 TCM－EMS 软件，并由美国 Imag / EMS 公司提供技术服务、实施指导和培训。1994 年 4 月，企业在北京与 Imag / EMS 公司正式签约，购买 TCM－EMS 软件一套及相应的技术服务。在此后一年多的实际运用中，企业与 Imag/EMS 公司形成了良好的合作关系。

七、MRP Ⅱ软件模块

TCM－EMS 软件是由美国 Imag/EMS 公司提供的 MRP Ⅱ系统软件，企业购买了 V5.1 版本的 18 个模块，它们是：库存管理（IM）、物料清单（BOM）、特性与选项（F/O）、应付账（AP）、应收账（AR）、总账（GL）、主生产计划（MPS）、物料需求计划（MRP）、车间管理（SFC）、采购与接收（P/C）、请购单（R/Q）、标准工艺（SPR）、标准成本（SPC）、系统支持（UT）、责任与担保（LW）、数据采集（DC）、作业成本（JC）、客户订单处理（COP）。用户权数为 20 个。

八、硬件和网络构成

1. 硬件

应用服务器 1 台，用户终端 31 个，采用 Unix 多用户网络硬件构成，与 CAD 网、OA 网相连，构成企业 MIS 网。

2. 硬件和网络系统特点

（1）高性能低价格的中西文字符终端可提供 24 点阵汉字的显示和打印，支持 132 列显示，通信速率最高达 38 400bps。

（2）在办公楼内的各处和科室直接使用 4 芯屏蔽电缆，通过 RS 232 或 RS 422 口连接，可以保证通信的稳定和速度。

（3）在车间仓库等远距离工作地采用本厂程控电话交换机的 QPCA30 数据通信接口以拨号方式连接，最远可至 1.8km，速率为 19 200bps。

（4）采用 Modem 提供远距离连接，使公司人员在任何有电话的地方都可以与公司主机系统连接，获得所需信息，成为远程终端。

（5）采用 RMUX 多路复用器，使用一条电话线就完成多个终端的连接。

（6）应用服务器采用 Compaq Proliant 2000 系列 P90 服务器，配 64MECC 内存、2×2×1G SMART 热插磁盘阵列，服务器采用智能管理系统，使硬件故障带来的停机影响降至最低。此外，长延时 UPS 供电系统确保运行环境可靠，全封闭恒温机房保证主机工作正常。

（7）Unix 操作系统采用 SCO 公司的 Open Server V3.0 版本，不仅为 TCM－EMS 提供操作系统，而且为与 CAD、Novell Netware 及 Windows NT 的连接提供了方便。

以上项目参见合肥叉车总厂 TCM－EMS 系统硬件环境图（图 7－3）。

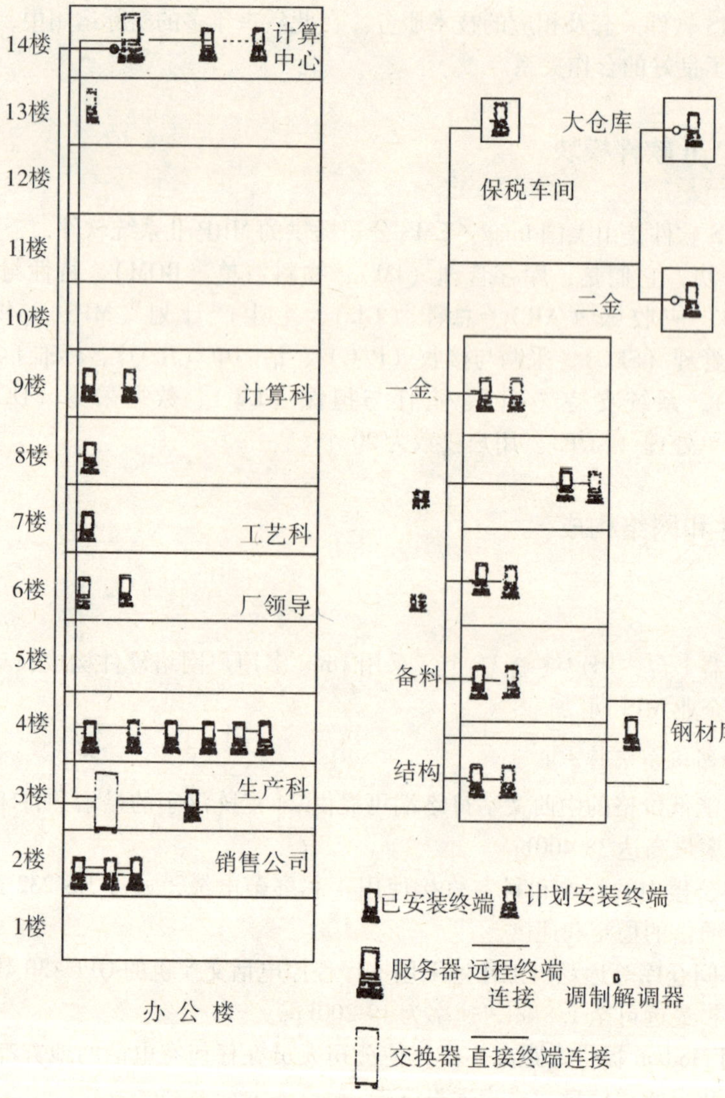

图 7-3 MIS/MRP Ⅱ多用户系统硬件分布图

九、MRP Ⅱ实施进度

MRP Ⅱ实施进度如下：

（1）1994 年 4 月，与 Imag / EMS 签约，达成合作协议。

（2）1994 年 7 月，与合肥工大网络工程部签约，合作建设 TCM-EMS 硬件环境。

（3）1994 年 9 月，软件完成安装、调试工作，投入运行。

（4）1994 年 9 月，进行数据整理及输入，IM、BOM、SPR、SPC、F/O 开始实施并逐步投入使用，AP、AR、GL 开始研修和实施。

（5）1995 年 10 月，更新服务器，并完成 TCM-EMS V5.0 版本向 V5.1 版本的升级，

SFC 投入实施。

（6）1995 年 12 月，系统提交阶段性验收。1995 年以后，系统持续改进。

十、实施组织和培训

TCM－EMS 的实施是一个系统工程，需要全员的参与。为保证工程的顺利进行，合肥叉车总厂成立了 TCM－EMS 项目领导组，由第一副厂长兼总工程师担任 TCM－EMS 项目的总设计师和领导组的组长，其他各部门负责人出任各分项目组的组长。同时，Imag/EMS 公司也相应成立了合肥叉车总厂 TCM－EMS 项目专家工作组，具体负责实施准备、软件安装、功能扩充、技术培训、现场指导等各项技术服务工作。

1. 组织设置

各项目组分工如下：

（1）领导组：负责全面规划，检查、监督计划落实情况。

（2）数据组：负责 IM 的数据整理和维护、BOM 的建立和维护、SPR 数据的整理和维护。

（3）库存管理组：负责 IM 库存管理的实施。

（4）财务组：负责 AR、AP、GL、JC 的数据整理、维护及有关功能的实施。

（5）车间组：负责 SFC、JC、DC 及有关功能的实施。

（6）销售组：负责 COP 及有关功能的实施。

（7）系统组：负责系统维护、用户关系协调等工作，保证系统安全运行。

（8）采购供应组：负责 R/Q、P/C 及有关功能的实施。

（9）计划组：负责 MPS、MRP 等功能的实施。

（10）文件资料管理组：负责各种文件的归类、存档和发放。

（11）企业管理组：负责企业编码、生产单位编码、期量标准及数据的整理工作，制定和颁布实施 MRP Ⅱ系统所需的各种规章制度。

2. 落实实施进度，做好人员安排

合肥叉车总厂 MRP Ⅱ项目开始实施后，TCM－EMS 项目领导组及各项目组人员与 Imag/EMS 专家工作组共同拟定了：①实施技术方案；②具体进度计划；③人员培训计划；④组织管理规划；⑤各种文件目录。

另外，项目领导组及 Imag/EMS 专家组都指定专人担任双方的联络人员，具体负责工作协调事宜。

十一、狠抓项目主文件的建立，提高库存管理的数据精度

项目主文件是数据整理的基础。合肥叉车总厂对项目主文件进行了整理，把原材料、外协半成品、零件、组件、最终产品的项目编号、提前期、类型、类别、批量、订货方针、ABC 分类、安全库存、年需求量、定价、计量单位、报废率、标准成本、仓库编号、

工程图纸号等数据录入到项目主文件中。两年多的时间共录入了 18 876 个项目，约 80M 数据，覆盖了 1 ~ 10 吨叉车及其下属零部件的全部项目数据，此外，企业还录入了无人搬运车（AGO）的项目主数据。

1. 数据录入扎实、可靠、完整

在录入项目数据的过程中，企业有半年多的时间对数据进行了反反复复的校正，曾遇到过很大的困难。例如，在库存策略、订货批量等字段的录入过程中走回头路，重新输入数据是常有的事。为了保证数据的标准化、规范化和配套性，工厂实施小组制定了各项实施原则和实施策略，以保证数据共享和信息唯一。

（1）项目号以已有的零部件图号为准，做到一件一号，不允许一件多号或多件一号的现象存在。

（2）对以前无图号或图号不规范的零部件进行重新编号，力求做到 MRP Ⅱ的系统数据与图纸数据 100% 统一。

（3）制定 TCM－EMS 管理系统实施细则和编码标准，对于部分外购件、标准件及全部原材料都按 MRP Ⅱ软件要求进行统一编号，编号标准向国际标准靠拢。

（4）征求 MRP Ⅱ软件实施专家的意见，制作产品的分类表、位置表、商品代码表、周期盘点表、业务代码表、库区类型表、买方代码表、状态代码表等。

（5）成立由设计人员组成的数据采集小组，培训骨干员工，制定数据录入的奖惩措施，以点带面开展细致入微的数据录入工作。

（6）选择代表产品先期试点。针对叉车品种多、零部件复杂的情况，先从批量生产的 1 ~ 3 吨叉车着手，整理图纸、录入数据，使得图纸、库存数据及 MRP Ⅱ项目数据三方统一，使数据准确率达到 98%。

（7）对仓库管理人员进行库存管理方面的培训，明确其工作职责，培养其一丝不苟的工作态度，做到库存实际事务发生后 12 小时内输入计算机终端。此外，通过准确率检查及周期盘点各仓库物料来保证每个仓库的库存准确性。1996 年 3 月至 11 月，每月对库存准确率进行检查，直至库存准确率达到 95%。

2. 合肥叉车总厂 MRP Ⅱ绩效考核示例

表 7－2　合肥叉车总厂 MRP Ⅱ绩效考核表

考核主题：库存记录准确度　　　　考核时间间隔：　月

责任部门：物管科　　　　考核部门：企管办

考核时间：起始日期为 1996 年 7 月 5 日，截止日期为 1996 年 7 月 10 日

考核内容或计算方法：

$$库存记录准确度（\%）=\frac{误差范围内的盘点零件数}{盘点零件总数}\times 100\%$$

$$1996 年 7 月份库存平均记录准确度（\%）=\frac{88}{90}\times 100\% = 97.78\%$$

考核标准：

（1）98% 以上为优秀；96%～98% 为良好；95%～96% 为合格；95% 以下为不合格。但 A 类件不能低于 99%，低于 99% 即为不合格。

（2）采用随机抽样，抽样数不低于 25 个单位，仓库管理物资数低于 25 时应全检，高于 25 时，按仓库物资数目的 5% 随机抽样检查。

（3）抽检不合格时，要求责任单位再检查，可再加 5% 进行检查，但抽样数目最多不得超过被检总数的 25%。

考核结果：1996 年 7 月份检查的钢材库、轴承库、橡胶库项目，总数合计为 140 项，实际抽样 90 项。检查后，在误差范围内项目为 88 项，库存平均记录准确度为 97.78%，根据考核标准，认定库存平均记录准确度达到良好。

等级：根据 1996 年 2 月至 7 月各月库存记录检查结果，库存记录准确度均能达到良好，并且在大多数仓库终端数据输入及时。因此，7 月份库存记录准确度可达 B 级。

考核人：　　　　考核部门负责人：　　　　日　期：

十二、针对产品特点建立矩阵式物料清单和固定式物料清单

从 1994 年 11 月至 1995 年 1 月，合肥叉车总厂开始了对 F/O 产品配置器的攻关，目标是建立企业物料清单体系。从大量的数据模型和实例摸索中，合肥叉车总厂先试点建立了 1～3 吨内燃叉车的特性和选项表，按产品的结构定义了吨位、动力、传动方式、门架形式、属具、轮胎形式、起升高度、倾斜角度、货叉形式、车身系统型号十个特征。对于每一个特征建立相应的选项，例如传动方式就有液压传动、机械传动两个选项。此外，特征与特征、选项与选项之间还有相关和相斥关系，例如起升高度 6m 就与倾斜角度 6°～12°是相互排斥的，即选择了起升高度为 6m 时就不可同时选择倾斜角为 6°～12°这个选项。选项与特征间的关系定义保证了产品配置的合理性和准确性。

合肥叉车总厂 1～3 吨 F/O 项目攻关的完成，确保了物料清单的顺利实施，并得到 Imag / EMS 公司专家的好评。企业顺势把 5～10 吨、10～14 吨叉车，电瓶叉车，小轮距车的特性与选项表也建立了起来。为了让广大职工了解并正确使用和维护 F/O 产品配置

器，合肥叉车总厂项目实施组对不同的企业人员采用了灵活多变的措施。

（1）为设计人员举办 F/O 培训班，并让每一位设计人员上机操作，通过实践来了解并使用 F/O，并且通过应用 F/O 来指导产品的设计。

（2）为在工作中要用到 F/O 的各部门领导，包括销售、计划、生产等职能部门的人员，不定期举办 F/O 培训班，使他们熟悉 F/O 的技术并能够进行产品配置，提高他们工作的质量和效率。

（3）为了让全厂大多数职工都能了解 F/O 的含义和作用，在黑板报和叉车报上进行宣传，取得了发动群众、扩大影响的良好效果。

（4）为了保证数据的完整性、准确性、连续性，制定了一系列上机操作和数据维护制度，重新编译了操作手册，确保数据的安全、完整和严密。

（5）制定奖惩措施，保证数据精度。为了提高各职能部门的参与度，使繁重、枯燥的数据整理工作能够完成，企业制定了奖励措施——输入一条完整的数据奖励 8 分钱。但是，企业不计报酬的员工很多，实施 MRP Ⅱ培养了一大批默默无闻的实干家，正是这些实干家支撑着企业的基础管理工作。

十三、标准工艺和 F/O 配合，甩掉手工零件明细表

MRP Ⅱ标准工艺通过工艺数据描述了零件从毛坯到加工成成品的工序流程。工艺数据包括加工零件所需要的车间、设备、人数、工具和工序说明。与物料清单的分类相似，工艺也有固定工艺和矩阵工艺两种。

固定工艺是指生产零件的工序组成是固定的，固定工艺建立在加工零件的父项物料唯一的基础上。矩阵工艺是建立在矩阵父项的部件上的，子项物料是许多可以选择的项目，每个项目的每道工序都要依规定确立该道工序的选项，依据工艺的选项来选择工序及其组成。合肥叉车总厂的整车和车身系统就利用了矩阵工艺来建立、拷贝、打印工艺项目，为车间和设备的加工项目提供了工艺准备。矩阵式物料清单和矩阵工艺简化了企业的生产计划与排程。

建立标准工艺的过程如下：

（1）对 1 ~3 吨、6 吨、12 吨叉车的各种车型的备料、铆工、焊接、金工油漆、装配工艺进行设置。

（2）为了避免重复劳动，建立了通用工艺和专用工艺，如 1 ~3 吨、12 吨的油漆工艺都采用同一种工艺，在 MRP Ⅱ系统中就把油漆工艺当作通用工艺。

（3）建立矩阵工艺单。

标准工艺和 F/O 相配合，使得工艺科取消了传统的零件明细表，实现了各种车型的材料、工艺路线统一由 TCM - EMS 系统管理。这样，生产工艺的维护工作走上了科学化、数据化的道路。一旦工艺要求及零件材料、规格、重量发生变化，就在计算机终端内作出相应的更改，通过更改通知单在网上通知到个人，及时进行工艺的调整，保证了数据的准确性。

标准工艺和 BOM 的实施，使合肥叉车总厂甩掉了手工零件明细表，也为其向 CIMS 进军奠定了一个坚实的数据基础。

十四、改革计划体制，实施科学的 MRP Ⅱ管理

为适应 MRP Ⅱ系统实施的需要，企业不断摸索 MRP Ⅱ的运行经验，对沿用多年的计划体制进行了大范围的改革。企业以生产计划为突破口全面贯彻了 MRP Ⅱ的计划思想体系。

从 1994 年起，合肥叉车总厂对计划编制、计划下达及计划管理对象进行了重大调整，取消了原来的季度大纲计划，全面启用按月滚动的预测计划、月度装车计划、MPS 计划、进口件计划、毛坯计划及零件计划等新计划。其中，MPS 计划、进口计划、毛坯计划根据预测计划进行编制，按月滚动的预测计划决定当前三个月的计划预排情况和后四个月的预排品种、数量，企业根据市场开拓和产品政策制订提前期比较长的原材料和零部件的准备计划。企业的月度装车计划每次提前一个月下达草案，提前半个月下达正式计划。

滚动计划既使车间和采购部门有较充裕的时间来进行产前准备，也使销售公司及早拿到可供货品种 ATP（Available to Promise）清单，还保证了某些临时变更的紧急订单得以及时安排下去。

十五、实施标准成本，为成本核算和产品报价提供科学依据

1994 年 8 月实施 MRP Ⅱ后，企业已收集并整理出有足够精度和覆盖面的基础工程数据、项目数据、产品结构数据、工艺数据、特性与选项 F/O，这为 MRP Ⅱ系统中的标准成本模块的实施创造了条件。

1995 年初，合肥叉车总厂与德国一家公司谈判电瓶叉车合资项目，合肥叉车总厂一时拿不出一份令人满意的、详细的产品成本分析报告，而德国这家公司又需要这方面的数据。在这紧要关头，企业将产品标准成本的核算任务交给了 MRP Ⅱ项目实施小组，项目组在时间紧、任务重的情况下以 3 吨电瓶叉车为突破口实施了标准成本模块，提供了一份令人满意的、详细的产品成本分析报告。

实施成本管理的方案如下：

1. 成立实施机构

专门成立成本模块实施小组，由该项目小组对成本数据进行综合分析。项目小组由财务科、产品设计室、工艺科、计算机中心等部门的业务骨干组成，由项目小组牵头，组织其他部门人员对大量的标准成本数据进行适当的整理。

2. 分头落实任务

分头落实任务大大加快了成本模块的实施进度，同时也提高了成本管理的准确性和科学性。其中，产品设计室负责项目主文件和物料消耗等文件的整理工作，工艺科负责自制件工艺的整理和录入工作，财务科负责财务科目的制定和外购件价格的整理和录入工作，计算机中心负责各生产部门的编号、标准工作中心的划分和工时系数的制定等工作。

3. 调整成本参数，累计产品成本

成本实施组通过累计各个部件子项的成本为部件的成本，累计部件的成本为总的产品

成本，层层汇总累计出整车的总成本。首先针对每个部件建立起有关的成本数据，包括工时成本、可变成本、固定成本，同时对每个部件下属的子项也建立起详细的成本数据，同样包括工时成本、可变成本、固定成本。由于实际情况一直在不断变化中，企业通过调整成本参数保证了数据的准确性。

4. 加强培训，扩大成本管理的影响

1995 年，合肥叉车总厂以电瓶叉车为试点，进行全厂范围内的各层次的培训。根据各级人员的工作性质的不同，有针对性地进行重点内容培训，使有关人员在培训后，会查询相关数据，会看相关报表，会维护相关基本成本数据，会传送各种相关的数据到计算机系统中。

5. 标准成本与 F/O 有机结合，便捷地配置出叉车结构并准确地算出标准成本

合肥叉车总厂以前制定产品标准成本的过程非常烦琐，财务人员不完全熟悉产品工艺及生产情况，手工制定叉车标准成本的工作量很大，准确性较差，及时性也得不到保证，因而跟不上管理工作的需要。使用 TCM - EMS 软件后，合肥叉车总厂根据产品 BOM、加工中心及其级别系数、工时费用率、变动成本费用率、固定成本费用率等基础数据就能很快计算出指定产品结构中所有外购件、自制件的标准成本，经过累计即可计算出整个产品的标准成本，也可以根据需要只计算某个部件或零件的标准成本。在此基础上，再运用 TCM - EMS 的“特征选项”功能计算各种产品的标准成本就更简单了。这样做减轻了会计核算人员的工作量，同时提高工效二三十倍，彻底解决了成本核算中的一大难题。

合肥叉车总厂经过半年左右的攻关，使标准成本与 F/O 实现了有机结合。这样就使企业能够根据顾客的需求，便捷地配置出叉车结构并准确地算出标准成本。1 ~3 吨叉车有 80 多种机型的产品，可以随时调阅这些产品的标准成本及其成本构成，使广大财务人员从烦琐的累计成本工作中解脱出来，从事更有意义的工作。

十六、合肥叉车总厂实施 F/O、标准工艺、标准成本的效益

合肥叉车总厂实施库存管理、F/O、BOM、标准工艺、标准成本，减少了库存资金占用，降低了库存物资损耗，加快了库存周转次数，提高了库存服务水平。

1. 1995—1996 年连续两年降低叉车库存资金占用 5% 以上

1994 年，合肥叉车总厂全年生产叉车 3 008 台，月平均库存资金占用 3 662 万元，单台叉车库存资金占用 1. 22 万元。1995 年，企业全年生产叉车 3 708 台，月平均库存资金占用 4 301 万元，单台叉车库存资金占用 1. 16 万元。1996 年企业全年生产叉车 4 118 台，月平均库存资金占用 4 437 万元，单台叉车库存资金占用 1. 08 万元。1994 年企业用传统的单台微机管理台账，1995 年试用 TCM - EMS 软件管理，单台库存资金占用由 1994 年的 1. 22 万元减少到 1995 年的 1. 16 万元，降幅达 5. 2%。1996 年企业全面实行 TCM - EMS 管理，单台叉车库存资金占用 1. 08 万元，比 1995 年的 1. 16 万元再降 7. 4%，超过了企业通过实施 MRP Ⅱ管理减少每台叉车库存资金占用 5% 的目标。

2. 降低了库存物资损耗，1995—1996 年连续两年库存周转次数增加 8%

合肥叉车总厂对占用库存资金 85% 以上的物料全部纳入 TCM - EMS 系统中进行管理，

提高了库存记录的准确性。库存记录准确率高，能够及时发现造成库存物资损耗的原因，并及时予以消除，增加了库存周转次数。

依据“库存周转次数 = 全年出库的物料成本/月平均库存价值”来计算，1994 年合肥叉车总厂全年出库的物料成本为 16 242 万元，月平均库存价值占用 3 662 万元，全年的库存周转次数为 16 242 万元/3 662 万元，即 4.4 次。1995 年全年出库的物料成本为 20 480 万元，月平均库存价值为 4 301 万元，1995 年的库存周转次数为 4.8 次，比 1994 年加快周转次数 0.4 次，增幅达 8.3%。1996 年全面运行 TCM – EMS 系统后，全年出库的物料成本为 23 516 万元，月平均库存价值 4 437 万元，库存周转次数 5.3 次，加快周转次数 0.5 次，增幅达 9.4%，连续两年企业增加库存周转次数 8% 以上。

3. 提高客户服务水平

在 MRP Ⅱ计划管理系统实施获得成功后，合肥叉车总厂就转入了更深入的投入产出控制工作中。1994 年一年就使生产资金（库存）水平由前一年的 4 700 万元下降至 3 600 万元。1995 年又下降到 3 000 万元，并获得直接经济效益 80 万元。经过计划体系的改革，计划人员掌握了 MRP Ⅱ的计划原理，在 TCM – EMS 中进行计划模拟，运行一次就获得了成功，提高了 MRP Ⅱ计划的应变能力和可执行性，以及客户服务和生产管理水平。同时，计划交货兑现率提高了 20%，交货提前期平均缩短 15 天左右。

4. 减轻管理人员工作量，提高员工的素质

TCM – EMS 系统的应用，实现了数据共享、数据唯一，使各部门能够及时掌握库存动态信息，有效调节供应与需求，减少了管理人员的事务性工作，提高了工作效率。此外，在实施 TCM – EMS 的过程中，企业积累了实施经验，提高了员工的技能。

十七、财务管理走上了正规化的道路

1. 规范凭证处理

TCM – EMS 财务管理软件，要求记账凭证都要执行“有借必有贷，借贷必相等”的原则，如出现借贷双方金额不等的错误凭证，系统便会自动发出警告或提示，操作人员不能退出或进行下一步工作。由于这种自检的功能，AP、AR 模块拒绝接受内容和业务上与应收账、应付账没有任何关系的会计凭证，纠正了日常工作中易犯的错误，将错误消灭在萌芽状态，也防止了不规范凭证的产生。例如，如果将材料采购付款和出差借款合编在一起录入系统，系统就会拒绝接受。凭证管理的规范化促进了企业财务管理的规范化和制度化。

2. 查询方便，控制应收和应付

实施 MRP Ⅱ财务管理模块之前，要想查找一笔账务，需翻遍台账，核对账户，费工费时。现在通过客户或者供应商的姓名、电话号码等关键字就可完成查询，很容易找到需要的数据，节省了大量的人力和时间。另外，通过财务管理模块可以方便地将往来款赊欠的时限划分为多个时间区段，更容易管理应收账款。通过对应收账款的账龄分析，可以查找一个客户所赊欠的账款总额资料，同时显示出各个时间段所赊欠账款的金额，提醒企业

有关部门进行账龄分析，及时催收货款，偿付欠债。

通过 AP，可以控制无债务关系的供货商付款，使支付的金额不会超出应付该供应商的欠款金额，防止多付货款。此外，企业可以根据实际的支付能力，选择支付或延迟某个供应商的某笔货款。同时，付款的每张支票都经过专人审核。这些规范的业务流程，规范了财务内部的稽核管理制度，符合当前财务管理与控制的要求。

值得注意的是，合肥叉车总厂的财务系统在总账管理的实施上可能存在一些问题，由于企业财务人员对 TCM - EMS 财务的严格要求不是很适应，企业现在同时使用万能财务软件和 TCM - EMS 财务来处理总账和财务报表，没有实现财务、制造的一体化，影响了企业的经营决策和经营管理工作。

第八章　实施 MRP Ⅱ/ERP 系统，实现财务管理科学化

在企业加强信息化建设与科学管理的过程中，用 MRP Ⅱ/ERP 系统处理企业的财务信息，有利于企业建立投资决策权、经营管理权和财务监督权相分离的现代企业制度，保护广大债权人的利益，也保障企业能够明晰经营成本和经营业绩，实现企业可持续发展。

第一节　我国企业的会计信息严重失真

我国企业在市场化进程中存在所有权虚设、“穷庙富方丈”、不堪税负“两本账”等问题，在财务管理上存在许多管理混乱现象，迫切需要实施 MRP Ⅱ/ERP 系统。

一、我国企业的财会管理基础薄弱，会计信息失真比较严重

为了对 2000 年 7 月 1 日开始实施的《会计法》进行摸底，财政部从 1999 年开始了大规模的会计信息质量抽查，抽查的结果是全国 80% 以上企业的会计信息存在不同程度的失真，企业会计信息的收集、处理和汇总存在许多漏洞。企业会计信息的普遍失真不但使得我国企业的会计信息功能弱化、价值贬损，而且使得企业的会计信息难以反映企业本身的财务状况和经营成果，使得我国的宏观经济统计和宏观信息管理失去了真实的数据基础。

1. 会计信息失真的企业比重大

财政部于 1999 年 7 月对 110 家酿酒企业的会计信息进行质量抽查，发现在收入、费用、利润核算等方面存在不同程度失真的企业达 102 家，占抽查总数的 92.7%。其中，虚增利润、虚盈实亏企业 54 家，虚减利润企业 48 家，利润虚假金额共计 13.88 亿元，收入、费用不实金额共计 24.32 亿元。

2. 虚列资产、伪造财务报表情况严重

财政部 1999 年底对 100 家经社会审计机构审计完毕的国有企业的会计报表进行了抽查，其中 81 家企业存在资产不实问题，虚列资产共计 37.61 亿元；83 家企业存在所有者权益不实问题，虚列所有者权益共计 26.12 亿元；89 家企业存在损益不实问题，虚列利润

共计 27.47 亿元。其中武汉烟草集团的税前利润 50 725 万元全部转入集团所属的销售公司，并将 1998 年的 415.25 万元财务费用划给销售公司，调整账务使得销售公司 1998 年经营成果由亏损变成盈利 14 944 万元。

3. 企业的会计基础工作薄弱，主要是人为操作造成失真

首先，原始凭证不真实、不合法、无编号，以虚假业务资料进行核算；其次，记账凭证填制不规范，不但设立多本账，而且滥设会计科目，使得科目之间借贷不明、往来账户不清；最后，账表、账证、账物不相符，企业伪造各种会计凭证、会计账簿、财务会计报告等。

4. 企业内部财务管理松懈，财经纪律松弛

有的企业会计人员无证上岗，缺乏必要的业务培训，对于财务监督缺乏基本常识；有的企业缺乏有效的内部控制制度，长期不记账，不搞会计核算，甚至存在白条代收据、收入不入账、私设小金库、欠漏国家各项税费等违反财经纪律的问题。

二、企业会计信息失真原因分析

我国企业财会信息失真的原因主要有下面几点：

（1）企业对向外公布会计信息的责任感和义务感不强烈。由于企业没有建立起现代企业制度，没有将企业所有权和经营权彻底分开，企业的投资决策权、经营管理权和财务监督权没有三权分离，企业法人治理结构角色缺损，导致企业对外公布会计信息的责任感和义务感不强烈，缺乏主动性。

（2）企业内部管理不善，缺乏科学的会计核算手段和工具。由于许多企业没有实施会计电算化和财会管理信息系统，少数几个财务人员仅凭手工操作难以对企业日益增长的财会信息进行及时处理，往往导致账物不符、责任不明的现象出现。

（3）财务职能与生产、销售职能脱节，没有以财务系统监控、统领企业的生产管理体系和销售体系，无法对原料采购、生产制造、成品入仓、销售发货的整个业务过程进行资金计划和成本控制，只能对已经发生的生产和销售事务进行事后核算。物流、信息流和资金流不能在时间和空间上及时匹配，给企业人为制造虚假财会信息以可乘之机，使得企业各级生产人员、管理人员对财会信息不能透彻了解，不能对财务实施进行反向监督。

第二节　西方财务管理的演进与我国企业财务管理的科学化进程

我们可以用西方财务管理的演进过程对比分析我国企业财务管理的制度化和信息化进程。

一、西方财务管理的演进历史

西方近 100 年财务管理的演进过程也是企业管理科学化的进程，现代股份公司的兴起促进了财务信息的公开化。西方财务管理的发展主要有三个阶段。

（一）资本与作业分离，会计作业成为企业的基本作业之一

资本与作业的分离是劳动分工的结果。在早期的私人企业中，资本家个人亲自承担企业经营的职责，资本家也是企业家，全权负责企业的生产、销售和记账活动。随着企业规模的扩大，资本家忙不过来，开始雇用帮工来分担企业的活动和成本核算工作。这种把作业从资本家和企业家身上分离出来、由作业专家来分担企业的生产经营活动的现象叫做资本与作业的分离。

随着资本与作业的分离，记账活动也得以分离，企业家可以从记账人员那里得知生产、销售活动的成本和收益。会计作业独立出来不但有利于企业的记账工作专人负责、集中处理，还能提高会计人员的熟练程度，使企业家从繁重的会计事务中解脱出来。

资本与作业分离可以促进财务人员和企业家之间的合作。但是，我国一些民营企业家在经营企业时，对于资本与作业分离的做法并不认同，他们不信任他人，抓住企业的财权不放。有的企业从几万元发展到了几百万元后，企业的会计出纳工作仍然被总经理紧抓不放，一分钱的花销也得由总经理审批，如果总经理出差在外，企业就一分钱也不能花。企业家不把内部作业有效地与资本分开，就在一定程度上制约了企业的有效授权，也使得会计人员对企业的监督缺乏积极性和责任心。

（二）资本与管理分离，财务管理成为重要的管理职能

1. 资本与管理分离的现象

资本与作业分离促进了资本与管理的分离。企业通过资本与作业分离大大提高了工作效率。当企业发展到大规模和跨地域经营阶段时，要进一步提高工作效率，就必须把作业者的计划、组织、领导和控制的职能也分离出来，由专门的管理者来承担企业的管理职能。这种把管理职能从资本中分离出来并由管理专家来分担的现象叫资本与管理的分离。

2. 马萨诸塞事件促使企业所有权与管理权分离

历史上有名的马萨诸塞车祸推进了企业所有权与管理权分离。1841 年 10 月 5 日，在美国马萨诸塞到纽约的西部铁路上，两辆火车迎头相撞，造成了近 20 人伤亡。事件发生后，舆论一片哗然，对铁路公司老板的管理工作进行了严厉的抨击。为了平息群众的激愤之情，发生事故的铁路公司在马萨诸塞议会的推动下，对公司进行了管理改革。一方面，原铁路公司的老板交出了企业管理权，只拿红利；另一方面，企业另聘了具有管理才能的管理人员，企业领导由管理专家来担任。

3. 资本与管理分离对企业财务管理发展的意义

资本与管理分离推动了财务管理的发展。

（1）资本与管理分离使独立的财务管理职能和专职财务人员的工作得到承认，财务管理不再仅仅是一种活动，而是一种管理职责。财务管理与生产管理、销售管理一道，促进

了企业的组织和经营形式的变革，企业的财务会计核算成为跟踪和审计企业资金运作的专业职能。

（2）资本与管理分离也促进了横向的管理分工，粗放的、包揽一切的记账活动被专业财务机构的专职人员分担，促进了财务管理科学化和财会教育的发展，推动了有自由职业身份的特许会计师和注册会计师的诞生。

（3）资本与管理分离促进了企业组织形式的进一步发展，降低了企业的财务风险。

近几年，我国经济改革和市场经济进程的加快使企业的所有权和经营权分开，华帝、美的、联想等一批企业的创始人纷纷交出企业的经营权给职业经理人，促进了现代企业制度的建立。资本与管理的分离也有利于企业的投资决策科学化，避免了“拍脑袋”、“一言堂”，降低了企业的财务风险。

（三）资本与经营分离

1. 资本与经营分离的现象

资本与管理分离引起了企业生产组织和经营形式的重大变革，促进了股份有限公司的诞生。股份有限公司的出现又促进了资本与经营的分离。由于股份有限公司的资本分散在数万、数十万的股东中，企业的所有权也随之分散。由于小股民对公司的经营基本上不关心，也没有经营能力，因此，在资本所有者这一方，投资产生了分散现象，投资家的作用开始分散化和弱化。投资分散化促使企业的经营和管理由专门的经营者承担。过去履行最高经营职能的资本家可以不再担任企业的经营者，而是通过股东大会和董事会对企业的专业经营者进行监管。此外，企业经营者利用管理人员来管理企业并实现盈利，使得投资者能够从企业获得股息。以上投资者分散化、投资者与经营者职能分离的现象叫做资本与经营的分离。

2. 资本与经营分离的意义

（1）资本与经营的分离促进了现代公司和现代企业制度的诞生。经历了资本与作业分离、资本与管理分离、资本与经营分离的企业形成了作业者、管理者和经营者三位一体的现代公司，也诞生了“产权明晰，管理科学”的现代企业制度。资本与经营分离也使得企业经营者可以不再是资本家本人，企业经营者可以是个人，也可以是集团，也可以是专门的企业托管机构或者部门。完成资本与经营分离的公司做到了资本、经营、管理的分工社会化，经营者必须从企业的投资决策权、经营管理权、财务监督权三权分立的法人治理机构中产生。企业经营者也不再是某个特定的个人，而必须通过股东大会和董事会产生，且与经营者的年龄、资历无关。企业经营者的目标主要是在发展和表现自己的同时实现企业的盈利。

（2）资本与经营分离促进了财务会计和管理会计的分化。在企业经营中，公司外部的利益关系人——股东、债权人和投资人从不同的角度关心公司的财务状况和经营成果，为了满足资本所有者和经营者的不同需要，传统的会计逐渐形成了相对独立的两个分支，即财务会计和管理会计。财务会计主要为企业外部利害关系人提供财务信息，管理会计则主要帮助企业经营者进行经营决策、成本核算和盈利分析，评估企业的价值和增值方式。

（3）资本与经营的分离促进了社会对企业的财务监督和审计。1854 年，苏格兰成立了世界上第一个特许会计师协会——爱丁堡会计师协会。资本与经营分离后会计工作开始成为一种社会化的服务，引起了会计职能的扩大化。由于会计的服务对象从单个的企业扩大到了整个社会，会计的工作内容就从记账、算账扩大到了报账和查账，企业的会计核算从企业的私事变成了整个社会的公事。由于需要保护广大中小股东的利益，企业的经济活动必须通过财务会计信息的披露做到公开化，会计准则成为广大企业遵守的会计核算基准，由此产生的股息分配可以维护公司股东和债权人的合法权益，也使会计信息成为宏观经济管理及企业决策的依据。

由于我国在资本和作业分离、资本和管理分离、资本和经营分离的过程中没有循序渐进，而是用短短 20 年时间走了西方近百年的市场化道路，因此，在资本与经营、资本与作业、资本与管理的分离过程中存在不彻底、不完善之处，在财务信息的处理和发布上亦存在失真和监督不力的情况。随着《会计法》的颁布和二板市场的建立，我国的市场机制将更为完善，企业进入市场的通道将增多，企业退出市场的方式也会更多。为了得到投资，企业将向社会透露科学可靠的信息，违法的会计核算和做假账行为将会减少。

二、企业财务信息的作用分析

从上述财务管理的演进过程可以看出，企业财务信息要实现两方面的功能，一是对外的社会化功能，二是对内的企业化功能，才可保证企业的收益在各个利益团体间进行公正分配，为投资家、企业经营者和企业职工带来可靠的股息、利润和工资福利。因此，企业的财务信息对不同的集团或个人有着不同的作用，如表 8－1 所示。

表 8－1　企业财务信息的作用

企业财务信息的使用者	关心企业的问题	财务信息和主要财务功能
企业的股东、潜在的投资者、证券交易所	①经营管理者是否实现了企业的目标？企业的获利情况怎样？ ②企业的股息分配、利润分配如何？ ③企业的股份结构如何？企业的投资如何？	①企业的财务公告； ②企业的资产负债表； ③企业的增资扩股计划； ④企业的利润分配报告
财政、税务、工商等政府部门，会计师事务所等	①企业缴付的所得税和其他税有多少？是否为利税大户？是否给予支持？ ②企业的经营是否合法？是否存在倾销或垄断行为？ ③企业提供的就业岗位有多少？公众形象如何？ ④给政府的财务报告是否正确？有无虚假信息？	①企业的财务报告； ②企业的纳税报表； ③企业的职工人数和工资水平； ④企业职工的社会保险和福利

（续上表）

企业财务信息的使用者	关心企业的问题	财务信息和主要财务功能
企业的债权人	①企业经营是否能偿还企业的债务？ ②企业的获利情况如何？ ③企业的经营管理者是否胜任？ ④贷给企业的资金使用状况如何？ ⑤投资回收状况如何？	①企业的投资融资计划； ②企业的利润报表； ③企业历年的财务状况； ④企业的投资项目管理； ⑤企业的财务预算
企业的经营者	①企业的销售状况是否优良？销售回款如何？ ②企业的日常经营费用是否超支？ ③企业的采购资金、库存资金是否限额？ ④企业的技术改造、在建工程完工情况如何？	①销售报表，应收款； ②采购报表，应付款； ③经营费用、库存价值、现金流量表、银行存款； ④固定资产和在建工程核算
企业的职工	①企业的经营方向是否正确？企业运行是否良好？ ②企业的内部职工股份和期权如何？	①企业的财务公告； ②利润分配计划； ③职工福利、工资预算； ④医疗保险、退休养老金制度； ⑤股权分配
企业的客户	①企业的历年财务状况是否健康？售后服务如何？ ②企业是否有财力长期从事商品生产和服务？ ③企业的相关商品情况如何？ ④企业对顾客的承诺是否有财力支撑？	①企业的招牌、商誉等无形资产； ②企业的产品宣传和公众形象、目标客户和定价； ③企业的促销费用和预算； ④企业的产品族和售后服务费用开销
企业的供应商	①企业是否要长期供货？应付款支付是否拖期？ ②企业的固定资产、厂房设备等所占的资产比重如何？ ③原材料占总成本的比重如何？ ④企业的销售状况如何？	①企业的销售收入； ②企业的经营规模； ③企业的固定资产折旧； ④企业的原材料成本； ⑤企业的质量成本

企业财务信息的公开化、准确化不仅有利于接受社会监督，也能够使企业对自己的经营状况知根知底。企业财务管理的现代化与电子计算机技术的应用密不可分。经过近 50 年的发展，MRP Ⅱ/ERP 系统在企业的应用促进了企业产、供、销、人、财、物的整体管理，使整个企业的运作统一在财务系统的监控之下。MRP Ⅱ/ERP 财务管理使企业的投资

中心、利润中心、成本中心的业务能够协同处理，使企业会计信息的收集、处理、存储、分析能够同步运作；ERP 财务分析通过对企业的原材料和费用进行比较，对财务收支预算、流动资金周转速度、部门费用使用情况进行重点剖析，进而可以对企业的利润增减、销售动态进行评估。这些都为企业的发展提供了数据基础。

第三节 中西方财务管理比较和我国传统财务管理的不足

科学的财务管理是市场经济的产物，我国传统的财务管理与西方财务管理还存在差距，需要与国际接轨。

一、中西方财务管理的内容比较

我国财务管理系统的主要内容是会计核算和财务分析。会计核算的主要内容是对应收账、应付账、固定资产、工资等进行科目汇总，形成资产负债表、现金流量表等会计报表。由于多数企业的会计核算是对企业物流的事后反映，因此，财务分析主要是统计分析各种材料费用、销售利润和成本。

西方财务管理的主要内容包括资产预算、会计核算和财务分析。虽然会计核算也包括应收账、应付账、总账，但强调现金管理和成本会计核算。财务分析主要针对销售区域、产品组别、时间段的成本和销售收入进行获利分析。而且企业的会计核算与会计分析是以财务计划为核心进行的，以预算来反映计划，通过对比计划与财务业绩来反映企业是否达到经营目标。

由此可见，中西方财务管理的内容有相同的地方，也有差异，产生差异的原因是市场化进程不同，财务管理的计划、领导、控制和组织职能不同。

二、中西方财务管理的功能比较

中西方财务管理的共同点都是以管理为中心，但在管理的内容和控制机理上有较大差异。我国企业的财务管理主要还是在会计核算阶段，多数和资本与作业分离阶段对应；而西方财务管理更注重资金的预算计划、财务决策和财务控制，突出管理职能中计划的龙头作用。

西方财务会计强调企业盈利的工具，资金可以在企业或者其他生产经营领域流动，财务管理紧密配合资本与经营分离的现代企业制度。此外，西方财务管理注重对资金的时间价值和投资风险进行分析，在企业的筹资活动、资金分配上注重预测和决策，在财务预算和计划阶段注重对资本结构、资金成本进行经济合理性分析。

我国由于现代企业制度不健全，许多企业没有资金所有者、使用者的概念，资金增值动力不足。有的企业把借款当成企业的存款，欠钱不还，把借款当利润的事时有发生。“吃了拨款吃贷款，吃了银行吃财政，吃了财政吃股民”的恶行使得企业忽视财务管理，也使得国民经济总产值表面上增长快，但银行的坏账多。因此，我国急需与西方财务制度接轨，加强资金的价值和时间管理，建立起健康的信用经济。

此外，西方财务管理在资金使用过程的动态跟踪上更加严密，对产品成本的形成细节、成本费用有一系列的财务计划指标，对经营费用的差异有详细的报告和分析。而我国企业由于企业内部管理会计的应用动力缺乏、压力不足，企业内部资本增值和成本核算的自我激励、自我约束机制难以健全，企业内部的物流、资金流、信息流跟踪难以细节化、透明化和同步化。因此，推动财务管理的科学化、数字化，是企业信息化建设的主要任务。反过来，财务管理的科学化又会促进现代企业制度的建设。

三、现代企业财务管理的新趋势和 ERP 系统的运用

随着互联网技术、网络信息技术的发展，企业管理对象和管理流程的电子化、数字化趋势加强，管理的可计算性促进了管理定量分析的进步。财务管理作为 ERP 系统的三大系统之一，与制造、分销系统一起支持着企业的财务决策和日常运作，使财务管理出现了新的表现形式。

1. 财务管理的超前化

过去的人工财务管理大多是事后管理，比较被动。现在财务管理以预算性管理为主，能够针对管理过程中可能发生的事件或不正常现象，在财务预算中及早提出修正方案或防范措施，保证企业的管理活动在预定的轨道中运行，使管理更加主动，从而降低企业管理的风险，提高财务管理的稳健性。

2. 财务核算的数字化、远程化、同步化

首先，ERP 和远程网络系统使企业的财务与其他业务协同处理，财务信息的收集从手工向自动化发展，财务数据的贮存载体也由纸张向网页、电子文档发展。

其次，ERP 和远程网络系统使企业的远程报表可以 24 小时随时传送，能实现网上支付、网上催账、网上报关等外部事务的自动化，使得整个企业及其分支机构的财务资源、人力资源等实现集中处理，实现资金的集中统一调配，完成集中记账。

最后，财务核算的数字化、远程化、同步化使企业集团的集中式财务管理成为可能，也使总公司的财务决策由分权再次走向了集权，使下属单位的成本中心弱化成一个财务报账单位和物流加工实体，促使企业集团的组织结构由高耸式向扁平式发展。

3. 财务分析由非精密型向精密型转化

以前由于受信息处理手段的限制，财务分析的数据滞后，难以对反映企业经营和资金状况的日报、月报、财务报告和财务报表进行同步财务分析。ERP 财务系统给财务分析带来了活力，使财务分析进行庞大计算成为可能。企业事务性、常规性、程序化的分析可以交由 ERP 财务分析模块自动完成，财务分析人员可以把注意力转移到例外原则、特殊事项的数据指标分析上去，优化了基层财会人员的时间分配和精力支出，控制了企业与税务

部门、供应商、销售商的协作时间，企业对外部环境的协调能力得到加强，从而提高了企业对市场的应变能力。

第四节 浙江省电力公司实施 ERP 财务系统的实例

浙江省电力公司（以下简称浙江电力）实施 ERP 财务系统的过程反映了我国企业财务管理的现状和实施 ERP 财务管理的必要性，也为广大企业实施 ERP 财务系统提供了借鉴。

一、财务业务与国际接轨促使浙江电力引进 SAP R/3 ERP 系统

浙江省电力公司（以下简称浙江电力）是国家电力总公司下属的大型企业，直接管理 13 个大中型电厂和 10 个城市的电力局，业务范围包括电力调度、电力设施施工、电力科研、教学培训等。

20 世纪 90 年代，国家在电力系统推行公司化改造、商业化运作和市场化运行。浙江电力在 1995 年向世界银行贷款建设北仓电厂，世界银行在贷款资金的管理上要求浙江电力的债权债务处理模式必须与国际业务标准接轨，严格按照资本与经营分离的治理机制使用资金，确保资金增值。

在合作过程中，企业逐渐接受了西方财务管理的思想，1996 年决定引入国际先进的管理模式，把世界银行的外部压力转化为企业的内部动力。企业决定采用 ERP 系统管理企业的财务运作，与此同时，引入国际先进的管理架构和国际先进的管理手段来推动管理进步。

二、引进世界银行贷款迫使浙江电力开展财务管理变革

浙江电力在引入 ERP 系统前已采用益和财务软件实现了会计账务的电算化，甩掉了手工账，企业的会计凭证录入实现了简单化、准确化。益和财务软件在一定程度上反映出企业的经营状况，也能用于制作国家财政部要求的财务报表。但是，随着与世界银行合作的深入，浙江电力发现了传统企业财务管理与西方财务管理的差异，也认识到企业引入国际先进的管理模式，必须首先引入市场经济下的财务管理的运作体系。企业必须把管理会计引入企业，用管理会计对企业的资源进行及时的调配，对企业的内部会计和财务数据进行深入细致的挖掘，进而为经营决策提供科学的统计数据。从 1996 年至 1999 年，浙江电力公司为企业的信息化发展作出了战略规划，以财务管理为突破口对企业的管理模式进行了变革。

三、浙江省电力公司财务管理系统的功能结构

浙江电力的 ERP 系统主要有应收款、应付款、现金管理、管理会计等功能，采用具有客户/服务器三层体系结构的 SAP R/3 软件，运行在跨地区、跨部门的网络环境之中。具体的功能结构关系如图 8－1 所示。

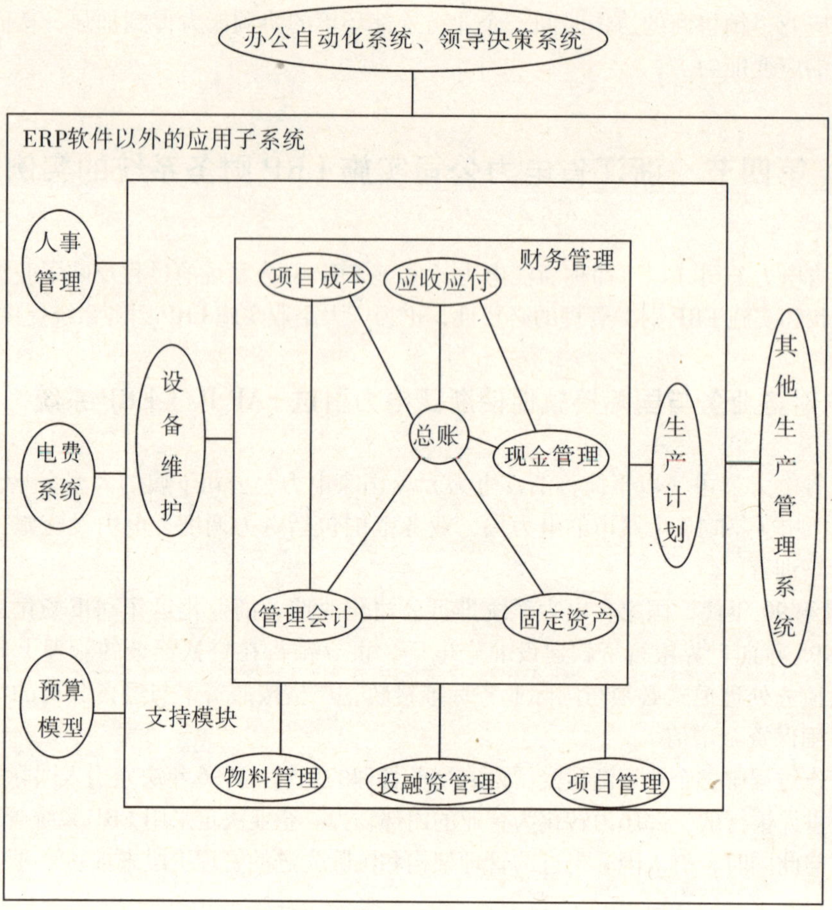

图 8－1　浙江省电力公司财务管理系统功能结构示意图

该财务管理系统的具体组成如下：

（1）服务器：3 台 IBM RS/6000。一台 S70 作为主机，一台 H50 作为主机的备份用机，也兼业务培训用机，这两台服务器之间以 IBM HACMP（High Availability Cluster Multiprocessing，高可用集群系统）实现互联，可进行热切换。另外一台 F50 作为软件开发用机。

（2）网络：局域网主干采用 CISCO Catalyst 6509 交换机。二级交换采用 Catalyst 3524 交换机，带有 24 个 10M/100M 自适应端口，两个上连的 1 000M 光纤接口。广域网以省公司为中心，通过 8 个 E1 端口连接到帧中继交换机，实现与下属 10 个地市局的连接。全省 9 个电厂通过 EIC 就近连接到地市局或省局。在安全措施上，采用东大阿尔派的 NetEye 防火墙。

（3）数据存储系统：采用 IBM 7137 硬盘库，以 RAID5 来保证数据的可靠存储。

（4）操作系统及数据库：AIX 4. 3. 3 与 Oracle 8. 04。

（5）客户端：Windows 98/95 平台，可通过光纤交换网访问中心服务器，也可通过电话拨号方式（备份方案）登录到主机。

整个系统采用集中式结构，即浙江电力的所有下属单位、部门的会计核算、财务管理业务均由主机系统上的 SAP R/3 软件来集中处理。

四、业务流程重组

浙江电力根据公司化改造的需要，依据现代企业制度要求对财务管理的责权利进行组织调整，实现经营管理权、投资决策权、财务监督权的有效运行。由于对财务管理的责权利进行了组织调整，使得企业的财务运作建立在了现代化的公司组织形式上。

首先，浙江电力在普华永道等咨询公司的指导下，花了一年半的时间对企业的业务流程和财务管理部门进行了重组，依管理会计的要求把发电厂改组为成本中心，分公司供电局改为利润中心，总公司改为投资中心，实现了资本与管理、资本与经营的分离。

其次，对财会人员的岗位分工进行细化，会计人员只负责记账，由财务人员履行管理职能，实现资本与作业分离。在资金管理渠道上实施收支两条线，收入、成本发生与利润中心、成本中心相匹配，所有下属部门的成本费用对上级管理部门透明。资本与作业分离使下属部门私设的“小金库”没有了生存空间，总公司对分公司的人、财、物等家底有了深入细致的了解。

最后，改变了企业的理财方式。过去企业的理财方式是边用边算，总公司、分公司和各单位不清楚自己下属部门的财务情况。实施了 ERP 系统的管理会计模块后，企业把理财方式倒转了过来，变成了“算着用”，有多少预算和资源就花多少钱。企业做到了不乱花钱，也不去做资金没有落实的投资规划或者没有把握的“钓鱼工程”。因此，实施财务预算和计划有效地降低了成本和费用。

五、实施管理会计，使企业管理与国际接轨

浙江电力在对业务流程和组织结构设置进行重组后适时实施了 ERP 管理会计，完善了企业的财务管理体系，使之集成化、透明化。浙江电力 ERP 财务系统，首先在宁波、北仑、杭州、半山等地实施，使这几个单位的财务管理走上了正规化和国际化的道路。2000 年之后，企业全面实施预算管理功能，进一步实施设备维护管理、物料管理、项目管理、生产计划管理、投融资管理，并且从试点单位向整个集团全面推进，把企业的物流、信息流、资金流有机地统一起来。具体实施的 ERP 财务管理有：

（1）实施 ERP 财务计划和预算管理，使企业的资金筹集和使用目标明确。通过实施利润中心管理、成本中心管理、多预算管理、项目预算管理、费用预算管理，有效地控制企业的资产和负债计划，发挥了财务计划和预算在企业财务管理中的龙头作用。浙江电力各级管理人员参与预算管理系统的实施，改变了企业对计划经济模式下预算的认识。以前企业的预算是为了向上级申请经费而编制的“钓鱼”的诱饵，边用边算。实施 ERP 预算后，企业对预算的警示作用有了深刻的认识，“谁花钱谁办事”，责权利结合使得企业体会到预算是合理使用资金和降低成本费用的有效手段，体现了计划是财务管理的首要职能。

（2）实施 ERP 现金流管理，对企业的日常现金流量和经营健康状态进行监测。通过实施现金状况报告、预测经营性业务现金流量，企业对每天的收支状况有了动态监控。

（3）实施 ERP 财务分析，可以对成本中心和利润中心的获利状况进行比较分析，对企

业总公司、各单位、各部门的财务状况进行比较分析，扩大了传统财务管理的应用深度。

第五节 ERP 财务管理的基本内容和管理特点

ERP 财务管理的基本内容包括总账、成本、应收款和应付款，这几大模块与企业的物流和信息流关系密切，能有效地监控企业的物流和信息流。

一、总账、应收款、应付款与物流的匹配

企业的总账从逻辑上看如同物料清单一样，是一个树形结构，企业的记账、科目分录和账务汇总过程也是依产品加工路线进行资金转移和增值的过程，如图 8-2 所示。

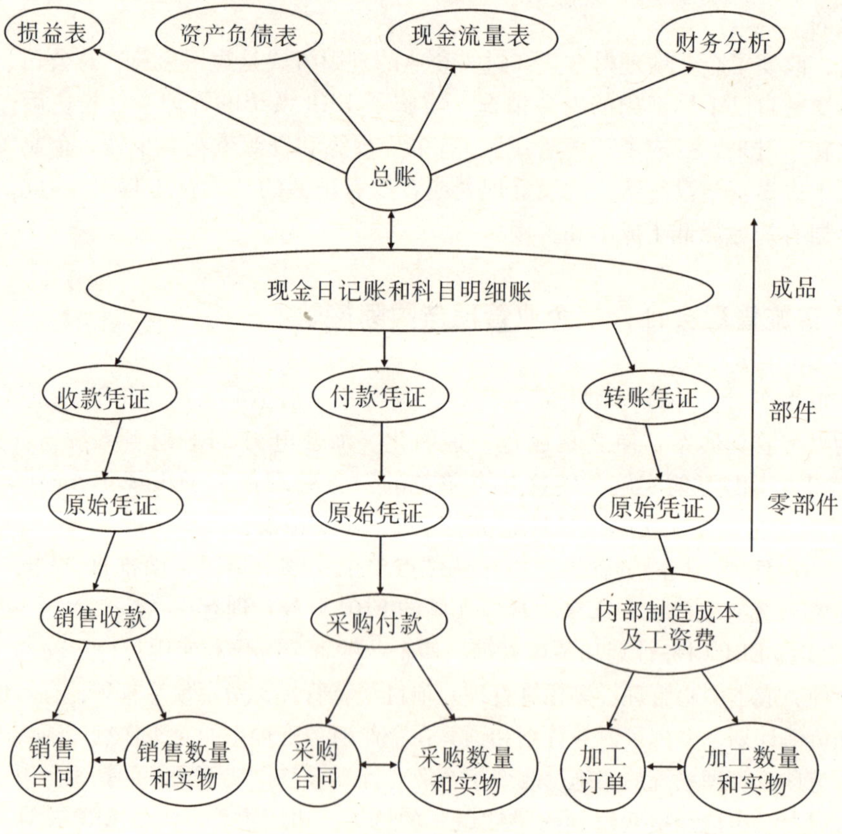

图 8-2 财务系统的处理逻辑

企业财务管理从流程上看主要是业务的跟踪。企业发生的销售、采购和制造业务最早是反映在原始凭证上，通过账务部门的记账分录归为收款凭证、付款凭证或转账凭证，同时对资金的不同用途进行归类，把各类费用记入不同的明细科目和总账中。在总账和明细

账中抽取财务数据制成不同的财务报表，以提供满足客户需要的财务信息，即为不同的企业利益关系人提供模块化的财务信息报表。

企业“财务信息清单”中的“产成品”是各种客户化的报表，其中为企业的债权人和股东提供资产负债表、损益表，为企业的高层领导提供现金流量表和利润表。为了报表使客户满意，为了企业的经营绩效使人乐观，财务系统的管理核心就是使资金增值。

二、应收款、销售合同与销售数量的三方匹配

应收款是企业产品销售出厂、使用价值转化为价值的体现，企业的物流和资金流在输出端与客户的资金进行匹配和统一，因此，财务应收款的管理目标是收款。为了收款，企业须对客户的付款数目、已销售产品、销售合同进行三方匹配，任何一方出现差错，存在资金流、信息流、物流上时间或空间的不符，企业的销售就成了虚假销售，企业商品的使用价值就不能转化为商品价值。

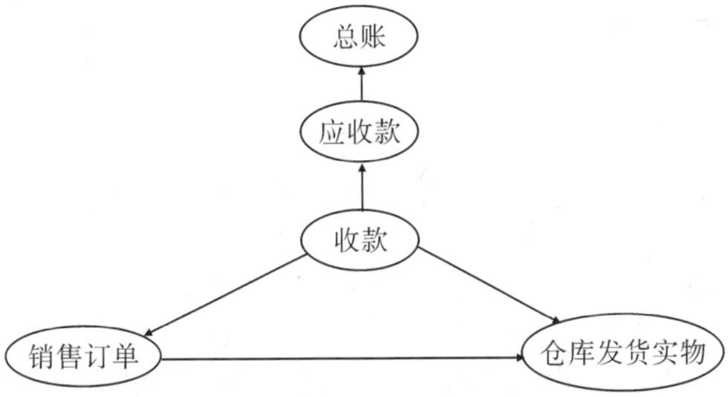

图 8－3　应收款、销售合同与销售数量的三方匹配

ERP 财务信息使应收款与销售订单、库存管理和客户付款相集成，对收款进行及时跟踪，能对应收款的账龄进行动态分析，减少拖欠。在与客户签订合同时，ERP 系统也可以对客户的信用和预付款进行审核，使企业在客户提货时就能在网上查询资金到位情况，避免虚假销售，改善了企业的现金流量。此外，应收款与销售佣金结合，还可以督促销售人员催款和促销产品。

20 世纪 90 年代，我国企业的三角债、虚假销售严重，严重影响了企业的生存状况。

例如，某电话机厂 1997—1998 年企业账面盈利，但没有现金回流，产品积压在二级代理商手上。由于对代理商审核不严，企业把商品发给代理商后没有及时催款，某些代理商和企业的销售人员内外勾结，趁机逃走，使企业近亿元的应收款收不回来，而企业又欠了近 5 000 万元的供应商贷款，企业的经营一度陷入开工不足、断炊断粮的窘境。企业须向政府部门求助，通过各种渠道获得资金才得以维持。

在广东南海地区，1998 年以前有 300 家铝型材企业，在 1998 年被三角债拖死的企业有近 200 家，到 2000 年初该地区只剩下 100 家铝型材企业。其中，南海兴发铝型材厂的

生存秘诀是对应收款的收取毫不妥协，企业要求客户先预交 30% 的定金后才开始组织生产，如果客户在提货时没有交足剩余 70% 的提货款，企业则拒绝发出 100% 的成品。因此，至 2000 年兴发铝型材厂的经营状况良好。

由上面的对比例子可以看出，MRP Ⅱ/ERP 销售管理的核心思想是使企业的物流最大化和应收款最小化相匹配，尽量减少资金与物流的拖沓。ERP 财务监控能力的发挥又可以反作用于销售管理，企业可以进一步扩大再生产，保证销售。

三、应付款、采购合同与采购数量的三方匹配

应付款是企业利用外部资源、原材料开始进行资源转换的体现，是企业物流、信息流、资金流在企业输入端——供应商处的匹配和统一。俗语说："能留在口袋里的钱尽量多留，该花出去的则必须花出去。"讲的就是应付款的功效。

ERP 应付款与采购相集成，可以使企业在采购合同、付款数量、到货实物上保持一致，及时评估付款与供应商的供货质量，从而严格控制企业的应付款计划，防止重复采购、重复付款。此外，通过对供应商的付款优惠进行分析，可以让企业享受采购折扣，节约采购成本，也提高了企业的商业信誉。

例如，某家生产显示器机壳的企业由于采购与财务不匹配，存在重复采购的现象。该企业在生产规模扩大后，由于生产订单、采购和财务三方存在脱节，影响了采购业务的按量完成。这主要是采购部门采用采购承包制，采购人员为了保证生产，很积极地把原材料采购回来，但对仓库是否已有、物料之间是否存在借料、到底是否需要采购、其他采购人员是不是已经发出了采购订单并不能完全了解，最后反映到老总那儿是该采购的没有采购到，不该采购的却重复采购了一大堆。此外，企业对采购物资的质量跟踪不完善，没有对仓库物料实行编码管理，如企业加工好的货物送到美国后发生了故障，查出的原因是原材料受到高温和长途运输后变了形，因此，美国方面要求退货。当企业把成批不合格的产品运回中国后，厂长却查不出是谁采购的劣质材料。因此，厂长迫切希望对采购人员承包的每批采购物料进行质量追查，实现条形码管理。MRP Ⅱ/ERP 系统对生产批号和采购物资批号的控制就能帮助这位厂长解决这些令人头疼问题。

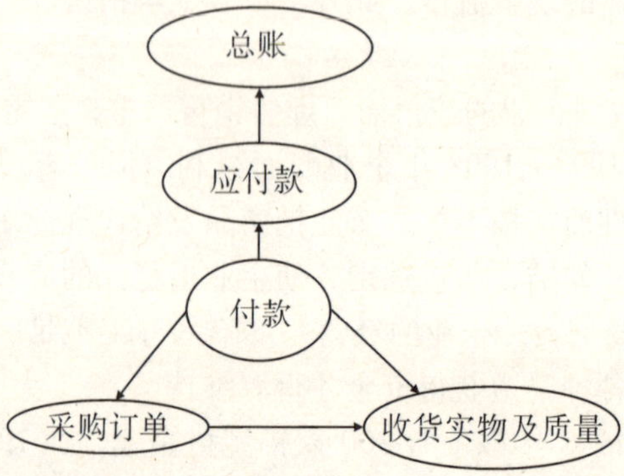

图 8-4 应付款、采购合同、采购数量的三方匹配

著名的“爱多事件”就存在爱多对采购应付款处理不善导致供应商起诉的问题，主要原因是供应商在爱多规模扩大后元器件供应不上，供应商生产规模急剧扩大后提供的原材料质量不稳定，影响爱多的产品质量，功能退化的产品使得供销商退货多、回款少，或者以旧换新，陷入销售旺而生产跟不上，最后销售衰退的恶性循环，使爱多与供应商都陷入了经营危机之中。从财务、生产、销售的三流匹配上看，爱多没有使用 MRP Ⅱ/ERP 系统来辅助企业的生产决策，没有完善企业的内部基础管理，对供应商管理不善是企业失败的重要原因。

四、加工实物、加工订单与加工成本的三方匹配

财务管理中加工成本、加工订单及加工实物的三方匹配控制着企业的生产资金，是企业物流、信息流和资金流在企业内部各环节、各部门、各员工身上的匹配和统一（如图 8－5 所示）。MRP Ⅱ/ERP 系统的成本会计功能是内部付款，对企业员工的有效劳动支付工资和劳务费用，合格品支付 100% 的工资，不合格品责令相关责任部门返工。

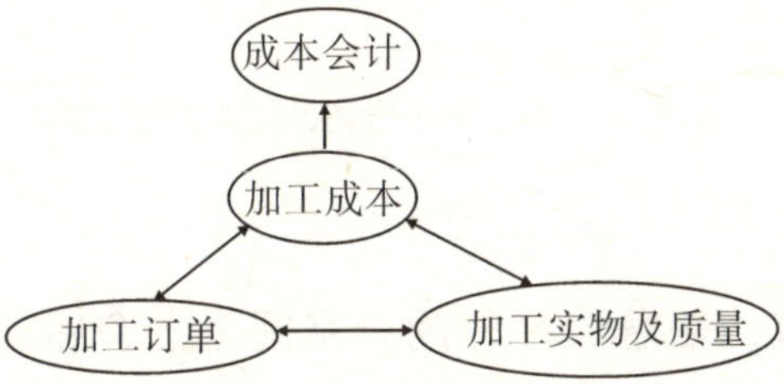

图 8－5　加工实物、加工订单与加工成本的三方匹配

加工成本、加工订单、加工实物这三方匹配度的高低以及时间和空间上的分布密度能衡量企业生产管理的质量，也可以对企业投料的均衡、半成品的定额、生产资金的占用进行有效监测。

企业的加工过程如同一个水处理器（如图 8－6 所示），进水及出水速度必须与企业的加工能力匹配，否则就会溢出或者断流。

（1）当企业的加工订单多于加工实物时，生产系统存在拖期。如果生产加工的流出速度小于流入速度，表明企业的产品畅销但生产系统的加工能力跟不上，工人加班工资提高，企业的生产成本则高，企业有失去客户订单的风险。

（2）当企业的加工订单小于加工实物时，生产系统和仓库存在滞留产品。企业的生产资金流速减缓，企业没有销售资金，现金流量逐渐出现枯竭，企业将面临产品滞销、发不出工人工资的经营危机。

（3）健康的企业是在企业的生产系统内部对生产加工订单、物流和成本环环控制、节节把关的企业，对生产过程中的在制品、加工费用都进行严格控制，保证原材料库存、半成品库存、成品库存、流动资金周转速率都处于健康、稳定的状态。

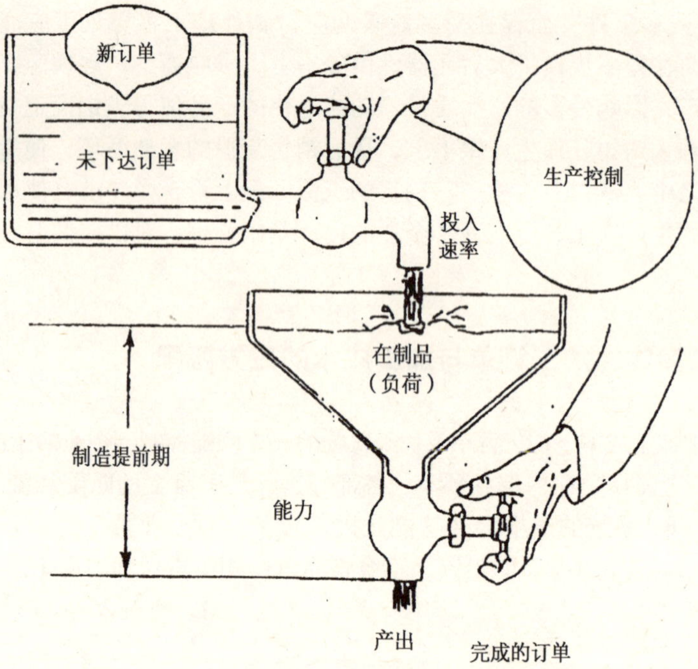

图 8－6　企业加工过程的投入产出控制

五、资金流、物流、信息流在时间、空间上的有序匹配保障企业可持续发展

从输入、转换、输出三个方面对企业的物流、资金流、信息流做到环环匹配是企业现代化管理的基本表现，也是科学管理的基础。MRP Ⅱ/ERP 的财务系统、生产计划系统、采购系统和销售系统促进企业管理的进步。下面再举双汇、春都的例子说明我国企业实施 MRP Ⅱ/ERP 的必要性和迫切性。

1. 资金流是企业的生命

海尔集团首席执行官张瑞敏有一句名言：“资金流是企业的生命。”这句话说明了海尔集团在企业摊子铺开后对资金运作模式的重视以及企业忧患意识的增强。企业规模扩大后，企业对于精心运作企业资金、保持企业资金流量健康等提出了更高的要求。近两年，韩国著名的韩宝、三美、韩兴、启亚、大宇等企业的倒闭都与企业资金运作不善有关。我国某些企业集团产值上百亿元，而利润只有几千万元，甚至资不抵债，也是资金运作不善的表现。

2. 不同的资金管理模式导致不同的企业命运

我国同处中原的双汇集团和春都集团由于资金管理策略不同而导致企业的命运截然不同。

双汇和春都都是生产火腿肠的知名企业，但是到 1998 年，双汇集团实现利税 2.95 亿元，1999 年突破 5 亿元大关，而春都集团由于扭亏无望，企业面临倒闭。两家企业命运的不同是因为在财务管理和生产经营上采取了不同的方法。

(1) 资金是否专注于主业。

双汇集团在集团资金运作上紧紧围绕肉类加工主业进行项目扩张，做事本分稳健。双汇集团精心运作养殖、屠宰、包装、彩印项目，最大限度地压缩银行贷款。而春都集团在资金使用上配置不当，盲目投资，贪大求快。春都集团在缺乏科学的投资决策分析的情况下，就收购洛阳市旋宫大厦、平顶山肉联厂、重庆万州区食品公司等十个扭亏无望的企业；在条件不成熟的情况下，春都集团投巨资建茶饮料等十多个大型项目。多个效益低下的项目使春都集团滞留了大批资金，不能保障火腿肠生产的正常资金供应，损害了主业的发展。

(2) 对应付款与物流的时间匹配不同。

双汇集团对原材料采购实行生产试用合格后付款制度，节约了采购资金，保障了产品质量。而春都集团对企业采购把关不严，不合格原材料也采购回厂，生产现场混乱，堆满了原材料，且出现采购资金、库存资金占用多，资金周转速度慢的情况。

(3) 对销售和应收款的空间匹配不同。

双汇集团以“踏遍千山万水，历尽千辛万苦，走进千家万户，说尽千言万语”来强化产品销售、减少仓库存货，实行产品销售一律现款现货的制度。而春都集团在营销策略上注重生产，轻视科研和销售，在市场竞争激烈的情况下，不在其他地方设一兵一卒，仍为典型的橄榄形生产加工企业，没有完成生产经营向市场推销的转化，使得企业的销售量下降，资金回笼少。

不同的物流、资金流、信息流管理策略导致企业命运不同，双汇集团的资金管理取得了良好的经营业绩，投资者的回报率高达35%～70%，而春都集团的资金流枯竭，面临破产。双汇、春都两家名牌企业的管理不同，企业的命运也截然不同。这反映出MRP Ⅱ/ERP财务管理系统的科学性，也再次向人们昭示：企业的财务管理、生产管理、采购管理、销售管理是互助的，是企业发展的永恒主题。

案　例

佛山市简氏依立电器有限公司 ERP Ⅱ与财务管理

暨南大学管理学院：王惠芬、何明昕、钟冬荣、杨丽萍、孙　丽、蒋　演
华南理工大学：黎　文、尤芳敏、梁　雁

一、紫砂专家的商业模式转型

现代企业的商业竞争，已经不仅仅是产品、服务的竞争，更是商业模式的竞争。目前，我国有100多家紫砂炊具生产企业，各企业之间的竞争非常激烈。其中，佛山市简氏依立电器有限公司（以下简称简氏）的经营状况良好，依立紫砂系列产品已在国内连续5年销量排名第一，市场占有率达70%之多，产品在全国的覆盖率达90%。

商业模式创新是企业从经营危机中寻求生存的唯一出路，就如简氏老板所说："没有狼在后面追，就跑不出奥运水平。"企业的经营利润和盈利能力来自企业的商业模式。从生产电冰箱、电视机、电饭煲到多系列的紫砂炊具，再到十多家连锁紫砂美食店，简氏实现了两次商业模式的重大转变，成了中国紫砂炊具行业的领先者，也成了我国企业用信息技术支撑商业模式转型的典型范例。

（一）第一次转型：紫砂炊具创造客户价值

简氏的第一次商业模式转型，经历了从普通产品的初级层次到专业品牌建设的发展。

1986 年，成立之初的简氏电器主要生产电冰箱、电视机、电饭煲等小家电，产品处于初级层次。1993 年，简氏成功推出我国第一款以紫砂材料为内胆的电饭煲，掀起了我国饮食炊具的革命，也创造了一个新的市场，并使得其从以生产传统电饭煲等小家电为主转型升级为"紫砂专家"。简氏虽然以紫砂电饭煲切入电饭煲的中高端市场，但后续的市场开拓使得简氏进入了一片家庭炊具的蓝海。这是因为，我国每年产销电饭煲六七千万台，同时，煎锅、炒锅、焖锅、炖锅等电子炊具也有相当大的市场规模。经过十多年的努力，简氏推出了五大系列智能化紫砂炊具，包括紫砂汤粥煲、紫砂炖盅、紫砂快速汤粥煲、紫砂神农百草壶、紫砂品茗壶、电子烧烤炉等，为客户提供了绿色、健康、美味、省时、省力的全系列炊具。

简氏不仅把自己定位为紫砂炊具制造商，更着力于将紫砂炊具与中国传统美食文化相结合，建立自身品牌的文化价值和精神内涵，不断开辟新的、可持续的利润增长点。

品牌的文化建设推动了产品渠道的拓展。简氏构建的渠道目前有两种：一是传统渠道，即超市、百货商场以及家电卖场；二是特殊渠道，包括网络直销、电话营销以及简氏的美食体验店。

由于品牌建设及产品的精神文化内涵在消费者心中已有较好的基础，所以简氏在各类大型零售终端都有自己的销售渠道。在建立品牌开拓传统零售渠道的同时，为了使客户更加快速、方便地体验到美味食品，简氏又推出了"依立"连锁餐饮美食店。

（二）第二次转型：紫砂美食店构建服务与销售的统一平台

面对品牌和流通渠道的竞争日益激烈的环境，为顺应经济发展潮流，在中餐制作标准化、简单化的理念指导下，在充分认识到美食文化需要切身体验的基础上，始终坚持把客户价值放在首位的简氏于2008 年成立了紫玉金砂餐饮管理有限公司（简称紫玉金砂），创新地推出了"依立"连锁餐饮美食店，为顾客提供利用紫砂炊具制作的健康美食，在体验的同时进行紫砂炊具的销售。简氏希望能够成为中国版的"紫砂锅麦当劳"，把健康、美味、快速的餐饮带给更多的消费者。

简氏通过"依立"连锁餐饮美食店构建服务与销售的统一平台，在保持原有成功元素和特色的基础之上，实现商业模式的第二次重要转型，创立了一种"家电销售 + 连锁餐饮"的全新营销模式。"依立"连锁餐饮美食店不仅开辟了餐饮服务作为新的利润增长点，而且拓宽了紫砂炊具的销售渠道。就像简氏人所说的，每新开一家连锁餐饮店，就等于新开了一家专卖简氏紫砂炊具的大卖场，甚至比普通卖场的销售成绩更好，因为来连锁餐饮店的顾客更有目的性。

紫玉金砂下属的"依立"连锁餐饮美食店专门经营紫砂煲仔饭、紫砂煲仔菜、紫砂靓汤、紫砂炖品等紫砂美食，目前已在全国各地开设了100多家连锁店。企业以连锁餐饮美食店与客户沟通，弥补了广告上的不足，以饮食提高了紫砂电器的知名度和销量，完美地整合了第二产业和第三产业。首先，这种新型的营销模式最直接的好处就是减少了对流通商的依赖，避免了他们的“压榨”，为企业减少了大量的流通成本。其次，这种新型的营销模式不仅能带动家电的销售，并且能为企业收集到消费者的消费偏好、习惯以及消费时间等信息，为产品研发和营销提供第一手资料。更为重要的是，这种体验式营销为企业挖掘了潜在客户，并且通过影响消费者的饮食习惯，为企业培育了新的客户群。

简氏的成功业界有目共睹，美的等一些家电行业巨头也相继推出了紫砂炊具，但巨头的加入反而促进了简氏向更好的方向发展。一方面是行业巨头的加入提高了市场对紫砂炊具的接受程度，另一方面是行业巨头主要投资于低端通用性的紫砂炊具，而客户对产品升级换代的要求高，必然为更专业、更高品质的“紫砂专家”培养了更多的潜在客户。

从传统的金属电饭煲到紫砂电饭煲，从单一产品系列到多系列智能化，从传统的零售渠道到网络直销、电话营销以及连锁餐饮，简氏将制造与服务、第二产业与第三产业融合，改变了整个行业格局。这正是简氏的过人之处，它所研究的不仅仅是紫砂技术，更是创新技术与卓越商业模式的有机结合。

二、简氏的 ERP 系统发展简史

随着简氏的不断发展壮大，特别是两次重大的商业模式转型，信息技术的应用为商业模式的有效运作，在业务流程中对关键资源的有效利用以及在企业内部控制和管理方面提供了强有力的支持，起到了共享信息、跟踪服务、提高效率和产品质量、控制成本、增进效益等关键性的支撑作用。

（一）IT 能力的形成过程

2000年，简氏引入了金蝶的会计软件，当时企业只有两台电脑，而今天企业有近200台电脑，信息技术的应用覆盖了分销商订单处理、生产计划、采购、进货、仓储、财务管理、往来账管理（AP&AR）、成本核算控制、生产控制、产成品管理、库存、供应商管理、办公文书流转等各个环节。简氏的企业信息化应用经历了从无到有、从简单到深入、从部门局部应用到全公司应用的发展过程。

此外，简氏信息系统的应用和经营管理的内部控制规范化是同步实现的。简氏管理层坚持要把企业发展成规范化的现代企业，坚持在不违反会计准则的基础上实现信息化应用，强调信息的准确性和透明度。此外，管理者要求销售、采购、财务、仓储等各项经营活动规范化，要求管理事务有章可循，有据可依。

此外，简氏把 ERP 系统的实施与发展列入企业的年度规划，中高层管理者积极推动，持之以恒。ERP 涉及企业的诸多经营活动，因此企业采取循序渐进的建设步伐，保持人文理念及人员的稳定，保证用则成功。企业为此制定了大量的规章制度，加强人员培训和观念转化，这对保证 ERP 应用的成功十分关键。

在 ERP 的实施过程中，简氏除使用金蝶提供的标准模块之外，根据企业运作的实际情况，还对系统进行了二次开发。多年来，简氏与金蝶进行了许多十分愉快的定制开发合作项目，比如往来账管理的“七栏账”报表、产品库存中的可售数适时管理等。这些定制开发对企业的业务运作起到了十分积极的内部控制及效率提升作用。简氏和金蝶正考虑将部分定制开发功能进一步标准化后推广到其他企业。

（二）ERP 实施的效果

ERP 和信息技术的应用效益难以直接量化，在经过长期投入和建设之后，其综合效益体现在企业经营活动的诸多方面。

(1) 经销商可以在网上利用统一平台下单，订单处理流程一环接一环，都实现了信息化。

(2) 以前每月作一个计划约需一周，现在根据计划直接生成采购订单，准确率大大提高，只需要作少量采购策略之类的调整，就可作出规划并执行。

(3) 条形码系统使用前的每条生产线每班次的生产能力为 800 ~ 1 000 台，使用后提高到每班次 1 200 ~ 1 500 台。

(4) 通过“七栏账”等报表核算和会计准则的创新性实现，大大简化了与经销商的财务结算和信用管理。

(5) 通过对库存信息可售数的适时管理，改善库存信息，提高了销售效率。

(6) 通过采购方面的内部控制，由独立的第三方（专门的价审部门）为采购部门提供成本分析数据及改进建议，不是简单压价，而是帮供应商改进成本结构，取得双赢的效果。

(7) 流程再造，使流程和责任更加清晰，减少差错。

(8) 负责生产控制和成品管理的条形码系统及时追踪生产信息，可以对产品的质量因素，如产品的质量问题等进行及时严格的控制管理，并且有助于质量事故的责任调查及追溯。

(9) 管理者在国内外可以看到一个小时之前的生产状况，及时作出经营决策。

(10) 信息化还带来了人员素质的提高，且促进了管理的规范化和内部控制管理水平的提高。

（三）IT 支持简氏商业模式运作

在全球金融、经济环境骤变的情况下，由于信息化技术的利用和升级，简氏成功实现了商业模式的转变，巩固了紫砂炊具行业领头羊的地位。面对顾客对健康炊具、中华美食的价值主张，金蝶 ERP Ⅱ系统在盈利模式、关键资源和关键流程上支持了企业的运作。依托金蝶 ERP Ⅱ系统，简氏建立了公司新的信息技术体系框架，使其新的商业模式完美地运转起来，如图 8 -7 所示。

整个框架充分显示了顾客需求、盈利模式、产品竞争优势、业务流程以及信息技术与企业商业模式运作之间的关系，体现了简氏与顾客的互动关系以及与供应商的互动关系。通过 IT 系统与商业模式的互动，简氏将内外要素整合起来，形成了一个具有核心竞争力的运行系统，并通过提供产品和服务实现客户价值最大化。

整个 IT 支持商业模式架构可以划分为两个层面：策略层面和运营层面。在策略层面，IT 支持简氏保持与顾客和供应商的关系，依据顾客需求开发紫砂产品并提供美食以盈利。在运营层面，IT 支持企业的研发、采购、生产、分销、仓储等运作环节的资源投入、增值和产出。如同简氏财务部一位王姓经理所言，ERP 系统本身不挣钱，但是可以帮助企业挣钱。ERP 系统提高了企业信息收集、传播、整理和利用的效率，帮助企业创造价值，消除企业不必要的、非增值的环节和活动，加强企业在收入、支出等环节的资源整合和业务流程监控，通过高效一体化的运作使供应链上的每一项合理活动均能实现增值，在为顾客创造价值的同时，也为企业自身创造价值，支撑企业商业模式的运作和企业的持续经营。

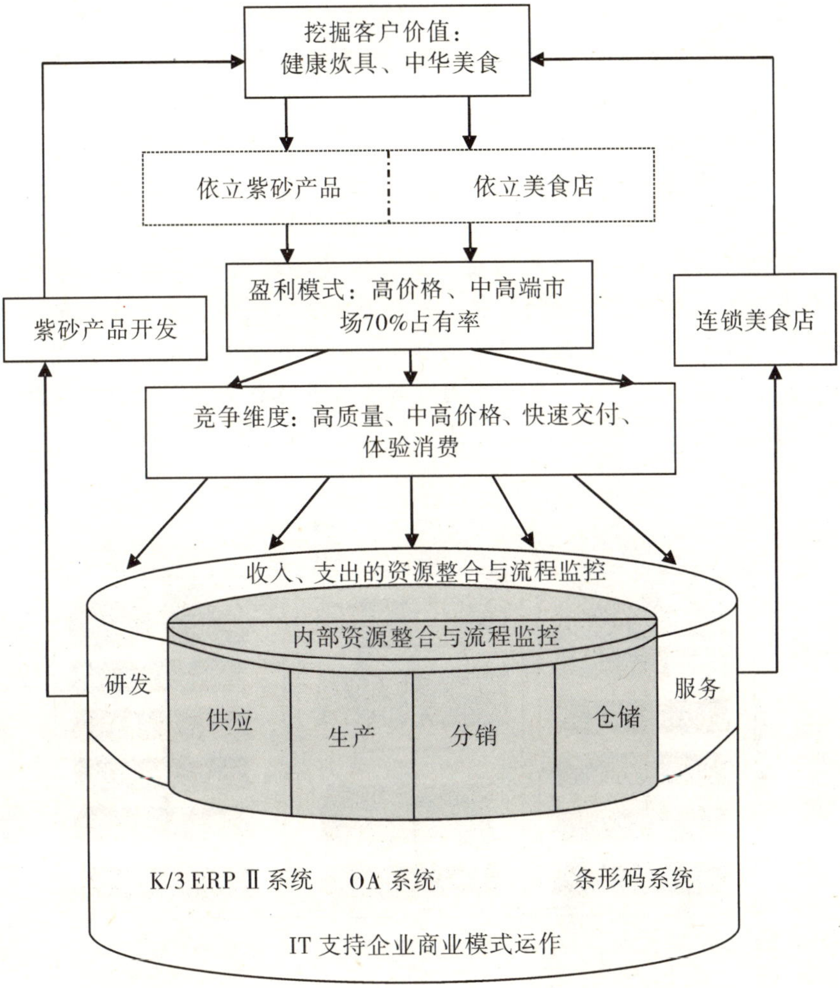

图 8－7　ERP 系统支持企业商业模式运作架构图

三、金蝶 ERP Ⅱ系统帮助企业加强资源整合和流程控制

为了满足紫砂餐饮炊具对原材料品质的需求，保障供应稳定性，简氏首先在江苏宜兴建立了优质紫砂原材料生产基地，采用当地含有玉石成分的紫玉金砂，不含有害金属元素，确保了最终产品紫砂餐饮炊具的品质，且大大降低了紫砂餐饮炊具的成本。同时，为了激发和引导消费者绿色、环保、美味、健康的饮食需求，将产业链延伸到下游连锁中式快餐店，这不仅可以更好、更快地在消费者心目中建立起简氏电器品牌，促进简氏紫砂餐饮炊具的销售，同时也可以更好地了解市场需求，评估新产品研发和市场营

销活动的绩效，并降低整个产业链的交易成本。因此，简氏商业模式的有效运作是建立在垂直整合产业链的基础上的，利用信息技术整合资源和控制业务流程是成功的关键要素之一。

企业的资源整合与业务流程控制涉及采购、销售、库存、生产、财务、质量、客户、员工等多个方面，控制的方式涉及审批控制、流程控制、实物控制、金额控制、数量控制、成本控制、项目控制、质量控制等。如何将这些资源整合途径和控制方式有效地组合起来是简氏面临的最大挑战。面对挑战，简氏采取的对策是尽早投资 ERP 系统，在企业规模还没有形成之前就投资建设，利用 ERP 帮助企业实现内部监控。

从企业的业务流程上看，企业的采购环节，即从原材料的采购入库到采购付款的整个过程，主要是一个资金流出和物料流入的过程，是企业的支出循环；企业的生产环节，即从原材料到产品的转化环节，实现了从原材料到产品的增值，为企业创造了利润，是企业的增值循环；而企业的销售环节，则是将增值的产品转化为企业收益的过程，是一个资金流入和产品流出的过程，是企业的收入循环。由于企业的支出循环、增值循环和收入循环的执行结果最终都是通过企业的盈利水平来反映的，因此，ERP 在企业的支出循环、增值循环、收入循环中对资源整合和流程的监控是信息系统支持企业商业模式运作的例证。

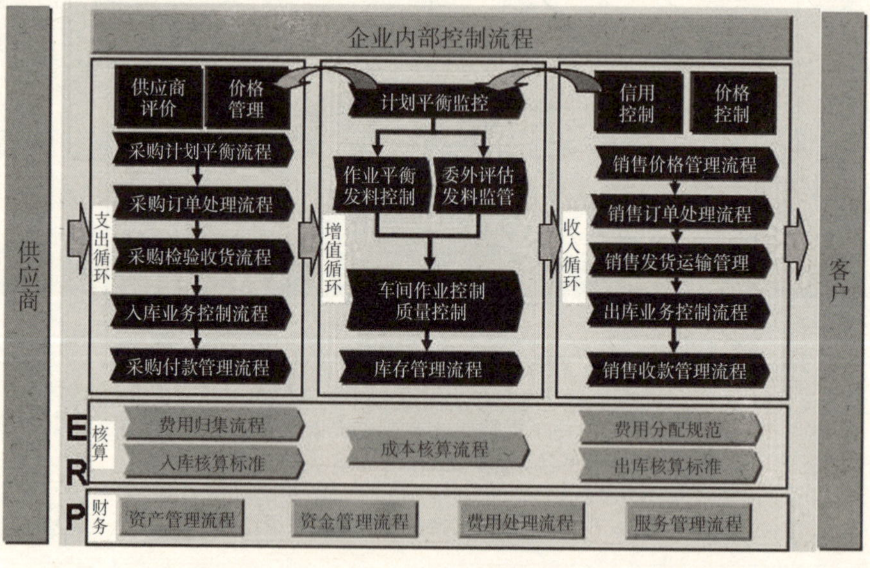

图 8-8 企业内部控制流程

由图 8-8 可以看出，“供应商—支出循环—增值循环—收入循环—客户—收入循环—增值循环—支出循环—供应商”形成了一个完整的商业模式支持系统，ERP 系统为简氏提供了一个共享的资源整合和流程监控平台。

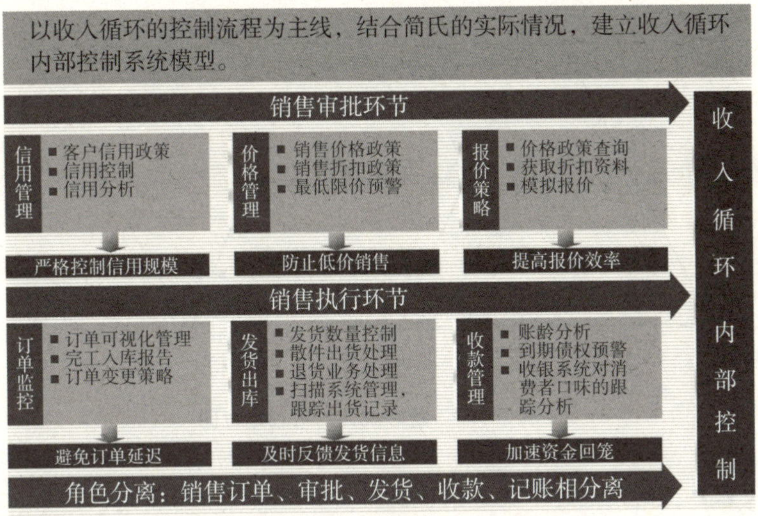

图 8－9　简氏的收入循环系统控制模型

四、金蝶 ERP Ⅱ系统支撑了简氏的收入资源整合与业务流程监控

1. ERP 推动盈利模式的运转

简氏经过十多年的积累，创造了企业的独特盈利模式——高品质、高价格、低成本和高利润，也就是提升产品销售量，以高价格、高利润、高销量来推动企业的持续发展。

紫砂炊具的市场是很有潜力的。经简氏估计，中国的潜在客户约有 2 500 万，而简氏的产品系列又比较多，定价从 100～700 元不等，平均价位在 200 元左右，且紫砂煲的使用寿命在 3～8 年（国家正在研究到底是 3～5 年还是 3～8 年），因此这是一个很有潜力的市场。如图 8－10 所示，紫砂炊具市场按消费者的收入分，呈现两个三角形，左边的是价格从低到高时消费者数量从多到少的结构，右边的是企业的销售利润相反的倒三角关系，即低端客户的数量多，但是企业的利润少，中高端的客户少，但是企业的利润多。

在紫砂煲的市场规模预测中，企业定位很重要。简氏通过权衡，一开始就决定把紫砂煲定位在中高端市场。中高端的消费者，对价格的敏感度小于底层的消费者。事实证明，简氏把产品定位在中高端客户群是正确的。随着竞争对手的增加，多数企业将产品定位在低端市场。例如，美的、九阳这些家电巨头在低端市场具有竞争力，因此简氏就将市场定位在市场三角形的中高端，也就是获取利润最多的部分，以高质量和高价格提供高附加值的产品和服务。

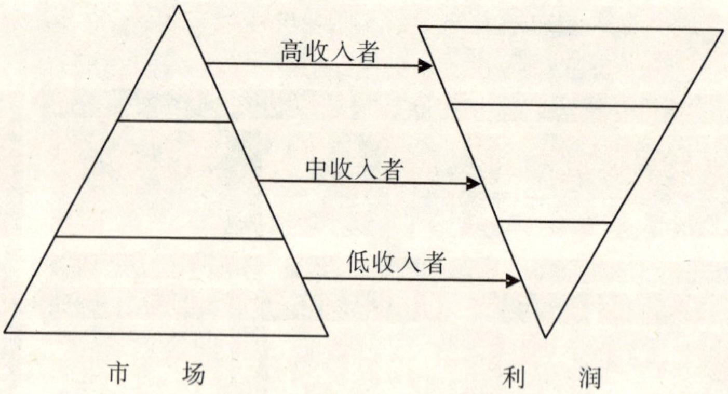

图 8-10 紫砂炊具的市场定位图

为了方便客户，简氏通过多渠道销售产品，有卖场、百货商场、超市、餐饮店等，同时采用“家电销售+餐饮连锁”的模式，促进了销售量的提升。与此同时，企业建立起合适的战略成本架构，在此基础上控制好日常成本，加快关键资源的利用速度，实现收入最大化。为了降低成本，简氏在江苏建立了紫砂原材料生产基地，大大降低了产品的直接材料成本。此外，企业拥有独立的价审部门，通过对原料的成本核算，规范了采购流程，节约了采购成本。财务方面，企业利用金蝶 ERP Ⅱ系统开创了“七栏账”，可以通过系统直接显示对账单，节省了时间、人力成本。这些都是竞争对手无法在短期内模仿的优势。

2. 开发“七栏账”，有效控制企业的收入风险

在简氏的主动要求下，金蝶帮助简氏开发了“七栏账”，用于管理销售中产生的往来账。“七栏账”包括结算前业务备查资料、结算后会计账面数据和合计。每大栏再分借、贷、余三栏，合计反映各企业收款往来情况。通过此“七栏账”电子表格程序，大大提高了各岗位的工作效率和准确率。用简氏财务部部长的话来说就是，“七栏账”使得老板在任何地方都可以直观、准确地了解企业的往来账，使得企业高层一目了然地查看收款数据，为快速决策提供强有力的依据。“七栏账”使得金蝶 ERP Ⅱ系统的应用从企业内扩大到了企业之间的资金往来，加强了简氏对在销售过程中涉及的客户、信用、价格、销售审批、销售流程、销售出库、销售收款等收入循环环节的控制，有效控制了企业的收入风险，也加强了企业对盈利模式的监控。

3. 资源利用最大化，业务流程一体化

现在简氏的客户可通过销售系统直接在网上下订单，应用电子商务网站进行网络经营，送货上门。在公司的主页上，有通往依立网上商城的链接，商城提供电话订购和网上订购两种方式。简氏通过电子商务，减少了中间商，减少了事务性的营业和管理费用，降低了销售成本，并且在网站上突显招牌产品，简洁直观的产品信息起到广告宣传的作用。电子商务网站支持商品的在线订购和销售，并且可以大大减少渠道费用。

此外，企业利用收银系统，可以追踪客户，及时将客户的使用满意度反馈到研发部门，并且通过追踪，使客户感觉到企业对消费者的关怀，提高他们再次购买或者建议他人购买的信心。

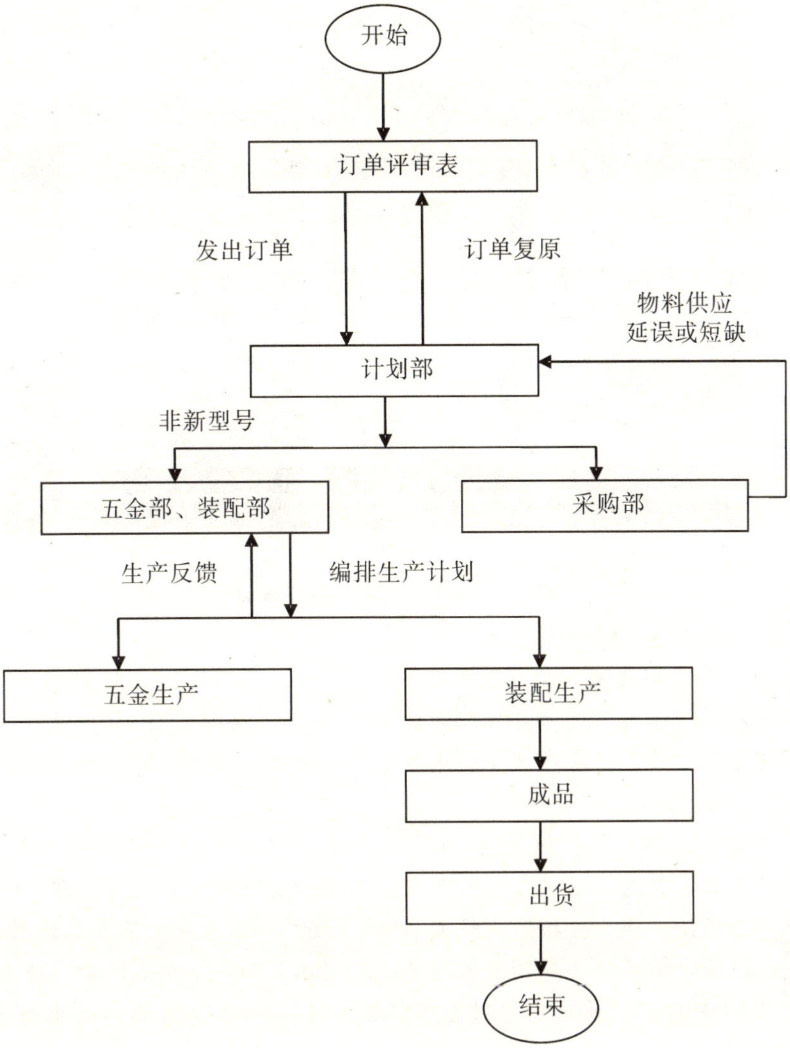

图 8－11　订单执行流程

五、金蝶 ERP Ⅱ系统加强了简氏的内部资源整合和业务流程监控

简氏自开创紫砂锅以来，一直坚持走专业化路线，摸索出了一套独特的紫砂制造工艺，旨在为客户提供高品质的产品。

金蝶 ERP Ⅱ系统的运用，加强了简氏对在加工过程中涉及的生产计划、领料、生产进度、车间作业、产品质量、库存管理、成本核算等增值环节的控制。简氏的生产循环系统控制模型如图 8－12 所示。

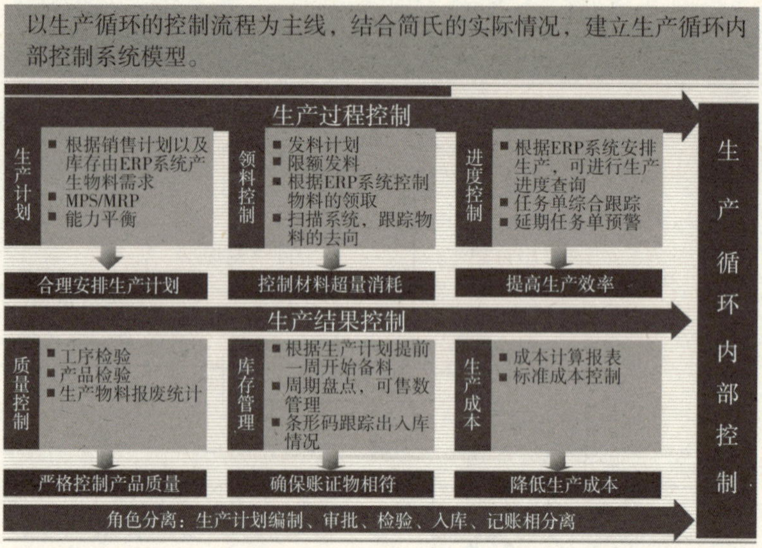

图 8－12　生产循环系统控制模型

1. 缩短设计周期并提高设计质量

在产品研发上，简氏通过计算机辅助设计 CAD 集成金蝶 ERP Ⅱ系统来进行炊具产品的设计，主要完成设计、信息存储和制图等工作，缩短了设计周期并提高了设计质量。

2. 提高生产计划和采购计划的执行效率

在生产执行上，2008 年，简氏将 ERP Ⅱ系统升级到 K/3 V11 版本，将成本、物流、计划、总账、报表等功能应用起来，所有单据都源于 K/3 系统的运算结果。采购部门的采购单、生产部门的排产单严格按照系统数据进行操作，大大简化了企业的数据统计过程，方便生产等部门的中高层领导对数据进行查阅及审批，加快了企业的运营速度。

企业每月 14 日根据销售预测得到生产需求，利用 2～3 天协调计划品种并进行库存查询，在 17 日生成下个月的生产计划。在没有应用金蝶 ERP Ⅱ系统之前，简氏制订月度生产计划并生成 MRP 计划需要一周的时间，而现在通过金蝶 ERP Ⅱ系统中的物料需求计划模块，只需 3 个小时就可以制订下个月的生产计划和采购计划，大大提高了工作效率。此外，ERP Ⅱ系统自动生成采购订单，保证了采购工作的有序进行，与此同时，企业利用 MRP 计划备料生产，流程如图 8－13 所示。

在产品制造追踪管理上，2008 年，简氏车间引入了滕泉条形码系统，加强了对成品及其制造过程的条形码管理，条形码系统和金蝶 ERP Ⅱ系统进行了有效的集成，加强了对产品的追踪管理。2009 年，简氏开始对半成品及价值较高的原料全面实施条形码管理。简氏通过运用条形码信息系统，对各关键工序控制点（工艺、安全、环保、质量）指标实现了远程控制和跟踪。同时，通过实时生产线数据的采集，实现了对生产设备的自动监测和控制，提高了生产操作的稳定性和产品一次合格率，提升了产品市场竞争力，在关键部门，如产、供、销、技术等部门建立起了相互连通的、能进行信息交换的平台。

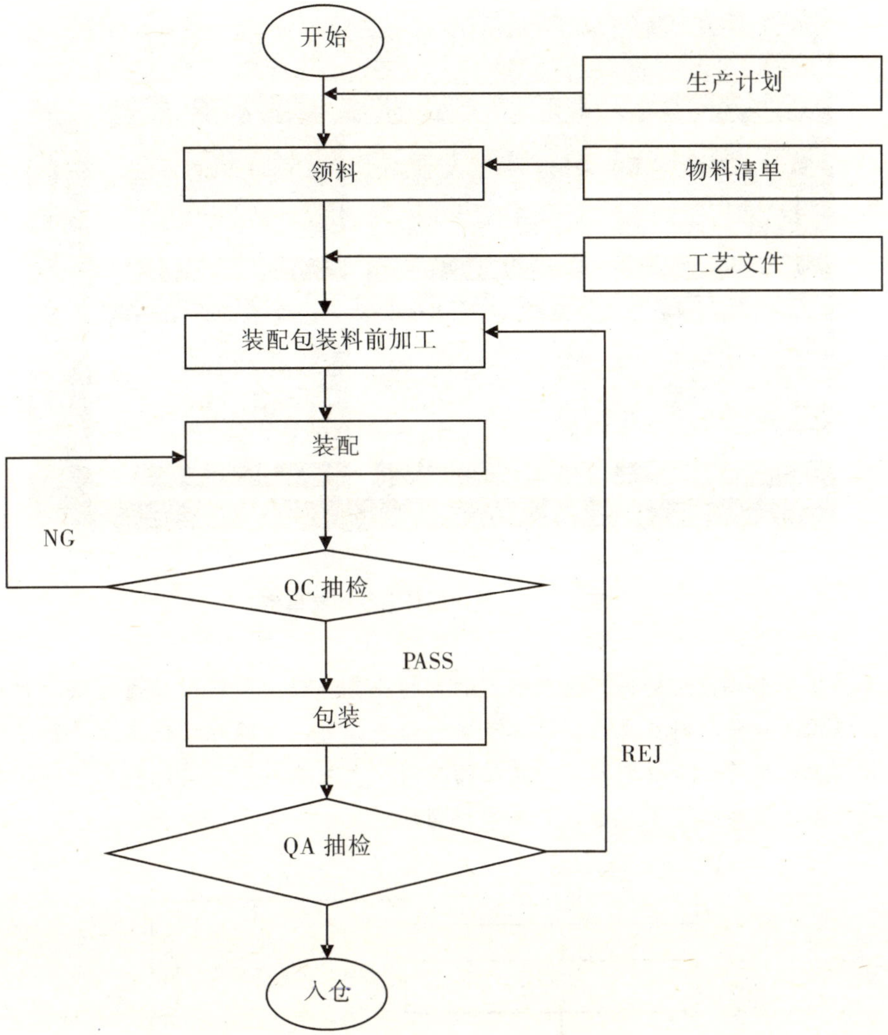

图 8－13　车间生产计划与监控流程

六、金蝶 ERP Ⅱ系统加强了简氏的支出资源整合与业务循环控制

在支出循环中，随着简氏业务的不断壮大，物料品种的不断增多，仓库管理较乱，库存不断增加，库存成本提高，同时物流数据难以追踪及监控，采购、库存数据的不规范极大地制约了简氏的发展。

2004 年，简氏开始应用金蝶 ERP Ⅱ系统的采购管理、物流管理、生产计划管理等模块。经过几年的努力，简氏建立了统一的编码体系，一物对一码，实现了采购、生产、库存数据的一致性。库存模块与条形码系统结合，使得产品出入库都可以及时追踪，从而精准地反映出库存的变化。另外，物料进出仓与应收应付相结合，库存数据同时也得到简化，可以统计企业的可售数。物流系统的应用，大大地改善了简氏的物流运转情况，加强了简氏对在采购过程中涉及的供应商、采购价格、采购量、采购审批、采购流程、采购入库、采购付款等支出循环环节的控制。具体的支出循环系统控制模型如图 8－14 所示。

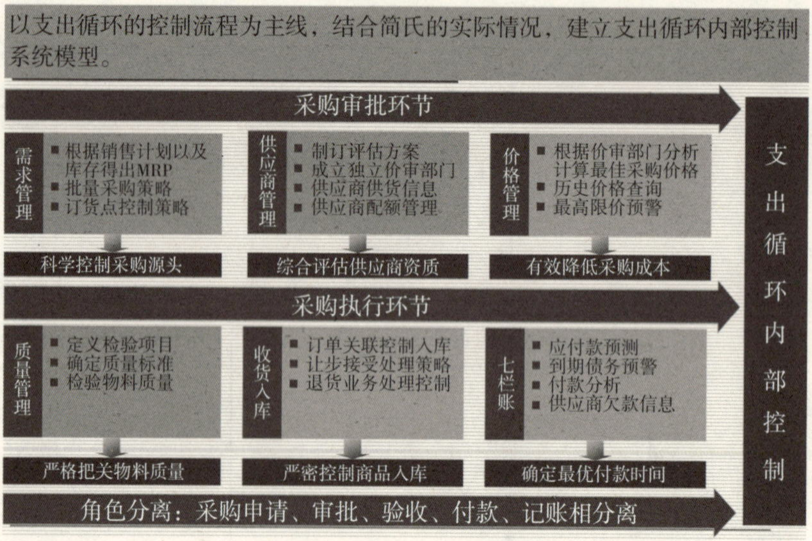

图 8－14　支出循环系统控制模型

同时，将条形码系统延伸到生产制造的大的业务流程中，从供应商提供原材料、零配件开始，跟踪每一种物料在生产制造环节中的状态，可以准确地反映出生产制造环节中适时的绩效情况。生产制造计划与监控系统的应用，大大地提高了简氏的生产制造水平，使之能够更好地适应市场竞争需求，具体的模型如图 8－15 所示。

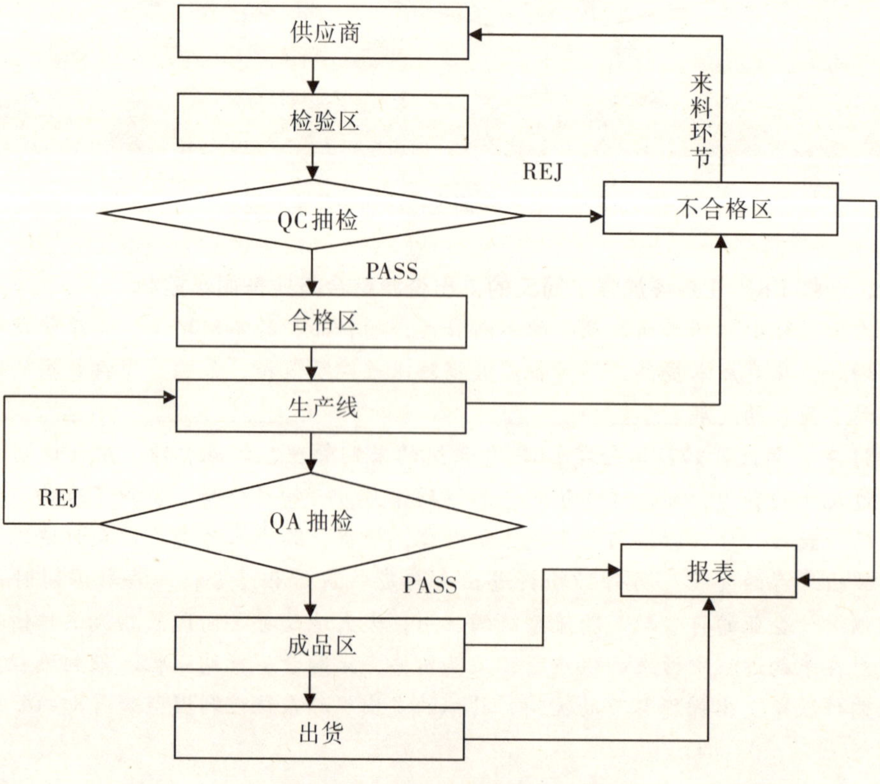

图 8－15　生产制造与监控业务流程

七、金蝶 ERP Ⅱ系统帮助简氏建立了内部沟通平台

简氏以金蝶 ERP Ⅱ系统为核心建立了统一的信息平台，将金蝶 ERP Ⅱ系统与电子邮件、工作流等进行无缝衔接，实现了信息的异地、实时共享与查询，方便了相关负责人实时了解企业的采购、生产、销售、财务的实际数据，及时、准确地了解企业的经营现状。此外，简氏使用了 K/3 10.2 OA 系统，使得整个企业的工作流由原来的纸质化转向无纸化。ERP Ⅱ系统与 OA 系统的运用，加强了事务、流程和信息的协同处理。高层人员身在异地亦可处理公司的急事。据统计，现在简氏内部每天登录 OA 系统的人次就高达 2 000 多。

简氏建立起了一个有效的内部沟通平台，如图 8－16 所示。

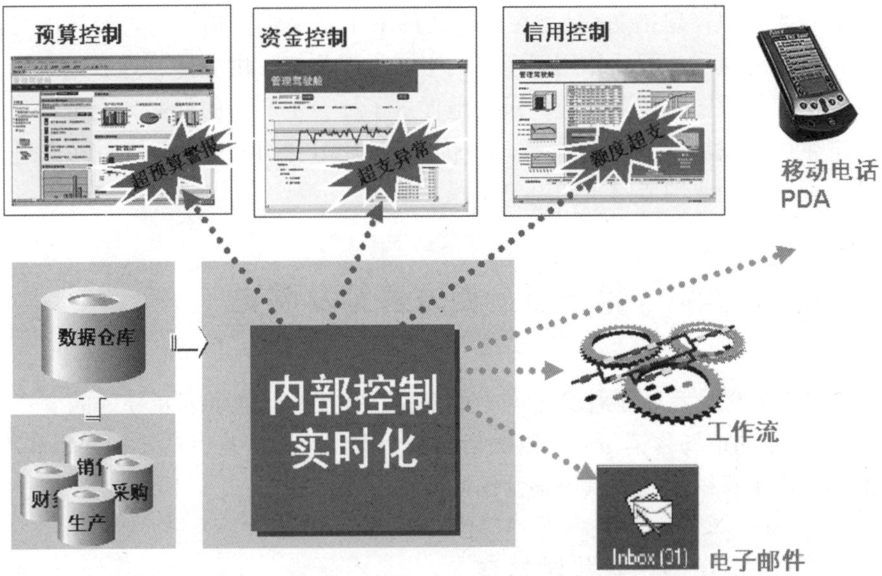

图 8－16 基于金蝶 ERP Ⅱ系统的内部控制系统

总之，利用 IT 技术支持企业商业模式运作的思路使简氏与金蝶公司开展了合作，使企业在并不知道 ERP 到底是什么的情况下走上了 ERP 征程。在多年的合作中，简氏学习了 ERP，金蝶也向简氏学习了“七栏账”和可售数等最佳管理实践，使得简氏的商业模式运作精髓融入金蝶 ERP Ⅱ系统中，双方共同创造了中国商业模式的典范。

第九章　实施 MRP Ⅱ/ERP 系统，实现营销管理科学化

从市场交换的角度看，无论是买方市场还是卖方市场，市场营销都起着重要的作用。市场营销在企业采购、生产、销售循环中属于头和尾，即为生产做准备，也实现生产的价值。早期的企业“以产定销”，是指在市场条件下生产决定营销。随着经济的发展，营销开始决定生产，流通和分配反作用于企业的生产。近几年，供应链管理、电子商务的兴起促进了企业生产与营销的相互渗透，极大地促进了社会生产力的提高，充分体现出营销管理也是促进生产力发展的一门科学技术。因此，以 MRP Ⅱ/ERP 为核心的先进的营销技术、营销管理成为企业创造财富的重要手段。

第一节　西方营销发展史

西方的营销发展史反映了社会生产力的发展，也反映出企业营销模式的变迁。西方 20 世纪 40 年代至今的市场营销历史可以概括为三个主要阶段：从以产定销向市场推销转变，从市场推销向市场营销转变，从市场营销向网络分销转变。

一、从以产定销向市场推销转变

第二次世界大战后至 20 世纪 50 年代末，世界经济处于战后恢复重建时期。这个时期，消费需求快速增长，企业的产品供不应求，只要产品质量好就有市场，企业处于生产至上的优越地位。这一时期，企业经营的重点是发挥大批量生产的优势，降低成本，以产定销。

进入 20 世纪 60 年代，科技的进步和社会生产力的发展使产品的生产出现供需平衡趋势，产品间的差异性越来越小，企业可以迅速仿造市场上相同或相近的产品来组织生产，使得各种品牌共享市场，消费者从产品本身很难辨别产品的优势。随着竞争的加剧，企业开始走出厂门向消费者推销企业的产品，向消费者说明产品的功效，使消费者在同质的产品中选择并接受自己企业的产品。

从这时开始，企业便采用人力和广告来吸引消费者的注意力。走出厂门推销产品，标志着企业生产进入了市场推销时代。从生产至上到向市场推销产品，企业的基本职能在发生变化，销售日益被重视。但是这个阶段，企业的销售还只具有与生产、财务同等的地位，销售部门在企业里的地位并不高，因此，此时的市场推销主要是完成企业从生产导向向市场导向的过渡。

二、从市场推销向市场营销转变

20 世纪 60 年代以后，企业开始对市场的营销渠道、促销方式进行消费者定位，开始对市场的机会进行研究，促使企业的产品和定价迎合消费者的需要。从市场需要出发来组织企业生产导致了企业从市场推销向市场营销的转变。

市场营销使企业明确了市场活动的成功不再是在产品产出之后，而是由产品产出之前的消费者需求决定的。因此，企业的市场营销成为企业活动的中心，企业为了生产出适销对路的产品而开展科研和生产试制。为了把握市场，企业开始围绕"销什么产品（Product）、用什么渠道销（Place）、用什么价格销（Price）、用什么促销手段（Promotion）"的"4P"营销组合来经营。从此，企业的营销职能由企业内部伸展到了企业外部，企业开始组建自己的营销部门或营销公司，市场营销的地位在企业中得到很大的提高，企业营销人员占全体职工数量的比重开始上升，广告等促销行为所占用的资金在企业预算中的比重也开始上升。

三、从市场营销向网络分销转变

市场营销使企业的经营重心从企业内部移向了市场，企业开始重视市场活动，但是对市场的把握还不是很大。多个企业、经销商共享营销网络，企业对分销网络进行的资源计划、库存管理、运输管理等行为促进了市场营销向网络分销的转变。

20 世纪 80 年代，科技发展和管理创新使商品数量成倍增长，产品的供给远大于需求，经济全球化和资源利用当地化促使企业调整经营战略，在全球范围内组织生产和销售。由于企业对市场渠道的开拓和市场网络资源的利用决定了企业生产效率的高低，单个企业自建单一营销网络成为不经济的行为。因此，企业转向多营销网络销售，多个企业、经销商共享营销网络促使分销商、经销商、零售商与生产企业之间结成战略合作联盟。

由于企业的营销网络触角延伸到了消费者终端，所以市场营销开始向分销转变，并推动了物流企业的诞生，也推动了电子商务、供应链管理在制造业和流通业的运用。

四、网络分销的优势

从市场营销向网络分销的转变能够重组社会资源，使企业产品的差异和品牌得到突出，缩短商品的周转时间，提高物流的周转速度。

例如，计算机公司 Dell 向 IBM、Compaq 等传统公司挑战，采用直销模式打开了微型计算机市场，不但降低了企业的产品营销成本，而且使得消费者的个性化需求在最短时间内得到满足，促使消费者参与企业的产品组合和研究开发。

从市场营销向网络分销的转变，给企业的生产和经营模式也带来了不小的变化。

（1）可以利用互联网技术使企业与终端用户直接联系，中间商的重要性降低。中小企业可以利用互联网技术进入国际市场，使得市场进入的壁垒减少。

（2）对分销网络的管理能够有效地控制企业产品的终端价格。分销网络可以让价格直面客户，由客户直接比较价格，促使企业和经销商降低成本。以前，制造厂家的成本和销售不向市场公开，即使制造厂家把价格降低，但市场渠道有价格减震器、价格吸收器的功能，能够把制造厂家降低的价格抵消，产品的零售价最终也降不下来。

（3）分销管理应充分利用网络技术和网络空间的优势。由于企业竞争的关键在于获取网络信息，企业利用网络资源将国内外商品流通模式融会贯通，为提供商品的个性化服务、分析客户需求创造了前提条件。

（4）在对企业销售网络进行管理的同时，企业还可用分销资源计划的管理方法来管理供应商网络。据 Gartner Group 1997 年 6 月的调查，企业 60% 的年收入花在外部采购上，企业节省采购费用的 2% 就等于增加了 1% ~2% 的年收入。在卷烟、牙膏、食品等流程型企业，原材料成本占了生产成本的 70% 左右，节约物料在供应商和仓库之间的占用时间就可以提高企业采购资金的流转速度，降低采购成本。因此，近年来企业间采购使用网上采购的形式占了电子商务中 B2B（Business to Business）业务的一半以上。

（5）ERP 与微信、手机终端软件互动，促进企业向生活化、社会化营销转变，变客户为用户，促进企业对用户生活方式的了解，利用符号资本开展营销。

第二节　我国企业营销模式的改变

改革开放 30 多年来，我国企业营销模式的改变也经历了上述三个阶段。虽然各企业转变的快慢不同、层次不一，但是大多数企业完成了从以产定销向市场推销的转变，多数企业正从推销向市场营销转型，更多企业正利用 ERP Ⅱ 从市场营销向网络分销发展。

下面以烟台张裕公司的“营销兴企”看我国企业营销模式的转变。张裕公司营销兴企的“三部曲”反映了我国企业走向市场、控制市场、经营市场的变革。

一、从统购调配到企业自己销售

烟台张裕公司是我国专业生产葡萄酒的厂家，公司创办于 1892 年，有 100 多年的生产历史。

在 20 世纪 80 年代，张裕公司的销售还是计划经济体制下的典型做法——以产定销。张裕公司产品的销售由国家统一调配，企业只管生产不管销售，销售人员坐在家里开发票就完成了企业的销售。由于企业缺乏对市场的接触，改革开放十年后，企业仍然没有建立起适应市场竞争的经营机制，只是国家的一个加工工厂。

1978—1989 年的 10 年间，乡镇企业、合资企业异军突起，逐渐占领了张裕公司的销售市场，而张裕公司却浑然不觉。到 1989 年，国家的统配、统销政策不灵了，企业的产品出现滞销。企业的 6 条生产线停了 4 条，1/4 的职工没有活干，企业账面亏损达到 300 万元，8 000 万元的销售额中 6 000 万元没有回笼，企业陷入停工、停产的困境。

1989—1992 年，企业开始寻求生机。一方面，企业内部开始了艰难的经营观念的转变，另一方面，企业开始走出厂门、走向市场。经过三年的艰难转变，1992 年，张裕公司开始了经营战略的转型，开始了从生产型企业向生产与推销相结合型企业转变。

1992 年，企业打开厂门面对市场的时候，发现市场上充斥着外资企业、合资企业、民营企业等生产的近百个葡萄酒品牌。这些葡萄酒生产企业在体制上比张裕公司有优势，也有丰富的市场经验，在市场上占了优势。但是，张裕公司相信“市场有多大，企业就有多大。每个企业都有在市场上生存、发展的权利和机会，就看企业的外功到不到家”。这里的“外功”是指运用现代市场营销管理战略开辟市场的功夫和手段。

在明白了市场是企业的衣食父母、市场仍然还有企业的生存空间后，张裕公司开始重视销售业务，并且投入较多的人力走出厂门推销企业的产品。推销人员拿着产品到处找经销商、代理商，凭着推销人员的本事一点一点地卖。经过苦练外功，加上企业上百年的生产经验和产品品牌的口碑积累，企业的市场销售量开始回升，企业效益开始恢复。

二、从推销向营销转变，迈出走向市场的第二步

在市场推销过程中，张裕公司开始认识到市场能够改变生产，企业的生产和销售密不可分。经过市场推销的磨炼，企业开始建立现代市场营销管理体制，变推销为营销。1995 年，张裕公司确立了“营销兴企”的发展战略，使张裕公司由单纯的生产型企业向生产经营型企业转变，变“销售我生产的产品”为“生产消费者需要的产品”。

在以推销为主的销售模式中，企业的营销渠道和销售服务是“生产商—批发商—零售商—消费者”的链式顺序模式；而在“营销兴企”模式中，消费者是圆心，是企业的重中之重（参考图 9－1）。

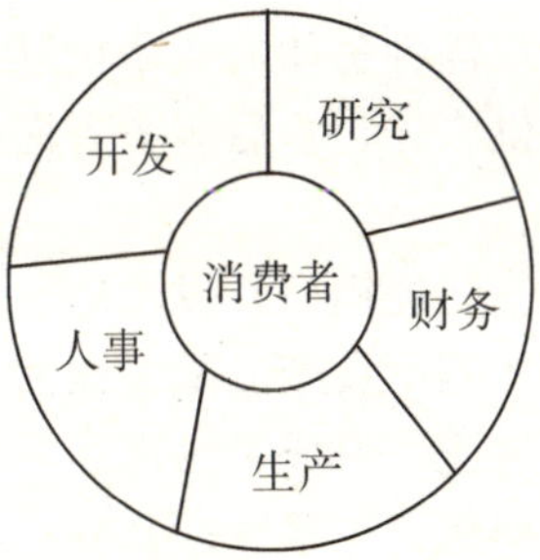

图 9－1　以消费者为中心的营销兴企模式

为了贯彻“营销兴企”的发展战略，企业将主要领导力量、优秀人才、资金集中投向了营销领域，生产、内部管理都为市场营销服务。营销兴企策略使企业的产品生产贴近市场需求，使企业的研发、生产、销售、服务、管理的全过程围绕市场转。经过几年的战略转变和市场营销实践，张裕公司培养了一支训练有素的市场营销队伍，建立了一套配合市场营销的规章制度，使企业的营销观念渗透到企业制度中，用制度固定了企业“营销兴企”的策略。

三、从营销向分销转变

到1998年，张裕公司发现企业在营销过程中如果想把市场和销售都控制在自己手中，还需要加强营销网络的管理。企业从“产品—市场渠道—消费者—产品—市场渠道—消费者”的反馈流通链中发现，企业不能被动地跟随和适应市场，必须对整个营销过程中的经销商网络、零售网络进行有效的沟通与监控，实现信息管理、网络管理和促销管理的有机结合。

1998年，张裕公司开始从市场营销向网络分销转变，主动经营企业的分销网络。为此，企业采取了一系列的措施促进企业从市场营销向网络营销转变。

1. 信息管理为营销提供科学的决策依据

张裕公司的营销人员2/3以上的时间都在市场第一线，每天反馈市场信息回企业，任何一个销售点的销售量发生微小的变化，销售人员都必须及时发现并查明原因。

1998年，张裕公司开发江苏市场时，事先对市场构成、竞争对手、消费者价值取向等作了深入调研。当企业决定进攻江苏市场后，由于信息准备充分，三个月内张裕产品在无锡、常州的市场占有率由排名第三、第四上升为第一。信息管理使张裕公司对市场发展情况和营销过程有了实时监控，为企业调整市场战略提供了一手资料。

2. 网络管理使企业的物流合理流动，加强了销售监控

张裕公司对最终销售进行了网络管理，随时检查代理商、经销商是否完成了销售任务。

首先，张裕公司用“两个终端”的方针对经销商网络和零售商网络进行监控，对经销商进行销售培训和定期考核，采取优胜劣汰的竞争机制。

其次，张裕公司对经销商提供广告、售后服务方面的支持，帮助经销商一起成长，共同实现企业的营销计划。

最后，张裕的营销人员直接协助经销商开发酒店、商场等零售网点，营销业务主管定期走访零售点，把过期、商标损坏等不良产品随时撤回，并提供各种售后服务。

两个终端的管理扩大了销售渠道，形成了代理和零售互相配合、分销和直销并举的庞大网络，为张裕市场的开拓和巩固奠定了雄厚的基础。

3. 促销管理覆盖企业的分销网点，扩大企业和品牌的知名度

张裕公司多年来在促销上采用多种措施，让分销商和零售商参与到促销中，做到了“五个到位”：①合格的代理商负责铺货到位；②最适合当地市场的产品运送到位；③优秀的销售经理和营销人员现场指挥到位；④促销资金划拨到位；⑤促销策划方法落实到位。

经过10年的“营销兴企”，张裕练就了营销管理的真功夫。多管齐下使得张裕在市场经济中脱胎换骨，使得张裕葡萄酒近年来市场占有率居全国榜首。

四、张裕公司营销模式转变的启示

张裕公司营销变革的“三部曲”也是我国企业从计划经济走向市场经济的三个重要转

折点，相当于 30 多年内走完西方 70 多年的路程。张裕公司营销变革的三部曲也是 MRP Ⅱ/ERP 系统销售和分销思路的体现。在市场竞争日益激烈的今天，经营和管理市场需要科学的市场营销战略，也需要科学的手段。MRP Ⅱ/ERP 的分销系统为我国的广大企业提供了打开市场的科学思想和方法，也为建立世界级的跨国企业奠定了基础。

第三节　跨国公司全球运作的模式分析

跨国经营的首要目标是在正确的时间将正确的产品从供应商处移至最终分销目的地。其中，制造是由企业内部完成的增值活动，实体搬运及移送则是由分销商执行的有意义的增值活动。

虽然跨国公司经营的产品不一样，但是从企业的全球运作模式上看，其与普通企业的运作模式没有大的差异，只不过在经销的时间和地域上比传统的地方性企业宽广一些而已。

跨国公司的运作体系仍然以第一章分析过的五大运作体系为主，即计划管理体系、工程管理体系、物料管理体系、作业执行管理体系以及财务管理体系。本节主要讨论跨国经营作业执行管理体系中的分销资源管理。

一、跨国经营的模式分析

跨国公司的全球运作离不开信息系统的支持。从逻辑上看，跨国公司的分销资源管理是以分销资源计划管理为主，利用分销资源计划对多层次、全球范围内的供应商、分销商和制造厂的物资进行各级仓库的库存事务处理，即依据分销资源计划完成各级物流和资金流的匹配，对位于各个仓库的产供销资源的流转进行严密的计划、组织、领导和控制。

跨国经营具体的运作模式如图 9－2 所示：

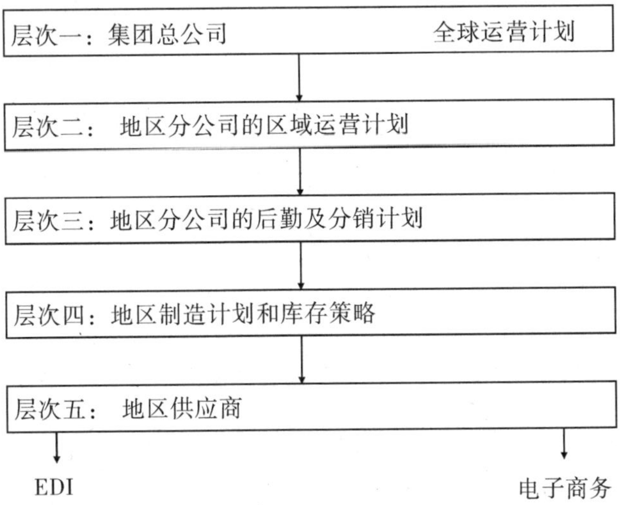

图 9－2　跨国公司的企业运作模式

图 9－2 与第三章分析的 MRP Ⅱ的五个计划层次是类似的。因此，分销资源计划的处理逻辑还是传统的 MRP 逻辑，主要对多个工厂、分销中心之间的销售、生产、物料、采购、财务进行管理。

1. 多个工厂的订单处理模式（如图 9－3 所示）

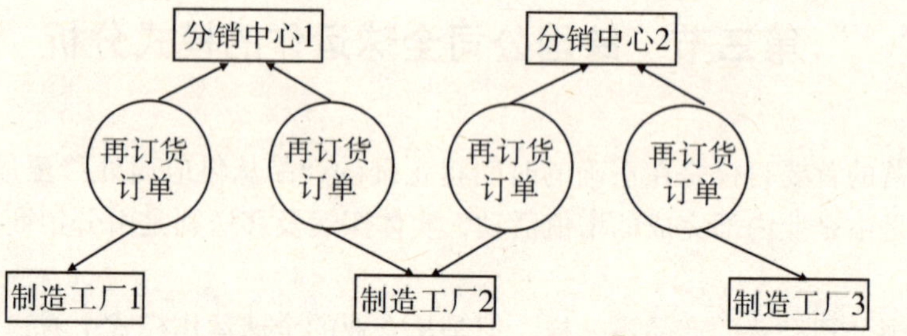

图 9－3　多个工厂的订单处理模式

2. 多个工厂的主生产计划模式（如图 9－4 所示）

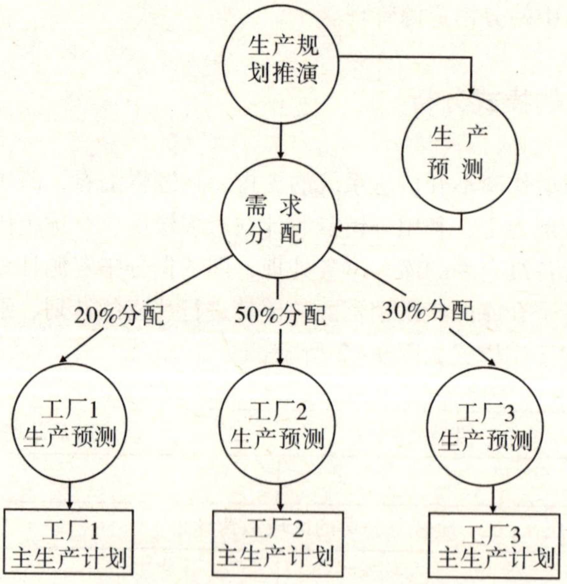

图 9－4　多个工厂的主生产计划模式

3. 多个工厂的物料需求计划处理模式（如图 9－5 所示）

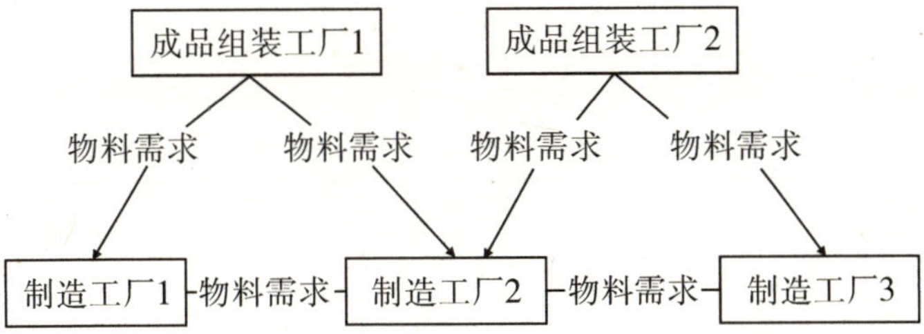

图 9－5　多个工厂的物料需求计划处理模式

4. 多个工厂的采购处理模式（如图 9－6 所示）

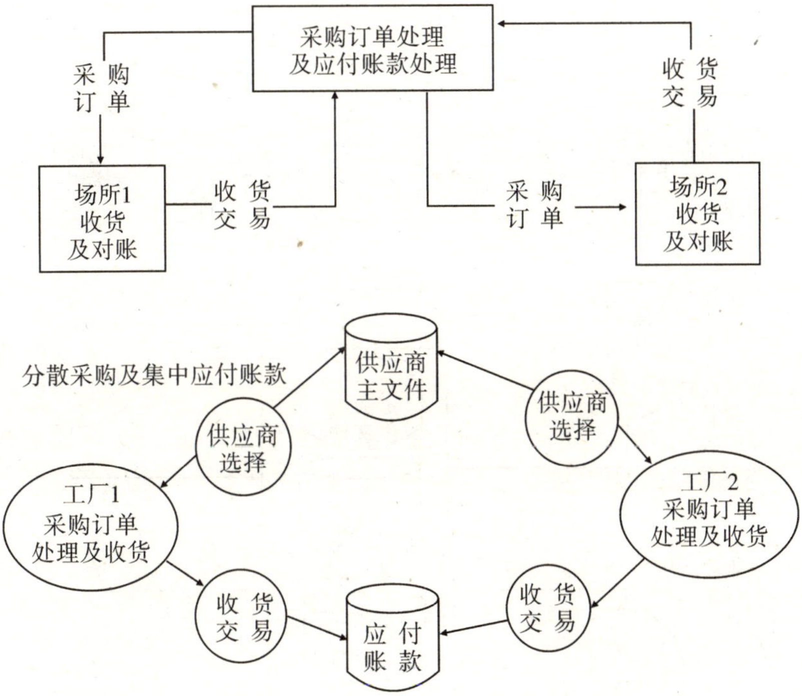

图 9－6　多个工厂的采购处理模式

5. 多个工厂的库存调度（如图 9－7 所示）

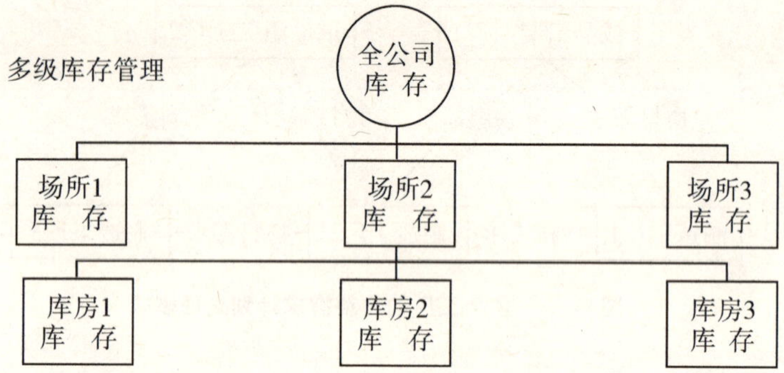

图 9－7 多个工厂的库存管理

6. 多个工厂的财务处理模式（如图 9－8 所示）

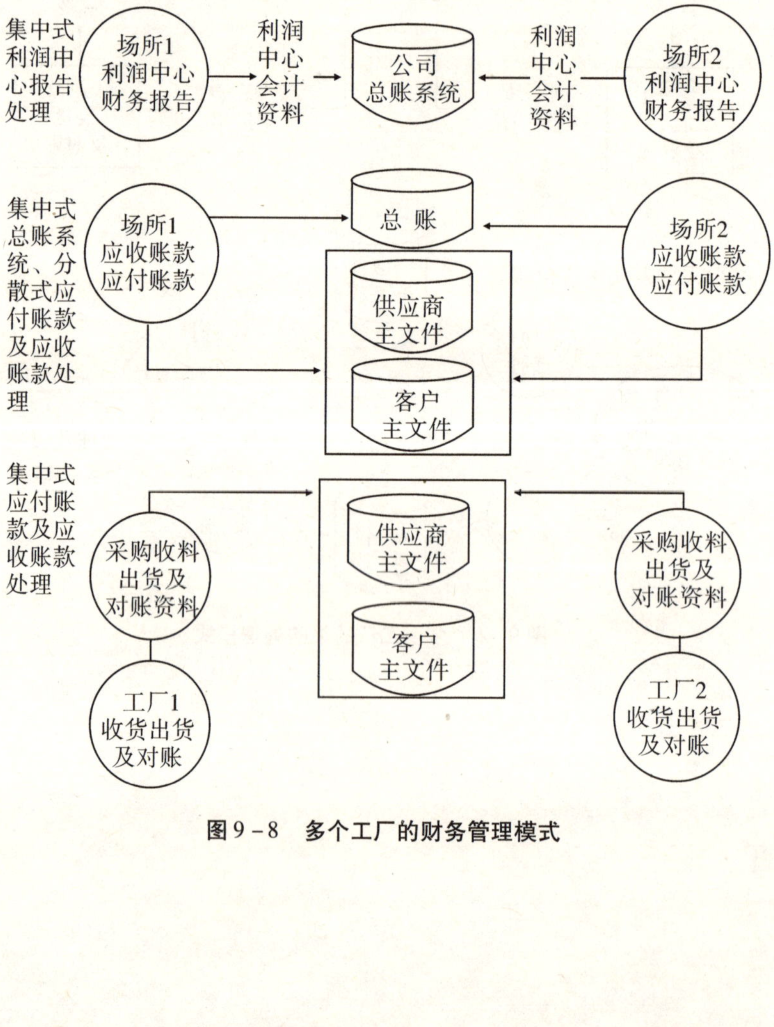

图 9－8 多个工厂的财务管理模式

二、分销资源计划的处理逻辑

只有有效协调分销网络，企业才能在正确的时间和地点提供服务。图 9－9 表示闭环分销资源计划的处理逻辑。

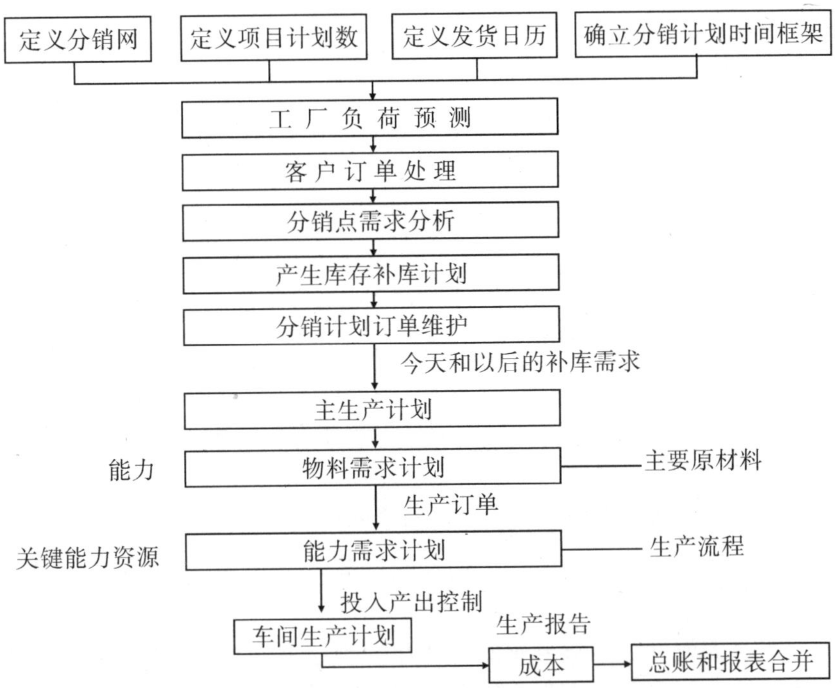

图 9－9　闭环分销资源计划的处理逻辑

第四节　分销资源计划的组成

第三节所讲述的主要步骤是依据需求产生分销资源计划、发出补充订单、分销网络发运、分销网络内产品接收。这些步骤和制造系统内的“MPS—MRP—SFC—INV”逻辑一致。因此，企业分销资源计划的管理对象和制造计划与 BOM 分解非常相似，只不过分销资源计划的主要 BOM 是由分销网络的 BOM 组成，要依据分销网络的宽度和深度重点管理各个分销网点。

本节主要依据分销资源计划的处理逻辑分析分销资源计划的内容。分销资源计划主要包括以下内容：

（1）分销网络管理；

（2）分销库存计划管理，包括产生计划补充订单、发出补充订单等业务管理；

（3）分销发运和仓库管理。

一、分销网络管理

分销网络管理包括对分销网络的深度、宽度进行分析，并且定义分销网络。

1. 分销网络的深度管理

企业的分销网络如同 BOM 一样，也是一个树形结构。企业分销网络的深度是指分销渠道中中间商的渠道级数，类似于产品分销 BOM 的“零部件—组件—产品”的层次，也类似于产品“毛坯加工—半成品加工—成品装配”中工艺路线的流转级数。

企业分销网络的深度一般有四级，即“生产厂家—一级批发商—二级批发商—零售商—最终消费者”，即企业的产品出厂后需要四级分销工序才能完成最终销售，中间分销过程的成本决定了产品的最终售价。

ERP 分销资源管理对分销深度的管理使得企业销售管理从企业内部跨越了出去，从传统的 MRP Ⅱ 销售订单管理和销售发货管理渗透到了商品流转的商流管理，对产品运输路线、各个分销商之间与企业内部库存的补充订货进行了层层动态控制。因此，分销资源管理中对分销深度的管理有利于完善企业对生产周期和销售周期的全过程的管理。

2. 分销网络的宽度管理

分销网络中渠道的宽度是指分销渠道中每一个层次同种类型中间商的数目。例如，日用消费品海飞丝、可口可乐、美的风扇的经销一般由全国十个大的地区的总经销商来代理，那么一级分销的宽度是 10。

分销宽度的控制幅度需要与企业的生产和营销能力匹配，否则将导致销售失控。例如，三株口服液在经销商之下再发展经销商，深入农村各地，在全国共建立了上万个经销网点。由于企业销售网络发展大，三株没有利用信息系统控制销售环节，所以销售失控。到 1998 年，三株存在销售回款不力、中间经销商吃广告回扣等诸多问题，企业陷入困境。在总结企业的失败教训时，三株总经理对于没有采纳 MRP Ⅱ/ERP 软件商的建议，没有建立信息管理系统管理营销渠道而深感后悔。

我国许多企业对分销渠道控制不力，与发展太快情况下的虚假繁荣及经销商钻了企业的空子有关。这些企业的失败与没有用 MRP Ⅱ/ERP 有效控制制造、分销、财务有密切的关系，不可不引以为戒。

3. 分销网络的管理

分销网络的深度和宽度决定了企业分销网络的大小。一个分销企业最常见的分销网络是由一系列仓库及空间区域构成的。分销网络又可以分为单一分销中心和多个分销中心。

单一分销中心由简单的分销来源组成，所有的产品都由单一的供应中心补充；多个分销中心包括多个仓库，补给关系的来源多。

在多中心网络环境中，正确地定义分销区域、连接分销网络是关键性的管理活动。如果不能正确地定义并控制分销网络，势必引起物料管理成本的增加，分销网络的运行效率低下。因此，分销网络上动态和静态数据的实时处理成为对市场需求采取行动的前提条件，企业需要灵活地变更分销的补给计划、区分复杂的补充库存关系、有效控制分销网络中的提前期。

4. ERP 分销网络定义的灵活性分析

在定义单一和多个分销来源关系方面，ERP 系统一般提供多种方式，使得网络管理具有灵活性，能节约人工。

（1）对每一个接收区域，可以有多个供应商对产品进行供货；

（2）如果多个供应商补充同一种产品，可以对每个供应商定义在指定时间内的产品需求百分比，以便做好需求预测和价格评估；

（3）对于不同时间段的供应组合，可以根据订单交货日期和分销提前期确定产品是集中发出还是分批发出。

由于企业对市场渠道的开拓一般是分区、分片的，渠道多则网络的宽度广，渠道深则层次多。因此，企业需要尽可能地对分销网络的终端加以控制。

二、分销库存计划管理

随着企业的分销从本地进入外地、从本国进入外国市场，其所面临的库存管理成本越来越高。市场竞争日益扩大带来复杂的库存补充关系，为了使地区之间的需求与供给转移库存最小，分销库存计划系统需要把分销网络内的每一个分销网点的库存计划详细地落实到产品和库位上。因此，广大企业需要一个高效的 ERP 分销系统，科学地计划并控制多变的、分散的分销库存。

1. ERP 分销库存策略分析

ERP 分销资源计划提供库存计划的各种策略，对于安全库存、补库提前期、需求方针，都针对产品、分销网点进行唯一化处理，以便更好地处理指定分销网点的库存进出库事务，动态显示库存历史，追溯分销网点上所有库存产品的供给及需求。

2. ERP 分销订单管理

首先，ERP 分销需求计划依据分销网络内的需求自动生成计划补充订单；其次，在供给和需求两方面提供补充订单信息，综合独立及相关产品的需求与公司内的需求，产生库存计划订单；最后，发出采购申请和生产指令，同时协调所有仓库、分销网点间的生产及采购计划订单，向计划员提示采购的关键措施及需要特别注意的事项，对例外信息进行重点控制。

ERP 分销库存管理从多角度查看库存、管理仓库，因此，可以及时显示库存状态信息，也方便查询每一张客户订单的库存分配信息。

3. 分销库存的监控

ERP 系统可以对需要监控的对象设置报警条件，系统进行自动识别并发出警报。监控对象有物料库存能力、运输方式、存货限制、成本标准，报警的方式可以是消息、通知等，并自动把消息发给相应的监控人员。

三、分销发运和仓库管理

分销发运指对分销网络内的运输工具、运输等级、承运商价格、运输路线进行管理以节省货运成本。对于新的运输路线，ERP 运输管理可以模拟运输成本，为产品提供一个有竞争力的价格。

仓库管理是对仓库的接收、安置、订单履行、包装物、调度出库、质量检验、货物分仓等进行管理，为不同分销网点、不同运输路段、不同客户的货物进出仓库提供优选方案。

表 9－1　分销资源计划的主要内容

分销资源计划	近期计划	远期计划
分销网络内资源分配	应该从分销网络的哪个区域发货？何时发货？	应该建立多少个分销网点？应该与多少个分销商合作？
分销库存计划和补库	如何安排库存补库？制造厂如何安排生产？是否应该加班以缩短交货期？	为了向客户提供商品，应在哪个网点销售？
运输管理	如何安排车辆和运输路线以降低运输成本？	如何建立全球运输网络？是自建运输队还是转包给第三方承运商？
仓库管理	如何按时发货以履行客户订单？质量检验、分仓管理如何？	如何存储物品？仓库、分装设施的投资效益如何？

四、ERP 分销资源管理的效益分析

ERP 分销资源管理的效益较大，下面先分析分销定价对产品促销的作用。

1. 分销定价的作用

产品定价和折扣是分销企业最复杂的工作，企业需要依产品的销售市场、产品的市场成熟度和市场占有率制定相应的市场推广策略，需要对不同的经销商和客户给予不同的销售折扣并进行信誉控制，合理定价和实施不同折扣成为企业促销计划的主要内容。

合理的产品定价支持企业产品的整个生命周期（如图 9－10 所示），也是大型商场和货仓式超市吸引顾客的主要手段。ERP 分销管理支持合理的报价申请、询价、报价、定价，因此，对获取订单、控制信贷及设定产品折扣的有效期限提供了科学的手段。

此外，对于复杂的订单，ERP 分销定价可以鉴别类似产品的定价条款和交货提前期，及时更新客户订单的产品及其配置。如果客户订单需要专项产品备用件或附件，可以在订单的备注项提供产品建议，节省订单输入时间和处理精力。因此，ERP 具有针对企业的产品生命周期科学定价的作用。

2. 分销资源计划的其他效益

进行分销资源计划的有效管理还可以获得如下效益：

（1）支持决策。对中长期计划、分销作业进行模拟处理，"If－What"分析能使分销计划在实施前预计结果，使得企业的资金预算、销售、运作、物料管理、生产排程能够按照时间序列进行预测。

（2）提高客户服务水平及企业对市场的反应速度。

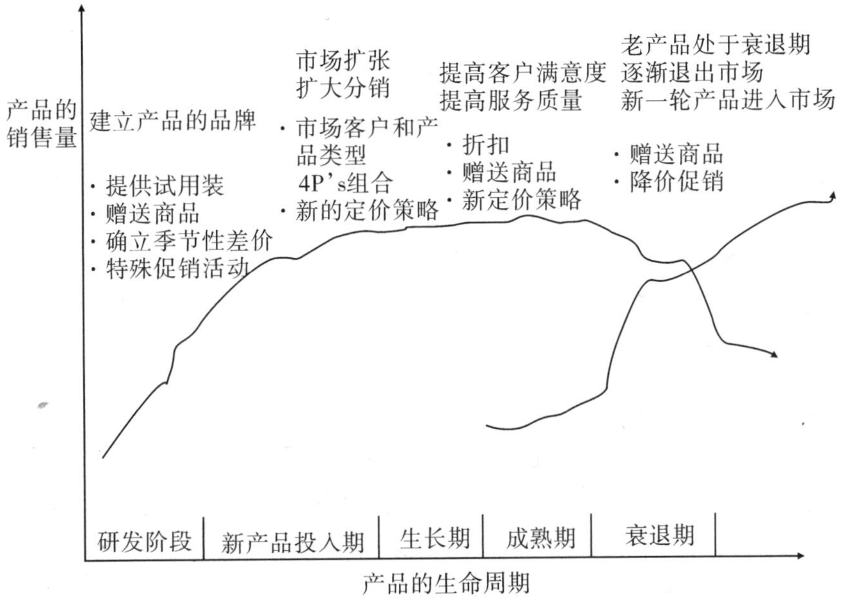

图 9－10　产品各个生命周期中的促销方式

（3）减少库存和生产成本，缩短生产周期。

（4）建立营销数据库，了解客户满意度，对消费者数量、类型、对产品的忠诚度以及购买周期、购买频率等作出分析。

第五节　ERP 是电子商务的基石

以电子商务为代表的网络经济是知识经济的重要组成部分，网络经济将提高企业的整体经济效益和参与世界市场的竞争能力。电子商务对于开拓新的生产领域、销售领域，建立新的集团运作模式也有积极作用。在市场竞争日益激烈的今天，企业的产品和服务本身已很难分出绝对的优劣，谁能把握客户的需要、加强与客户的沟通，谁就能取得竞争优势，捷足先登。因此，客户、供应商以及合作伙伴连接成一条价值链已经成为企业与企业之间竞争的核心。

一、MRP Ⅱ/ERP 早期的分销管理、供应商管理即电子商务

近几年兴起的电子商务，起源是早期 MRP Ⅱ/ERP 应用企业之间用 EDI 手段进行的订单处理。

电子商务有两种主要形式：商业对商业（Business to Business）、商业对消费者（Business to Customer）。利用电子商务进行企业之间的采购和销售是很重要的。

二、我国电子商务需要企业内部信息基础设施和 MRP Ⅱ/ERP 系统作后盾

随着我国市场经济的不断深入，企业内外部的运作方式大为改观。由于 Internet 大大缩小了时间和空间的距离，企业对外的接口界面大大扩展。MRP Ⅱ/ERP 是企业发展电子商务的基础，虽然电子商务时不我待，但没有 MRP Ⅱ/ERP，就不能开展真正的电子商务，MRP Ⅱ/ERP 是实现电子商务的基石（参考图 9－11）。

（1）网站只是企业与消费者联系的窗口，客户订单的处理需要企业内部建立 MRP Ⅱ/ERP 系统。

我国某些企业耗资几十万开网站，但是用户需求提升后，企业不能辨别需求的有效性和付款能力。客户在网上下了订单后，计算机不能及时向企业的生产系统发出补货订单，也不能查询订单会在什么时候完工。这说明电子商务没有渗透到企业内部业务中。因此，企业触网是需要 MRP Ⅱ/ERP 作后盾的。我国的家电企业康佳、科龙、美的实行网上销售与 20 世纪 90 年代企业致力于建立 MRP Ⅱ/ERP 系统有密切关系，也为企业向工业 4.0 过渡打了基础。

（2）ERP 帮助企业内部业务计算机化。

通过电话或 Internet 等各种接口，企业可以提供大量的、连续不断的客户服务，而提供这些服务的数据来源就是企业管理系统中的信息，如产品价格、序列号、维修记录等。ERP 和电子商务将促进我国企业更好地、更有效地与客户沟通，促进企业了解客户的需求和市场的变化，从而在销售和服务等方面提高企业服务水平和整体形象。因此，除了传统的财务、库存、销售、采购、生产等管理以外，涉及企业价值链的许多其他环节也被纳入了 ERP 的管理范畴。

（3）供应链管理是电子商务的重要管理方式，ERP 与供应链管理也有密切的关系。

供应链管理覆盖了从供应商的供应商到客户的客户的全部过程，是 ERP 系统的采购、制造、分销向企业的采购供应商和分销商的渗透，其中的手工信函、电话、传真和财务发票可以用 E-mail、微信等代替。ERP 供应链管理、电子商务共同促进了企业之间经营信息、财务信息和研发信息的共享，三者是互相作用、互相促进的关系。

（4）ERP 系统与 CAD、CAM 等技术结合，为企业制造的自动化水平提供了网络中枢。

我国的办公自动化推动了后勤管理的现代化，ERP 与制造自动化相互推动能够改造企业的生产系统，强化电子信息技术在生产第一线的应用。CAD、CAM 等技术没有 ERP 的带动很难成功，因此，实施 ERP 能够加强制造系统的柔性，增强企业的订单履约能力。

随着互联网 + 及微信的兴起，制造企业的 ERP Ⅱ 应用将向自动化、智能化、生活化发展。

三、电子商务与 ERP 集成的基本流程分析

电子商务与 ERP 集成的基本流程可以概括为以下几个步骤：

（1）客户、消费者在 Internet 上对企业的网上销售进行商品比较，消费者确定商品后，输入一个订单请求。

（2）由于企业 ERP 分销系统与 Internet 相连，消费者确认的订单请求能够被分销资源计划自动接受。分销资源计划提供关于订货产品的可供销售量的查询，如果当地分销点库存能够满足，即马上发货并收款；如果当地分销点不能及时供货，则决定该产品为按照订单制造的商品，产生一个制造加工指令。

（3）制造加工指令传入 ERP 的制造系统，纳入生产计划，进行需求分解，生产车间考虑物料、能力和加工排程的条件后，加工出产品并核算成本，成本进入 ERP 成本系统，完工产品经过运输发往经销点。

（4）ERP 分销资源计划管理由运输传来的分销库存，并把产品发到消费者手中。顾客可以通过 Internet 查看订单状态，经销商也可以通过 Internet 通知客户产品已经完工。客户可以在 Internet 上完成产品的贷款支付，支付的金额通过 ERP 财务系统进入应收款或者现金管理系统。整个销售过程基本结束。

以上流程处理逻辑类似于分销资源计划的处理逻辑，可参考图 9 －9 分销资源计划的处理逻辑。

四、分销资源计划和电子商务对传统企业规模经济的挑战

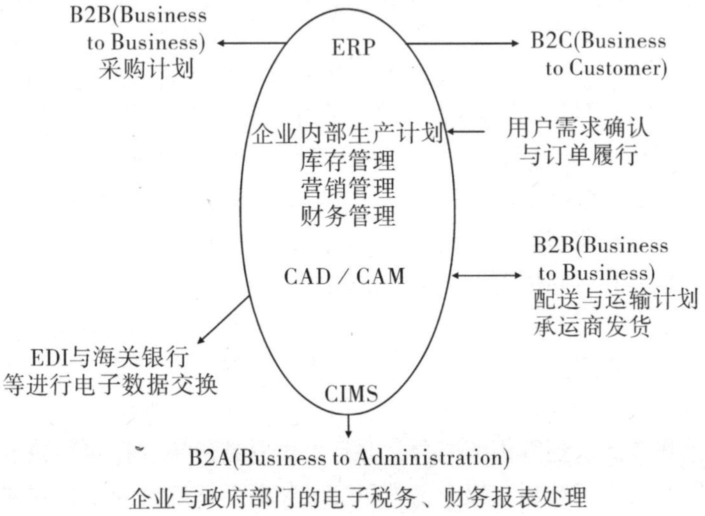

图 9 －11　ERP 是电子商务的基石

传统经济学与管理理论认为，企业的规模存在要素报酬递减的趋势，存在规模经济的“临界点”。也就是说，企业规模扩大存在极限点，超过极限点，企业进一步扩大规模将导致企业经济效益下降，即规模不经济。

这是因为，随着企业规模的扩大，企业内部管理层次将迅速增加。管理层次增加导致信息沟通路径和信息传递时间也增加。而企业规模扩大将导致信息经常性延误、失真、衰减，整个企业计划、指挥、控制的速度会越来越慢，出现“官僚主义”或“文牍主义”。

另外，由于传统工业企业的管理决策高度集中，经营决策主要集中在总公司，为了提高决策效率，企业需要的决策信息呈几何级数增加。由于高层决策人员收集和分析的决策信息离基层远，所以企业作出的决策容易与实际脱节，使企业的市场反应能力变差，患上大企业病。

传统企业规模临界点的存在主要是由于信息处理技术落后造成的，跳出了信息处理的瓶颈，企业管理活动就能超越“临界规模”的限制。

20 世纪 90 年代，计算机技术、网络技术、信息技术、ERP、BPR 在企业兼并和扩张中被广泛应用，这些科学技术和管理手段帮助企业克服了传统管理从上至下等级森严的陋习，帮助企业实现了大规模发展或超大规模发展。20 世纪 90 年代，大型企业通过兼并、合并把不同企业的生产要素或资源进行整合的例子很多，例如波音与麦道、大众与克莱斯勒、Compaq 与 DEC、AT&T 与 TCI 以及世界级大银行间的兼并就是对传统的企业规模理论发起的挑战，说明信息技术能够促进企业大规模发展，促进企业组织扁平化、决策灵活化。

五、现代物流企业的兴起

传统的物流企业为零售店、连锁店提供仓储、分拨和运送服务。近几年，随着供应链管理的加强，制造商、零售商和物流企业三方密切配合，大大增强了物流企业的第三方功效，缩短了货运周期，减少了储运成本。

1. 物流公司把零售商和生产商通过物流中心紧密地结合起来，促进了社会分工

依据 1997 年亚太国际物流会议的反映，在生产资料经营中，物流配送所占的份额为：日本 69%，英国 59%，美国 31%。近几年，物流服务商把传统物流运输中心转变为客户服务中心、加工中心、维修中心和信息处理中心。物流公司把零售商和制造商通过物流中心紧密地结合起来，让零售商和制造商的一些功能集中在一起，让他们放心地放弃一些原来的手头工作，把钱和时间用到刀刃上，加强社会分工。

例如，美国加利福尼亚州的三角网络公司在洛杉矶和长滩港附近拥有 8 座 10 万多平方米的仓库，拥有大量集散分送、交叉装箱的平台设施，这些设施可以帮助生产商减少修建仓库、配备分拨人员和分装设施的巨额费用。此外，三角网络公司的仓储中心还提供附加服务，替厂家将商品送到零售商柜台，并且提供商品包装、在包装箱上贴条形码、缝补衣服、压熨衣服、将衣服挂到衣架上、为每套服装贴上标签、为零售商和制造商开具电子发票等服务。这些服务使企业商品周转时间减少 1/3 ~ 1/2。又如，三角网络公司除了为国际名牌服装生产商 Esprit 公司提供仓储服务外，还提供产品质量检查控制服务。三角网络

公司利用 Esprit 公司提供的仓储管理系统软件，根据确定的产品检验、维修和报废标准来为 Esprit 公司进行质量检查。三角网络公司也用自己的仓储管理系统软件为其他公司提供质检服务。这样，Esprit 等制造企业不用再管商品发售到零售商的具体工作，制造企业可以去做企业最擅长做的工作，集中精力根据顾客的需要进行产品设计等。

2. 物流企业的拼箱和分拨服务提高了仓储和运输设备的利用率

物流企业的兴起以及供应链管理的加强，使得制造企业重新审视自己的物流分拨方式，尽量利用拼箱和分拨服务提高仓储和运输设备的利用率。有的物流企业甚至撤掉静态的分销中心，把分销中心建立在动态的运输工具上。

例如，本田美国公司将来自 405 家供应商的零部件运到设在俄亥俄州马里斯维尔的制造厂，公司用交叉装箱平台管理系统进行管理，每隔一小时就运送一次货物，物流调配保证卡车始终满载，本田美国公司一年内因此而节省的零件供应运输费用达 100 万美元。

又如，Sun Microsystems 公司用 8～12 小时循环把产品部件送到生产设备上，对分拨中心实施流动化管理，企业没有固定的分拨中心，公司把原来的三个分拨中心全部撤掉，把分拨中心设在了行驶在高速公路上的货车上，货车流动分拨中心动态移动使企业实现了 24 小时运输。

六、ERP 分销资源计划在我国的应用前景

现代企业的经营和运作是一项极具挑战性、风险性和创造性的事业，不但反映在企业的制造系统和财务系统中，也反映在企业的营销系统中。在激烈的市场竞争中，企业的发展壮大要求其在营销系统上也必须稳扎稳打，切忌盲目跟风，贪大求全。

近几年掀起的电子商务、ERP 热潮，对于某些管理基础不强的企业并不适合。因为我国传统的流通领域滞后于生产企业的改革，批发体系、总经销总代理的运营机制仍是计划经济时代的模式，多数流通领域的批发零售商从本位利益出发不能提供物流设施，不能完成制造与销售的对接。

我国目前的物流企业在不断发展壮大，传统的储运企业正逐步走向专业化、系统化、网络化、信息化、规模化，是流通业和制造业衔接中“正在开垦的黑土地”，也是我国新的经济增长点。由于我国的连锁企业中商品配送比例一般只有 60%～70%，有的只有 30%，与国外配送比例达 90% 相差很远，因此，广大企业仍然是采用自建的营销网络、自设代理分销点进行商品的转发、调拨，难以实现物流配送的专业化、社会化、规模化和现代化。我国商业流通企业的改革是滞后于工业、企业改革的，有必要回顾国外“一战”后 70 多年营销领域的变革，总结工业、企业改革的经验，加快流通领域的改革进程。

今后，MRP Ⅱ/ERP 的深入应用将促进企业内部实现物流、信息流、资金流的统一，企业走出厂门后将进一步运用分销资源计划实现企业流和社会商流的统一，从而实现现代企业经营的物流、资金流、信息流、商流的融会贯通。

案　例

康佳集团持续改进 ERP 系统，管出企业未来的发展模式

康佳集团 ERP 的一期工程和二期工程的软硬件投资达上千万元，企业实施 ERP 项目的目标不仅仅在于短期回报，而是更看重长远的投资和发展机会。康佳集团陈伟荣总经理一再强调：康佳集团实施 ERP 系统重长远规划、重未来发展。康佳集团实施 ERP 项目既不是为了追求直接的经济效益，也不是为了解决单一的管理问题，但是管理者在实施这一项目的过程中体会到了好处，即规范了企业的管理，促使企业向世界级企业靠拢。

一、康佳集团简介

康佳集团的总部位于深圳，是深圳华侨城集团控股的中外合资上市股份公司。康佳集团从事彩色电视机、彩碟视盘机、手机、电冰箱、空调、组合音响等 17 类 500 多种型号的电子产品的生产。康佳集团以彩电生产销售为主业，其彩电的产销量居我国第二位。

康佳集团在深圳、东莞、牡丹江、陕西、安徽及重庆等地建立了生产基地，深圳以外的生产产量占整个集团产量的 70% 左右，并在印度、墨西哥等地设立了海外生产基地。康佳在全国有 1 000 多个稳定的经销网点，外联维修点达到 3 000 个。康佳的销售网络遍布欧洲、美洲，并且在俄罗斯、印尼、澳大利亚、印度、美国都建立了分公司。

二、康佳的生产经营特点

20 世纪 90 年代，康佳集团已有国外引进生产线 22 条，具有年产 700 万台多品种康佳产品的生产能力。东莞康佳、安徽康佳、牡丹江康佳、陕西康佳、重庆康佳形成了华南—华东—东北—西北—西南五方合力的生产格局。康佳集团除了电子整机厂外，还兴建了规模化的塑胶厂、模具厂、元器件厂、包装材料厂等，这些工厂为康佳集团生产配套产品。

康佳集团作为一个大型消费类电子产品制造企业，其所面临的市场竞争非常激烈，市场需求复杂多变，因而集团的供应链管理和成本管理显得格外重要。康佳集团面对的是消费品市场，主要采用大批量存货生产方式，生产和采购的物料种类多，数量大，管理复杂。

三、王安 MRP Ⅱ系统为康佳集团的发展作出贡献，但是企业发展后必须忍痛抛弃

王安 MRP Ⅱ系统是 20 世纪 80 年代国内外推广应用较多的系统。康佳集团于 1992 年从外国引进的生产线中就附带了王安 MRP Ⅱ系统。康佳经过消化吸收王安 MRP Ⅱ系统，利用了物料管理和财务管理两个模块。王安 MRP Ⅱ系统比较适合小型企业的经营管理模式，在康佳集团的发展初期，发挥了重大的作用。但是王安 MRP Ⅱ系统不适应企业的发展，原因在于：

（1）王安 MRP Ⅱ 系统基于文件型数据库，在查询速度和数据处理容量方面较关系型数据库要慢很多，基本上属于淘汰产品。

（2）王安系统局限于 20 世纪 80 年代的计算机发展水平，王安公司不可能为 20 年后的系统应用做好准备。康佳集团在 1996 年已经认识到王安系统存在的问题，知道这一系统已不能再使用了。

（3）康佳集团由于在消化吸收王安公司 MRP Ⅱ 系统的过程中迁就了当时的手工管理

系统，照顾了企业的一些习惯工作流程，没有完全按照 MRP Ⅱ 系统的管理思想提升企业的管理水平，在促进企业的业务规范化和标准化上没有下大功夫，没有做“基于现有管理水平，但又高于现有管理水平”的企业流程再造。鉴于王安系统已不能适应康佳集团经营管理的要求，企业决定使用国际先进的 MRP Ⅱ/ERP 系统。

四、花钱买教训，从而真正懂得什么是 ERP

随着康佳集团产品的产量由年产几十万台到年产几百万台，原有的王安 MRP Ⅱ系统在硬件环境和软件功能上都已不能适应企业管理的需要。企业新选择了一套 MRP Ⅱ系统，但是花了大的投资最后没有用就夭折了。1997 年，康佳集团痛下决心，在已经投入了巨大资金却看不到效果的情况下咬牙重新选择企业管理软件系统，围绕康佳未来 5—10 年的二次创业需要选择了 ERP 系统 SAP R/3。康佳在选择 MRP Ⅱ/ERP 系统上交了学费，认识到企业的 MRP Ⅱ/ERP 系统必须选择开放式系统，也掌握了 MRP Ⅱ/ERP 系统的选型重点：①必须选择国际通行、主流的软件包；②供应商必须拥有提供本地服务的实力和决心；③应找富有经验的软件实施人员来实施系统；④要培养自己的开发力量。

在考察过程中，康佳也认识到国内和国外的财务制度仍然存在相当大的差异。康佳集团已经有一个适应我国的财务制度也适应企业现状的财务软件系统，但是企业认识到，财务系统仅仅只是企业的一个部分，其主要缺陷是只考虑财务会计的要求而未考虑管理会计的要求。传统财务系统需要改进下列三个方面：

（1）财务凭证只记录了企业物流流动的结果，不可能从控制物料投入的角度来控制依附于物料之上的资金占用，不能控制物料投入是因为不能利用信息指令即投入计划来指导整个物料的“5W1H”：用什么（What）物料？什么时候（When）用？在哪里（Where）用？谁（Who）在用？为什么（Why）用？怎样（How）用？

（2）应用封闭。财务部门是企业的核心部门，但传统财务系统的适应范围仅仅局限于企业的财务人员，其他部门的人员无权过问财务系统，管理人员介入不够。

（3）传统财务系统只能进行成本核算，不能进行成本预测和控制。康佳认识到，企业需要通过控制信息流来同时控制物流和资金流，也就是做到三个适当（Right）：在适当的（Right）地点和在适当的（Right）时间获取适当的（Right）物料。同时，企业可以事先进行成本预测，在经营管理的过程中进行成本控制。此外，康佳认识到企业的管理重点需要改变，最关键的转变点在于要由生产流程的事后控制过渡到事前控制。

五、购买成熟的商品化软件包

前后介入康佳 MRP Ⅱ/ERP 系统选型的软件商有好几家，康佳带着特殊需求来考察软件包的功能。有的软件包没有具备康佳所需要的功能，例如代用件管理不灵活等。

康佳集团于 1997 年决定实施 ERP 系统，决定购买成熟的商品化软件包，并进行了为期半年的考察，权衡了多家软件商的利弊，最终决定购买德国 SAP 的 R/3 软件包，同时选择 SAP 的合作伙伴西门子作为项目的实施咨询顾问。

康佳集团 ERP 系统选型的主要标准是：①软件功能的需求满足程度；②软件的技术水平和质量；③实施服务的水平和质量；④供应商的合作态度；⑤投入产出的效益指标。

六、西门子咨询公司的作用

康佳集团在实施 SAP R/3 系统时，选择西门子作为 SAP R/3 的实施顾问。西门子公司本身是 SAP R/3 的客户，有十多年应用 SAP 软件包的经验。西门子公司在中国建立了许多独资、合资和合作企业，熟悉国内企业的管理现状、流程情况和人员情况。而且，作为世界一流的国际型大企业，西门子实施人员了解先进的管理思想、方法和手段，精通 ERP 理论和实施方法，在如何实施 SAP R/3 上可以向康佳集团提供宝贵的建议。此外，西门子公司所在的行业特性与康佳有些类似，其实施 SAP 软件包的经验可以供康佳集团借鉴和移植。总之，西门子可以帮助康佳集团认识自身的特点，帮助康佳集团了解可能存在的问题并有效地处理问题，帮助康佳集团选择合适的实施方法和程序，对企业管理流程、管理结构等进行合理的调整。

康佳集团对于西门子的实施服务较满意，前期咨询时服务人员来康佳的次数多，一年后系统交付使用，咨询就少多了，基本上不用来。企业已经掌握了西门子传授的实施技巧，成了“二传手”。

七、康佳集团实施 ERP 系统的目标

（1）通过 ERP 系统的实施加速企业的发展。通过实施国际通行、世界一流的 ERP 系统，满足康佳未来十年的潜在需求，规范集团内部管理机制，提高企业管理水平，支持企业的全球化经营，获取国际竞争力。

（2）通过实施 ERP 系统，完善企业的二次创业。通过统一调配集团分布于全国五大生产基地、全国近 50 个分公司、海外 5 个分公司等处的国内外资源，对企业的物流、资金流、信息流进行一体化管理。

（3）提高集团的供应链管理水平，统筹企业资金，适时控制成本，优化企业的采购供应策略，全面规范企业的内部管理机制，练就企业销量持续稳定增长的“内功”。

（4）提高企业的服务水平，快速应对多样化的客户需求，优化集团的市场营销策略，强化企业的市场竞争能力，并且提高企业分析问题、解决问题的水平，增强企业的应变能力。

八、ERP 系统的配置和投资力度

康佳集团在信息系统方面是肯投入的，总的投资超过了 5 000 万元人民币。从 1997 年起，康佳每年在信息技术上的投入超过 1 000 万元人民币，并建立起了一个由 20 人组成的精干的信息技术部门，建成了一个以 ERP 为核心，集成 OA、Internet 等应用的企业信息系统。整个企业信息系统的具体构成情况如下：

（1）采用 SAP R/3 的 ERP 大型企业管理软件。

（2）充分利用“外脑”为企业提供优质服务。

（3）建立以 ATM 技术为支撑的光纤通信局域网。

（4）以卫星通信为依托，结合公用通信网和 Internet 建立企业广域网。

（5）采用 IBM 提供的整套解决方案，建立包括 RS/6000 服务器、高速打印机、普通集线器、交换机、路由器、综合布线系统等在内的企业信息基础设施。

（6）采用 Informix Dynamic Server 7.2 关系型数据库作为 ERP 的后台数据库，采用 Unix 和 Windows NT 两种版本，进行快速数据查询和数据挖掘，打造高效的软件工具。

九、康佳实施 SAP R/3 系统的主要阶段和应用系统

R/3 是德国 SAP 公司的 ERP 产品，是一套集生产制造、人力资源、工程资源、财务分销为一体的应用系统。康佳用了 SAP R/3 系统的五个分系统，包括 MM、FI、PP、SD 和 CO。

（1）1998 年初启动项目，经历了系统培训、业务分析、实施分析、实施设计、模拟实施、试运行等阶段。

（2）1998 年 6 月 1 日完成第一阶段的实施，具体系统有财务会计 FI、物料管理 MM 的全部功能，以及生产计划 PP 的部分功能。

（3）1999 年 6 月完成生产计划、管理会计和分销系统的切换，替换掉了原有的王安系统 。

（4）1999 年下半年进入系统磨合期，持续提高系统的数据精度，加强业务协调，巩固前期运用的成果。

（5）在集团总部实施的同时，康佳的精密模具厂也实施了 SAP R/3 系统，先实施了 SAP R/3 系统中的 MM、FI 和 PP 中的 BOM 部分，后实施了 PP、CO、SD。实施重点是 PP 和 CO 两个核心模块。

（6）从 1998 年下半年开始，在集团下属的生产基地推广应用 ERP 管理模式，下属的五大生产基地都不同程度地应用了 SAP R/3 系统的物料管理模块。

（7）一体化实施 SAP R/3 系统实现了整个集团的管理制度、生产模式的统一，使得主生产计划由集团统一管理，实现统一采购、统一销售，而生产基地依据集团的物料计划灵活地处理本厂的外协订单并控制加工进度，实现了整个康佳集团灵活多样又统一有序的现代化管理。

十、康佳集团实施 ERP 系统面临的主要困难

ERP 系统源自欧美等西方发达国家，是基于国外企业通用的先进管理模式、管理理论、组织架构而不断开发形成的系统。我国企业引进 ERP 系统必然会面临一些问题，康佳集团主要面临的问题如下。

1. 内地的计算机辅助企业管理水平还相当落后

康佳兼并了牡丹江、重庆、安徽、陕西等地的企业，分别建立了生产基地。据反映，内地这几家被兼并企业的计算机应用水平还相当落后。一方面，电脑没有普及，企业的电脑太少，即使有了电脑也是用来打字，计算机的功能还没有被充分发挥；另一方面，企业管理主要是人工管理。但是，康佳集团认为没有计算机也没有关系，计算机只是管理工具。康佳集团兼并这些企业后，主要是要把康佳的管理模式移植过去，再配上相应的 SAP R/3 系统，就可以保障企业的运行机制与整个集团同步。因此，ERP 系统先在集团总部和精密模具厂实施，然后才推广到集团各个部门和下属企业。

2. 康佳集团需要对数据集成引起的业务进行重组，需要积累系统优化和管理的经验

（1）企业人员素质低，旧有的生产管理模式根深蒂固，纠正绝非一朝一夕之功，企业管理人员需要下决心改变管理观念，也需要加强对业务人员的培训。

（2）企业增长快导致业务数据量大、增长迅速，基础数据难以采集。

（3）重复制造和单件离散制造模式并存，生产系统庞大，系统配置复杂，大量计划参数需要反复研究才能确定。

（4）计算机系统和人工系统并行，但是必须保证生产系统的不间断运转，因此导致了

工作量的增加和管理的复杂化。

十一、康佳实施 ERP 项目的经验和体会

在康佳集团成功完成了 SAP R/3 项目的第一期工程后，其信息技术部门负责人王练和其他实施顾问认为以下几点是实施 ERP 的关键：

（1）ERP 不仅是一种管理手段，而且是一种科学的管理思想。实施 ERP 的目的是要形成一套企业的管理规范，就是要去除约束企业发展的旧规范，建立新规范。

（2）成功实施 ERP 必须要有来自企业内部的需求和动力。企业需求是第一推动力。

（3）获得领导的支持，特别是一把手的支持是成功的关键。这里所说的领导不是某一个人，而是一个领导小组，包括了企业的高、中、低各级领导。

（4）有具备相关经验、精干、年轻、懂业务和电脑的信息技术人才。企业不能过分依赖外来的咨询顾问，一定要培养自己的实施骨干和队伍。

（5）重视对企业管理人员的培训工作。培训要有针对性，对于车间操作员只需要告诉其操作步骤，实现手工和电脑操作的切换，不需要讲太多理论，以免混淆。

十二、康佳集团实施 ERP 项目所取得的效益

康佳集团坦言，截至 1999 年，ERP 系统的效益还不是很明显，因为系统还处于持续改进期。但是，康佳实施 ERP 的效益可以用上大学来作比方，“一个人上了大学后不一定就能够挣到钱，是否赚钱取决于大学是怎么上的。但是，上大学与不上大学的人是有区别的，因为上大学可以获得更多、更好的技能和素养，具备了一定的挣钱能力”。康佳集团实施 ERP 系统相当于整个企业在“上大学”，在苦练内功。虽然短时间内不会有显著的效益，但是长远来看，企业获得了素养和气质。

（1）ERP 系统有效地支持了康佳集团主营业务的发展。1998 年，企业在未增加员工的情况下，彩电产量创纪录地达到 450 万台，集团营业额由 1997 年的 72 亿元人民币增加至 1998 年的 100 亿元人民币。

（2）ERP 系统实施一年来，其思想逐渐渗透到企业的日常运作中，管理人员的管理理念已经从过去的粗放经营向精致经营转变，抛弃了过去“铁路警察，各管一段”的本位主义，逐渐从整体优化的角度来优化各个部门的业务。

（3）以 ERP 思想为核心的管理基础工作已经细化到生产过程的各个环节，消灭了在生产加工过程中相互“吃料”导致加工计划落空的陋习。

（4）生产计划部门加强了与采购部门、生产加工现场的沟通，在制订计划的过程中了解可用库存量和采购的及时供货状况，改变了过去计划只管下达不管完成并把后续责任转移到采购部门的陋习，加强了计划的科学性和可预见性。

（5）整理了企业的技术资料，成本核算资料，原材料的共用件、通用件资料，加强了企业的基础管理。财务管理和物料管理实现了真正意义上的实时管理和控制。

（6）抛弃了原来以事后核算为基础的财务会计系统，转移到以成本控制为核心的财务管理上来。

（7）员工参与感明显提高，团队精神得到发扬。

（8）改善了集团内部的信息沟通情况，提高了集团的内部管理能力。

第五篇

企业实施 MRP Ⅱ/ERP 的策略和实施规律

第十章　企业 MRP Ⅱ/ERP 需求分析

随着电子商务的兴起，企业通过互联网进行商务活动乃大势所趋。我国广大企业需要利用 MRP Ⅱ/ERP 系统作基础，来加强贯穿产、供、销的供应链管理，以适应电子商务的需要。在竞争激烈的市场环境下，每一个企业都承受着巨大的压力。而在巨大的市场竞争压力下，把我国企业管理水平提高到接近或达到国际先进水平则成为必然的发展趋势。因此，当前社会环境和国际经济的发展催生了我国企业的 MRP Ⅱ/ERP 需求。虽然 MRP Ⅱ/ERP 系统能够满足企业的需要，但是由于各个企业的需求各有侧重，因此，必须要对企业 MRP Ⅱ/ERP 的需求进行深入的分析。

第一节　企业发展阶段

一、企业发展阶段概述

任何事物的成长都有其规律，企业的成长也不例外，其发展过程也有基本的管理规律可循。企业的成长是一个由简单到复杂的发展过程，各个发展阶段都有其独特的特点。每一个发展阶段企业都要克服管理危机，并利用信息技术克服发展中的矛盾，从而顺利进入新的成长阶段。企业的成长阶段与管理危机如图 10－1 所示。

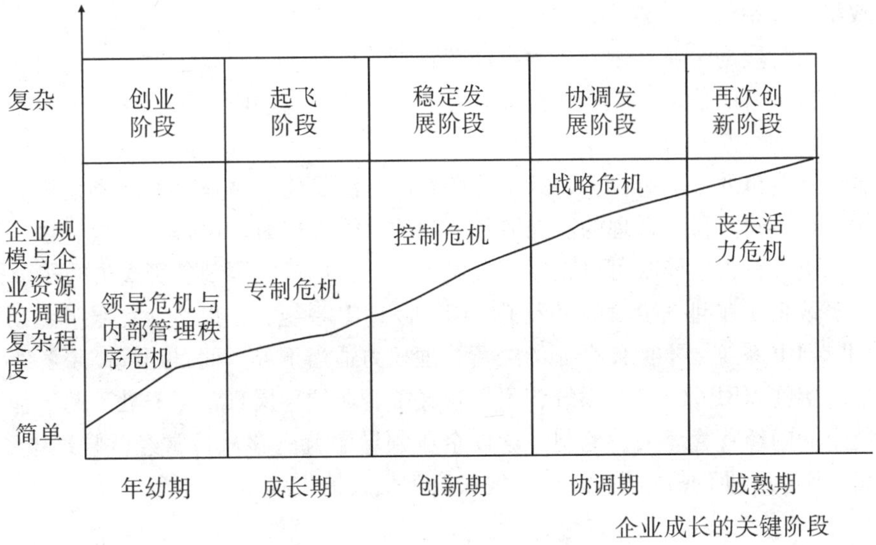

图 10－1　企业的成长阶段与管理危机

1. 创业阶段

在创业阶段，企业依靠技术创新寻找目标市场。由于准确把握了市场需求，企业建立了在市场立足的根基。

创业阶段的企业经过一定积累以后，可以获得银行贷款、创业基金等，比较容易克服资金上的瓶颈问题，因此，这段时期企业管理的重点是如何有效组织生产以满足市场的强劲需求。

这一阶段出现的管理危机主要是重技术开发、轻生产管理。由于企业想要实现的目标众多，管理的事务也繁杂，企业领导层精力必然会分散。由于缺乏规范化的管理制度约束，创业阶段的企业容易出现内部管理不当、秩序混乱，产品看似赚钱、实则利率不断下降的管理危机。因此，创业阶段的企业一定要克服以技术导向为主而引发的内部管理秩序危机，否则，企业无法得到发展。

在创业阶段末期，企业必须进行组织结构的调整，变直线型组织为直线职能型组织。此外，企业应该从外部引入一些高水平的专业管理人员，提高企业管理的正规化水平，使企业组织随着业务量的扩大而突破旧规范的约束，建立企业发展的新秩序，使企业进入起飞阶段。

某些合资企业在创业阶段就注重 MRP Ⅱ/ERP 系统，使 MRP Ⅱ/ERP 与企业建厂同步进行，为扩大生产规模提前作了准备，因此能够利用 MRP Ⅱ/ERP 系统控制企业的生产秩序。随着我国 MRP Ⅱ/ERP 宣传教育的普及，越来越多的企业在创业阶段就注重 MRP Ⅱ/ERP 的投资，充分利用信息技术克服管理危机。

2. 起飞阶段

在企业有效解决了创业阶段的内部管理秩序危机以后，由于建立了规范化的组织体系，理顺了内部管理流程，企业进入快速发展的起飞阶段。

在起飞阶段，企业的业务得到了全面的发展，销售率增长迅速，利润增加，人员士气旺盛，看上去形势一片大好。但是，由于企业管理层过于乐观，可能产生经营管理决策失误的专制危机。

这是因为，企业对已有的业务较为熟悉，各部门积极地拓展业务范围，提高经营业绩，但是对长远发展战略缺乏全盘考虑，各部门本位主义严重，机构间资源共享逐渐减少，导致组织效率低下，离心力增加。

处于起飞阶段的企业，领导层远离经营管理第一线，容易丧失对各部门真实情况的了解，层层汇报上来的信息可能会严重失真。如果企业领导层听不进正确的反对声音，就会形成决策失误的专制危机。

克服专制危机的方法有许多，其中最有效的方法是建立事业部制或利润中心，并进行组织结构改组，建立科学合理的监控体系。此外，管理权力可以适当下放，让一线管理人员有适当的决策权，这样既可以克服信息失真问题，也可以调动各级人员的积极性。

我国多数企业在起飞阶段就引入了 MRP Ⅱ/ERP 系统，帮助企业克服了专制危机。实施 MRP Ⅱ/ERP 系统，不但使企业的经营管理权力适当下放，而且还提高了各级人员的工作积极性。实施 MRP Ⅱ/ERP 系统，不但减轻了企业领导层日常事务处理的工作量，而且又不会使企业的经营管理失去控制。这样企业领导层就能够从日常经营管理中脱身而出，将精力集中于抓企业的战略发展，“从埋头拉车变成抬头看路”。

3. 稳定发展阶段

企业在克服了专制危机以后，组织结构与企业发展能够相互配合，企业随之进入了稳定发展阶段。

在稳定发展阶段，企业经营管理方面所面临的主要问题是如何使资源合理分配，如何保证投资中心、利润中心和成本中心的责、权、利相互配合，如何保证企业实现可持续发展。由于部门本位主义等因素的影响，在稳定发展阶段的后期，各个部门中会出现离心倾向，企业可能会出现财务管理控制危机。

解决财务管理控制危机的办法有许多，这些方法的出发点主要是用科学的决策机制和激励机制来规避企业的决策失误，通过预算和成本获利分析强化企业总部的财务控制，用员工持股、期权等方法来强化关键工作岗位和业务人员的凝聚力，使企业走上协同发展的道路。

本阶段引入 MRP Ⅱ/ERP 系统可以实现集成的财务管理、生产管理、采购管理和分销管理，可以更有效地控制企业的资源分配。我国的美的、中集、康佳等企业引进 MRP Ⅱ/ERP 系统，加强了集团间的财务管理、采购管理，从而有效地解决了内部控制危机。

4. 协调发展阶段

企业解决好控制危机后，企业的内部资源分配更趋合理，各部门之间的配合更加协调和顺畅，企业适应环境变化的能力大大增强，企业进入协调发展阶段。

在协调发展阶段，企业的发展战略转向如何开拓新的发展领域，从而更加注重对新技术的应用。这个时期，企业面临的主要管理问题已经不再是来自企业内部，而主要是来自企业对外部环境的适应性减弱。由于企业组织和人员适应了惯有的工作作风，对目前的经营状况比较满意，因此，对外界的反应比较缓慢。主要的竞争对手被远远抛在身后，中小竞争对手没有构成严重威胁，这个时候企业对重大的技术创新缺乏动力，对技术创新的反应也就变得迟钝。如果这一阶段不能激发企业的创新精神，就会在战略上迷失方向，导致战略危机。

在协调发展阶段，企业领导层必须激发职工的创新精神，注重塑造企业文化，企业可以引入拥有新的文化背景的职工来打破旧有格局，树立企业发展的新远景和新战略，使企业进入再次创新阶段。

5. 再次创新阶段

企业进入再次创新阶段以后，所面临的问题更加复杂。企业将完成战略性结构调整，吸收新技术、整合旧技术，形成核心竞争力。

再次创新阶段的企业必须妥善解决企业合并、兼并等企业重组中的组织危机、领导危机，克服技术创新阻力。只有通过重大的企业变革，企业才会进一步发展壮大，保持长盛不衰。

二、企业引入 MRP Ⅱ/ERP 的阶段分析

我国企业在引入 MRP Ⅱ/ERP 系统时，多数已经完成了创业阶段，处在起飞阶段。这些企业在这一阶段主要面临专制危机的难题。企业引入 MRP Ⅱ/ERP 的主要原因是企业出现信息失真、日常管理失控、资源分配不力等问题。今日集团、健力宝富特容器有限公

司、华为集团、美的集团等企业引进 MRP Ⅱ/ERP 时都处于企业的起飞阶段，都面临企业组织膨胀快、业务量急剧上升、数据复杂、信息失真等问题。这些企业在引进 MRP Ⅱ/ERP 系统时，还进行了相应的组织变革，推行了事业部制、员工持股等，有效地度过了起飞阶段的专制危机，步入了企业的稳定发展阶段。

第二节 MRP Ⅱ/ERP 需求分析

一、MRP Ⅱ/ERP 需求分析概述

根据以上分析可知，企业对 MRP Ⅱ/ERP 系统的需求一般产生于企业的起飞阶段。但我国多数企业并不能清楚地了解这些问题，还不知道这些问题用 MRP Ⅱ/ERP 系统就可以解决。这主要是因为我国对 MRP Ⅱ/ERP 的宣传不够，多数企业对MRP Ⅱ/ERP的认识不多。

一方面，企业不了解 MRP Ⅱ/ERP 系统能帮助企业解决问题；另一方面，企业自身也不了解自身究竟面临着哪些集成管理问题。因此，企业老总感到管理吃力，但是不知道可以找“医生”“医治”，也就继续靠人力来管理日益复杂的企业。

从上面的分析可以看出，为了让企业对管理问题有所了解，需要帮助企业分析管理问题，对管理问题进行分类，从中挖掘出企业对 MRP Ⅱ/ERP 的需求。

（一）认真分析企业所面临的管理问题，重新认识手工管理的“灵活性”

由于企业在管理上存在一些用现有方法和体系难以解决的困难，所以需要采用 MRP Ⅱ/ERP 系统等新方法来加以解决。MRP Ⅱ/ERP 系统的需求来自企业所面临的管理问题，即企业对 MRP Ⅱ/ERP 系统的需求隐藏在现有的管理问题中，但往往企业以手工管理更“灵活”为由，拒绝 MRP Ⅱ/ERP 系统。

企业对 MRP Ⅱ/ERP 系统的需求实际上是从对现有工作不满意开始的。从现有的管理问题之中可以找到企业对 MRP Ⅱ/ERP 系统的真正需求。这要求 MRP Ⅱ/ERP 实施人员、MRP Ⅱ/ERP 软件商和企业领导能清楚地了解企业各级管理人员的不满情况，分析企业对 MRP Ⅱ/ERP 系统的需求来源并且确认需求，了解“灵活性”的弊端，挖掘“灵活性”下掩盖的责、权、利不匹配问题。

（二）正确区分不确定的需求和确定的需求

确认需求最主要的任务是要正确区分企业不确定的需求和确定的需求。

1. 不确定的需求

不确定的需求是指某人对当前的工作状态意识到有困难或不满意，但并不知道用怎样的方法去解决这些问题或消除不满状况。

以下这些抱怨和紧急情况就是不确认的需求：

（1）我们花很多的时间处理客户订单。

（2）我们经常需要把紧急订单插到近两天的生产制造订单中。

（3）我知道我需要的信息在仓库人员手中，但是得不到。

2. 确定的需求

确定的需求是指企业人员已经认识到的需求，并且可以清楚地描述问题并提出解决方案。

确定的需求又可以分为三个层次：

（1）第一层次为明确了问题本身，而且知道问题的来源是什么。例如，“我们需要有一种方法来鉴别死库存，对以后不再用的库存要及时处理掉”是第一层次的需求。

（2）第二层次为管理人员能准确判断问题对其他人和其他部门的影响，能站在全公司的立场看问题，对解决问题的关键因素有深刻的认识。例如，“上个月由于我们单位10%的产品没有按时发货，使得我们这个月每天要额外花一小时来处理顾客的投诉”；“由于我们生产部门最近三个月都没有按期发货，所以我们最近丢失一张订购100个货柜的订单”。这些投诉或抱怨就是第二层次的需求，反映出一些集成的管理问题。

（3）第三层次的需求为不仅清楚地了解问题的根源所在，同时对解决问题的潜在方案有一定的认识，甚至能够清晰地表达或者预见解决方案的实施效果。第三层次的需求，往往就是一些改进性建设。例如，“我们需要一种新的方法，使销售员在签订销售订单时就能给客户一个准确的发货时间，而且使产、供、销都衔接得很好!”

对企业进行 MRP Ⅱ/ERP 系统需求调查时，最主要的工作是要正确区分不确定的需求和确定的需求。企业咨询人员、MRP Ⅱ/ERP 系统分析人员通过各种方法对企业的 MRP Ⅱ/ERP系统的上述需求有了清晰的认识以后，就有可能提出针对性比较强的 MRP Ⅱ/ERP解决方案。

3. 区分需求有利于描述解决方案的远景，使方案纲要化、模型化

企业咨询人员、MRP Ⅱ/ERP 系统分析人员通过对 MRP Ⅱ/ERP 需求进行讨论和理解，可以对企业目前存在的管理问题有深刻、全面的认识，会加深对 MRP Ⅱ/ERP 有效性的认识和体会，从而产生对 MRP Ⅱ/ERP 系统的解决方案的向往。咨询人员由于缺乏足够的经验和知识，不能把解决方案纲要化、模型化，但通过对 MRP Ⅱ/ERP 的需求进行挖掘，可以让企业管理人员清晰地看到采用 MRP Ⅱ/ERP 后的发展前景，对企业的未来形成整体性了解，进而把解决方案纲要化、模型化，回过头来更容易接受 MRP Ⅱ/ERP 系统的集成性。深入挖掘企业对 MRP Ⅱ/ERP 的潜在需求后，企业人员对 MRP Ⅱ/ERP 的认识和理解就会深刻得多，实施 MRP Ⅱ/ERP 系统的积极性也就会提高。

我国企业在 MRP Ⅱ/ERP 系统选型阶段，至关重要的前期工作既是对企业存在的管理问题进行深刻认识的过程，也是对 MRP Ⅱ/ERP 系统的解决方案进行认同的过程。通过对 MRP Ⅱ/ERP 系统的需求分析和调研，实施骨干掌握了管理人员的难处，获得了管理人员对 MRP Ⅱ/ERP 系统的认同，也就调动了他们实施 MRP Ⅱ/ERP 的积极性，进而化解了他们在实施 MRP Ⅱ/ERP 的过程中存在的心理障碍和人为阻力。

（三）需求开发过程

从不确定的需求到确定的需求的挖掘过程是企业对 MRP Ⅱ/ERP 的认识和理解逐渐加深的过程，企业逐渐形成了对 MRP Ⅱ/ERP 系统的解决方案的共识。但是，MRP Ⅱ/ERP 咨询人员需要从企业诊断和咨询的角度去把握需求的发展过程，提高需求分析的效率和

效果。

MRP Ⅱ/ERP 的需求分析和 MRP Ⅱ/ERP 总体规划的过程，就是以企业管理需求进行定义和开发的过程，可以分成三个步骤。

第一步：了解企业管理人员的痛苦，了解痛苦的程度和原因。

企业如同人的身体一样，会存在一些不舒服的地方，需要细心诊断才能发现。一个人如果生病，往往不知道得了什么病，病的根源在哪里。这时就需要医生的诊断和治疗。企业管理人员往往受部门限制不能全面地了解情况，也没有足够的专业知识和技能来描述自己的“病情”，因此，管理人员并不能确认企业管理中哪一个部门或环节出现了严重的问题。这就要求企业咨询人员如同医生一样运用“望、闻、问、切”等方法启发“病人”回忆“病”的发生时间、现在的作用强度、以前用过什么“药”、效果如何等。此外，咨询人员可以和现场管理人员、企业领导、企业各级人员进行座谈，现场参观，甚至是亲自体验一下，获得对企业症状的清醒认识。在详细了解了企业管理中的主要症状后，企业管理需求开发就进入第二步。

第二步：分析企业的问题根源，形成 MRP Ⅱ/ERP 系统的解决方案。

在详细地了解企业的问题所表现出来的主要症状后，咨询人员可以运用科学的方法从多个角度来分析企业的问题，形成 MRP Ⅱ/ERP 系统的解决方案。

首先是分析问题，找到管理中存在的关键问题；其次是查清问题的根源；最后是形成 MRP Ⅱ/ERP 系统的解决方案。这个过程是对企业进行诊断和分析的过程，同时也是对 MRP Ⅱ/ERP 进行系统规划的过程。

一般用九方格图来确认企业的需求，如图 10－2 所示。

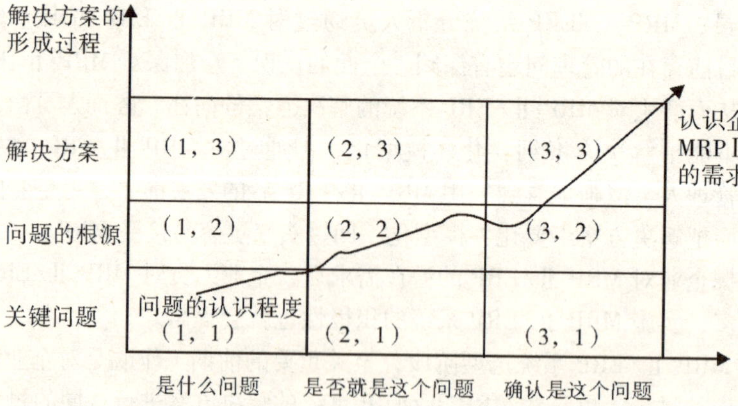

图 10－2 MRP Ⅱ/ERP 需求确认过程

在 MRP Ⅱ/ERP 系统的实施过程中，企业咨询人员所提出的 MRP Ⅱ/ERP 解决方案是逐渐形成的，也就是在九个方格中穿越迷雾、落实解决方案的过程。

企业咨询人员应该通过访谈、调查分析等方法，对企业的产、供、销、人、财、物等问题进行深入了解。首先通过询问问题、判断问题、确认问题找到企业所面临的关键问题，然后探索这些问题的根源，然后根据知识和经验寻求解决这些问题的方法和手段，形成一个可行的 MRP Ⅱ/ERP 系统解决方案。

一般而言，对一个企业的需求进行了解至少需要 3 天的时间，在总结归纳企业管理人员的意见、综合已有的咨询经验后，咨询人员就能够为企业提供一个初步的 MRP Ⅱ/ERP 解决方案。

第三步：确认解决方案。

需求开发阶段的最后一步是确认解决方案。

在这个阶段，咨询人员和企业管理者一道针对企业的实际情况确认解决方案。确认方案时可以先开发一个 MRP Ⅱ/ERP 系统的原型，通过对原型方案的演示、讲解、讨论等进一步细化解决方案，最终达成对 MRP Ⅱ/ERP 系统解决方案的共识，形成最后的方案。

二、企业 MRP Ⅱ/ERP 的典型需求分析

企业的经营管理方式、组织架构、生产方式等可能存在许多差异，但在 MRP Ⅱ/ERP 的系统需求方面却有许多相似之处。我国广大的中小企业在规模不断扩大的情况下亦存在类似的 MRP Ⅱ/ERP 需求。

结合第一章对企业五大运作体系的分析，下面分析 MRP Ⅱ/ERP 系统的典型需求（见表 10－1 至表 10－5）。

表 10－1　计划管理体系的典型需求

计划管理的需求	MRP Ⅱ/ERP 解决方案	MRP Ⅱ/ERP 应用效益
需要知道安全库存量，对安全库存量可以进行动态调整	对设有最小安全库存的物料可设置安全库存并设置警报	对安全库存检查有了时段控制
订单输入工作量大，需要提高预测的精确度和科学性，以满足计划工作的需要	可以建立科学合理的预测模型，与订单一起作为主生产计划输入	减少了预测工作量，提高了预测的效率和准确性
需要了解拖期订单的情况，以便制订切实可行的解决方案	从车间控制系统打印拖期订单情况报表	快速查询拖期订单，加快对拖期订单的反应速度，减少损失
提高车间日常排产计划的实际执行率	对生产优先级、加工时间、能力负荷进行比较，保证订单如期完工，并且录入系统	提高计划执行率
在产品品种、规格或型号多的情况下，克服人工分解排产计划工作量大的问题，克服信息反馈不及时等困难，制订一个可行的排产计划	对排产、重排产进行模拟分析，中心数据库共享信息，依权限能查询排产计划以及实际进度	可以模拟各种产品的生产排程计划的执行情况，提供更多的可行的选择方案；在计划执行过程中，如有变化可以及时作出反应

（续上表）

计划管理的需求	MRP Ⅱ/ERP 解决方案	MRP Ⅱ/ERP 应用效益
销售合同输入、下达生产计划、下达采购计划的处理时间最少	销售订单库存查询可以保证车间订单在正确的时间发放，也保证采购订单的发放时间与交货期、加工周期匹配	减少人工干预的错误，提高处理效率，降低处理成本

表 10－2　工程管理体系的典型需求

工程管理的需求	MRP Ⅱ/ERP 解决方案	MRP Ⅱ/ERP 应用效益
工程技术方面的变更应及时通知有关部门	对物料清单、工艺路线的有效期、失效期、版本进行统一管理，由专门的部门负责录入、更改等工作，根据实际需要确定更改权限	新老产品的工程更改能动态维护，减少人工查询量，使工程技术方面的数据能够统一起来
创建物料清单，但没有正式生效前不允许向生产单位发放	公司在多个层次创建物料清单，建立分工和维护责任制度，使用安全级别控制并限制使用范围	可以防止将未生效的 BOM 发放到生产单位等现象的发生
获得历史 BOM 资料，提高通用件的使用率	建立 BOM 历史数据库，有开始生效及实际使用等数据	能够查看任一时间段的 BOM，提高历史数据的使用率并节省查询时间
需要查询物料使用在哪些地方	从单层、多层、最终层查询物料用途，或者全程查询生产订单及合同	从各个角度，向前或向后查看物料清单的生产结构
查询物料供应商清单，以保证选用物料的质量	在 BOM、工艺路线等文件的物料项目的备注上注明供应商情况	由有关部门核定物料的质量情况、供应商的信誉等，信息共享
对结构相似的产品，可以使用以前的物料清单、工艺路线资料作为参考，减少重复录入的工作量	工程技术部门可以在网络上查询销售合同、物料清单和工艺路线等资料，并处理相关信息	提高借图率，减少重复工作量，加快产品开发速度
减少企业的技术专利、核心数据维护难度，提高使用率	包括专利在内的技术资料只需一次性输入中心数据库，便可以根据权限实现随时随地查询和修改	在网络上编辑、查询数据，根据管理权限进行分开管理，安全、快速、成本低

表 10－3　物料管理体系的典型需求

物料管理的需求	MRP Ⅱ/ERP 解决方案	MRP Ⅱ/ERP 应用效益
仓库在实际接收物料前，需要了解处于质量检查阶段的库存情况	在库存转移事务上允许对保修期内质量检查的物料进行定义	能够及时了解质量检查物料的库存状况
要知道准确的投入生产的物料情况和仓库的物料变动情况	仓库、车间每天输入领用的、完工入库的物料数据，利用数据采集器如条形码扫描仪等采集数据	能及时汇总领用的、完工入库的物料数据
对制造和采购的批量进行跟踪	从购物料接收至产成品发货做到全程跟踪	不用人工处理批号文件，提高处理速度，真正实现全程跟踪
了解每个层次的物料组装进度	依据物料清单、工艺加工路线，查询物料加工过程	提高加工过程的可视度、透明度，避免工作失误
对库存物料的有效期进行了解，实现物料使用的先进先出	对物料的入库时间进行查询，提示先发出存放时间长的物料	避免物料过期报废
掌握物料采购优惠价格和供货时间保证等要求	利用物料需求报告，可得知以后一段时间将采购的物料，据此从供应商处获得价格和供货时间	争取采购折扣，降低采购成本，保证供应商的交货期

表 10－4　作业执行管理体系的典型需求

作业执行管理的需求	MRP Ⅱ/ERP 解决方案	MRP Ⅱ/ERP 应用效益
对特殊产品、不同客户、不同地区分别定价，并分别计算佣金	依据产品、客户的不同，提供不同的折扣和佣金计算方案	减少人工计算量，提高效率
跟踪客户合同的执行情况，给客户满意的答复	销售与生产集成，知道车间生产情况、订单的流转情况、发货情况	提高客户满意度，留住客户
在合同输入时能查看库存，了解有哪些库存可以承诺给客户	在录入销售订单时，能查询可供销售量、将来入库量和计划接收量	不用拖延时间就给客户答复，可以提高销售量
对来自同一供应商的物料进行合并采购或分批采购	对供应商进行管理，合并采购计划，自动跟踪采购进度	获得价格等方面的优惠，降低采购成本
对某些物品的采购量进行最大或最小限制	对达到最小库存的物品自动报告，审批采购权限，产生请购单	降低库存，避免采购过多的物料
及时提供销售和采购分析报告	依销售地区、供应商等不同类别进行销售，对采购进行归类，进行差异分析和业绩分析	更好地分析盈利潜力和生产消耗情况

表 10－5　财务管理体系的典型需求

财务管理的需求	MRP Ⅱ/ERP 解决方案	MRP Ⅱ/ERP 应用效益
根据客户的信用级别、审批权限和额度等严格控制应收款，减少坏账损失	根据客户的信用进行控制，按天数或金额大小，自动计算客户的应收款余额，自动报警	充分发挥客户信用管理的作用，避免应收款失控，防止三角债的产生，保证企业盈利
根据销售额、客户以及地区的不同，可以采用灵活的折扣方式	自动累计各个客户的销售额，对不同的客户和付款日自动计算折扣	减少人工差错和工作量，提高营销的效率
收款和付款的历史查询	已收款、未收款和已未付款，输入查询条件后可及时查询付款	提高效率，减少查询时间
分部门、分公司输入凭证后依据成本科目自动汇总到总账	输入凭证后能自动过账	减少工作量，提高效率和准确率
对人工费用和工资准确反应，因为到月底计算工资时工作量很大	按人工工时、加工中心费率等结转成本	对实际人工成本进行准确计算
比较标准成本和实际成本，降低核算成本的工作量	维护历史成本、标准成本、实际成本、模拟成本等数据；核算材料、劳力、管理费用；分析成本差异	快速观察成本变化，挖掘节约成本的潜力
发货时就自动产生销售发票，减少人工重复录入	财务开发票与仓库发货集成，自动产生发票	减少人工重复录入和工作差错
按规定分摊各公司、各部门的费用，利润等财务报表能及时上交，及时产生、合并财务报表	成本费用等根据公司规定自动分摊到各个公司、部门的账户，并产生财务报告及合并报表	提高了财务报表的准确性和及时性，更好地支持公司领导层的决策

我们应该根据企业所处发展阶段的不同，实事求是地分析企业对 MRP Ⅱ/ERP 系统的实际需求。从这些实际需求出发，考虑选择何种 MRP Ⅱ/ERP 系统以及所需实施的功能模块，综合考虑实施以后所带来的实际效益，才可以实质性地提高企业应用 MRP Ⅱ/ERP 系统的效益。

案　例

金蝶 EAS 系统支撑完美公司直销管理模式，实现商业模式创新

企业间的竞争已经不能仅停留于依靠产品、服务、技术等单一要素形成的竞争力，企业迫切需要进行商业模式的创新。只有商业模式成功转型，企业才能够在多变的市场环境

下始终保持行业领先地位。计算机技术和网络技术的发展，推动了企业信息化建设的步伐，给企业商业模式的转变提供了有利的技术支撑。企业信息化已经成为工业化的一部分，未来的世界将是以信息化为基础带动工业化的进步的世界，没有数字化、智能化的信息交流以及业务监控、自我调整的集成平台，企业将会被市场淘汰。完美（中国）日用品有限公司（以下简称完美公司）正是认识到这一点，积极与金蝶公司合作，通过金蝶 EAS 系统，搭建了适合本集团的多组织、多工厂高效协同的数字化平台，对企业的发展起到了很好的支撑作用。

一、完美公司的商业模式

完美公司成立于 1994 年 3 月，是集科研、开发、生产、销售、服务于一体的现代化大型企业。企业以生产保健食品、化妆品、个人清洁用品三大类大众消费日用品而著称，在全国设立了 30 多家分支机构及 10 多个中转仓，开设了 3 000 多家完美专卖店。近年来，完美公司的产品市场正在中国香港地区及泰国、印尼、马来西亚、新加坡等国家不断拓展。

完美公司的管理模式属于运营控制型，业务政策及管理制度的制定由集团总部的业务管理职能部门负责，财务部、人力资源部、采购部、营销部、物流部、综合计划部等部门负责集团的业务政策及管理制度，具体的工作执行则由集团下属企业负责。

（一）分销与直销的混合营销模式为企业树立了良好口碑

完美公司的营销管理模式是介于分销与直销之间的混合体，企业的供应链具有典型的分销模式的特点，属于“总部—分公司—办事处”模式；而人事、财务方面则具有典型的直销模式的特点。完美公司曾经以一套简单有效的奖金制度和功效卓著的芦荟矿物晶保健品征服了大江南北的消费者，从而在业界赢得了平民化、规范化、直销业务简单易从事的良好口碑。企业总体上讲是采用集中销售、集中发货（由配送中心发货给专卖店等）的业务模式，由直销员上门推销。

（1）平民化市场定位。安利主要定位在都市消费的高端市场，雅芳定位在城市中档美容消费的主流市场，仙妮蕾德则定位在专业的草本植物保健市场，而完美公司则把目光锁定在了平民化路子上，其客户服务和合作对象主要针对城市平民甚至是农村市场。

（2）产品以人为本，突出特色。完美公司尊重消费习俗，每个系列均有其独特性。比如其家居清洁和个人护理类别的产品，均可与市场上其他品牌进行客观的品质对比；采用大小包装并用的方式，使消费者的心理得到满足。

（3）营销渠道实虚结合。一开始，完美公司的业务员无须作投资性投入，但需全力以赴地开拓客户市场。当达到一定业绩后，可以在公司总部的指导下建立完美产品专卖店。这种以专卖店为依托的后期市场开拓，使得其创业路子更加稳定可靠，从而避开了过去纯业务人员没有“根”的“虚业”观念陷阱。

（4）彻底本土化、多元化。完美公司将总部迁到中国境内，使得自己更加像一家地道的本土公司而不再是一家外资公司。企业还在中山和扬州建立了两个生产基地，以便快速响应市场需求。

（二）集中计划，分散生产，快速响应市场

完美公司的生产模式是“集中计划，分散生产”，目的是快速满足南北市场的需求和降低供应成本。完美公司总部物控部依据“市场预测，在库数量”统一编制各个生产工厂的生产计划并下达到工厂执行。各工厂生产的产品归集团所有，统一进入集团的立体仓库，并由集团物流公司负责统一管理和配送，集团物流公司在各地（分公司）设置了中转仓（配送分中心），负责指定区域范围内的专卖店的物流配送工作，以最快的速度响应市场需求。

（三）发挥集团批量采购优势，降低采购成本

中山和扬州生产的产品比较类似，所用原材料具有相同性，因此采用“集中决策、分散采购和结算”的采购管理模式。集团统一与供应商签订采购协议，确定采购批量和价格，日常采购、收货、结算则由各工厂独立完成。对于需求量小和价值低的物资则采用独立采购方式。通过集中决策、分散采购和独立采购的混合模式，既加强了物资的管控，又下放了一定的权力，保证了物资的有效供应和成本控制。

（四）建立三级系统，加强集团管控

从集团管控模式来看，完美公司属于集团运营管控模式，这是一种集权程度相对较高的管控模式。集团组织架构下拥有 6 个子集团及 30 多家具有实体业务且财务独立核算的分/子公司。集团总部通过“组织、动态管控、静态管控”相结合的运作方式，实现对分/子公司的管理与控制。

（1）组织系统通过设立总部职能机构，明晰总部、总部职能部门以及分/子公司相应的职责权限来实现管控。

（2）动态管控系统则以集团战略目标为导向，分解年度经营计划，通过全面预算进行资源配置，最终以业绩管理实现对分/子公司的控制。

（3）静态管控系统通过集团对分/子公司的人事控制、财务控制、权限控制、信息控制四个方面进行静态管理。

二、利用金蝶 EAS 打造企业的数字化管理平台

（一）金蝶 EAS 实施过程

完美公司认为 IT 系统是企业的核心竞争力，有着比研发和市场更为重要的地位，但囿于技术、经验、整体设计水平等方面的限制，原有的 IT 系统存在分散、孤立、重复，未能整体化、流程化、系统化的缺陷。随着业务的发展，原 IT 系统的整体运作效率已经不能适应集团公司的业务发展要求。因此，完美公司于 2007 年与金蝶签订了 EAS 战略合作协议，希望借助 EAS 系统打造一个“高效率、全自动、全覆盖”的集成化、数字化管理平台。

在完美公司与金蝶公司的共同策划下，项目组对集团整体业务模式进行分析，对企业的管理诉求进行整理，在此基础上考虑未来的发展，进行了蓝图规划，制定了完美公司企业数字化管理平台的整体架构，并采用分期、分步实施策略，统一基础数据管理和实现业务流程标准化，抓主要矛盾实现业务创新。

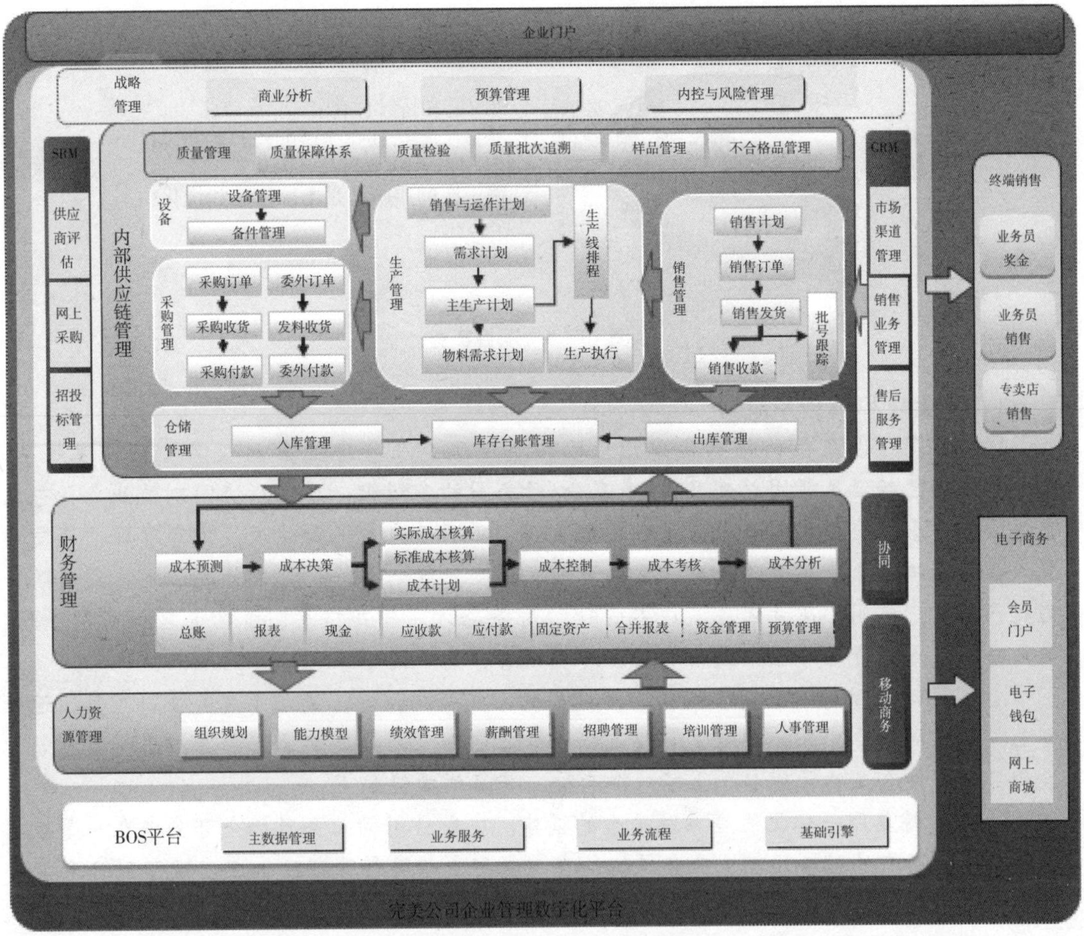

图 10－3　完美公司企业管理数字化平台

项目实施目标：实现 EAS 集团财务、供应链、成本及生产制造系统的集成应用，提高业务处理效率，规范及优化业务流程，降低企业运营成本。

第一阶段：从 2007 年 11 月到 2008 年 5 月，主要完成了集团 30 多家下属单位财务系统的实施工作。其中，2008 年 3 月 1 日完成财务系统上线，各单位财务人员开始在 EAS 系统中进行日常账务处理；2008 年 5 月 1 日完成财务系统切换，EAS 财务系统独立运行，原 K3 财务系统停用。

第二阶段，从 2009 年 2 月到 2009 年 12 月，主要完成了中山完美 EAS 供应链、成本及生产制造系统实施工作，并顺利上线应用。从此，完美公司整个生产过程和供应链业务实现全面的业务集成和协同，实现了财务业务一体化的有效管理。

第三阶段，从 2010 年 2 月到 2010 年 12 月，主要完成了扬州完美 EAS 供应链、成本及生产制造系统实施工作，并顺利上线应用。从此，整个生产过程的多工厂协同制造系统得以深入应用。同时，实施了商业分析、资金管理、人力资源系统、协同平台系统、预算系统等模块，业务应用范围更加广泛，企业管理的数字化应用得到全面推广。

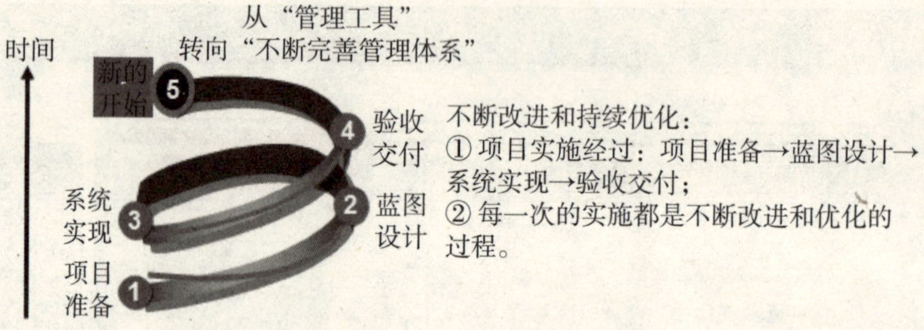

图 10-4 项目实施

(二) 金蝶 EAS 应用概述

完美公司经过几年的信息化建设，已经实现了企业管理业务的数字化和计算机化。EAS 的应用已经涵盖集团总部及 30 多家分/子公司的多组织、多工厂协同制造业务，包括系统管理平台、应用扩展平台、基础数据管理、集团门户、采购管理、库存管理、存货核算、销售管理、生产与运作计划、需求计划、主生产计划、物料需求计划、生产线有限能力排产、生产车间、质量管理、成本管理、财务会计、合并报表、资金管理、预算管理、商业分析、人力资源管理、设备管理、终端销售、电子商务等。

金蝶 EAS 系统通过基于多组织、多工厂的应用架构设计，满足了完美公司对集团运营型业务管控的需要，并且实现了管理流程的标准化和优化，减少了随意性，达到了有效管控的目的，使企业的管理水平上了一个台阶。其具体功能如下：

(1) 支撑集团一体化管理系统平台的搭建。完美公司的业务数据全部集中在一个数据单元中心，所有的财务处理、业务单据均在该数据中心进行管理，彻底实现了财务和业务的一体化管控，特别是在业务协同方面，实现了跨组织间的业务往来的自动核算和处理，保证了集团业务数据一次输入后多业务核算体的共享使用。

(2) 组织架构由集团总部统一进行管理，保证业务之间往来的有效性和约束性。EAS 系统的组织架构管理建立了包括财务组织、销售组织、采购组织、库存组织、质量组织、行政组织、利润中心、成本中心等在内的业务组织，用于对组织下的业务进行规范。同时，通过组织间的委托关系，建立组织间的业务往来，从而固化了业务流程，防止业务处理的随意性和人为造成的业务处理错误。

(3) 对集团基础数据进行统一管理和标准化建设，为业务系统之间的业务流程处理和跨组织的集成奠定了基础。通过业务控制参数的统一管理，实现集团对下属企业的财务核算、客户、供应商资源、采购价格、销售价格、信用的统一管控，实现统一经营，实现提高竞争力的战略目标。

(4) 财务业务一体化应用得到实现。完美公司从根本上改变了原来财务核算的应用模式，现在财务只依据业务部门的业务单据进行核算，自动生成财务记账凭证，保证业务数据与财务核算数据的一致性。例如从针对物料的出入库单到存货核算，从销售出库到发票、应收账的建立，从采购收货入库到发票、应付账的建立等，建立了完整的业务流程一体化的约束机制。

(5) 实现了物料采购的集中定价、分散订单、分散收货和结算的采购模式。由集团统一考察供应商，并签订集团范围内的“批量采购，固定价格”的采购协议，具体由各个工厂付诸实施，发挥集团采购的优势。集团总部供应部可以实时掌握采购订单的情况，包括收料、结算等。

（6）通过生产与运作计划、MPS/MRP 计划、生产线排程以及推拉结合的计划体系和模式，构建了完美公司敏捷的供应链，满足了多组织、多工厂的“集中计划，分散生产”的业务需求，从而快速反应市场变化，降低库存占用。

（7）以生产线有限能力排产和执行系统，支撑完美公司按生产线有限能力生产的制造模式，实现了生产产能和效益的最大化。通过精细供料计划对生产线日计划进行再平衡，确保生产物料的及时供应和准确送料。

（8）实现了集团统一的批次管理和跟踪。从物料的采购收货入库到生产阶段的物料消耗，再到生产产品的入库，最后到配送中心的仓库系统，这一整个链条可全程进行批次管理，并在生产过程中通过对领料出库单、生产线日计划、完工汇报等单据的处理，自动生成产品的批次跟踪关系数据，并可进行批次的正向和反向追溯。

（9）通过近效期、保质期、批次管理、质量管理等功能，支撑完美公司的全面质量管理，全面保障产品质量，确保公司利益。

（10）通过构建全过程的成本管控体系，实现从成本核算到成本考核和管控的转变，实现精细成本管理。

三、金蝶 EAS 帮助完美公司实现了集团财务管控

完美公司对企业自身的管理属于运营管控模式，这是一种集权程度相对较高的管控模式。在完美公司旗下，有 30 多家有实体业务并进行独立财务核算的公司。完美集团财务管控通过组织系统、基础数据、财务业务与协同这三个方面实现了集团在财务上的全面管控。

（一）合理的财务核算组织建立是前提

完美公司依据集团业务组织情况，建立了三级财务核算体系：集团总部、子集团、财务核算公司。其中，集团总部进行总体数据统计分析，制定相关财务政策和控制策略。子集团有 6 个，集团总部对子集团的业务进行管理、监控和统计分析。子集团下设具有实际业务实体并独立进行财务核算的 30 多家公司，进行实际财务核算的业务操作，统一受集团财务政策管控。

（二）统一的基础资料和政策是基础

完美公司财务管控在组织系统搭建上采取三级组织形式，全资分/子公司由集团全权控制。在财务政策上，采取统一的会计核算体系，统一的会计制度；在财务基础信息上，采用统一的会计科目和财务软件参数。完美公司实现了客户、供应商、人员等基础数据的统一，保证了财务数据和业务数据的集成，同时解决了在集团过往的信息化过程中，由于财务和业务数据割裂导致数据分散所带来的管控难题。

1. 针对完美公司具体业务建立两大基础数据体系

（1）建立以公司核心业务产供销一体化的财务业务基础资料体系：财务科目体系，财务核算项目体系，供应商、客户、物料/产品体系。

（2）建立以核心业务相关人员为基础的人员资料体系：统一的组织架构体系、内部职

员数据、专卖店数据、业务员体系。

2. 针对完美公司财务信息化建立两大基础数据体系

(1) 建立以EAS财务信息化为核心的财务基础资料体系：会计科目、会计科目上的辅助核算、现金流量表项目、现金流量项目。

(2) 建立以EAS财务信息化为核心的统一信息化政策体系。

科目政策：由集团统一建立、分配下发，统一集团会计科目和辅助核算，要求在集团控制级次范围内不许增加、修改、删除科目，如需变动，必须报集团总部。

现金流量政策：现金流量表项目由集团制定，各单位遵照执行；集团制定现金流量项目需要区分出内外部现金流量；对于内部现金流量项目要求挂内部单位作为核算项目，以便于查询和内部抵销。

(三) 财务业务与协同实现管控

1. 通过财务业务加强管控

(1) 通过数据大且集中的财务核算，实现了对下属企业的财务核算监控，并且实时掌控集团的整体财务状况。

(2) 通过实施全面预算系统，实现了所有业务计划的分解和汇总，并且通过预算系统对日常费用及资金支出进行预算，实现了对预算和费用支出的有效控制，达到事中控制的目标。

(3) 通过资金管理系统，实现了对日常资金状况的实时掌控，得以有效调配资金，提升资金使用效率，防范风险。

2. 通过业务协同加强管控

通过应用EAS集团财务管理、人力资源管理和协同平台，同时将其他业务系统与EAS系统进行集成应用，实现协同管理，加强财务业务的管控。主要内容包括：

(1) 应用EAS人力资源管理系统，实现人事基础信息的统一管理和人力资源业务的流程化管理。同时将工资等业务数据无缝传输到财务核算的凭证、资金等模块，实现财务与人力资源一体化。

(2) 应用EAS协同平台。包括应用EAS信息门户、EAS办公管理、EAS文档管理、EAS业务审批平台。这些系统模块将日常的报销业务和财务核算业务集成，实现办公管理和财务业务一体化。

(3) 通过工作流审核系统加强对供应链业务的有效审计和管控。

(4) 实现整个供应链、生产制造的业务流程集成，并与财务系统无缝对接，实现从财务到业务的追溯。

(5) 实施外部物流系统，实现从成品的入库到终端专卖店的配送及库存的统一管理，实现内外部供应链流程的串通。同时与财务系统无缝对接，实现从财务到业务的追溯。

四、金蝶EAS支撑多工厂协同制造，打造精益生产平台

完美公司拥有中山完美和扬州完美两个生产中心，每个生产中心包含多个工厂，每个工厂包含多个车间，生产模式是“集中计划，独立生产”。因此，金蝶EAS的计划体系为其生产运作搭建了一个精益生产的管理平台，通过生产与运作计划、需求计划、主生产计划、物料需求计划、生产线有限能力排产、生产线执行管理、车间管理等模块的实施，实

现了多工厂生产的协同和资源的有效利用，最大限度地实现了基于能力约束的、日滚动的生产计划编制。

1. 多工厂业务协同，快速响应市场变化

完美公司产品生产计划的制订方式是先由集团依据销售预测和库存水平制订总体的年度生产计划，然后再分解到具体的月度。在此基础上，企业依据多工厂协同规则，再将计划分解到具体的中山完美、扬州完美的工厂，依据时间进度分批下达到工厂执行，从而实现多工厂业务协同。

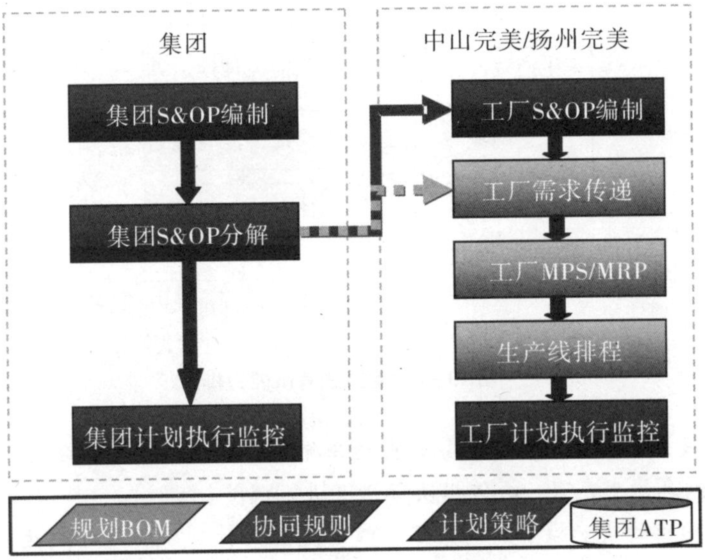

图 10－5　实现多工厂业务协同

(1) 进行粗能力评估和调整，保证计划的合理性。编制年度生产计划时，通过粗能力评估来验证生产计划的可行性，并在评估建议的指导下，在执行过程中，依据南北区域的实际销售的变化情况，对计划进行调整，协调两个生产基地的协作数量，保证生产计划的合理性和可行性，从而满足市场变化，降低供应链成本。

(2) 多种计划方案并用，满足多种业务需要。按不同的计划方案运行主生产计划及物料需求计划以适应不同的业务需要，如年度计划方案（计算全年的需求总量，以便进行全年采购、生产预测）、中长期计划方案（针对采购周期长的物料组织采购）、精细供货计划方案（保证采购周期短以及重复大批量使用的物料能及时采购）。物料的分类型、分阶段采购使物料供应处于一种有序、有效的管理之中。

(3) 多角度业务监控手段，方便运营决策。系统提供了计划员工作台和工厂纬度、产品纬度、时间纬度等多纬度监控报表，实现了对多工厂协同计划执行情况的跟踪。

2. 生产线有限能力排产，造就生产精益化

完美公司的产品是按照生产线方式组织生产的，在有限能力的约束下，安排每一天的生产线日计划。为此，EAS 系统搭建了生产精细化管理平台。公司通过生产线日计划排产，将产品的生产计划按照能力约束安排到具体生产线和生产日，并通过精细供料计划，

安排每日生产线的物料供应数量和时间，再通过与供应商合作实现了部分物料供应商直接供料到生产线的直送业务，实现了部分物料的零库存管理，使生产做到了精细化。

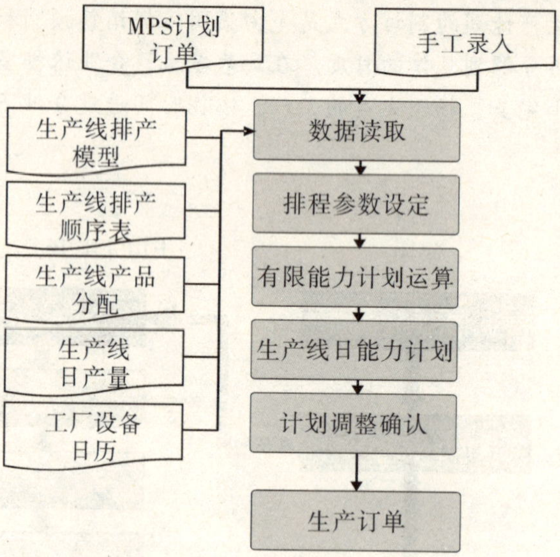

图 10－6　生产线有限能力排产

（1）生产线分配模型，实现任务的自动分配。依据生产线产品分配模型，将产品生产计划自动分配到具体生产线，再依据实际情况进行调整。

（2）基于约束的排产模型，编制生产线有限能力计划。将安排到生产线的需求任务，依据能力约束条件、排产模型、生产线日历，编制出生产线日计划，下达到生产车间执行。由于将生产计划安排到了生产班次，使生产任务更加明确化和目标化，提高了计划的编制效率和准确性，同时也为物料精细供货提供了依据。

（3）精细供料计划，实现物料的精确供应。基于生产线日计划，对生产物料消耗进行计算，产生每日的生产线物料供应计划，用于指导和保证在物料需要的时候做到及时、准确的供应，并依据物料供应方式，实现供应商直接供料到生产线，减少了物料的搬运、管理以及包装物的浪费，从而降低管理成本。

（4）领料明细化，实现批次跟踪。在生产线领料中，按照批次管理物料，进行批次关系自动建档，记录产品生产批次与消耗材料的批次对应关系，通过正向、反向的批次追溯，实现生产过程、产品结构、责任实体可查、可跟踪。

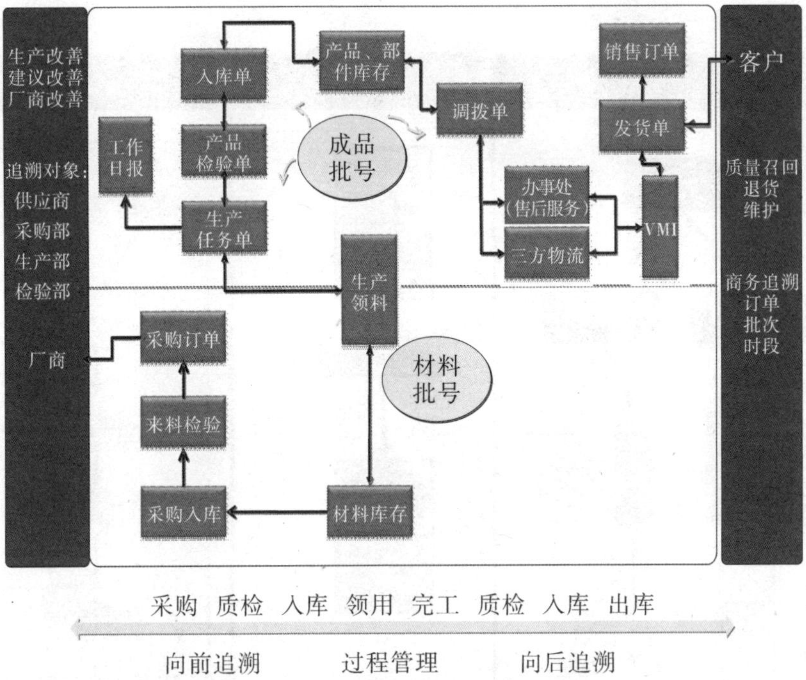

图 10－7　生产线批次管理

（5）物料合理出库，减少浪费。物料或产品入库时，对即将到期或者已过期的物料进行自动判断、提醒或拒收，可接收的按批次和保质期管理。物料将自动建立保质期，并实时进行监控。物料或产品出库采用“近效期”原则，从而保障库存原料或产品的合理使用，避免原料或产品过期所造成的浪费。

3. 带来工作方式的转变

（1）工作效率和准确性提高。精益生产平台使生产管理者的工作方式发生了根本的改变。从手工编制生产计划表到系统自动生成生产计划，从手工编制物料需求计划表到系统自动计算，从手工盘点安排货期到精细供货计算，从人工排产到系统自动化排产，从查手工记录追踪批次到系统自动追踪批次，所有这些协同化的运作都使工作效率得到最大限度的提高，使工作的准确性有了质的飞跃。

（2）工作重心转移到生产管理。效率的提高和业务系统的数字化使管理者节约了时间，并通过 EAS 系统进行业务监控和分析，从中发现和预测未来存在的业务风险，并及时进行风险规避，从而保证生产的稳步进行，减少资源的浪费，使管理水平不断得到提高。

五、金蝶 EAS 支撑业务驱动，促使集团加强成本核算精细化

如何使成本核算合理、精确是令制造业企业感到头痛的问题之一，有效的核算手段影响到成本管理的成效。完美公司的成本管理模式属于实际成本核算下的成本管理，重点是实际成本核算和与标准成本的比较分析。EAS 系统的成本核算体系的建立使完美公司在业务数据基础上，按照成本核算策略、费用控制策略实现了实际成本的核算和对比分析，并在具体的业务处理过程中，实现了预先成本控制和数据监控，并帮助完美公司由成本中心考核向利润中心考核模式转变，逐步形成以利润水平评价、盈利能力分析为主的成本管理体系。

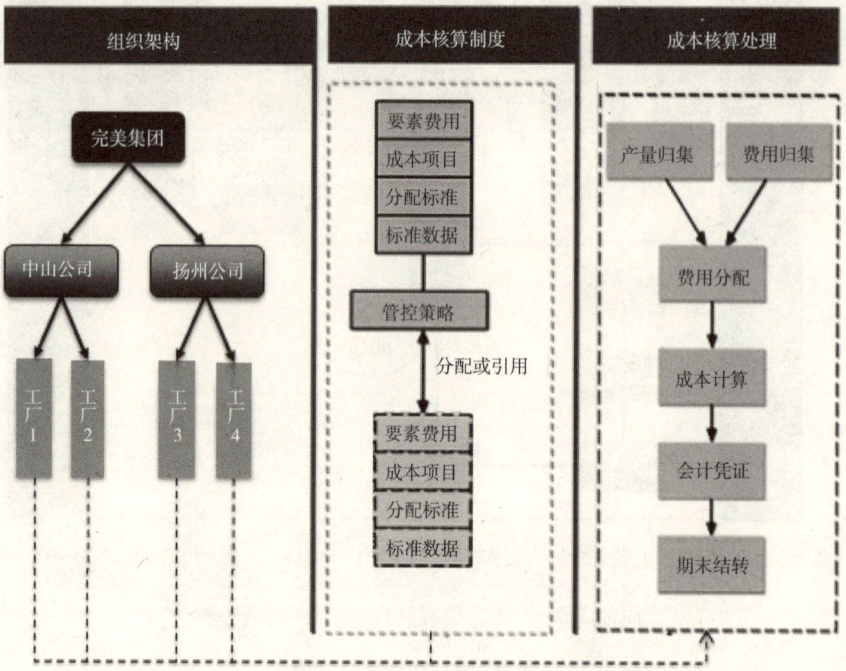

图 10-8　金蝶 EAS 促使完美集团加强成本核算精细化

（1）统一制定成本核算和管控标准。EAS 系统提供了多组织模式下的成本核算与管理体系支持。集团作为管控者，依据成本核算原则和管控策略，制定相应的管理模型，包括成本要素、核算项目、费用分配模型、标准数据、核算方法、控制策略等，并分配到具体的成本核算组织。各个成本核算组织通过具体的业务数据，按照预先确定的成本核算模型和流程，自动计算出产品的实际成本。

（2）支持多种费用分配模型，满足不同需要。EAS 成本系统支持产量数据、费用数据的集成与自动归集分配；分配标准自定义，并可对共耗费用进行分层次管理，实现成本中心之间的间接费用、产品间费用、辅助生产费用的自动分配。同时，通过与制造系统集成实现基于产品 BOM 结构的标准成本卷积，通过分析实际成本和标准成本的差异，落实成本过程控制和责任考核。

（3）按成本项目明细，逐级累计增量成本。依据成本项目明细和成本对象计算所有生产部件的增量成本，按照产品结构关系和成本项目明细卷积增量成本，最后得到产品结构中各节点部件加工的实际成本。通过产品结构分析、成本比较分析、成本趋势分析及产品成本消耗分析等模型，清楚地了解产品成本的组成、结构比例、优化空间和对象，使公司在成本管理上能够不断改进和优化。

六、金蝶 EAS 支撑集中决策、分散采购管理模式，打造物资供应管理平台

完美公司对产品质量的重视从原材料开始，其对原材料供应商的考核非常严格，只有高信誉的供应商才能成为完美公司的合作伙伴。为此，企业的核心原材料都是通过集团统一确定的供应商提供的，且公司统一与供应商签订采购协议，确定采购批量和价格，各业务组织分散进行采购、收货、结算。

企业对EAS的管理诉求是：如何集中管理采购资源，执行专业化采购，以有效降低议价成本和采购费用？

利用金蝶EAS，企业建立了集中与分散相结合的采购模式。

1. EAS系统支持供应商管理，构建物料供应的协作关系

通过对供应商的全面评估和管理，完美公司建立了供应商档案和信用管理机制，并对合作供应商进行每半年一次的评估和过程监控，帮助寻找和确定优质供应商，从而生产出优质的、满足客户价值主张的产品。

2. 全面支持“集中定价，分开采购、收货、结算”的采购模式

(1) 集团供应中心负责供应商选型、管理、评估工作，负责制定价格策略、批量策略，分/子公司独立采购、收货、结算。针对这种业务需求，EAS系统通过采购管理、信用管理、应付账管理、质量管理、库存管理、财务管理、存货核算、主生产计划、物料需求计划等模块，搭建了业务流程完善的采购平台，实现了物资采购业务的数字化管理，并通过数据分析和挖掘对业务执行进行评估，从而提出改进措施并优化业务流程。

(2) 统一采购策略，分散采购计划。在完美公司，每个工厂依据主生产计划和物料需求计划，平衡各自的采购需求，分别生成各自的采购订单，实现了采购计划与生产计划的联动，使采购需求的数量和时间更加精准，减少大量的库存积压，降低了库存资金占用。采购计划的执行由集团统一确定的供应商来执行，这不仅规范了采购行为，降低了采购成本，也避免了跑冒滴漏现象的发生。

(3) 实时了解库存，掌控需求及消耗。基于EAS系统的数据集中管理，物资采购人员实时监控原材料库存情况和未来生产的物料消耗，对近期采购订单的预计收货随时进行确认和跟踪，从而把控物料供应的及时性和准确性，保证不会因为缺少物料而影响生产的稳定。同时，不断优化库存、采购的相关控制参数，可以使系统在一种最佳状态下运行。

(4) 了解订单的执行情况，有效控制资金流出。通过EAS系统可固化和跟踪采购订单的收货、质检、入库、付款的整个业务流程。在业务处理过程中，依据采购订单的整体执行情况和信用控制要求，可有效地控制资金的合理支出，减少资金风险，实现事中控制的目标。

七、金蝶EAS打破信息壁垒，实现完美业务协同共赢

部门间、组织间的信息壁垒和沟通不畅，在很大程度上影响了完美公司手工处理业务的速度和准确性。一项复杂的业务流程的处理和信息交流，不但跨部门，甚至跨业务组织，这会给管理带来难度。EAS系统通过多组织、多工厂的业务架构设计，实现了集团财务、供应链、生产制造和成本、质量检验等完整业务流程的衔接和信息集成，并可以跨业务组织进行，彻底实现了完整的业务流程管理和业务协同。

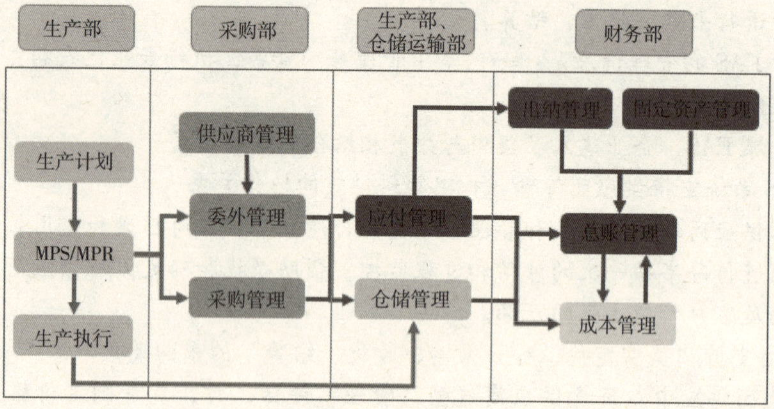

图 10－9　完整的业务流程管理和业务协同

（1）打破信息孤岛，使业务数据透明。EAS 系统的全面应用，避免了原来各部门各自形成信息孤岛和手工作业所带来的种种问题，促进了部门间的业务沟通。如原来的生产计划与采购计划不衔接，库存数据不能向采购部门及时反馈，生产领料不能与库存实际情况直接对接等问题得到了解决。

（2）业务流程规范化，实现数据流驱动。业务系统集成应用，规范和固化了业务操作流程，减少了业务处理的随意性，使部门间的有效协同更加顺畅。例如：计划订单下推生成采购及委外申请单，实现了生产与采购的协同；备料汇总调拨、生产计划领料、完工报告入库等，实现了生产与库存的协同；从采购订单和收货再到入库，实现了采购与库存的协同；从采购入库到付款，实现了库存、采购、财务的协同；库存单据自动生成凭证传输到总账，实现了库存与财务的协同。

（3）跨组织协同，形成利益共同体。在集团内部的业务交易中，通过设定业务流程、控制参数实现跨组织间的业务数据处理，提高了工作效率。例如：在生产过程中通过跨组织领料、跨组织调拨等方式，实现了跨组织的物料供应，并自动形成跨组织的业务结算。

（4）观念转变，上下一盘棋。员工已经认识到每一个操作者都不再是孤立的，而是一个完整业务的利益共同体。计算机系统是一个业务协同系统，业务流程的前后业务存在紧密的衔接性，前边业务数据处理的及时性和准确性，影响到后续业务的开展，从而也将影响到整个业务的处理成效。只有对整体负责，才能发挥信息系统运行的最大效益，这已经得到了充分体现。

总之，金蝶 EAS 支持了完美分销与直销相结合的经营模式，推动了企业的商业模式创新，支持了企业的可持续发展。

第十一章　企业实施 MRP Ⅱ/ERP 系统的前期准备工作和实施步骤

企业实施 MRP Ⅱ/ERP 系统的前期准备工作，包括对企业进行的需求分析和软件选型等。MRP Ⅱ/ERP 系统实施则包括对现行系统进行调查、软件测试、系统安装和运行、系统维护、建立系统运行的管理制度等工作。慎重的前期准备工作为后续的系统实施打下了基础。

第一节　比较分析自行开发的 MRP Ⅱ/ERP 系统与成熟的商品化 MRP Ⅱ/ERP 软件包

企业实施 MRP Ⅱ/ERP 系统，可以自行开发软件，或者选择成熟的商品化软件包。自行开发 MRP Ⅱ/ERP 系统是指利用企业的系统分析员、程序员、计算机等人力、物力资源开发满足企业需求的 MRP Ⅱ/ERP 系统；选择成熟的商品化软件包是指向 MRP Ⅱ/ERP 软件商购买、安装和实施 MRP Ⅱ/ERP 软件包。自行开发软件或者选择成熟的商品化软件包二者存在区别和联系，国外经历了从自行开发向选择成熟软件包的转变，我国企业也倾向于选择成熟的 MRP Ⅱ/ERP 软件包。

一、国外企业管理软件的选择情况

1969 年以前，美国 MRP 应用企业一半以上使用自行开发的软件程序，因为当时市场上很少有成熟的商品化软件包，企业无法购买到合适的软件包。1980 年以后，美国市场上有几十种可用的软件包供企业选择，约 75% 的企业开始直接从市场购买软件包。至 20 世纪 90 年代，企业可以从近 300 种不同的软件包中选择所需的软件包。国外大多数软件包都使用了 MRP Ⅱ/ERP 的标准处理逻辑，用独立需求与相关需求区分企业的物料需求，有制造、财务和分销三大功能，包括 BOM、DRP、MPS、MRP、GL、AP、AR 等基本模块。SSA、SAP、Oracle 等公司的软件稍作修改就可以在企业投入使用。

二、我国企业开始倾向于选择成熟的软件包

近年来，我国企业倾向于从国内外软件公司购买 MRP Ⅱ/ERP 软件包，在实施过程中

组织力量对软件不适合的部分进行二次开发。购买成熟的软件包对降低实施风险起到了很大的作用，主要是因为以下两点：

1. 可供选择的 MRP Ⅱ/ERP 软件包逐年增多

21 世纪头几年，可供我国企业选择的 MRP Ⅱ/ERP 软件包少，价格又高，因此，以企业自行开发 MIS 系统为主。近几年 MRP Ⅱ/ERP 软件包的价格下降，计算机硬件价格也下降，企业通过比较性能价格，发现购买成熟的软件包更合算。此外，企业也认识到自行开发的 MIS 系统有很多局限性，对周围企业使用 MRP Ⅱ/ERP 的效益也有了切实的感受，因此，许多企业转移到了购买 MRP Ⅱ/ERP 软件包上来。

2. 自行开发的弊端

自行开发 MRP Ⅱ/ERP 软件包存在弊端。在企业快速发展的过程中，光靠企业的 IT 人员很难开发出与企业同步发展的 MRP Ⅱ/ERP 系统。此外，自行开发的周期长、费用高，而且企业的程序人员、系统分析人员倾向于计算机编程，针对企业已有的手工系统进行计算机化，对企业的全局性管理问题把握不深。由于某些在系统开发阶段就产生的错误到运行程序时才发现行不通，所以某些自行开发的 MRP Ⅱ/ERP 软件系统最后根本不能用。自行开发容易陷入企业提要求、软件人员编程序的“IT 泥潭”中。实践证明，选择成熟的 MRP Ⅱ/ERP 软件已成为跳出“IT 泥潭”的捷径。

三、正确对待引进软件后的二次开发

在选择 MRP Ⅱ/ERP 软件时，企业的 IT 人员需要对软件商开发的 MRP Ⅱ/ERP 软件进行功能测试和原型测试，会遇到许多不熟悉的业务流程和数据结构，心理上会对软件包有所排斥。有的企业拒绝成熟的 MRP Ⅱ/ERP 软件是因为怕 IT 部门的人没事干，或者怕企业领导层嫌 IT 部门的人没有水平，没有业绩。这说明企业管理层对 IT 业务存在误解，是一种弃企业长期发展于不顾的“本位主义”。企业领导应和 CIO 配合，采用“先抑后扬”的方法，使 IT 人员地位稳固。

MRP Ⅱ/ERP 在企业推广需要一个过程，这也是 MRP Ⅱ/ERP 实施过程中的一个重要环节。实施前期，IT 人员先要虚心向软件商学习，IT 部门和企业各部门应努力配合软件商，在软件商撤走后，企业仍可充分发挥 IT 人员的潜力，把系统实施的“接力棒”传到企业内。

企业的 IT 人员完成培训后，在二次开发时仍然有创造性地开发软件功能的机会。在软件公司实施顾问的配合下，企业的 IT 人员完全可以充分发挥二次开发的力量，开发适宜的报表体系。

例如，美的集团的 IT 人员对 Oracle 软件吃透后把销售系统应用起来，使销售系统达到国内一流水平。从此，IT 人员对成熟软件包由陌生到熟悉，由排斥到热情接受。

四、购买成熟的软件包

购买 MRP Ⅱ/ERP 软件包要购买成熟的商品化软件包，企业不能作为软件商的软件调试基地，否则一旦调试不通将导致软件派不上用场，程序修修补补影响实施工期和质量，实施费用也会比当初的软件价格高出很多。企业在选择 MRP Ⅱ/ERP 软件时要审慎地对待软件的用户群，不要争做软件商的第一个用户。而有实力的软件商一般在软件开发时都会做大量测试，有质量检验工序对软件程序的错误进行把关，不会把软件开发的风险转移到企业身上。因此，企业选择 MRP Ⅱ/ERP 软件时应多考虑，选择有一定客户群的成熟软件包。如果作为 MRP Ⅱ/ERP 软件商的战略伙伴做软件试用，则可争取价格折扣及咨询费用优惠。

第二节　重视样板企业考察

企业一旦确定要选择成熟的 MRP Ⅱ/ERP 软件包，就要把选择软件商的工作提到前期工作的议事日程上。选择软件商的工作主要有以下几个重点。

一、积极接触软件供应商

为了与软件供应商联系，企业需要有专人或者 MRP Ⅱ/ERP 小组接待软件销售人员的拜访，仔细阅读软件商的宣传资料。

企业决定选择软件商，一般对国内外软件商的情况都应有所了解，而且企业的管理人员、IT 部门的经理也应积累较多的信息，一般可从《IT 经理世界》、《计算机世界》、《计算机应用》等报刊上了解软件商的市场广告或成功企业对软件的评价。

此外，企业可以主动与软件商联络，一般软件商也会派销售员来企业拜访，了解企业的 MRP Ⅱ/ERP 应用规划、计划、决策者、决策过程及预算情况，而且会向企业介绍软件的功能、软件商的基本情况。

企业在首次接触后可以进一步了解软件商的业务范围、财务状况、当地的服务机构以及成功企业的例子。企业也可以通过软件商的产品宣传资料了解 MRP Ⅱ/ERP 软件的基本功能。在阅读产品介绍时，一般可以把软件的定位弄清楚，明确软件是以财务为核心还是以制造为核心，也可以了解行业应用的特殊性模块。

二、对多家软件进行比较

在与第一家软件商接触后，企业可以试着多接触几家软件商，进行横向比较，在比较中进一步了解软件的功能。

企业可以进一步了解软件的开发工具、二次开发量、行业特性、软件的编程语言、系统实施策略等。与此同时，企业可以把企业管理的不确定需求、确定需求与软件商的应用顾问探讨，寻求软件商的 MRP Ⅱ/ERP 方案。条件成熟的企业可以要求软件商针对企业代表产品的典型业务流程作出演示模型（demo），使企业的问题在 MRP Ⅱ/ERP 中反映出来。

在需求调查过程中，一般软件商会安排三天左右的时间进行系统需求调查，派几名应用顾问去企业的业务部门摸清管理需求和业务流程，写出一份初步的需求调查报告和初步的合作意向书。

在调查阶段，软件商与企业的接触较密切。在国外，企业调查由咨询公司唱主角而且收费，现在我国还一时难以接受签合同前的付费，因此，需要软件商和咨询公司来承担售前费用。由于调查成本高，软件商在本阶段介入企业的深度会有不同，跟踪企业的时间也有长有短，这取决于软件商的营销策略。

我国有的软件商发现一个有潜在需求的企业后，一般派四个人蹲点企业一周左右，向企业宣传 MRP Ⅱ/ERP，通过培训给企业人员洗脑。当企业接受了 MRP Ⅱ/ERP 理念后，企业开始与国外软件商接触，经过比较发现国产软件的功能不足，最后没有买国产软件。这种“前人栽树后人乘凉”的竞争结局令人心痛，这也说明国产 MRP Ⅱ/ERP 软件商需要总结经验，明确客户定位和营销策略，完善国产软件的功能。

三、考察样板企业

企业完成几家软件商的比较后，可以由厂长带队外出考察软件应用的榜样企业。

1. 制定好考察路线

企业在考察前可以委托软件公司与榜样企业进行安排联系，制定好考察路线。一般对软件商的榜样企业要花两个月左右的时间进行参观、考察。

企业需要带着问题进行学习、访谈，借机会比较企业的管理问题和 MRP Ⅱ/ERP 软件的解决方案。由于企业的参观考察是一次难得的学习机会，一定要企业领导带队，企业的骨干管理人员、IT 部门人员全部参与。在国外流行标杆管理，企业在同行业中的业绩标杆的第一名很可能会被后面的同行业或跨行业的第二名、第三名超过。为了使企业保持第一，企业可以借鉴跨行业的管理方法来提高管理人员素质，设置一流的企业管理指标来鞭策自己前进。由于我国企业很少有自己的职工培训大学，只有走出去才能跳出企业的圈子，进而把握后续实施的重点、难点，配备好人员。

MRP Ⅱ/ERP 的榜样企业考察是一次软件商安排的标杆管理机会，也是企业人员在职培训的机会，企业领导据此可以学习先进企业的管理模式，找出自己的差距。因此，企业需要好好珍惜考察机会。

2. 明确考察重点

考察时要重点了解的内容包括：①实施前的 MRP Ⅱ/ERP 需求、软件的功能和企业购买的软件模块数；②实施起来的 MRP Ⅱ/ERP 软件模块数，没有实施的模块及其失败原因；③实施中的培训方式和时间安排；④实施中的费用支付情况。

一般可以沿着 MRP Ⅱ/ERP 的业务流程观看企业各部门操作人员的业务处理，可以考察订单处理、仓库收费、财务结账、车间订单回报等主要流程的情况。考察中力求边看边问，耳听为虚，眼见为实。一般一家榜样企业考察一天半左右，一天考察现场操作，半天开座谈会，这样时间安排比较充裕，也让企业员工结识同行朋友，为以后遇到困难时相互咨询，或实施后在用户交流协会中相互交流经验和教训做准备。

第三节 考察软件商和软件选型

完成几家软件商的比较后，企业可以组织团队，由厂长带队外出考察软件商，一般在考察样板企业的同时安排时间考察软件商。

一、选型前期对软件公司的考察内容

选型前期对软件公司的考察内容主要包括：

（1）软件公司的规模。MRP Ⅱ/ERP 系统需要长期服务，七八个人组成的小公司一般不稳定，与其做生意存在财务风险。

（2）软件功能的完善程度。主要考察软件中财务、制造、分销、多工厂、多币制管理的齐备程度。

（3）软件公司的销售人员、实施人员、技术开发人员的素质，团队的文化氛围。

（4）软件的硬件平台。

（5）软件的价格策略。

二、考察软件商的实施能手

一般软件商都有王牌实施顾问，软件商的实施能手的水平反映出软件商的实施业绩水平。

我国有的企业例如开利空调在签订实施协议时要求软件商的实施顾问在企业工作几年，直至把软件实施起来为止，否则不予签约。这种类似扣押“人质”的做法充分说明了实施能手的“领航”作用。

1. 实施能手是 MRP Ⅱ/ERP 系统实施的领航员

MRP Ⅱ/ERP 实施两年后，由于企业的业务侧重点各有不同，一般需要对软件的功能模块进行裁剪，因此，实施能手对实施规律的掌握、对 MRP Ⅱ/ERP 的产品功能及细节的熟悉程度就显得尤其重要。因此，要求实施能手既掌握 MRP Ⅱ/ERP 的理论，还要掌握软件包的数据库字段和表结构的设置，而且有类似企业的实施经验。只有将企业这艘船交给这样的实施能手来开才能放心，企业搭上船后由有经验的领航员领航才安全，由他培养企业的副手来接船掌舵，才会使企业尽可能快地到达目的地。因此，考察企业实施能手的精髓是考察其业务能力和敬业精神。

2. 考察实施能手的内容

国外将经营企业比喻为踢足球，是 play game。实施 MRP Ⅱ/ERP 系统也是一场企业和实施能手间的竞技。对实施能手的具体考察方式有以下几个方面：

（1）面谈。了解实施能手的管理知识、以前的主要经历和工作成绩。

（2）调查。了解实施能手实施过的项目的评价，据此考察实施能手的责任心和敬业精神。

（3）察言观色。通过多次接触来考察实施能手的业务水平。

（4）测试实施能手对企业需求的认识程度和提出 MRP Ⅱ/ERP 软件解决方案的能力。由实施能手做演示模型，并讲解业务流程。

三、综合评价软件，签订合同

企业完成需求调查、榜样企业考察、实施能手考察后，对多家软件商的信誉和实力有了较多的了解后，下一步就转入了签订合同阶段。

虽然上述步骤的实施力度有强有弱，但一般不可省略。有的软件商在企业即将签约前才插入竞标，但企业会在签约前慎重地比较软件商。例如，合肥叉车总厂在准备公开投标的头几天 Imag / EMS 公司要求加入。虽然时间紧迫，企业马上要表决，但是企业考虑到多一个软件商竞争也没有关系，因此决定给 Imag / EMS 一个机会。Imag / EMS 在短时间里开展了需求调研、与管理人员倾谈、演示软件等工作，最后，Imag / EMS 以一分的优势胜过了另一家软件公司。因此，在企业的选型阶段要慎重，管理人员投票表决要慎重。

1. 选型需要公开

选型阶段是商务谈判的关键阶段，有的企业没有公开选型或招标，没有向管理人员和 IT 部门的人员说明软件强弱项，关起门来几个领导说了算，因此给软件的后续实施埋下了隐患。也有的软件公司的销售员为了竞标，把价格压得过低，把实施服务的费用砍掉，以迎合企业的低价格。企业买回软件后发现实施服务跟不上，由于贪图便宜，结果自己搬石头砸了自己的脚。

早期我国引进 MRP Ⅱ/ERP 软件失败也与签约不慎重有关系。有的国有企业的领导拿企业、国家的钱不心疼，出国考察走马观花，没有深入了解软件。有的公司甚至做私人交易，国外软件公司竞标时被要求帮助企业领导的子女出国留学，提出额外优惠条件，迫使国外软件公司忍痛接受变相行贿。这些选型前的争斗无疑给商务合作带来迷雾，为以后的实施埋下了隐患。追究企业 MRP Ⅱ/ERP 失败的原因，选型不公平、管理人员介入不深是不可忽视的因素。

2. 选型考虑因素

据调查，企业软件选型主要考虑四个方面，由强到弱的顺序是：①软件功能；②软件商信誉；③实施能手的水平；④软件价格。

从以上顺序可见，软件价格排在第四位。签约阶段企业看重的是软件功能与企业需求的匹配程度。因此，有远见的企业把企业的需求作为商务合同的附件列入合同中，建立了后续实施的业绩标准。

四、前期准备工作的规律

企业从考察软件商到最后签约是一个漏斗模型的过滤过程，前期考察模型如图 11－1 所示。企业的前期工作主要是通过对多家软件商进行评估、考察，最后确定一款理想的软件。

图 11－1　MRP Ⅱ/ERP 前期准备工作图

第四节　MRP Ⅱ/ERP 项目实施管理

MRP Ⅱ/ERP 的实施是一个系统工程，从产品的实施层次上可以划分为基础数据整理以及制造系统实施、财务系统实施、分销系统实施这几个主要层次，前面的章节已经对实施层次进行了分析，本节主要对各层次的主要组织过程进行分析。

在华南地区，前几年有近百家企业实施了 MRP Ⅱ/ERP 系统，尽管系统应用得不是很好，但据企业之间相互联络和反映的情况看，多数企业实施 MRP Ⅱ/ERP 后财务管理好了很多，企业对资金控制的能力强了许多。近两年，华南地区的企业对 MRP Ⅱ/ERP 应用十分看好，但是，也有部分企业实施失败了。

一、系统失败原因分析

最近几年企业之间交流多，需要实施 MRP Ⅱ/ERP 的企业了解到实施 MRP Ⅱ/ERP 效果不太好的原因主要有两个。

第一个原因是领导层变动对系统的影响有好有坏，既有后任领导支持，把系统应用得好的情况，也有后任领导不支持、不重视、不扶持的例子，还有后任领导把前任领导认真扶持的系统完全推倒的灾难性事例。此外，有的企业经济效益不好，进行企业重组后就把 MRP Ⅱ/ERP 项目放下了。总之，领导层变动导致了部分系统的失败。

第二个原因是企业与软件公司磨合不好。由于实施骨干经验不足，没有把系统实施好。有部分软件商在实施时把实施技巧留一手，不手把手教企业，让企业的实施人员自己去摸索软件。企业的实施人员试来试去，能从中摸出实施技巧就好，倘若摸索不出则意味着企业的二次开发失败了。因此，实施服务的好坏决定了系统的成败。

二、MRP Ⅱ/ERP 的基本实施方法

MRP Ⅱ/ERP 实施是对企业的社会环境、生产经营环境、业务流程、计算机软硬件安装进行综合处理的系统工程。MRP Ⅱ/ERP 的实施采用了结构化分析与软件产品设计生命周期法，使软件的功能在系统分析、设计、测试、运行、维护中得以贯彻。在某些需要重点二次开发的报表或模块中，MRP Ⅱ/ERP 的实施还可以采取快捷原型法，充分利用软件提供的开发工具和开发语言实施原型的迭代循环开发，使程序与用户界面友好、直观。

国外的软件商 SSA、SAP、Oracle 以及国内的软件商用友、金蝶等都有类似的 MRP Ⅱ/ERP实施策略，由于在项目管理和咨询、实施组织结构设置等方面的不同，国内外软件商对项目的实施有不同的侧重点，但本质上还是采用软件工程的生命周期法和原理法完成 MRP Ⅱ/ERP 的实施。

三、MRP Ⅱ/ERP 的实施重点

MRP Ⅱ/ERP 的实施首先需要领导层的支持和软件商的配合，双方要有一个良好的日程安排，而且实施方法要科学、可靠，实施步骤也要经过检验，从而保证整个实施过程按照进度进行，始终控制在预算的资金范围内。

其次，MRP Ⅱ/ERP 实施要尽可能减少软件升级，而且升级时也要有合适的政策和步骤，以减少升级费用。如果升级策略不当，将增加实施费用。例如，早期的四班、SSA、COPICS 等在健力宝富特容器公司、潇湘卷烟厂、沈阳鼓风机厂的应用升级过程中对企业的软件、硬件都产生了影响，增加了费用。

最后，MRP Ⅱ/ERP 的教育和培训是实施过程的一个重要部分。软件商不但要提供成功的原型测试和新旧系统切换的培训，而且要对最终用户进行培训。此外，还要注意系统切换后制定管理制度，使系统稳定、持续地运行，使整个企业形成一套在 MRP Ⅱ/ERP 系统上工作交流的制度，保证系统不失败、不前功尽弃。

四、软件商实施队伍的作用分析

软件商实施队伍的作用是提供实施服务，包括项目管理咨询、业务分析、技术服务、系统维护咨询等。软件商实施队伍的稳定对于企业实施 MRP Ⅱ/ERP 也有很大的影响。软件商实施队伍的构成包括三部分：项目经理、实施顾问和技术顾问。三部分人员都要具有企业背景及系统实施经验，需要深入了解软件产品的功能。软件商实施队伍的分工如表 11－1所示。

表 11－1　软件商实施队伍的基本职能和业绩评估

项目组职能	项目总顾问	项目经理	项目实施顾问	技术顾问
基本职能	①有效完成软件包从售前到售后的接转工作 ②保证项目的整体成功 ③客户满意，没有投诉和抱怨 ④明确公司和客户的责任，保证工作质量 ⑤与客户方最高项目负责人及其助手有效沟通	①帮助企业的项目经理完成项目建议书 ②全身心与企业接触，负责汇报项目的状态和管理情况 ③提供费用和实施进度报告 ④详细的项目计划、排程、分析、设计 ⑤协调软件技术人员和编程人员 ⑥与企业的项目经理和项目组负责人沟通 ⑦保存所有工作文档、项目责任书等资料	①协助项目经理提供软件产品的详细实施计划 ②提供详细的产品咨询与详细的产品培训 ③与实施企业的职能部门培训负责人有效沟通 ④业务培训，使实施企业能够解决他们自己的业务问题	①对软件产品技术结构进行深入了解 ②提供对具有潜在实施需求的软件的修改量估计 ③ERP 系统与现有 MIS 系统的集成 ④提供整个实施过程的系统修改、设计、测试，并交付使用
向上汇报和沟通	对企业和项目委员会书面报告项目进展及效果	项目总顾问	项目经理	项目经理
业绩评估	实施企业满意，企业业务升级，有回头客；实施企业可以作为样板企业被参观	及时提供项目建议书，提供高质量、及时、可靠的培训和咨询，企业的反馈意见良好	实施企业对培训、咨询服务的反馈意见良好	及时、高效的技术支持

软件商实施项目组分工如下：

（1）项目总顾问的职责：①保证项目的整体成功，负责规划项目进度；②使企业满意；③保证实施质量；④完成从售前签约到售后服务的转化，与企业的最高项目负责人及其助手打交道，有效沟通，使计划顺利融入企业的实施过程中。

项目总顾问的业绩评估：①企业满意；②企业应用升级，回头购买软件其他功能；③实施完的企业可以作为参考、样板企业。

（2）项目经理的职责：①主要执行实施责任，了解企业的需求，协调实施资源；②建立费用及实施进度的控制标准；③做好详细的系统计划、系统分析和设计；④协调项目实施顾部、设计人员、编程人员的工作；⑤与企业的项目经理和项目负责人沟通，解决实施的关键问题。

项目经理的业绩评估：及时提供项目建议书，提供高质量、及时、可靠的培训和咨询，企业的反馈意见良好。

（3）项目实施顾问的职责：①协助项目经理提供软件产品的详细安装、测试、运行及系统切换等服务；②提供详细的产品咨询；③提供详细的产品培训；④与企业的各职能部门的业务负责人和培训负责人打交道；⑤促使企业对 MRP Ⅱ/ERP 产品彻底了解，使企业能解决业务问题和完成 MRP Ⅱ/ERP 的功能设置；⑥保存所有的工作文档及项目管理责任书；⑦帮助项目经理完成项目建议书；⑧负责汇报项目的进展状态。

项目实施顾问的业绩评估：实施企业对培训、咨询服务的反馈意见良好。

（4）技术顾问主要负责网络、硬件等技术支持，技术顾问的责任、业绩评估如表 11－1所示。

五、企业的实施队伍组成及人员分工

1. 项目总监

项目总监是项目实施的主要“动力”，是项目实施背后的“方向”。由于项目总监是项目实施的总发起人，因此项目总监一般是企业的总经理。项目总监必须保证项目的人力和资金，并适时调整项目组成员的主要工作重点。

2. 指导委员会及项目领导小组

指导委员会及项目领导小组是项目的决策团体，主要负责项目的人力资源和物力资源的分配，解决与项目有关的矛盾，制定相应的实施策略。

指导委员会至少包括总经理、财务总监、业务副总经理等主要领导，以便遇到问题当场拍板。

项目领导小组的责任包括批准项目计划，定期开会讨论和批准项目报告，总结项目状况并根据计划定期对照实施效果。一般项目领导小组每两个星期召开一次例会检查工作进展。项目领导小组还应为项目小组指明方向，以保证项目实施同公司的业务发展目标相一致。此外，项目领导小组有责任处理项目小组职权之外的问题，协调各业务部门之间发生的问题。

3. 项目经理

项目经理由项目总监指定的人员来担任，项目经理要被赋予与项目的范围和规模相一致的责任、权利和义务。

项目经理是项目成功的主要负责人，需要全身心投入项目工作，其职责包括：①协调所有的项目活动，不仅是公司内部各部门之间的活动，也包括和软件商之间的沟通；②计划、控制和组织所有实施活动；③解决各业务部门之间的问题；④负责对领导小组汇报项目活动；⑤通过项目实施小组来管理项目实施活动；⑥组织项目小组的每周例会；⑦及时向领导小组反映项目进展。

4. 项目实施小组

项目实施小组是由具体实施 MRP Ⅱ/ERP 功能的执行人员组成的。其中，项目组长起到承上启下的作用，对上向项目总监和项目经理负责，对下向项目组成员负责。因此，项目组长需要对企业的业务非常熟悉，全身心投入系统实施中。有的企业让项目组长兼职推广 MRP Ⅱ/ERP，仍担任公司的其他职务，结果心挂两头没有全力投入，使 MRP Ⅱ/ERP 难以实施到位。

项目组的主要业务包括：①具体执行项目计划，完成分析、设计、测试、切换、运行、维护等主要工作；②开发培训课程，手把手教终端用户使用 MRP Ⅱ/ERP 系统；③定期召开项目小组会议，检查实施效果，向上汇报业务进展；④负责 MRP Ⅱ/ERP 理论和实践的宣传，充分利用黑板报、企业通信平台等扩大 MRP Ⅱ/ERP 系统的影响，发动全员参与 MRP Ⅱ/ERP 的实施；⑤成立各部门的 MRP Ⅱ/ERP 应用小组，完善企业的工作流程，不影响应用小组成员的日常工作。项目小组还需要对信息转换进行评测，提出系统实施的合理化建议，使实施顺利进行。

总之，完善的项目组织能保证 MRP Ⅱ/ERP 系统的成功实施。

第五节　企业实施 MRP Ⅱ/ERP 系统的主要阶段分析

由于实施 MRP Ⅱ/ERP 系统不可避免地会对企业原有的管理思想、管理模式和企业运作体系造成影响，所以企业应该根据自身的情况安排本企业 MRP Ⅱ/ERP 系统实施的具体步骤。MRP Ⅱ/ERP 项目实施可以采用合理的实施流程，将较为复杂的 MRP Ⅱ/ERP 系统分解成较为简单的子项目，分阶段实施。

一、第一阶段：对现有系统进行分析

本阶段包括对企业现有的业务流程进行分析，获得高层经理对项目的承诺；还包括确定企业的主要经营管理问题，实施 MRP Ⅱ/ERP 项目的范围、战略目标、费用预算和实施进度。与此同时，企业还需要开展对高级经理的 MRP Ⅱ/ERP 系统培训，向他们讲解 MRP Ⅱ/ERP所涵盖的范围及功能，使企业的指导委员会和各级管理部门了解 MRP Ⅱ/ERP系统的效益、MRP Ⅱ/ERP 对现有系统的更改以及企业应用的远景。

本阶段的文档主要是企业实施 MRP Ⅱ/ERP 系统的总体规划和初步的项目进度表。

二、第二阶段：项目准备

本阶段包括成立项目实施机构，给每个关键实施人员指派任务，建立信息反馈路径和拍板决策途径。此阶段项目组成员需要了解 MRP Ⅱ/ERP 项目组对项目成功的作用，促使项目组成员与其他人员密切配合，履行好自己的职责。与此同时，项目组还要修改项目的详细实施计划，确定项目实施重点，开展 MRP Ⅱ/ERP 功能模块的培训，使企业领导和项目小组成员理解并接受 MRP Ⅱ/ERP 的基本原理。

三、第三阶段：实施准备

实施准备阶段的主要任务是对 MRP Ⅱ/ERP 软件进行功能测试，在安装好硬件和软件后，用企业的代表产品和典型业务流程对 MRP Ⅱ/ERP 进行原型测试。通过原型测试后，

将需要修改的操作规程和软件功能进行界定，对修改的范围、内容进行商量，写出修改方案，并完善项目的实施进度，保障项目顺利推进。

同时，企业要开展 MRP Ⅱ/ERP 的培训和宣传，让相关部门人员和关键操作人员了解 MRP Ⅱ/ERP 系统的基本理念，以便他们理解 MRP Ⅱ/ERP 系统的集成性，使一线员工对将要修改和完善的业务范围和操作规程有心理上的承受力。

本阶段主要的成果有业务修改报告和流程重组分析报告，还有修改后的实施进度表。

四、第四阶段：产品开发与测试

本阶段将用企业的部分现场数据进行系统测试，确认原型测试中的修改是否符合企业的要求，并获得满意的输入及输出报表和单据。与此同时，企业需要积极培训最终操作人员，使新的系统环境被一线人员接受。

本阶段的主要成果是确认后的系统任务书和软件操作手册。

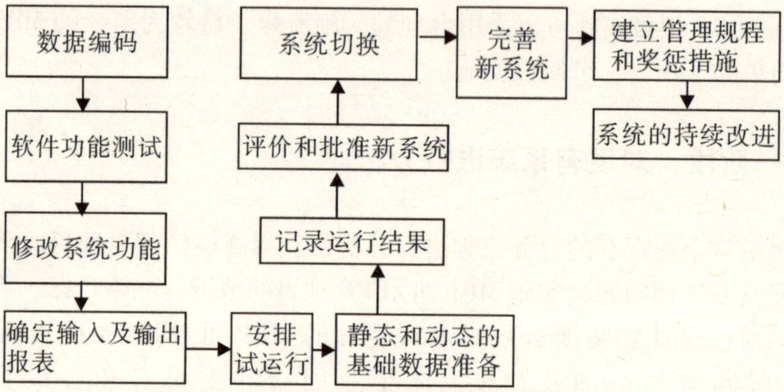

图 11－2　MRP Ⅱ/ERP 系统的基本实施步骤

五、第五阶段：实施系统切换

在确保硬件可靠运行、软件培训到位、操作规程切实可行、人员配备到位的前提下，企业可以将旧系统切换为新系统，监控新系统的运行及效果，保证新系统的成活。

本阶段的主要成果是实施备忘录。

六、第六阶段：制定业务操作规程，维护新系统

收尾阶段是系统成活的关键，需要对上线的系统进行维护和支持，需要根据 MRP Ⅱ / ERP的业务流程制定各级管理人员的岗位职责和操作规程。实施组需要把修改后的管理程序明文规定好，按班检查系统的日常运行状况，保障输入数据的准确，也保障企业人员形成在 MRP Ⅱ/ERP 系统上工作和交流的习惯，最后对 MRP Ⅱ / ERP 的效用进

行记录，对库存、资金周转等业绩标准作出比较分析。

七、第七阶段：系统的持续改进，实施 MRP Ⅱ/ERP 的第二波

企业经过一两年的 MRP Ⅱ/ERP 实施，终于把系统应用起来，但这只是企业 MRP Ⅱ/ERP 应用的第一波，仅仅达到了系统上线这个水平。企业可以在此基础上把系统运用扩展到集团分公司或者供应商等合作伙伴的公司中去，进一步把 MRP Ⅱ/ERP 的潜在效益发挥出来，实现 MRP Ⅱ/ERP 系统的第二次循环。

德勤公司曾在 Hammer and Company 和业务流程重组创始人——Michael Hammer 博士的指导下委托 Benchmarking Partners, Inc. 对《财富》世界 500 强排行榜中 62 家企业的 164 位企业管理人员做了调查，发现这些企业实施 ERP 的平均时间为 4 年，而且 49% 的管理人员认为系统启用并不是 ERP 实施的结束，仅仅是开始阶段的结束。调查中还发现，如果 ERP 系统启动和转型得当，可以使企业快速获得 ERP 实施的所有效益。相反，如果启动系统后就失去工作重点，很可能使后续实施举步维艰。

我国的联想集团从 1999 年开始实施 ERP，到 2000 年发现 ERP 的实施还没有结束。这就是 ERP 的实施进入到了持续改进的阶段。康佳集团、今日集团、美的集团、科龙集团把 MRP Ⅱ/ERP 系统深入应用，从母公司扩展到子公司的过程就是实施 MRP Ⅱ/ERP 的第二波。

第六节　企业实施 MRP Ⅱ/ERP 系统的基本规律研究

一、国外 MIS 发展的过程及诺兰模型

美国 MIS 的发展是自下向上的发展过程：首先是基于文件系统建立事务处理系统，系统的数据供高层使用；接着是在文件系统上建立数据库，做到数据共享；之后，企业开发出 MRP Ⅱ/ERP、DSS、专家系统等为企业决策提供依据。

企业管理系统发展可以用著名的诺兰模型概括（如图 11 - 3 所示）。诺兰模型把企业的信息化管理划分为六个主要阶段：

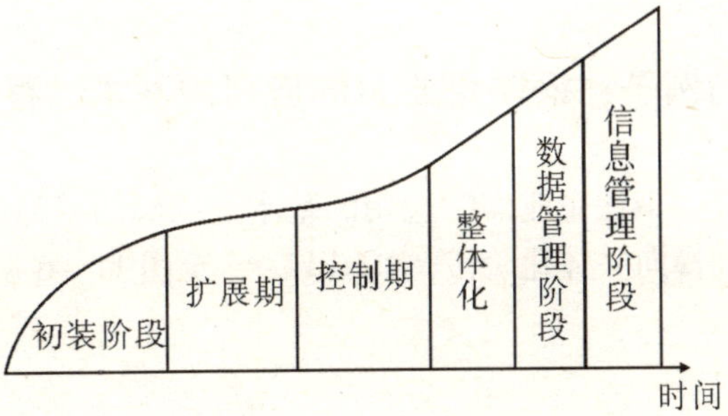

图 11 - 3　诺兰模型

（1）初装阶段。本阶段以企业引入第一台计算机为标志。在这个阶段，各级管理人员对计算机的功能和处理管理事务的能力有了初步认识，典型特征是“我们有了电脑，但那东西能做什么我们不知道，是那几个计算机人员的事”。在这个阶段，企业高层领导较少介入计算机应用，较少考虑计算机对企业人员、企业组织的影响，也没有制定计算机应用发展战略。因此，各部门人员对计算机存在一定的恐惧心理，也对与自己无关的计算机应用漠不关心。

（2）扩展期。随着计算机处理管理事务效率的提高，企业购买了越来越多的计算机，应用领域越来越广，计算机在各个部门的应用成熟起来，“关起门来开发应用”是这个阶段的典型特征。在这一阶段，企业的硬件、软件投资大，实施人员的花费也大，计算机应用频率呈迅速上升趋势，而且企业应用计算机的内在动力和各部门间的应用热情开始上涨，整个企业出现需求上升、应用扩展的大好形势。

（3）控制期。由于扩展阶段缺乏统一规划，部门间重复开发的成本越来越高，计算机种类也越来越多，造成数据交流格式不统一，部门间信息系统管理混乱等情况。为了控制信息系统，企业开始对计算机部门的组织、人员和结构进行控制，对硬件、软件投资进行审核。企业高层开始认识到系统分析的重要性，系统分析员也成为应用部门与计算机程序员之间的联系桥梁。计算机部门开始负责对企业的计算机资源进行集中管理，由计算机部门对分散的部门需求进行整体分析设计。

（4）整体化。公司开始从全局高度对企业管理系统进行更新整合，把过去分散的“信息孤岛”变成相互内聚的一体化系统，从部门间的功能纵向一体化转化为业务流程的横向一体化。在此阶段，MIS 经理的作用受到重视，也得到总裁的提拔和赏识。此外，信息部门开始对已有资源进行组合，并对企业的计算机应用计划和组织模式进行整合，设法排除阻力，使管理信息系统成为部门间联系的强大工具。

（5）数据管理阶段。一体化数据库建成，对于存放在各部门文件中的数据信息进行组织和表达，打破部门界限，建立全公司统一的数据存储系统，使各部门用户共享。数据库的使用减少了数据的重复录入，提高了工作效率。

（6）信息管理阶段。在信息管理阶段，数据处理的技术与环境已经成熟，信息已成为企业赖以生存的资源，并为企业部门所共享，信息流也反映了企业物流、资金流的状况，“三流合一”成为企业提高竞争力、促进发展的动力。因此，为保证计算机部门与应用部门间的顺畅沟通，企业更加重视对信息系统总体规划的设计和分析，保证 MIS 系统与企业的总体发展目标相一致。

二、诺兰模型的例子：钢铁企业 MIS 应用的基本过程

与诺兰模型相对应，钢铁企业 MIS 应用的基本过程经历了岛屿型 PC 应用、部门内部纵向一体化、部门之间横向一体化阶段，如图 11 -4 至图 11 -6 所示。

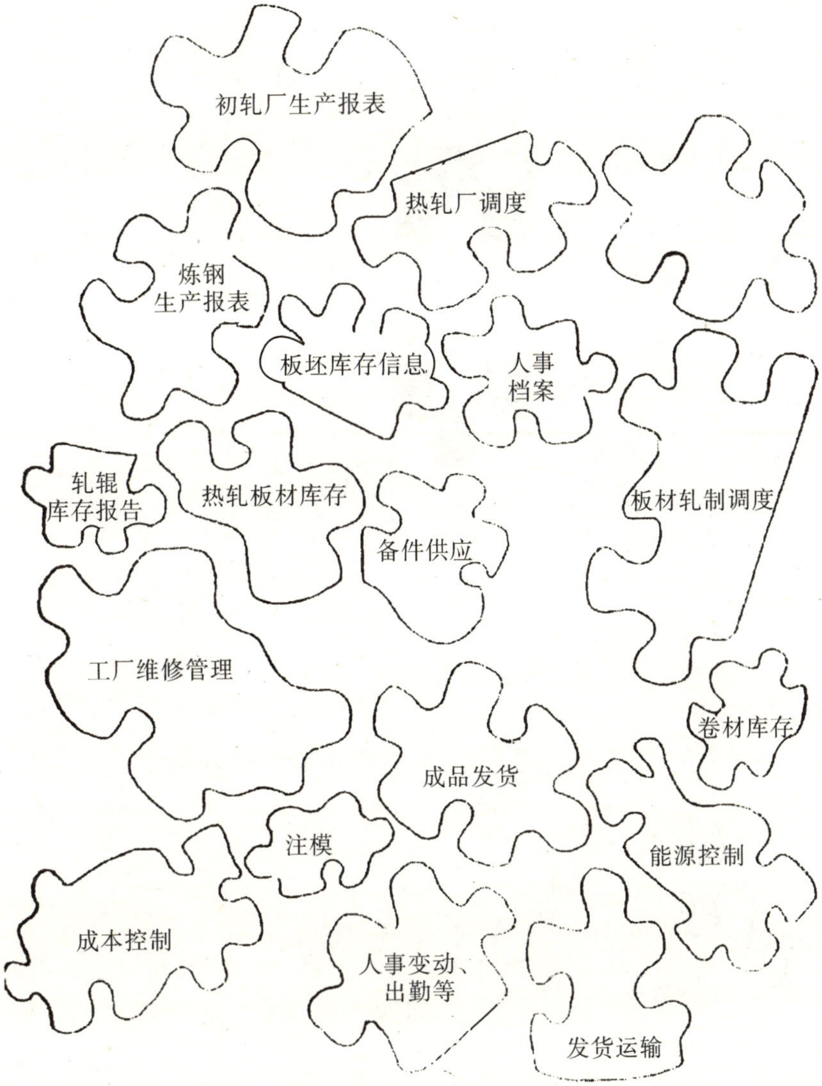

图 11－4　阶段一：岛屿型 PC 信息处理

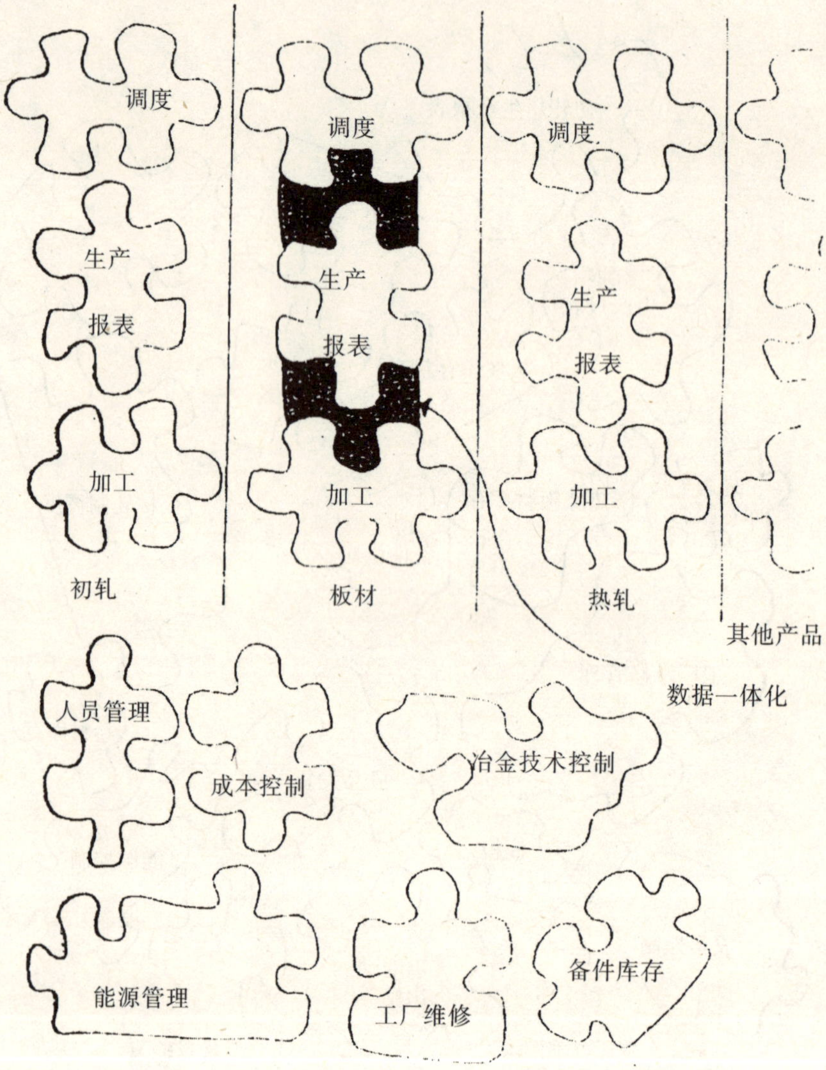

图 11－5　阶段二：纵向一体化——部门内部的信息集成

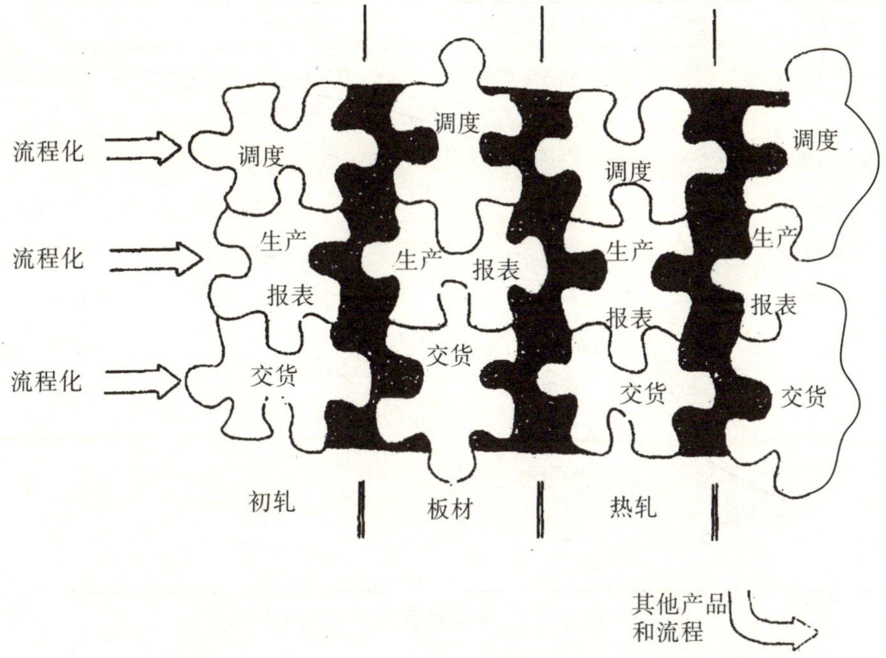

图 11-6　阶段三：以业务流程为主的横向一体化

三、诺兰模型中企业信息管理的“S”形曲线

诺兰模型中除了对企业信息化过程划分了阶段外，还将企业应用项目的增加、信息系统人员的增加和信息技术管理等归纳为“S”形曲线，具体如图 11-7 至图 11-9 所示。

四、我国企业计算机系统应用遵循诺兰模型

随着联想、实达、TCL 等 PC 公司、硬件辅助设备公司产量的上升，以及计算机价格的降低，我国广大企业应用计算机处理管理信息的深度和广度在不断加大。但是，大多数企业局限在部门级应用，形成了文字处理、财务电算化、库存进货、销售台账等“信息孤岛”。虽然许多企业有了局域网，但是各个业务部门之间的信息不能整合，信息共享能力低。此外，我国大多数企业决策层实时利用信息进行决策的机会很少，基本上处于诺兰模型的控制期，需要实现数据信息的整体化。

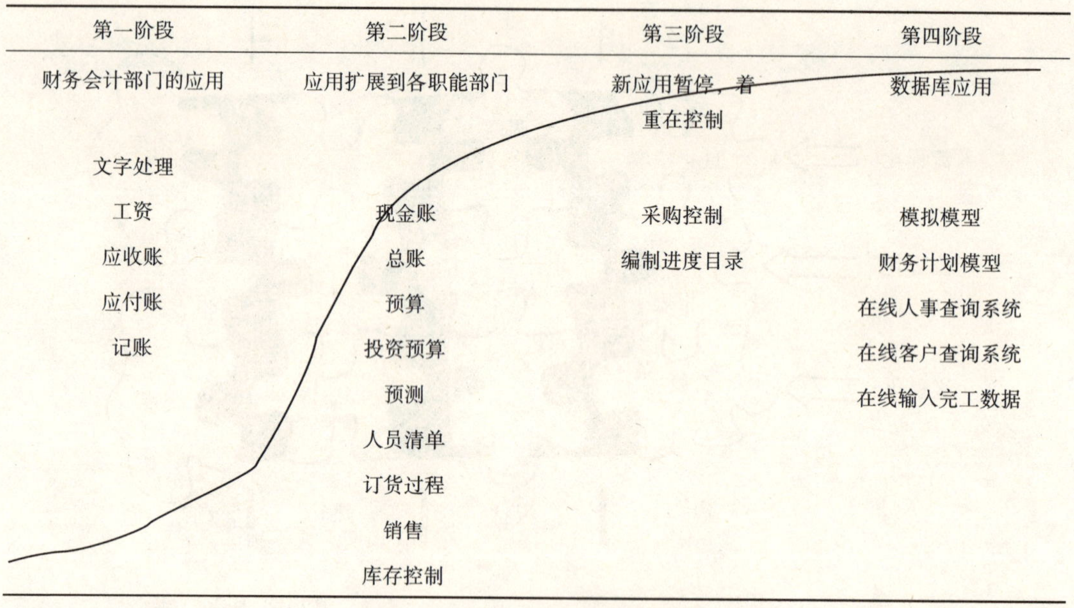

图 11－7 早期计算机应用的增长

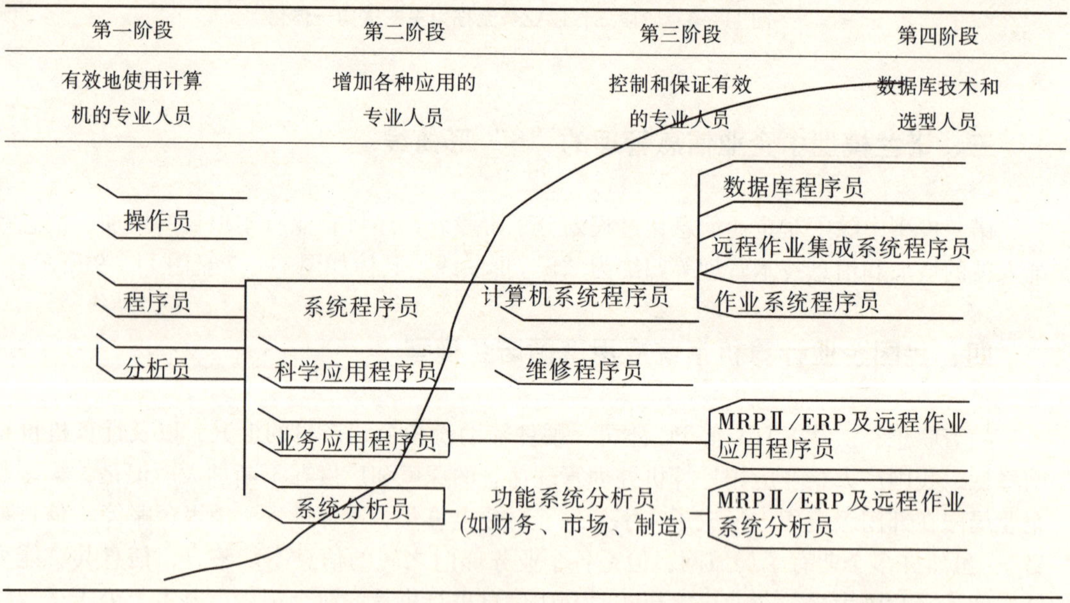

图 11－8 计算机应用部门人员的增长

第一阶段	第二阶段	第三阶段	第四阶段
管理不严	面向单项管理	面向控制管理	面向资源的规划和控制
PC 通常置于首先应用的部门之下，一般是个小部门 组织	IT 经理在机构中的地位提高；系统分析员和程序员被派到各应用部门工作	IT 从首先应用它的部门中分出来，通过集中化发挥控制作用，维修编程变成主要活动	IT 成为独立的职能部门，CIO 有较高的地位；有些系统分析员有时也分散到用户中；计算机的配置及运行要求有高级人才；系统设计和编程只起到咨询作用
明显缺乏控制，由应用部门确定优先权 控制 计划	控制不严，扩大应用几乎没有标准，属于非正规项目	用各种方法来控制失控的预算，建立正规的优先权，包括预算评审、编程管理、文件标准化。项目管理部建立，制订项目计划，评审项目的性能和资源 对计算机系统的设计、编程、操作等有质量控制政策	控制系统管理强化；取消无效控制方法，制定 MRP Ⅱ/ERP 政策及标准；扩大计算机的有效服务范围，着眼于企业资源整合
没有固定的预算		对硬件设备及新应用有强硬的预算计划	对硬件、设备、人员和新应用有 3～5 年的计划

图 11－9　企业信息化管理技术的提高和机构的增长

五、中国式诺兰模型——三角形走斜边理论

今日集团运用 PC、MRP Ⅱ/ERP 的时间已有 20 年，企业总结为三角形走斜边理论，是中国式的诺兰模型。

1. 从 PC 到 ERP

20 世纪 80 年代末，今日集团建立乐百氏工厂时即引入了 PC 机，自行开发了单项 PC 应用系统，完成了诺兰模型的第一阶段。1992 年集团公司成立后，企业重新调整了发展战略，企业的 PC 应用范围也随着企业规模的急剧扩大而扩大，企业处于 PC 应用扩展阶段。

到了 1994 年，企业意识到 MIS 开发人员对企业整体运作缺乏了解，对企业运作过程的细节也很难深入了解，企业的 MIS 应用陷入困境。此外，企业不可能长期养一批人来开发 MRP Ⅱ/ERP系统，企业决定从外界引入 MRP Ⅱ/ERP 系统，从应用扩展转入应用控制阶段。

经过两年的 MRP Ⅱ/ERP 选型，企业与华中理工大学的 MRP Ⅱ/ERP 专家合作，开展产学研合作，于 1998 年引进了 SAP 的 R/3 系统。R/3 系统于 1998 年 12 月在今日集团投

入实施，1999 年 7 月正式开展一期工程，2000 年开展二期工程。

2. 三角形走斜边理论

今日集团十年走完了诺兰模型的前四个阶段，企业从控制走向整合花了两年多时间。对于企业从自行开发走向 ERP 系统集成，今日集团的行政总监李战旗先生总结为“三角形走两边转为走斜边”的三角形走斜边理论。

三角形走斜边如图 11 - 10 所示。三角形走斜边前，企业一直是走直角三角形的两边。意思是，企业实施 ERP 系统前，销售、生产、财务等部门的信息是各自逐层向上汇报，需要走三角形的 A 边和 B 边，而实施 ERP 系统后依据流程可以走 C 边。

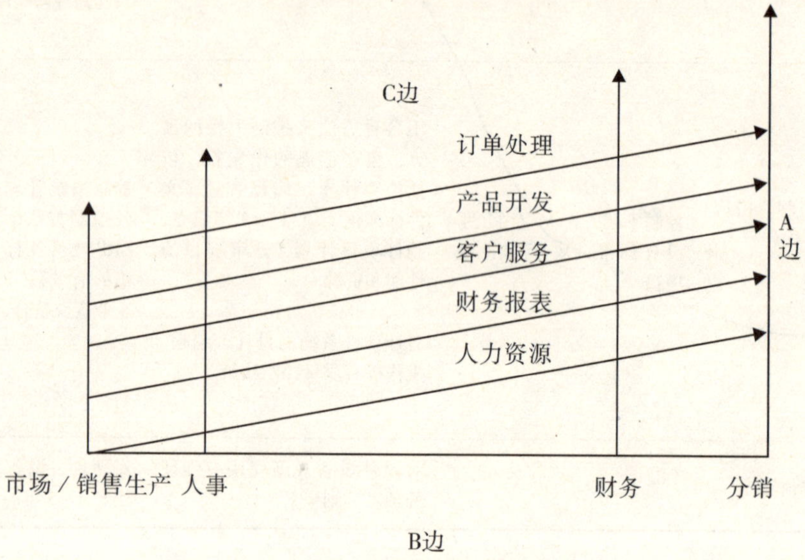

图 11 - 10　三角形走斜边理论

例如，如果销售部门需要知道当天生产完工的信息，那么就要在各个车间、仓库、计划等部门之间传递生产完工信息，走 A 边和 B 边不仅路径长，而且信息传递速度慢。又如，企业统计信息的原始信息在 B 边底层的各个部门，需要行政部门走 A 边逐级汇报，直至由综合数据处理部门汇总后才能产生有价值的数据，信息传递慢，失真度大。

今日集团采用 ERP 系统后，信息能够直接以业务流程为主汇集到 C 边的 ERP 系统中，走向 ERP C 边的信息按业务流程处理。C 边有多个流程，如订单处理流程、财务核算流程、产品计划流程等。实施 ERP 使得企业的信息处理从功能型处理转向了流程型处理。

3. 三角形走斜边理论是中国的诺兰模型

三角形走斜边理论概括了诺兰模型业务流程重组的核心思想，可以称为中国的诺兰模型和业务重组模型。

走斜边提高了信息的处理效率，使得信息在各部门间充分交流和共享，信息可以快速、准确地在第一时间传播到信息使用者手上。企业信息处理在走斜边的过程中也是一个企业痛苦的改革过程。今日集团的走斜边触及各部门、各方面，是对企业责、权、利的重新分配。企业以流程增值的程度决定岗位工资的高低，并确定管理人员的职务高低。因此，企业信息增值的程度决定了企业岗位的地位。

第七节　MRP Ⅱ/ERP 实施循环

MRP Ⅱ/ERP 的实施循环是软件公司的实施人员和企业的实施人员“上山下乡”的过程，是现场管理 MRP Ⅱ/ERP 实施的过程。前期是软件公司下到工厂带头、说服、委任、表扬，重点由咨询人员把先进的 MRP Ⅱ/ERP 管理模式介绍到企业。后期则是企业的实施人员掌握开发和实施技巧后，下到一线贯彻实施系统，蹲点基层与工人交流。因此，实施 MRP Ⅱ/ERP 系统需要软件实施人员掌握现场管理的技巧，切实做好实施循环。

一、实施循环的四个步骤

MRP Ⅱ/ERP 系统是对现有系统的改善，不是依靠少数优秀的人就能实施的，更不能嫌弃企业现有人员不懂计算机、技能低，而是要在实施过程中搞好实施循环，注重带头、说服、委任、表扬的实施循环，开展有针对性的培训，保证新系统的成活。

1. 带头

带头是实施循环的第一步。软件商、CIO 首先要示范，“做给他看”，让受训者掌握实施技巧。在带头过程中，实施人员不能强迫各职能部门去做，预期的系统没有完成好也不要批评、指责操作人员，这样做会使部门人员丧失自信，而且系统得不到一线员工的信赖。实践证明，“随风潜入夜，润物细无声”才是进行示范交流的好方法。

2. 说服

在实施过程中，软件商和实施人员要说服、教育、培训，“讲给他听”，要讲明新方法的内在价值，使各部门经理理解、相信 MRP Ⅱ/ERP 的好处。此外，在实施过程中，有业务冲突时不能片面以行政命令和指示来威胁人，而是要“以理服人”，说明新系统的优越性，适当时还可以采取“以退为进”的实施策略。

3. 委任

委任的重点是培养实施的“二传手”，让员工试着做一部分工作，“叫他做做看”。实施人员要相信员工的责任心和积极性，放手让员工去做。如果软件公司或者实施顾问过分强调自己的经验，把重大的实施技巧和实施策略留一手，不全教给企业，那么，企业员工永远不能超过咨询专家的水平，不能自己实施，将永远处于给实施人员做助手或打杂的地位。因此，软件商应当把实施技巧传授给企业，“授人以鱼，不如授人以渔”。咨询专家要从早期的主角转为配角，要逐渐退于幕后，从咨询人员变为教练，鼓励企业员工多试、多做，最后使企业员工成为出色的实施人员。

4. 表扬

循环的最后阶段是表扬，是指实施系统时要适时表扬。因为数据精度 100% 的保证必须有一线职工的支持，对于员工做得好的地方需要肯定，“就这么做”，注重表扬。管理人员和 CIO、CEO、CFO 都要建立环环相扣的责任体系，奖罚分明，对实施功臣进行嘉奖，鼓舞士气，提高员工积极性。

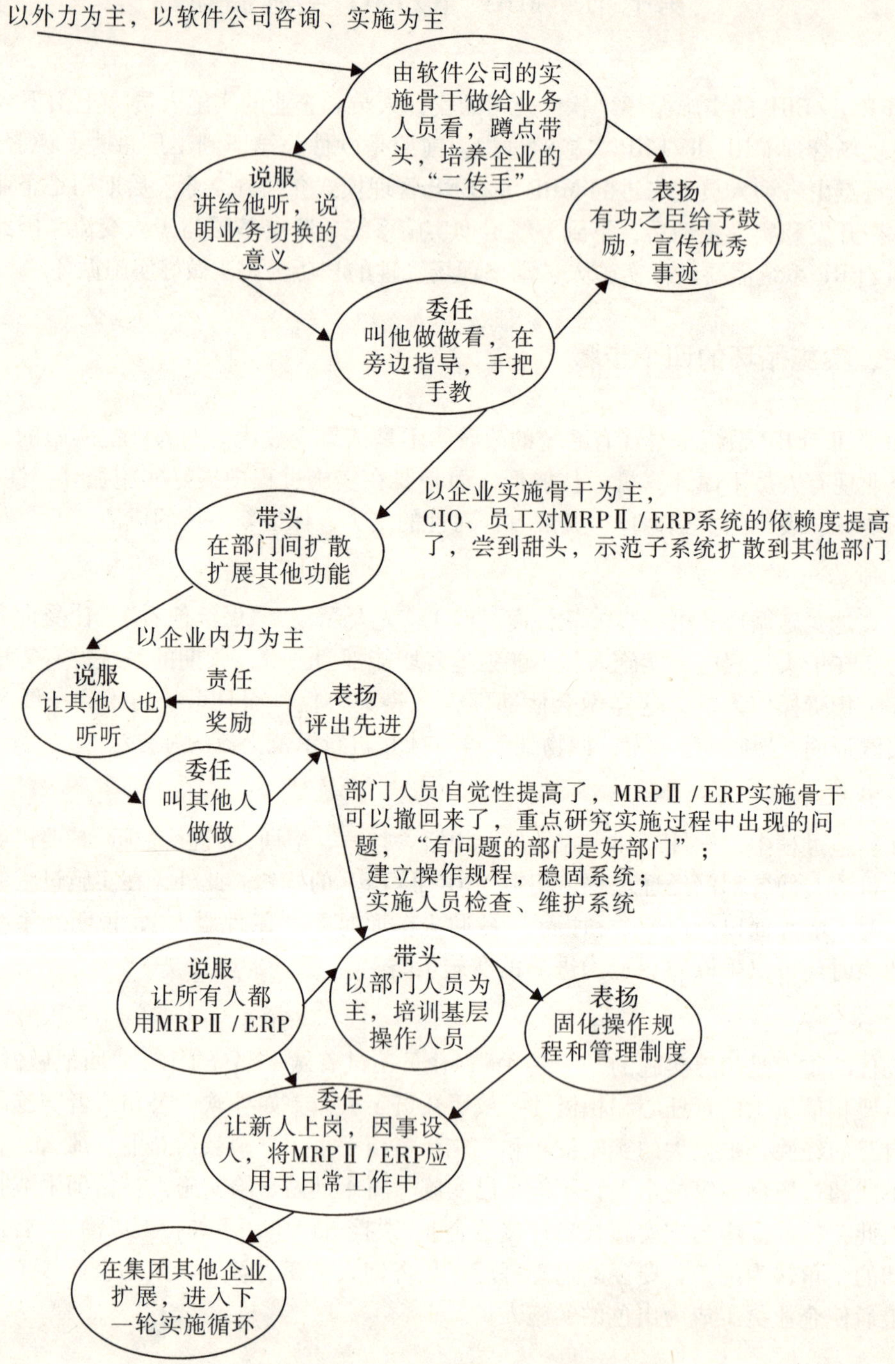

图 11-11　MRP Ⅱ/ERP 的实施循环

二、MRP Ⅱ/ERP 系统实施成功的因素分析

MRP Ⅱ/ERP 系统实施成功的关键因素是高层领导的支持，这主要与 MRP Ⅱ/ERP 是管理系统有关。任何一家企业实施 MRP Ⅱ/ERP 系统都是一场影响深远的企业管理变革，因为不论从企业内部还是企业外部来看，企业管理的思想、理念、方法、规则和流程都发生了相当大的变化，对企业的组织结构和权责范围、工作人员都提出了更高的要求。

1. MRP Ⅱ/ERP 成功因素分析

机械科学研究院王莉莉等工程师于 1997 年 7 月对 150 家大中型企业的 MRP Ⅱ/ERP 应用情况进行了问卷调查，列出 13 个指标作为企业实施 MRP Ⅱ/ERP 的成功因素。抽样调查的结果表明，企业高层领导的支持是最重要的，说明“一把手”是 MRP Ⅱ/ERP 实施成功的重要影响因素。

表 11－2　MRP Ⅱ/ERP 的实施成功因素

关键成功因素	重要性（满分为 5 分）
高层领导的支持	4.93
明确目标和方向	4.74
数据的准确性和完整性	4.67
各部门之间的相互合作	4.56
人员的教育与培训	4.41
各部门之间的相互沟通	4.37
人员的激励和责任	4.11
合适的硬件和软件	4.07
企业对信息技术的熟悉程度	4.00
软件商对 MRP Ⅱ/ERP 的认识程度	3.89
实施过程的可视性	3.85
软件商对企业的支持	3.81
实施前对 MRP Ⅱ/ERP 基本知识的了解程度	3.70

2. “一把手”的参与要有效

企业各级管理人员对 MRP Ⅱ/ERP 的参与有赖于企业领导的有效支持与参与，因此，企业“一把手”要走出 MRP Ⅱ/ERP 的认识误区，对 MRP Ⅱ/ERP 项目的管理特性有深刻的认识，积极投入到 MRP Ⅱ/ERP 实施全过程的控制环节中去。

中集集团 CIO 吴发沛、康宝公司 CIO 文启明、潇湘卷烟厂 CIO 冯伟等人对厂长提出了“有效的支持，有效的参与”的要求，指的是厂长不但要参与，而且要保证参与有效果、有成绩。参与不是停留在口号中。有效的参与表现在厂长能将一定的时间、权力分配在 MRP Ⅱ/ERP 项目中，做到适时参与，适度参与。

三、厂长参与 MRP Ⅱ/ERP 的主要活动分析

在 MRP Ⅱ/ERP 项目实施过程中“一把手”的有效参与包括以下几个方面。

1. 重视 MRP Ⅱ/ERP 的培训

国外关于企业培训有一句话：“最需要学习的人是厂长，最需要培训的人不是别人，也是厂长。”

例如，假日酒店在全球有 2 000 多家分店，每年全球各地的分店经理都有两周的集中培训，重点了解最新的管理技术和经济动态。假日酒店也有自己的培训大学，员工培训是利用工作时间培训，培训成为工作的一部分。我国企业对总经理的培训不重视，对员工的培训也没有纳入日常工作中，因此企业素质难以持续提高。

我国企业的老总有的由于是行政任命，没有生存的压力，缺乏学习的动力，因此，某些管理人员常年不钻研业务，也不抽时间学习，大多数时间都在搞关系、保官位。市场经济是竞争经济，今天不学习，明天就落后，落后就挨打。因此，厂长即使再忙也要抽空参加 MRP Ⅱ/ERP 培训。

2. 理解 MRP Ⅱ/ERP 原理

高层领导对 MRP Ⅱ/ERP 的理解可以从阅读有关 MRP Ⅱ/ERP 的书籍开始，接着可以参与高级 MRP Ⅱ/ERP 课程。厂长只有了解了 MRP Ⅱ/ERP，才会在心中形成一个企业全面实施 MRP Ⅱ/ERP 系统的项目计划和投资预算。合肥叉车总厂的凌忠社厂长成为国内 MRP Ⅱ/ERP 的实施专家就是从细心研读 MRP Ⅱ/ERP 原理开始，并在以后的实践中逐渐把 MRP Ⅱ/ERP 提高到“企业不用 MRP Ⅱ/ERP，一切现代管理手段都免谈”的战略高度。合肥叉车总厂的经验值得推广。

3. 带队考察国内外 MRP Ⅱ/ERP 企业的应用情况

厂长要带队考察国内外 MRP Ⅱ/ERP 企业的应用情况，可以衡量企业自身的管理水平和薄弱环节，借机会了解企业应用 MRP Ⅱ/ERP 的前景，并尽快决定企业的推广策略。北京第一机床厂、山西经纬机械厂、健力宝富特容器公司的厂长亲自带队参观国内外 MRP Ⅱ/ERP 系统用户情况，加大企业后续的项目投资力度，对实施重点进行有利、有节的控制。在此阶段，厂长还要明确 MRP Ⅱ/ERP 的认识误区，提高对 MRP Ⅱ/ERP 系统管理特性的认识，确定好 MRP Ⅱ/ERP 应用范围和解决方案的集成性，对 MRP Ⅱ/ERP 项目不能期望过高，不能超出 MRP Ⅱ/ERP 能解决的范围。

4. 参与软件评估

在软件评审阶段，厂长需要参与软件的选型拍板，对手下管理人员反馈的软件的强项、弱项有了解，确保管理层的目标是一致的，MRP Ⅱ/ERP 软件的选型是慎重的。

5. 参与 MRP Ⅱ/ERP 实施组织机构的设置，指定专人负责实施

由于 MRP Ⅱ/ERP 是管理系统，因此组织设计很重要。厂长如果无时间、无精力参与到实施具体过程中，就要有效授权，由 CIO 参与部门协调。授权重点是参与MRP Ⅱ/ERP实施

组织机构的设置，赋予实施人员权力，明确实施人员的责任和利益，并且责成 CFO 分配财力。

厂长需要指定全职的项目经理来领导项目，并确定项目决策的程序和反馈路径，保证实施队伍是由企业各部门的业务骨干组成的。有的企业的老总常年忙于销售，成了“第一号推销员”，无精力顾及 MRP Ⅱ/ERP 系统的实施，但是又抓住权力不放，使得 CIO 权力不足，没有统筹协调制造、设计、财务、销售部门的权力，导致 CIO 难以推广系统，最终导致实施失败。这些教训说明 MRP Ⅱ/ERP 的项目组织机构设置非常重要。

6. 拍板数据整理

在基础数据整理阶段，厂长要审批数据整理组的人员情况，批准数据整理的奖罚措施。例如，山西经纬机械厂的刘世同厂长发现在数据整理阶段企业中层人员的阻力大，他明确指出：“宁可三个月不生产，也要把 MRP Ⅱ搞上去!”他的魄力和决心确保了企业后续工作的展开和质量，保证了数据整理的质量，也保证了企业 MRP Ⅱ项目的成功，使得 MRP Ⅱ系统帮助企业在上市时多募集了一亿元人民币的资金。

7. 拍板计划管理流程

在计划模式改变阶段，即 MRP 计划与传统的二级计划模式的冲突阶段，厂长要站出来协调供销部门，实现销售计划与 MRP 计划的衔接。厂长要尽可能化解系统上线后的阻力，召开产销协调会议，尽快与管理层沟通，责成生产部门负责人、销售部门负责人、财务科长等把会议拍板的提案贯彻下去，保证 MRP 计划在手工系统上打入一个楔子。厂长要带头使用 MRP Ⅱ/ERP 的数据，防止手工操作的传统习惯卷土重来，防止落后的管理流程“复辟”，也防止企业人员以各种借口抵制新系统，要尽一切力量保证 MRP Ⅱ/ERP 的成活。

8. 拍板财务销售流程

在财务与销售系统的实施阶段，厂长要扭转财务和销售的工作模式，把事后凭证处理改为物流与资金流同时匹配，消除财务部门、销售部门的阻力，需要有强制实施的勇气，把各种借口阻挡回去。

9. 拍板奖罚措施，提拔优秀干部，留住 IT 人才

在企业数据、制造计划稳定时期，厂长要拍板 MRP Ⅱ/ERP 项目组制定 MRP Ⅱ/ERP 工作流程，确立数据支持的技术手段，使企业的工作模式尽快移植到 MRP Ⅱ/ERP 系统中来，用奖罚制度来保证规则的实施。最后，厂长要积极地组织 MRP Ⅱ/ERP 项目的内部评审和外部评审，对实施过程中的有功之臣予以嘉奖，留住企业的 IT 人才，大胆提拔在实施中培养出来的新兴企业管理干部。

10. 注重信息技术人员的培养

我国的信息技术人员奇缺。在合肥叉车总厂、山西经纬机械厂的 MRP Ⅱ/ERP 实施过程中，企业注重培养“土八路”。实践证明，在熟悉现场情况的计算机技术、信息技术的人员中培养有潜能的人是最有效的方法，从外面引用实施人才会“水土不服”，发挥不了很大的作用。厂长要鼓励实施骨干学习经营管理知识，在 MRP Ⅱ/ERP 项目中获取企业管理的整体性、系统性概念。实施骨干也要加强与各个职能部门经理的联系，注重分析企业在实际操作过程中的问题及其根源所在，推动公司管理信息系统的完善。

总之，厂长要在带头、说服、委任、表扬的循环中适时带头、适时说服、适时委任、适时表扬，推动系统的实施，获取 MRP Ⅱ/ERP 的管理效益。

案　例

中集集团完善 MRP Ⅱ管理手段，争做集装箱行业的百年老店

中集集团经过数十年的发展，现已成为中国乃至世界最大的干货集装箱制造商。20世纪90年代，为了巩固经营成果，企业一方面通过适度多元化以减少经营风险，一方面加强了以 MRP Ⅱ系统为核心的信息化建设，为集团成为集装箱行业的百年老店奠定了坚实的信息基础。

中集集团的 MRP Ⅱ系统总投资不到 1 000 万元，但在集团下属的 5 家分公司全面推广，做到了有的厂家要花几千万元才能办成的事。这是因为企业高层领导有效授权和企业信息部积聚了来自四班、清华等单位的实施高手。

一、中集集团简介

中集集团全称为中国国际海运集装箱（集团）股份有限公司，为一家中外合资股份有限公司。中集集团的主要业务是国际标准集装箱的设计、制造及销售。

中集集团成立于1980年。1981年，由八个国家的专家组成的“八国联军”坐镇指挥，中集集团一年也只能生产大约200个集装箱，与1999年一天生产600个、每4分钟生产1个集装箱相比可谓“一个在天，一个在地”。从1980年到1987年，公司业绩无任何起色，且陷入经营危机之中，企业面临破产。1987年中集改组，中国远洋运输公司成为中集集团的大股东。从此以后，企业利润经历了11年多的大幅增长。到1999年，企业已发展成世界上最大的干货集装箱制造商。

中集的经营业务非常集中，主营业务集装箱收入占营业总收入的95%，机电设备方面的收入占到营业总收入的3.8%，房地产、机械产品、种植等仅占营业总收入的1%，其他约占0.2%。而且生产基地主要集中在深圳（占30.39%）、南通（占21.53%）、新会（占24.49%）。

中集集团1998年的营业收入为49亿元人民币，营业利润为3.36亿元人民币，年产33万 TEU。企业总资产为43亿元人民币，股东权益为14亿元人民币，净资产收益率为17.19%，净利润为2.46亿元人民币。

二、中集集团的生产特点

集装箱制造业具有劳动密集的特点，由于产品的技术含量较低，市场进入也相对容易。集装箱生产中的喷漆和焊接工艺有一定程度的污染和噪音，发达国家的集装箱生产于20世纪80年代初转移到我国来。因此，中集的销量占到了世界销量的30%，占我国集装箱销量的65%，中集后面第二名和第三名竞争对手的销量之和也赶不上中集，企业处于行业的龙头地位。

集装箱生产的采购周期往往比销售周期长，即客户下订单后要求的交货期比采购进口

原材料所花费的时间短，因此，进口件需要备货生产。中集的主要原材料钢板、油漆、木板等都依赖进口，而国产钢板只有宝钢一家可以供应，但是宝钢的核心技术还掌握在日本人手里。为了竞价，中集的钢板主要从日本进口，采购周期达三个月。为了解决木板等原材料的供应，中集在境外收购了两片森林，木板初加工为胶合板后运回国内，使集团对每年 1 亿美元的材料采购有了控制权。

三、“优不胜，劣不汰”的不规范市场机制迫使企业寻求全方位的竞争

我国的集装箱生产能力已经严重过剩，全国总生产能力为 140 万个，全年的市场需求为 80 万个，生产能力超过需求近一半。因此，集装箱市场竞争以降价为主。有的企业做赔本买卖，靠地方政府的财政补贴过日子，不规范的市场竞争使得“优不胜，劣不汰”、“大不一定就强”。

在严峻而残酷的市场竞争格局下，中集凭借实力在产品质量、交货期、品牌、资金、售后服务等方面全力出击，开展全方位竞争。中集相信自己能够笑到最后，实现百年老店的梦想。在严峻的形势下，中集集团也加强了企业的信息化建设，不惜花钱投入 MRP Ⅱ建设。

四、1990 年开发以 MRP Ⅱ为核心的财务管理体系

中集的 MIS 建设在 1990 年左右就开始了，主要是自行开发财务系统。南方中集的财务总监、信息部主任老金从内地一家大型国有企业辞职后南下打工，他把内地的一套规范化管理架构移植到了南方中集。老金通过看书和杂志了解到，MRP Ⅱ系统是西方完善的管理系统，财务功能也适合中国企业未来的发展方向，因此决定在南方中集实施以 MRP Ⅱ为核心的财务体系。到了 1994 年左右，为配合财务系统，中集又开发了物料管理系统，从财务、物料着手，前后延伸，贯穿了整个生产过程，企业逐渐建立了一个 MRP Ⅱ系统的雏形。

五、选择 MAS，实施 MRP Ⅱ系统

从 1994 年开始，企业一方面继续完善原有的财务、物料管理系统，另一方面开始了 MRP Ⅱ系统的选型工作。MRP Ⅱ的应用经历了分析需求、选型考察等阶段。在选型过程中，企业考察了 SAP、Oracle、SSA、QAD、四班等 MRP Ⅱ软件商，比较起来觉得都不错，但是企业最担心实施问题。考虑到中集集团十几家工厂都要用 MRP Ⅱ系统，必须要做一个中集自己的 MRP Ⅱ系统，经过比较，企业最后选用了启明公司的 MAS 软件。

选择 MAS 软件的理由如下：

（1）MAS 提供源代码，可以进行二次开发。由于中集集团的 MRP Ⅱ应用一定要进行二次开发，而当时只有启明提供源代码，能够满足要求。其他的软件商有的只做代理，有的二次开发的支持不力，因此都被排除在外。

（2）MAS 的平台好。MAS 的网络操作系统具有跨硬件平台的特性，可以运行在 Novell NetWare、Windows NT、Unix 等国内流行的网络操作系统上，后台数据库可以选用 Oracle、Sybase，与国内计算机人才的开发特长相符合。

（3）MAS 采用的 Oracle、Sybase 数据库性能比较好、运行稳定、可靠性高，可以采用 C/S 方式开发，符合计算机技术发展潮流。

（4）MAS 程序的底层过硬，编程的可塑性强。MAS 的程序主要放在数据库里，为典型的 C/S 应用系统，可以将商业规则放在后台运作，修改规则不影响前台运作，可塑性很强。

（5）MAS 实施服务重视与厂家共同开发，双方可以保持紧密的合作关系，使开发具有针对性，能够更好地发挥软件厂家、使用方以及 MRP Ⅱ软件各自的长处。

(6) 中集以自己实施为主，一方面可以节省成本、费用，减少实施的难度和时间，另一方面可以积累经验、培养人才，密切支持并配合软件厂家开发系统。

五年多来，MAS 的实施工程师孙放为中集提供了兢兢业业、扎实可靠的服务，说明当初企业选择的以“二次开发”为主的策略是明智的。

六、南方中集试点运行 MRP Ⅱ

1997 年 4 月，中集集团开始在南方中集建立 MRP Ⅱ系统。企业先进行物料编码工作，其间遇到很多问题。由于原来的财务系统编码和生产编码不一致，存在物料名物不实、重复编码等问题，所以项目实施人员采用了先不动财务编码的策略，又编制了一个转换程序使财务编码和生产编码二者统一。后来发现编码不唯一，很麻烦，到了 1999 年，企业抛弃了原有的两套编码，又实施了另一套编码。这样做，仓库、生产部的人意见很大，因为他们对原有的编码很熟悉，使用新的编码记不住材料的库位和用途。但是，中集集团财务部强制实行新编码，不按照新编码工作就扣工资，工人只能适应。一段时间下来，工人也逐渐习惯了新编码。因此，习惯不习惯只是时间问题，不习惯的也可以通过坚持变成习惯，所谓“习惯成自然”。

到了 1997 年年底，MAS 物料管理基本能够走通了，基本上实现了对大的业务流程的管理控制，包括：①接受市场订单；②订单依照不同时间段分解；③订单分批次产生加工工作指令；④依照设计规范定出物料的消耗定额；⑤发出采购通知；⑥仓库领料和发料跟着加工工作指令走；⑦通过成本系统来分批计算材料消耗、分摊制造费用，对于成品箱的成本采用材料实际成本核算、管理费用期间分摊的方法。

七、在下属公司推广 MRP Ⅱ，加强集团的集中控制

中集集团的下属企业比较多，地域分布比较广，从事的行业也比较多。但是，中集集团是一个严密的、集权控制的企业集团，集团统一控制大宗货物的采购，所有的销售由集团一致对外处理，下属企业只要按照生产任务完成零星物料的采购和生产就行了。由于管理基础不同，同样的产品在不同的下属工厂加工出来后成本有差别，以前不知道是什么原因，实施 MRP Ⅱ系统后可以实时查询成本差异，查找原因，加强了集中控制。

但是，由于并不是所有的下属企业都具有马上推行和实施 MRP Ⅱ的条件，中集集团决定在其集装箱制造企业先实施 MRP Ⅱ，也就是在集团总部以及下属的 11 家集装箱制造企业中推行 MRP Ⅱ。1997 年南方中集实施 MRP Ⅱ后效果明显，1998 年集团发文件要求在集团层面推广应用。1997 年集团共投入资金 90 万美元，合计人民币 750 万元，在集团下属的 5 家工厂推广 MRP Ⅱ系统。

1998 年，MRP Ⅱ系统正式在新会中集启动，初期建设共用了 5 个月时间。同时，MRP Ⅱ在上海、南通、大连并行推广应用，速度在逐步加快，由原来的半年的启动时间逐渐缩短至 3 个月左右。实施过程中主要还是采用先物料系统后财务系统的推进模式。

八、中集集团 1999 年实施 MRP Ⅱ系统的概况

1. 南方中集

从 1998 年 4 月 1 日起，MAS 系统的制造部分在南方中集开始正式运行。同年 8 月份，企业备品备件的收发料也进入系统。至此，全部物料管理实现电脑化：市场部下达的客户

订单由管理部秘书亲自输入系统并将排产计划下达给相关部门；技术部根据排产计划及时制出各批次的单箱 BOM；采购订单由采购员自己建立、维护并进行采购接收、打单；车间订单的建立与维护由材控员负责；物料的收发、过账等库存事务处理已全部由仓管员亲自在电脑上操作，当天的事务基本上能够在当天处理完毕，确保库存数据是实时、准确的；运箱管理系统也由相关部门的业务人员自己操作，对成品的电脑化管理也日趋规范。随着 MRP Ⅱ查询系统的逐步完善，老总及相关部门的经理可随时了解到即时的生产情况、物料消耗状况、物品库存状态、库存周转率及出箱/运箱情况等信息。除此之外，还有报废情况分析、采购延期及退货情况分析、物料的阶段损耗情况分析、运箱的流向及库存分析等多种分析报表，可以进行组合查询。丰富的管理报表为管理者的正确决策提供了参考。

2. 新会中集

1998 年 3 月，新会中集开始实施 MRP Ⅱ。同年 5 月，上岗培训开始，之后完善基础数据和运行环境，7 月开始运行物料管理系统，完善了客户订单、物料清单、采购订单、车间订单、决策支持系统、运箱系统等。至 1999 年完成了 MAS 系统的财务总账及报表模块、应付模块、固定资产模块。至此，新会中集 MRP Ⅱ系统基本实施完毕，而且培养了几位实施骨干。新会中集的实施骨干一方面不断完善 MAS 系统，一方面到大连等地推广应用 MRP Ⅱ系统。

3. 上海冷藏箱分公司

上海冷藏箱分公司比较早使用 MAS 系统，可以追溯到 1996 年。1998 年 9 月开始安装新版 MAS 系统及运箱管理系统，10 月份开始试运行。1999 年正式使用新的 MAS 系统。

4. 南通中集

1998 年 9 月开始安装新版 MAS 系统，并进行上岗培训工作，10 月开始模拟运行，测试系统中的各个应用。南通中集 MRP Ⅱ的大运行环境建立后，1999 年正式启用了 MRP Ⅱ系统。

5. 大连中集

1998 年 10 月，大连中集正式启动 MRP Ⅱ项目。由于大连中集在此之前未接触过 MRP Ⅱ，所以其应用基础非常薄弱。虽然大连中集上下齐心，奋起直追，但是在中集集团下属的各个企业中，大连中集 MRP Ⅱ的应用水平还比较低。

大连中集在 1998 年、1999 年完成了以下工作：

1998 年 10 月，基础数据定义；

1998 年 10 月，员工培训；

1998 年 11 月，BOM 模块实施；

1998 年 11 月，采购订单实施；

1998 年 11 月，客户订单实施；

1998 年 11 月，车间订单实施；

1998 年 11 月，库存系统实施；

1998 年 11 ~ 12 月，总账 Windows 版运行；

1999 年 1 ~ 6 月，总账及报表 Windows 版运行；

1999 年 3 ~ 6 月，运箱、运费 Windows 版开发实施；

1999 年 4 ~ 5 月，应付 Windows 版运行及固定资产 Windows 版实施；

1999 年 5~6 月，成本 Windows 版实施；

1999 年 7~9 月，制造 Windows 版实施；

1999 年 10~12 月，应收 Windows 版实施。

九、中集集团 MRP Ⅱ系统的整体运用深度

中集集团目前全面实施了 MRP Ⅱ的物料管理系统以及财务总账报表系统，这两个系统之间已实现数据共享、前后连贯，严格控制了集装箱制造企业的内部管理。各个企业 MRP Ⅱ应用中已定型的 MAS 软件模块包括：

(1) 物料管理系统：订单系统、采购系统、车间发料系统。

(2) 财务总账及报表系统：工资系统、固定资产系统、账物管理系统。

(3) 应付款系统：采购系统自动产生应付凭证，账物统一。

(4) 基础数据管理：保障数据的准确性、及时性，每天的工时、订单的统计数据得到及时处理。

还需完善的软件模块：

(1) 完善各个分厂的数据采集平台的建设。以前是把数据先输进去，现在要在输入的基础上做好数据的优化和核对，使各个分厂之间可比的产品成本项目和管理项目能够被总部查询，做到“运筹帷幄之中，决胜千里之外”。

(2) 完善车间控制模块，实现物流数据的自动采集，加强管理手段。

(3) 完善采购计划模块，按照 MRP 计划展开采购计划。

(4) 完善运箱、运费及应收模块，加强成品的应收、销售发运和售后服务工作。

(5) 成本核算系统，实现料工费的卷积成本核算。

表 11-3　中集集团 MRP Ⅱ的实施进展

序号	工作内容	项目组	南方中集	新会中集	上海冷箱	南通中集	大连中集
1	运箱管理	■	■	■	◢	◢	◢
2	财务与制造数据接口	■	■				
3	编写培训教材、操作说明	■					
4	网络及系统安装		■	■	■	■	■
5	系统培训	■	■	■	■	■	■
6	编制详细实施计划	■	■	■	■	■	■
7	应收应付账模块	◢	◢	◢	□	□	■
8	MRP Ⅱ实施评估指标设计	■					
9	工厂基础工作准备及事实条件检查	■	■	■	■	■	■
10	分厂财务报表系统	■	■	■	□	◢	◢
11	Windows 版查询系统	■	■	◢	◢	◢	□
12	分厂实施过程		■	◢	◢	◢	◢

注：已完成——■

未完成——□

实施中——◢

十、中集领导支持有效，授权到位

中集集团 MRP Ⅱ系统推广成功的首要因素是企业领导的有效支持，不是口头上喊支持或者只给钱，而是把支持落到实处。南方中集的厂长并不懂得太多 MRP Ⅱ系统理论，但是会用 MRP Ⅱ系统，有时间就查看库存，而且召集采购部、生产部、财务部的人针对 MRP Ⅱ系统提供的数据解决问题，杜绝感情用事和舞弊。厂长用系统是对系统的最有效的支持，也说明系统的有效性经得起企业实际运作的检验。

此外，有效支持还表现在授权、重视 MIS 部门的工作。南方中集的厂长充分授权给财务总监，让财务总监批资金预算，保证 MRP Ⅱ系统的实施不缺资金。集团总部的总裁也是有效支持者，他注重授权、重视 MIS 部门的工作，并把信息部的主任提升为总裁助理，使其成为企业决策的信息提供者和决策参谋。中集 CIO 的权力大，使得企业可以高薪聘请实施专家和实施人员，精兵强将使得 MRP Ⅱ的推广应用实现了低成本、高效益，真可谓“强将手下无弱兵”。

十一、MRP Ⅱ需要全员参与

中集集团下属的部分企业对 MRP Ⅱ系统的认识不够，认为 MRP Ⅱ只是一个计算机软件，实施不力。有鉴于此，中集集团不断强调 MRP Ⅱ系统是管理系统，计算机只是工具，MRP Ⅱ系统是管理手段，不是目的，建立 MRP Ⅱ系统是建立企业新的管理思想和管理方法，MRP Ⅱ在中集集团总部及其下属企业中的应用是“中集百年老店的管理创新工程”。

通过定期出宣传小报和 MRP Ⅱ系统实施简报，中集集团从上到下全面动员，使人人参与到 MRP Ⅱ系统的建设中来，自己的业务都是自己操作，不假手于人，做到了全体员工全力支持和配合 MRP Ⅱ系统的运转。

十二、中集集团 MRP Ⅱ系统培训工作扎实有效

中集在实施 MRP Ⅱ系统的过程中很重视培训工作。一方面，启明公司有完善的 MRP Ⅱ原理和 MAS 系统的系列培训教材；另一方面，中集已经有了一套培训经验，实施系统时做到了培训先行，以灌输现代管理理念为主，强调“培训要有针对性”。

中集集团在开展所有的 MRP Ⅱ项目的过程中总是从培训工作开始。对于不同层次、不同岗位的企业员工，中集集团的培训内容、培训目标和培训方法都不相同：对于管理人员主要进行 MRP Ⅱ原理、MAS 业务流程方面的培训；对于具体业务人员主要进行 MRP Ⅱ原理、MAS 软件操作方面的培训。

十三、实施要以企业为主，软件商为辅

中集集团由于熟悉和掌握了集装箱制造业的经营管理特点，在集团内部也进行了应用推广工作，因此，企业对 MRP Ⅱ的原理、方法和程序均有相当深厚的研究。

中集集团推广和实施 MRP Ⅱ项目多年，通过对这些年实施情况的总结，他们认为，系统实施的成功主要得益于企业坚持走二次开发的道路，并善于总结和积累经验。经验的积累得益于坚持“实施时以实施方为主导，软件公司是技术支持方”的原则。此外，企业也吃透了 MRP Ⅱ的系统原理和基本算法，开发出了符合企业特色的 MRP Ⅱ系统。

时至今日，中集集团的信息部主导了中集 MRP Ⅱ的实施，并在实施过程中进行大量的定制开发工作，能够提出集装箱行业 MRP Ⅱ系统的原型，并且可以与 MRP Ⅱ软件厂商共同开发 MRP Ⅱ系统软件。中集对于把中集 MRP Ⅱ系统商品化并向其他企业推广跃跃欲试，也希望进入 MRP Ⅱ/ERP 咨询服务行业。

十四、注重培养实施骨干队伍

中集注重培养自己的实施骨干队伍，始终重视培养企业的系统维护人员，保证每个分厂有三名左右的系统实施人员，从而形成了集团总部和分厂共同推广 MRP Ⅱ应用的综合实施队伍。中集集团意识到，MRP Ⅱ的实施不能完全依赖外部力量，也不能依赖集团总部的力量，必须培养各个单位的实施人员。因此，中集集团规定，每个工厂必须培养出一名全面掌握 MAS 运作方式的懂业务、懂电脑的系统实施人员，从而保证总部的实施人员撤走后各分厂能够将系统坚持不懈地应用下去。

十五、深入应用 MRP Ⅱ系统，实现 MRP Ⅱ的闭环

由于集装箱行业有其自身的特点，并且中集集团的多数产品是按照订单生产制造的，因此交货期短而进口件采购周期长。在中集实现 MRP Ⅱ系统闭环运行的条件较差，实施困难。此外，企业对于 MAS 软件的掌握还不是很透彻，缺乏实现 MRP Ⅱ系统闭环运行的方法，因此至今没有形成 MRP Ⅱ系统的闭环。

中集集团采取的是逐步推进 MRP Ⅱ系统的方法，目前没有将 MRP Ⅱ系统闭环运行作为主要目标，也没有实现所有的考核数据都取自 MRP Ⅱ系统。这些都是中集集团下一步推行 MRP Ⅱ系统的重点工作。

十六、部分下属企业的实施力度和数据精度较差

中集集团部分下属企业实施 MRP Ⅱ时主要面临以下问题：

(1) 部分管理人员对 MRP Ⅱ认识不足。虽然中集集团重视 MRP Ⅱ的培训工作，但是，仍有部分工厂的高层管理人员只是将 MRP Ⅱ作为一个单纯的计算机软件来看待。因此，MRP Ⅱ的管理思想并没有完全贯彻下去，也没有得到他们的全力支持和配合。在实施过程中，遇到问题就归罪于 MRP Ⅱ软件，从而耽误了项目的实施进度。

(2) 整个集团全面实施 MRP Ⅱ，中集集团的实施力量还显得太弱。MRP Ⅱ实施过程中涉及的部门多，牵涉面广，而且 MAS 软件也需要完善，因此，中集的实施力量显得相对薄弱，较难全面展开，MRP Ⅱ的实施过程相对较长。

(3) 基础管理仍然满足不了 MRP Ⅱ系统的要求。由于下属企业基础管理薄弱，规范化的东西太少，不能满足 MRP Ⅱ对于规范化管理和数据精度的要求，因此，中集集团在实施成本管理和运费管理模块时面临困境，还需加强。

十七、中集集团的网络系统建设

中集集团拥有较多的外地企业，在深圳之外的集装箱生产厂家有 10 个，各个企业离集团总部距离较远。中集集团的信息网络建设采用分批联网的方式，即先实现各个下属企业的内部联网，然后各个企业与中集集团信息网络中心远程联网。网络应用系统采用逐步实现的原则，各个系统分阶段完成各个阶段的目标。

经过深圳科健集团半年多的建设，中集集团的网络布局已经初具规模。中集内部信息网络直接抽取 MRP Ⅱ系统的生产完工数据，境外的客户能够通过网络直接查看产品上生产线和下生产线的状况，有力地保证了企业的信誉，促进了国际客户对中集生产和销售过程的参与。

对于生产管理系统的数据管理而言，中集集团根据自身的具体情况，采用混合方式，即部分模块集中管理、部分模块分布管理的方式，让各企业自己维护自己的数据库，并定期向集团总部备份数据。中集集团计划将来逐渐过渡到全部集中管理的方式。

中集的网络化建设主要包括以下几大系统：①中集集团信息服务系统；②中集集团综合办公系统；③中集集团产品研制与开发系统；④中集集团生产管理系统。

十八、中集集团 MRP Ⅱ系统做到了少花钱、多办事

中集集团实施 MRP Ⅱ系统具有非常大的经济效益，做到了少花钱、多办事，规范了企业的管理流程，帮助企业实现了集中控制。MRP Ⅱ系统的实施规范了管理流程和基础数据，其中，南方中集的 BOM 和库存数据达到了 95% 的准确率，起到了表率作用。此外，企业的信息网建设也做到了少花钱、多办事。最后，企业培养和锻炼了一批懂技术、爱钻研的实施人才。中集 MRP Ⅱ的实施经验值得其他 MRP Ⅱ系统实施企业和骨干人员重视和学习。

下一步，中集 MRP Ⅱ系统的实施主要有两大任务，一是完善 MRP Ⅱ软件，一是在中集集团内部全面实施和推广 MRP Ⅱ系统，其中最重要的是重视下属企业的管理流程和基础数据的规范化。MRP Ⅱ是企业管理软件，对企业流程和数据的规范化要求相当高，中集集团的各下属企业要总结南方中集的实施规程，重视文档完善工作。任何流程和数据一经公司最后确认就必须形成文字，下发以后坚决执行，绝对不容许破坏信息化和管理制度。以上措施将有力地支持中集集团下属企业 MRP Ⅱ系统的实施，固化企业的管理流程，为企业成为集装箱行业的百年老店打下坚实的信息基础。

第六篇

发展战略

第十二章　我国 MRP Ⅱ/ERP 系统的发展策略

第一节　重视 CIMS 应用，改造生产系统

进入 21 世纪，企业管理理论和管理思想发展迅速，企业管理呈现电子化、数字化、精细化、自动化趋势。我国企业面临产品品种多、营销网点复杂、客户交货期短的挑战，企业迫切需要把 MRP Ⅱ/ERP 与 CIMS 结合，缩短产品的设计、制造周期，提高生产系统的自动化水平。

一、我国企业的加工制造水平逐年提高

30 年来，我国的经济政策是鼓励外商投资工业、农业、环保产业和高科技产业，也鼓励有条件的中国企业到境外投资设厂。经过近 30 年的发展，我国已经成为世界性的中低档工业品制造中心，华南、华东等沿海地区的三资企业在出口加工贸易上积累了丰富的经验。

二、提高生产部门的效率和应变能力

我国企业要想适应市场导向，仅仅有经营思想、经营观念上的变化还远远不够，传统、落后的生产制造系统必须改变，必须实现计算机辅助设计、制造。在推广 MRP Ⅱ/ERP过程中实施 CIMS 系统，能增强生产系统的自动化水平，保证订单的如期完工。

精益生产对企业的制造技术提出了更高要求。例如，北京内燃机厂主要生产内燃机，企业的传统产品是中小缸径单缸机。中小缸径单缸机的生产工艺要求低，机体铸造采用震机式造型，炼钢采用冲天炉，机械加工采用刚性专用组合机床，装配采用普通流水线，试车采用水力测试机。这些传统的加工过程在制造技术和生产工艺方面要求都较低。近几年来，北京内燃机厂的客户需求发生了变化，对新型小缸径多缸机需求旺盛。小缸径多缸机要求有高强度薄壁铸件，主要部件的精度比原来的产品高 1 ~ 2 级。原有单缸机的生产设备根本无法制造新产品，因此，企业迫切需要对现有生产系统进行改造。

用 MRP Ⅱ/ERP 处理了市场需求后，如果现有的生产设备在制造技术和质量控制方面

跟不上，那么企业仍是低效益经营。

三、CIMS 帮助企业提高制造的柔性和敏捷性

CIMS 是一种组织、管理和运行企业的理念，它将传统的制造技术与现代信息技术、管理技术、自动化技术、系统工程技术等有机结合，借助计算机管理产品的生命周期。CIMS 对一系列生产经营活动进行计算机集成处理，这些活动包括市场需求分析、产品研究开发、设计生产、销售采购、售后服务、环境处理等。

总之，CIMS 对人、组织、经营管理、技术等要素进行集成，使信息流、物流、资金流优化运行，从而提高产品质量、降低物资消耗、提高服务水平。

四、CIMS 的发展是为了满足客户化生产

国外发展 CIMS 的直接需求是客户化生产。由于产品品种多、设计量大、生产流程复杂，因此，企业利用计算机辅助设计 CAD、计算机辅助制造 CAM、计算机辅助生产工艺 CAPP 以及 MRP Ⅱ/ERP 等共同提高企业的市场反应速度，缩短交货期。

例如，日本的汽车行业重视对生产系统的改进，利用 CIMS 实现了多品种、小批量生产。丰田公司的汽车品种达几千种，以发动机的输出功率、汽车的外观颜色、音响设备等特征来区分汽车的种类。《丰田生产方式的新发展》一书对丰田公司 1983 年某季度生产的车型进行了统计，结果如表 12－1 所示。从表中可以看到，丰田公司一种车型的产量最多是 17 台，最少是 6 台，3 个月平均为 11 台，每月平均为 3.6 台。丰田的 CIMS 系统保证了企业的生产品种多，批量少，上市快。

表 12－1　丰田公司 1983 年某个季度内生产的车型数与生产数

基本车型	型号数	生产台数	台数/型号数
A 车	3 700	63 000	17
B 车	16 400	204 000	12
C 车	4 500	53 000	12
D 车	7 500	44 000	6
合　计	32 100	364 000	11

五、我国 CIMS 应用概况

我国从 1986 年开始推广 CIMS，至今已有几十年历史。2001 年开始，我国还推广 863 计划，加大对 CIMS 的宣传和应用。“九五”期间，我国在 150 ~ 200 家企业推广了 CIMS 应用示范工程。我国已有数十家企业成为国家级 CIMS 应用示范企业。

CIMS 在我国科研机构的宣传和各省市的推广应用中采用的是“效益驱动，总体规划，重点突破，分步实施”的十六字方针。CIMS 系统在我国的推广如同 20 世纪 80 年代到 90 年代的 MRP Ⅱ/ERP 系统推广一样，遇到了来自各个方面的阻力。有的企业对 CIMS 理解不深、领导重视不够；有的企业花国家的钱不心疼，没有充分消化吸收 CIMS 的市场压力；我国传统科研体制制约了 CIMS 研究成果的商品化进程，科研人员与企业结合不密切，没有市场竞争下优胜劣汰的推广压力。这些都是 CIMS 的市场需求没有成熟，我国的 CIMS 应用还处于成长期所导致的。

六、加入 WTO 催生我国企业的 CIMS 需求

我国加入 WTO 的直接效果是企业的采购渠道增加。企业在国际范围内的及时采购普遍缩短了进口材料的采购周期，关税降低也导致采购成本下降。此外，企业在世界范围内得益于外资、金融服务、分销资源、技术资源、管理资源，使得保险、教育、旅游、人才等人力资源的库存成本也开始下降。

目前，企业的产品品种日益增多，企业的生产周期日益缩短，我国 MRP Ⅱ/ERP 应用需求成熟，同时也加深了企业对 CIMS 需求的认识。从我国一汽集团生产贸易公司的汽车品种数和订单数可以看出企业对 CIMS 的需求在不断成熟。

1998 年，一汽卡车、轻车、AUDI、红旗四种汽车的品种数达到 1 275 种，订单数为 11 206 张，平均每个品种的订单数为 8. 8 张，月份入出库数为 3. 6 台。一汽汽车的月份入出库数 3. 6 台与丰田公司 1986 年的 3. 6 台的生产品种数相当，但是生产时间差了 12 年。因此，为了与国外同行竞争，我国必须加大对生产制造系统的投入，改善生产系统的自动化水平。在新的形势下，一汽集团也实施了 MRP Ⅱ/ERP、JIT、CIMS 等现代化管理系统，保障了企业的内部管理跟上市场需求的发展。

表 12－2 一汽集团贸易公司的汽车生产数据

项目	汽 车					备 件			
	卡车	轻车	AUDI	红旗	小计	卡备	轻备	轿备	小计
品种数	679	222	180	194	1 275	5 834	3 294	10 383	19 511
订单数	6 222	1 325	1 105	2 554	11 206	1 410	534	2 624	4 568
客户数（订货）	5 280	4 005	8 909	1 243	19 437	726	203	492	1 421
月份入出库	2 953	437	236	814	4 440				

七、加大对产品数据管理技术的研究和应用

近几年，产品数据管理 PDM（Product Data Management）技术在企业逐步得到重视，UG 公司、华中理工大学等单位在全国推广应用 PDM 技术，有力地推动了企业产品生命周期内的整套技术数据的保存、积累、继承，对 CIMS、MRP Ⅱ/ERP 的应用起到了极大的辅

助作用。

随着我国企业改革、企业经营机制改组、企业技术改造、企业管理加强这“三改一加强”的深入，我国企业把技术进步的推力与市场竞争的拉力有机结合，也推动了 CIMS 在我国的应用。

加入 WTO 后，我国更多的企业被纳入世界跨国公司的全球化生产链条和经营环节之中，使得我国加工贸易型企业的生产制造环境得到了改善。与此同时，企业必须和跨国公司一样采用先进的制造技术，才能更好地使生产制造系统与国际接轨。

第二节 实施 JIT 系统，优化企业的物流、信息流、资金流

JIT 系统引入我国有 20 多年的历史，有些企业应用 JIT 取得了降低库存、改善经营机制等效益。但是，在我国，利用 JIT 的理念优化企业资源还有更深入、更广阔的应用前景。

由于 JIT 的实施不仅需要强大的 MRP Ⅱ/ERP 系统的支持，而且需要企业加强供应链上的大库存管理，在营销、财务、生产等运作流程上降低库存。JIT 在我国的应用可以从制造企业扩展到流通业、物流业，将帮助我国企业实现多品种、小批量的客户化生产的第三次管理革命。

一、JIT 的基本理念是经济资源有限下的 5 个“R”

JIT（Just in Time）的基本理念和经济学原理一样很简单、很朴素，经济学研究的是在有限的社会资源下生产什么、如何生产和为谁生产的问题。MRP Ⅱ和 JIT 的管理理念与经济学是一样的。

20 世纪 60 年代，MRP Ⅱ的前身 MRP 是追求 3 个“R”，即在适当的地方（Right Place）、适当的时间（Right Time）获取适当的物料（Right Material）。JIT 是企业在资源有限的情况下不断追求 5 个“R”，使企业将必要的原材料和零件（Right Material）在准确的时间（Right Time）送往必要的地点（Right Place），以保证企业生产满足消费者所需的必要数量（Right Quantity）、必要质量（Right Quality）的产品。

二、JIT 的发展历史

JIT 一开始是指日本丰田汽车公司的准时制生产方式，在 20 世纪 70 年代石油危机后，美国寻找丰田汽车在世界竞争中节节胜利的原因时被发现。JIT 的起源是日本对美国大批量生产模式的改良，JIT 发展成为成熟的管理技术积累了近 30 年时间，其历史大致可分为三个阶段。

1. JIT 起源于对大批量制造模式的改良

JIT 起源于 20 世纪 50 年代丰田公司对美国大批量流水生产模式的改良，JIT 继承了美国福特汽车公司的生产分工、生产标准化、移动装配、员工培训等流水生产技术。

福特汽车公司的大批量流水生产模式是20世纪30年代由“科学管理之父”泰勒帮助设计的。大批量流水生产模式改变了传统的单件、小批量生产的设备布置方案，把依据工艺设备布置生产加工现场改为集中布置专业化设备，使得“各种各样的原材料、零部件由互相衔接的传送机器准确无误地组合起来，依照生产节拍呈树枝状奔向一条总装配线”。

1950年，丰田汽车公司打算与美国福特汽车公司进行技术合作。同年7月，丰田汽车公司派人去福特汽车公司学习考察了一个半月，也去美国各地的机械厂考察了一个半月。在考察过程中，丰田汽车公司分析了福特汽车公司大批量流水生产模式的优势，汲取了精华。同时，丰田汽车公司也发现福特汽车公司规模大、技术先进，需要庞大的汽车协作厂家协同工作，且福特汽车公司在作业方法、工序管理等方面仍然存在弱点。在福特需要深入注意的某些地方，丰田做得更缜密、细致。丰田十多年来在设备故障自动停机、工人可以看管多台设备等方面做得更好。接下来的两年，丰田进一步对福特进行了合作考察，打破了丰田对于美国技术的神秘感和盲目崇拜，增强了企业大批量生产国产轿车的勇气和信心。

1953年，丰田汽车公司与福特汽车公司技术合作失败，丰田发誓要依靠日本的技术来发展本国的轿车工业。在以后的几年中，丰田结合自身的优势开展了25年的生产设备改造计划，通过更新设备和运输机械提高了生产效率，通过集中动力供应改善了工作环境，通过自动化设备和工艺装备提高了产品质量，通过机械化的办公设备和便利的通信系统提高了管理效率。经过近15年的改进，企业形成了小批量、多品种的弹性生产线，使得从一个车型转为另一个车型的时间只需要几分钟，轿车生产做到了少人化、省力化。

弹性生产线迎合了市场需求，降低了轿车成本，使得轿车成为普通大众可以消费的平民化商品。丰田把轿车推到了日本的千家万户，形成“有路就有丰田车”的消费格局。同时，日本的轿车也走向了世界，占领了美国轿车市场的半壁山河，使得美国的传统汽车厂家通用、福特等陷入严重的经营困境。

2. JIT在世界各地推广

20世界80年代，JIT在世界各国流行起来。在十多年的时间里，美国企业纷纷效仿日本的JIT生产方式。福特汽车公司在50年代向丰田输出大批量流水技术，到了80年代初期陷入严重的经营危机。福特汽车公司在80年代反过来下苦功夫考察了日本的JIT技术，并且把JIT引入福特，企业从陷于困境转为了重振雄风。

从1986年到1989年，美国麻省理工学院成立的“工业生产率委员会”对遍布美洲、欧洲、亚洲的八大行业进行了比较研究，访问了汽车、化学品、民用飞机、消费类电子产品、机电、钢铁、纺织品七个行业的200多家公司、150家工厂、550位企业人员。本次调查对汽车行业进行了大量的实证研究，发现日本汽车行业的JIT比大批量制造质量提高3倍、空间占用减少1/2、库存减少1/4、在制品减少9/10、人力减少1/2、新产品开发周期缩短1/3～1/2。许多学者在研究日本的JIT技术时，还发现了标杆管理、持续改进、全员参与、全面质量、操作精良等优秀的企业文化特质。标杆管理倡导企业树立竞争标杆，向一流的对手学习，进而缩短赶超时间，增加企业的时间价值，最后在企业形成创新文化和创新制度。

3. JIT 的新进展

进入 20 世纪 90 年代，美国在学习日本的企业管理的基础上重新设计企业事务运作过程（Business Process Reengineering），以保持企业的高效运作。美国在 JIT 的技术上融合了创新机制，使 JIT 生产方式逐渐从生产领域跨越到了流通领域，MRP Ⅱ软件商也提供了融合 JIT 技术的适合离散型、流程型企业的混合型 MRP Ⅱ软件包。JIT 的应用形成了完整的应用原则和应用范围，JIT 的应用范围涉及产品开发、生产过程、零部件供应和流通销售等一系列基本活动。

20 世纪 90 年代末期，随着电子商务的兴起，JIT 生产方式已经从制造业、流通业扩展到了物流业。尤其是近两年，为生产、流通和消费开展集成配送服务的美国物流企业广泛应用 JIT 技术来及时配送货物。物流企业利用计算机将分散于各地的多家客户的订单依据最佳配送路径（Right Distribution）集合成一个大的订单（Right Material），一笔划入“组配拣选单”（Right Quantity），配货人员只要到仓库转一圈（Right Time），就可以配好订单上的多种合格货物（Right Quality）。物流企业帮助生产企业分装货物，也帮助客户拼装运输空间、节约费用，集成了生产厂家和经销商的部分生产服务功能，减少了营销渠道，节约了运输费用，从而把 JIT 生产模式渗透到跨行业和跨厂家的生产经营系统中。

JIT 在制造业、流通业、物流业的应用，大大提高了企业的物流流动频率并扩大了流动空间，降低了经济资源和企业资源的占用率，提高了多个企业和行业的资金周转速度。

三、JIT 的精华是市场观念

JIT 的精华是市场观念，即企业的一切取决于市场的动向，生产系统的制造以市场需求量为本。

JIT 把生产线上的工人从完成生产任务直接引向了市场，全企业树立“满足市场需要才是企业生产的最终目的”的经营目标。因此，JIT 重新审视传统的库存储备，强调生产量与最终需求量保持一致就是杜绝浪费的开始。JIT 的经营理念认为，企业一切不必要的运输库存、周转库存、安全库存都是浪费，企业必须消除不合理库存。

JIT 也称为企业的“减肥运动”。为了把库存降到最低，企业必须无情地消除浪费，JIT 的理想状态是零库存。我国一些企业认为零库存不可能做到，进而否定 JIT 在企业的适应性，这是理解上的偏差。零库存不是 JIT 的管理理念，只是表现形式，不能够以零库存来代替 JIT，企业可以以 JIT 为目标，利用 JIT 的理念循序渐进地实现生产管理模式的转化，逐步降低企业的库存。

四、我国 JIT 应用存在的问题分析

JIT 技术引入我国是在 20 世纪 80 年代中期，主要以零库存、看板管理等方式在机械电子行业推行。我国有一批企业实施了 JIT，如四川仪表厂、西安仪表厂、万向集团、一汽集团变速箱厂、五羊本田摩托车厂、南岳油泵油嘴有限公司等。这些企业获得了降低库存、缩短生产周期等效益。但是，我国大多数企业对于 JIT 技术还很陌生，对于 JIT 系统

的精髓了解不多。

我国 JIT 应用存在的问题主要有：

1. 企业重视引进生产设备，不重视生产管理技术的投入

生产和制造所需的技术可以分为两大部分，一部分是生产产品所需的固有生产工艺技术，另一部分是包括计划、组织、领导、控制等基本职能在内的生产管理技术。生产管理技术能高效率地实现人员、机器、工艺、材料与固有技术的有效结合，二者相辅相成，缺一不可。但是，我国企业往往对保密性强的机器、设备不惜重金引进，并投入人力研究固有的专业技术，但对促进工业设备和专业技术发挥的现代工业管理技术却不热心钻研，相关的配套材料和人员培训也没有跟上。“重硬件，轻软件”导致高价引进的设备不能充分发挥作用，设备闲置时间多。

例如，当年广州标致汽车追求国产化率达到 80%，但是生产数量和产品质量都不能得到市场认可，最后标致汽车只能停产。我国的汽车厂交了不少学费后开始不再一味追求国产化率，而是追求盈利，追求与生产技术配套的材料、生产组织、销售体系优化。例如，江西江铃汽车集团采用集中的全球化采购，避免了零件的重复开发，节约了大量采购资金。又如，1999 年广州本田汽车投产，第一台汽车一下流水线就是合格品，广州本田的汽车开工才几个月就因产品质量好出现脱销现象。广州本田汽车的质量保证就是整个生产线都是由日本移植而来，并采用了日本的生产管理技术。广州本田采用了本田集团全球通行的 MRP Ⅱ系统、JIT 生产技术来管理生产、采购，由 MRP Ⅱ系统的主生产计划 MPS 来排产品计划，用物料清单和物料需求计划来控制材料发放和采购，用 JIT 技术控制生产节拍，生产一线还采用了看板和条形码技术实时采集数据。

从重视硬件引进到配套引进相关的管理技术是我国企业重视管理技术的开始，也为企业创造了盈利的机会。

2. 对 JIT 系统的精髓了解不多，JIT 推广应用的门槛设得太高

推广 JIT，某些企业过分强调在实施过程中对生产现场系统的改造，要求原材料质量 100% 合格、企业员工多面手、机器设备少人化等，把丰田 30 年奋斗的结果作为我国企业推广 JIT 的条件，急于求成，不切实际。此前，大多数企业对于 JIT 技术还很陌生，认为高不可攀，零库存等同于不可能。

JIT 技术是丰田公司 30 年长期改善生产系统而取得的结果，如果只看成功后的表现，依据概念来推广 JIT，则不能深入理解 JIT 的发展过程。此外，我国的 JIT 学习费用高，难以掌握 JIT 的操作步骤。我国有的企业从国外引进了 JIT 后保密措施很严，谢绝参观，把许多想实施 JIT 的企业挡在了门外，使得研究人员也没有机会总结我国的 JIT 应用模式，导致企业的进入门槛高，JIT 学习费用高。

现在，学术界迫切需要深入企业，哪怕给企业合作费和调研补偿，也需要针对我国企业的管理基础摸索一套适宜的 JIT 步骤，这是当前推广 JIT 的主要任务。

3. 理论界对于 JIT 的研究不是很透彻，介绍 JIT 原理的多，缺乏实用性强的操作指导书供企业参考

我国在推广 JIT 时介绍原理的多，没有具体步骤可寻，仅仅停留在原理上是远远不够

的。事实证明，封装在机器设备中的操作技术需要相关的管理资源支持，需要把原理变成可以操作的步骤。企业推广 JIT 需要高校重视工业工程管理的教育，培养工业工程人员的现场咨询与诊断能力，把价值流分析、流程改善、智能化制造等作为重点。

例如，华凌冰箱厂在 1989 年引进日本的冰箱制造技术时没有重点攻关 JIT，依据日本同行设计的生产线一投产就生产出合格品。前 5 年企业连续生产一个品种，产量最高达到单班 800 台。但是，到了 1995 年，冰箱市场出现多品种竞争格局，企业为了适应市场，自行设计了多个品种的华凌冰箱。但是，企业在多品种、小批量生产管理技术上遇到了困难，同样的生产线转产另一个品种时单班产量只能达到 100 台，企业想了许多办法也没能把产量提高上去。企业管理人员也看了一些书，发现书上只讲 JIT 的原理，介绍 JIT 的概念，并没有操作指导步骤，想要知道具体的实施步骤却没有办法。企业不敢冒险，只能求助于日本同行，交了咨询费，派人去日本学习 JIT 技术。同样的流水线，经过 JIT 技术进行生产标准化、平衡流水线节拍后，产量上升了，又回到了单班生产 800 台的生产规模，在华南地区的冰箱市场上获得了竞争力。

4. 在理论上画地为牢，过分强调 JIT 与 MRP Ⅱ系统的区别，而没有注重二者的有机结合

JIT 在我国 20 多年来的应用不尽人意，除了企业应用条件和宏观经济环境的制约外，还因为理论研究不是很深入，甚至存在偏见。20 世纪 80 年代初，我国引进了西方的管理“十八法”，有网络计划法、全面质量管理、运筹学、价值工程等。“十八法”没有完全地、系统地运用起来，与我国的传统文化和管理研究方法有关系。

我国在管理技术方面的研究缺乏对企业的长期实证研究，没有沉下心来投入大量的研究经费去重点企业进行管理追踪，没有总结出中国企业的改革轨迹和生长规律。我国在管理研究的方法上亟待突破，要重视管理案例的长期跟踪和理论抽取，为企业提供理论模型和操作实务。

例如，尽管我国的古代管理思想很丰富，但是研究不是很系统，没有把玄奥的管理艺术和方法表达成可检验的模型，没有操作性强的科学步骤可遵循，如同中药一样，对于药理和实验没有系统的研究。企业运用不成熟的管理理论“看起来没有错，但是不实用”，需要企业作为实验对象来承担实施失败的风险，因此，影响了管理理论的挖掘和推广。

又如，在丰田公司已经解决的推拉结合问题在我国还要作理论上的探讨。MRP Ⅱ软件包 BPCS 已经提供了 MRP Ⅱ和 JIT 混合生产模式的解决方案，而我国却还在争论 JIT 是否只适合大批量生产而不适合小批量订货生产，偏见和误解使得企业人员、研究人员无所适从。

因为“做实事的不写文章，写文章的不做实事”，有实际 MRP Ⅱ/ERP、JIT 实施经验的人太忙，没有时间写文章，而没有实际经验的人写文章时缺乏研究经费而掌握不到数据，只停留于原理介绍。由于没有从头到尾跟踪五年以上的 JIT 实施过程，没有对历史渊源和环境变化进行追踪，因此，原理和步骤脱节使得企业只了解大概原理，不了解具体的操作步骤，对管理技术的深入研究不足约束了 JIT 技术的普及。

5. 没有强调 JIT 实施的长期性和持续改进

实施 JIT 并不难，难的是坚持“先易后难，由点到面，由少到多，由近到远，循序渐

进，不断发展”的方针。当美国和其他国家的人去丰田学习JIT技术时，丰田之所以毫无保留地介绍JIT观念，是因为他们知道，JIT技术不是一时半刻就能学会的，它需要企业长时间持续努力和改进。

前几年，我国企业JIT实施不能深入的原因还有全员参与力度不够，与设计、财务、营销等部门的沟通不足等。有的企业的JIT实施局限在制造部门，将其作为生产方式的改变来推行，没有在各个管理部门协调。有的企业把JIT当成运动推广，一阵风过去后就没有消息了。还有的企业在JIT实施的时间上控制不力，没有把JIT推广进行时间段划分，每一个阶段也没有将新的产出与旧的面貌进行对比。由于新旧系统对比不强，人员热情减退，导致JIT的实施效果不佳。

JIT实施不纳入企业的长期计划是不可能成功的。从上文对JIT的历史回顾就可以看出，JIT凝结了丰田30年的智慧。在日本本土，JIT的推广也是长期工作。日立电梯公司的水库工厂就七年如一日地坚持JIT实施，每月有评比和交流，有流动红旗，常年不断地改进企业系统，使得日立电梯公司的电梯制造周期只需我国同类企业的一半。企业每天发料四次到加工线，做到了细水快流。我国的四川仪表厂也是13年坚持JIT生产方式，实现了经营机制的转化，建立了快速的市场反应机制，企业原来传统手工计划模式下的5个月交货期转为了最快3天就可以交货。

6. 没有用企业规章和制度来巩固JIT的成果

管理技术从对原理的理解到可操作的习惯，再变成易懂、易记、易用的管理步骤需要常年的积累。“观念变则心态变，心态变则态度变，态度变则行为变，行为变则习惯变，习惯变则制度成。”JIT技术是与设备引进密切相关的配套管理技术，不需要花技术转让费，但是我们没有倾心研究和投入。因此，我国广大企业即使引进了国外的一流设备，也不能制造出同样高产量、高质量的产品。

JIT是世界先进的技术，必须深入研究把握来龙去脉、生存环境，并且花苦功夫长年累月地坚持。北京第一机床厂在1994年获得了CIMS应用的国际“工业领先奖”，原信息中心主任杨景谊多次考察国外的机床厂家，对于某些企业提出口号式的“赶超世界先进水平”发表了个人意见：“当我们的企业提出要赶超世界先进水平时，必须走出去看看国外的水平到底怎样。如果不知道水平在哪里，不知道排在世界前十名的同行是怎样走过来的，那又怎样去赶超国际先进水平？”

JIT的应用要切合实际，长期实干，形成企业的制度。JIT在日本曾经默默无闻20年，在我国也曾经被企业搬回去后很快束之高阁，推广停留在概念、图表的展示上，没有融合到企业的运作机制中，最终不能出效益。

管理技术、MRP Ⅱ、JIT等最终会促进企业内部运作机制的改善，直接表现是库存降低，间接表现是企业运作有了一套规章制度。潇湘卷烟厂信息中心冯伟主任说，国内企业和国外企业的最大区别是企业制度是贴在墙上还是融入每个人的工作中，ISO9000标准是存在档案里还是融入企业的每一个环节。企业的管理制度如同交通规则一样，是自动、自觉遵守还是要警察来维护，中间的管理水平是相差很远的。因此，衡量一个企业的管理不是靠说，而是“静水流深”，这也是判断一个企业成熟与否的关键所在。

五、我国 JIT 应用的条件成熟起来

近几年，我国教育体制的改革提高了教育普及率，为企业培养了人才。此外，我国广大劳动者刻苦勤俭、重视储蓄，为企业的融资提供了资金来源。但是，由于东方传统文化的影响，我国企业在经营中有一些致命的弱点，即制度缺乏透明性、交易缺乏规范性、经营缺乏责任感，使得企业难以确立以市场机制为先导的企业管理体制，无法保证企业的持续、稳定发展。

我国企业在管理制度的建设上面临强大的内外压力，广大企业不可等到企业内部制度完善后再去与国际企业竞争，必须在竞争中求生存，在竞争中利用 JIT 完善企业的制造、财务和分销体制。

进入 21 世纪，我国企业加入 WTO 的直接效果是可以在更广阔的国际市场采购原材料，缩短企业的进口采购周期，降低企业的采购成本。此外，企业的产品销售直接面对更多的竞争者，销售价格将趋向国际平均价格。供销优势和劣势相抵消，企业的内部加工消化能力将决定企业的生存。近几年，严酷的市场竞争迫使企业将在策划热、战略热、文化热中获取的资本积累投入到企业的内部改造中去。我国一些企业已经悄悄地开始了以 JIT 为核心的及时化生产经营，在内部生产系统改造工作上不惜重金。

随着 MRP Ⅱ技术的推广，JIT 技术在我国的应用条件日益成熟，我国企业在多品种、小批量柔性制造方面的整体管理水平将在生产管理革命中得到提高。在生产管理革命中，JIT 技术是核心技术，也将与 MRP Ⅱ系统结合被企业采用，这将保证企业的管理革命收获硕果以及企业的可持续发展。

六、重视对管理技术的学习，探索我国 JIT 应用规律

我国企业推广 JIT 技术有三个层次：第一个层次是将 JIT 当成生产指挥手段来推广，第二个层次是将 JIT 当成企业的产销衔接运作工具来推广，第三个层次是利用 JIT 改善企业的产、销、财运作机制。

四川仪表厂十多年来推行 JIT 经历了以上三个层次，企业的管理也上了三个档次。四川仪表厂应用 JIT 的第一个层次是在装配线上实施看板管理，保证车间的下道工序在必要的时间生产上道工序所需要的品种。四川仪表厂在引进日本横河电机株式会社的记录仪制造技术时也引进了 JIT 技术，在装配线上引入 JIT 看板，装配线上的 JIT 打破了传统的成批台份计划下达模式，把传统的计划生产管理方式倒了过来，依据总装看板反工序拉动计划，使得装配线上的总装数量不超额、不提前、质量可靠，避免了重复劳动和过量制造。

四川仪表厂应用 JIT 的第二个层次是加大设备技术改造投入，由装配 JIT 扩展到零件、外协件的 JIT，由企业内部 JIT 扩散到企业外部采购 JIT，减少加工批量、采购批次，实现物流、资金流、信息流的细水长流。丰田公司几十年来奉行“宁可厂房简陋，也要引进最好的设备”的原则，四川仪表厂在第二层次学习了丰田公司的机器设备改造经验，在机器设备上的投资也很大。四川仪表厂也借鉴了丰田公司的设备改造经验，针对手工模具的加

工、设计、准备遥遥无期，跟不上 JIT 生产的快节奏等实际情况，加大了对加工设备、模具设备的改造。围绕 JIT 技术，企业花 50 万美元引进了适应小批量制造的数控铣床、冲床、车床，其中数控冲床的冲头有 58 个，组合使用可以加工几百种零件，当加工要求输入电脑后，车间立即可以生产加工精度高的产品。与此同时，企业充分利用了 JIT 的生产协调能力，每天同一条生产线上可以同时混流生产多个品种的产品。

四川仪表厂应用 JIT 的第三个层次是结合 MRP Ⅱ、CAD、CAM 的应用，发展“周计划，日看板”，计划滚动的周期由月改为周，利用 MRP Ⅱ加速销售、生产、财务的事务处理，确保 CAD 甩掉绘图板，缩短设计周期，利用 CAM 接受电子图档在数控设备上的自动加工，确保工艺装配定量化。MRP Ⅱ、CAD、CAM 的应用使得产品装配的工装系数达到 90%，避免人为因素对产品质量造成影响。

MRP Ⅱ、CAD、CAM、JIT 在企业的综合利用，改变了四川仪表厂传统的计划生产模式，使原来只能供应单一的“大锅菜”的生产方式转变为依据客户的“点菜”安排生产，企业原来传统手工计划模式下的 5 个月交货期转为了按照客户需求最快 3 天就可以交货。企业的快速反应不是增加库存和储备，也不是减少工序“偷工减料”，而是企业的生产管理发生了根本变化，取得了经营机制的转化，建立了敏锐的市场反应机制。

四川仪表厂 JIT 应用的三个层次同时也反映了我国企业改革的三次管理革命，我国一批在 JIT 应用领域走在前列的企业所起的示范作用值得大多数企业学习、借鉴。

七、在财务库存上加大 JIT 的推广力度，促进企业经营费用的降低

JIT 及时性的落脚点是资金的及时收回。财物费用、管理费用也取决于库存占用。因为企业的产品在机器上的制造加工时间只占整个产品制造周期的 1%，如果把产品在供应链上的时间进行累积，把从客户处争取订单的时间、产品设计时间、供应商选择时间、采购提前期、产品加工制造时间、产品发货时间、应收账收回时间等计算在内，及时生产的内涵就从生产部门跨越出去，JIT 的最终落脚点是在财务系统的及时回款上，财务收到了最终的回款才能实现企业的最终销售。

例如，山西经纬纺织机械厂在应用 MRP Ⅱ系统的基础上开展内部银行核算，企业各个车间的成本价格如果高于外面的直接采购价格，下一个车间、工作地就可以拒绝接受上道工序的交货，严密的模拟市场机制迫使企业在每道工序上节约成本。由于企业的各个环节贯彻了市场价格和资金回笼，1997—1998 年，企业节约财务费用 3 500 万元。挤出的泡沫是对企业资金库存的节约，同时，也反映了我国企业在财务管理上可挖掘的潜力还非常大，企业的管理革命还有待深入。

八、加大宣传力度，促进 MRP Ⅱ/ERP 和 JIT 的结合

信息反馈的控制程序欠缺，企业就没有办法来弥补前段工作的错误或者偏差。没有用信息系统来固定、规范企业的做事流程，企业管理的手段仍然是落后的、力不从心的，经营漏洞也会变多。建立以 MRP Ⅱ/ERP 为核心的信息系统是实施 JIT 的必由之路，JIT 对

企业的信息化管理提出了更高的要求。

例如，深圳南方中集在实施 MRP 对物料进行事务处理后，车间主任对于每分钟整个生产现场的质量数据、故障状态、人员忙闲分布、机器的利用率提出了更高要求，要求企业的动态生产管理用 JIT 来实现。又如，在广州本田汽车的制造生产线上，物料采用条形码可以在流动过程中储存加工信息，条形码的运用方便了物料数据的采集和相关的管理事务处理，比文字记录简单可靠，比传统的手工作业错误少、效率高，因此提高了在制品库存盘点效率，工人交流方便，容易达成默契。

JIT 看似无计划，实际上具有严密的计划，而且必须有强大的 MRP Ⅱ系统支持企业的采购计划和营销计划，使得 JIT 的输入和输出准时化、定量化。营销计划能够为企业及时捕捉市场信息，不过，倘若没有计算机帮助处理合同和进行产品生产计划排程，看板管理生产线想快也快不了。相反，如果看板系统效率低，排出的产品加工计划也就落实不了。此外，营销系统和财务系统结合，可以帮助企业追踪产品合同的完成进度，提高货款回笼速度。

例如，为了实现适时生产，丰田公司利用计算机实施全公司的计划制订。首先，企业有庞大的营销信息处理系统来收集竞争厂商的情报。每天，销售公司和销售店所需要的车辆数、需要调配的车辆数、售出的车辆数、可用库存数都能够随时反映到汽车工业公司、汽车销售公司和各个销售点。其次，准确的销售信息和需求信息为企业制订科学的生产计划提供了依据。汽车制造厂得到销售信息后采用推式方式下达生产计划，把制订的月度生产计划作为各个协作厂的供应计划和内部工序的预定生产定额。与此相适应，各个工序的每日生产指令通过推式方式下达。最后，在日常的生产过程中采用 JIT 看板来拉动生产。拉式生产是从生产线的最后一道工序开始的，依次用传票卡片去上道工序取料，使得上一道工序“在需要的时间生产需要的东西”，从而使机械、锻造、热处理、铸件、车体、总装配的各个工厂和各个工序所需的必要零件在必要的时间以必要的数量到达生产线。

九、重视物流企业的建立，加快 MRP Ⅱ、JIT 在流通领域的应用

在经销库存上加大 JIT 的推广力度可以促进企业的销售组织和管理体制创新。JIT 技术在我国企业，尤其在国有企业中的应用潜力还非常大。我国部分国有企业浪费惊人，没有节约的动力。有专家指出，如果把 MRP Ⅱ和 JIT 技术结合推广，大部分企业的成本至少可以降低 10%。在销售领域实施 JIT 可以防止被污染的销售信息进入内部生产计划系统，帮助企业作出科学的预测。在销售领域实施 JIT 还可以把及时生产的触角延伸到二级代理处，避免虚假销售，避免企业摊子大、不盈利。

JIT 的理念是消除浪费，把 JIT 的管理理念运用到生产和流通领域促进了物流企业的诞生。物流管理的特点还是 JIT，是“旧瓶装新酒”。物流管理的核心是消除供销渠道的多个环节，“一手交钱，一手交货”的贸易方式在时间和空间上得以实现。

在美国大型配送公司里，企业都有 ECR（Efficient Customer Response）系统和 JIT 系统。ECR 系统主要是收集客户的反馈信息，顾客需要什么就生产什么，而不是生产什么等顾客来买，利用信息反馈的有效手段使得仓库的吞吐量大大上升，仓库的年周转次数增加

20%。JIT则利用从客户处得到的快速反馈信息及时组织内部物资。物流企业为供需双方提供的服务和银行、网络、运输企业一样是从推式（Push）向推拉式（Push，Pull）发展。没有现代化的信息管理，就没有现代化的物流。物流企业同样需要强大的信息系统支持信息共享。在配送中心，商品的暂时存储、搬运、必要加工、包装以及打包配送都要有强大的信息系统支持。

随着信息技术、网络技术、电子商务的推广，在供应链上，企业对销售过程的控制将变得更加严密，对于资金回笼的速度、银行电子化的要求会越来越高。我国企业在销售体制、物流中心管理的电子化、运输网络合理化、销售网络计算机化、商品代码和交易内容数据库化等方面还有许多工作要做，离建立JIT的要求还有距离。但是，在流通领域实施JIT不是很难，也可以采用“先易后难，由点到面，由少到多，由近到远，循序渐进，不断发展”的方针，从流通企业内部入手，向生产企业和零售商扩展，从补充库存计划和配送计划入手，过渡到运输路线上的多个客户订单的混合运输、仓库搬运设备的自动化等，加强企业内部经营费用、管理费用的模拟市场价格的内部银行核算，从供应链的两端和内部各个环节消除浪费，使得企业的运作机制建立在优质、低耗的基础上，保证企业能够可持续发展，而不是轰轰烈烈一两年之后悲壮地死去，无声无息地淹没于市场经济的海洋里。

只有企业的营销系统、生产系统和财务系统三系统合一，综合应用MRP Ⅱ/ERP、JIT系统，企业才能最终对市场快速反应，才能盈利。JIT的理念是不变的，变的是外延。这也验证了一个道理：企业必须求变，一切都在变，唯一不变的还是变，只有变革才能生存。

第三节 发展国产MRP Ⅱ/ERP软件，创立国产软件名牌

国产MRP Ⅱ/ERP软件商在产品研究、市场推广、系统实施等方面与国际知名的MRP Ⅱ/ERP软件商存在差距，我国需要集中人力和财力开发拥有自主版权的MRP Ⅱ/ERP软件，创造条件促使国产MRP Ⅱ/ERP软件商和财务进销存软件商通过市场竞争实现强强联合。国家的研究和发展基金也需要长期扶持一两家产权明晰、经营机制好的国产MRP Ⅱ/ERP软件商，短时间内催生我国平民化的国产MRP Ⅱ/ERP名牌。

一、国产MRP Ⅱ/ERP软件的发展历史回顾

1992年，SSA进驻中国后掀起了我国MRP Ⅱ系统应用的第一轮高潮。但是，经过十多年的发展，我国拥有自主版权的国产MRP Ⅱ/ERP软件商的经济效益并不佳。

首先，没有资金进行市场推广，没有财力建立分布全国的营销渠道；其次，研究开发资金投入不够，难以扩展产品功能和进行版本升级；最后，低工资难以聘请开发人才，自己培养的实施应用顾问往往被国外软件商挖走。因此，国产MRP Ⅱ软件商在20世纪90年代难以和跨国软件公司竞争，只能是为中小企业定制开发MRP Ⅱ系统，因此往往企业

规模不大、产品的商品化程度低。

1998 年下半年，金蝶、用友、浪潮国强、安易等国内财务进销存软件企业，发动了我国 ERP 应用的热潮。经过一年多的市场推广，财务进销存软件商发现，由它们发动的 ERP 热潮扩大了跨国软件公司的影响，许多企业还是购买国外 MRP Ⅱ/ERP 软件，国产 MRP Ⅱ/ERP 软件商一时间还难以达到预期的销售水平和盈利标准。在对 MRP Ⅱ/ERP 软件开发的复杂性、人力资源的稀缺、实施成本的高昂和实施过程的艰巨有了初步了解后，我国的 MRP Ⅱ/ERP 应用的宣传和研究再次陷入低谷。自 2000 年以来，有的软件商不再提 MRP Ⅱ/ERP，重点转移到以 Internet 为主的网络财务软件上去，或者以电子商务、企业网络等新兴名词代替了 MRP Ⅱ/ERP 系统。我国的 MRP Ⅱ/ERP 软件的发展在研究开发、系统实施等方面遇到了来自理论和实践的严峻挑战。经过十多年的摸索，我国催生了用友、金蝶等国产软件名牌。

二、自主品牌的发展状态及成长过程分析

据不完全统计，1998 年我国 MRP Ⅱ/ERP 市场的产品销售和实施服务收入达到 4.2 亿元人民币，比 1997 年增长了 120%。其中，国外厂商的市场份额占到了 90%，国产 MRP Ⅱ/ERP 产品的市场份额还很小。拥有 MRP Ⅱ/ERP 自主版权的国产软件包括北京利玛的 CAPMS/95、北京开思 ERP、上海启明 MAS、北京金航联 AEPCS、北京并捷 EMIS、山西经纬 JW－MRP Ⅱ、沈鼓北方电脑的北极星 ERP 等。这些有自主版权的 ERP 产品可以分为两类：一类是依托国有大型企业发展而来的，以企业引进开发的 MRP Ⅱ软件为蓝本，以企业电脑中心的应用人员和技术人员为主体；另一类是依附于科研院所等研究机构发展而来的，从事 MRP Ⅱ/ERP 项目研究后，把研究成果商品化推广。

以上两类软件的鼻祖都是我国 20 世纪 80 年代开始引进的国外 MRP Ⅱ/ERP 产品。例如，北方电脑公司的北极星 ERP 是以沈阳鼓风机厂 1982 年引进的 IBM 的 COPICS 软件包为蓝本的；北京并捷 EMIS、山西经纬 JW－MRP Ⅱ都是以加拿大 In－Fopower 公司的 I－Manufacturer 软件为原型加以开发的；北京利玛的 CAPMS/95、北京金航联 AEPCS 都是参照机械、电子等行业的多家企业引进的国外 MRP Ⅱ产品研究开发而成的；北京开思 ERP、上海启明 MAS 主要是在代理国外的软件产品 BPCS、COPICS 的过程中吸收这些软件的精华而创立了自己的产品。上面这些软件商在 20 世纪 90 年代虽然日子过得去，但是企业没有发展壮大到与跨国软件公司抗衡的地步，主要是产权体制和经营机制制约了企业的发展，具体表现在四个方面。

首先，国产软件难以“原汁原味”地散发 MRP Ⅱ/ERP 产品的精华，某些功能由于引进软件不完全、实施缓慢被强行肢解掉了。由于企业引进的国外 MRP Ⅱ/ERP 不完全，国有企业用贷款引进的系统实施缓慢，有的系统长时间不能完全用起来，能够使用起来的引进产品模块也只有 BOM、库存、采购、订单处理、物料需求计划五个模块，大部分的模块是针对厂情、国情进行二次开发后添加上去的，所以国产 MRP Ⅱ/ERP 软件以这些企业为蓝本来推广，不能“原汁原味”地展现 MRP Ⅱ/ERP 产品的流程精细化、业务透明化的精华。

其次，国产 MRP Ⅱ/ERP 软件的个性化程度高、商品化程度低，不利于大面积推广。国产软件的实用性体现在同类型、同管理模式的机电等行业的企业使用成功率高，客户的满意程度也高，实施人员也掌握了机电企业 MRP Ⅱ/ERP 实施的技巧。但是，这些产品是针对我国的企业管理水平所进行的二次开发，基本上以企业量身定做为主，产品的商品化程度低，用户数量有限，难以大规模普及推广，导致实施周期长，实施成本高。

例如，20 年来，北极星 ERP 的用户只有 70 家，客户少影响了企业的经济效益。北极星 ERP 是由沈阳鼓风机厂的 MRP Ⅱ系统演化而来的。1982 年，沈阳鼓风机厂引进了 IBM 的 COPICS 软件包，经过十年的试验性实施，沈阳鼓风机厂正式把引进的 COPICS 软件应用起来，同时电脑部也正式成立北方电脑公司。北方电脑公司除了支持企业的 MRP Ⅱ和 CIMS 系统外，还承接外单位的 MIS、OA、MRP Ⅱ/ERP 项目开发。经过十多年的发展，沈鼓北方电脑公司开发了北极星 ERP 产品。又如，到 1999 年底，北京并捷 EMIS 的用户有 20 家，山西经纬 JW－MRP Ⅱ的用户有 45 家左右，而国外 MRP Ⅱ/ERP 软件的客户数量达上千家。因此，国产软件急需扩大营销网络，加强市场推广。

再次，国产 MRP Ⅱ/ERP 软件产品忽视用户协会的作用、忽视售后服务交流，因此，产品的后续改进没有客户基础。由于国产 MRP Ⅱ/ERP 产品主要来自引进的 MRP Ⅱ/ERP 软件，国外的母公司发展不稳定，不能对我国企业提供后续支持，国产软件商也就没有办法间接获得国外软件的后续支持。此外，国产软件没有自己的用户协会，不能从产品的售后服务中获得软件改进后的功能，加上软件商之间的技术保护，各个软件商之间的交流少，学习机会更少。

从 1990 年开始，国产 MRP Ⅱ/ERP 产品在开发技术和管理思想的更新上没有紧跟国外 MRP Ⅱ/ERP 同类软件的步伐，在 Internet、人力资源、ABC 成本管理、供应链管理、客户关系管理等方面与 SAP、Oracle 等公司拉开了距离，卖不起价，价格达不到 500 万元的档次。因此，国产 MRP Ⅱ/ERP 软件商需要建立用户协会，把产品开发和设计与市场紧密结合，以完善的售后服务反馈机制来加强产品研究和开发的可销售性检验，提升产品的功能并明确市场定位。

最后，国有 MRP Ⅱ/ERP 软件商挂靠国有大中型企业或者研究院所，不能直接参与竞争，企业的产权体系制约企业的融资，企业扩张不能像国外厂商一样有魄力、有自由。而民营的国产 MRP Ⅱ/ERP 软件商由于固定资产少，依据现有的证券法和投资体制很难获得银行的资金支持，也很难顺利上市，企业只能小规模经营。国产软件商每年接上十几个 MRP Ⅱ/ERP 订单后资金不足，产品开发资金投入不够使得产品缺少国际竞争力。同时，国产 MRP Ⅱ/ERP 软件商的企业内部机制问题也制约了人才的发挥，企业内部竞争不力，留不住人才，致使企业的发展起伏不定。例如：1994 年，大批人才从利玛、启明流入 SSA、IBM 等公司，对于利玛、启明是致命的打击；1999 年，开思在 TCL 注资后有数名管理人员同时离职也使企业元气大伤。资金短缺、产权不清、管理摩擦等问题严重制约了国产MRP Ⅱ/ERP软件商的发展。

因此，从 1999 年开始，国产 MRP Ⅱ/ERP 软件商拓宽了融资渠道，如金蝶公司引入了风险基金，将企业的经营管理机制通过股权多元化纳入规范轨道，从 5～10 年的企业发展命运出发进行企业间的资金融合以及管理机制的创新。

三、传统财务软件的不足及其 ERP 演进

我国财务进销存软件商在产品市场开拓、企业经营机制上表现优秀，但是在管理思想的积累和产品研究与开发上略显不足。金蝶、用友、浪潮国强、安易等国内大批财务进销存软件经历了 5 年以上的市场竞争洗礼，企业经营机制灵活，进军 MRP Ⅱ/ERP 领域有一定的实力。但是 1999 年国产 MRP Ⅱ/ERP 软件销售业绩不佳，主要是企业进入 MRP Ⅱ/ERP 领域的准备不足，发展受阻。

例如，在华南地区，1999 年就有近 10 家财务进销存公司开发 ERP 产品，有的公司规模不大，20 人左右。这些公司组织五六个开发人员编程，把产品作为 ERP 软件拿到企业去卖。有的软件商刚开始日子还好过，企业接受了这些所谓的“ERP”系统。但是实施企业开始向“ERP”系统输入数据、将手工系统向“ERP”系统切换时，问题开始暴露，企业陷入经营困境。首先，软件实施人员的人力成本在不断上升，实施人员陷入程序调试中调遣不开，长期蹲在企业脱不了身；其次，软件实施陷入程序出错、系统不稳定的泥潭里；最后，出现付款纠纷。随着用户对 ERP 系统认识的提高，开始拒绝付款给实施不力的“ERP”软件商，合同金额只支付 40% 就开始出现商业纠纷。此时，软件公司出现资金紧张，开发人员跳槽、离队、携带 ERP 原程序自开公司等困境。企业不明白软件实施难在何处，ERP 软件商不知运用企业管理软件为什么难以脱身，实施人员也没有掌握 MRP Ⅱ的实施规律就打退堂鼓。

我国约有财务软件商 300 家，数量多、规模小的财务软件商“一窝蜂”开发 ERP 软件，经济效益并不好，也间接影响了 MRP Ⅱ/ERP 系统在我国企业中的声誉。因此，国产名牌 ERP 财务软件商在以下几方面实现了突破。

1. 坚定信念，正确认识 ERP 系统

企业管理的四大职能之一是计划，而且计划是管理的首要职能，因此，企业管理软件 MRP Ⅱ / ERP 等区别于会计电算化软件、财务进销存软件的标准是软件包中的计划功能模块。MRP Ⅱ/ERP 的基本功能是物料清单、小 MRP 以及由小 MRP 系统展开的采购计划、生产加工计划、资金计划。从小 MRP、MRP Ⅱ到 ERP、供应链管理、电子商务等都是围绕企业内部、企业间的计划体系展开的。

虽然 ERP 的基本功能没有 MRP Ⅱ标准和规范，但是，正如本书第二章所言，Gartner Group 在 20 世纪 90 年代初定义 ERP 软件是一套将财务、分销、制造和其他业务功能合理集成的应用软件系统。ERP 功能可以界定为四个方面：①超越 MRP Ⅱ范围的集成功能；②支持混合方式的制造环境；③支持能动的监控、模拟分析和决策；④支持开放的客户/服务器计算机环境。

我国 1998 年下半年出现的十几种版本各异的 ERP 产品与 ERP 所定义的功能是有差距的，大多还是进销存、设备、人事等单项管理系统。财务软件商被“MRP Ⅱ已经过时，国外 MRP Ⅱ的成功率也只有 25%，我国投资 80 亿元没有几家成功，企业可以跨越 MRP Ⅱ直接坐上 ERP 国际直通车进入 21 世纪”等宣传所误导，被前 20 年我国 MRP Ⅱ/ERP 系统实施的困难和失败所吓倒。因此，财务软件企业一开始就试图否定 MRP、MRP Ⅱ在我

国的适应性，希望紧跟国外 ERP 软件商直接进入 ERP。但是，从本质上讲，ERP 是 MRP Ⅱ的发展，MRP Ⅱ/ERP 也是电子商务的基石。与 MRP Ⅱ相比，ERP 的基本架构和基本逻辑无本质的改变，MRP Ⅱ系统仍是 ERP 的核心，制造系统的库存管理模式、产品结构树模式与服务业的库存补充、物流业的物料配送在计算机处理模式上是一样的。ERP 只是在功能上超越了传统的 MRP Ⅱ系统，实现了更广泛意义上的集成。MRP Ⅱ的逻辑思想和管理思想与 ERP 的逻辑思想和管理思想是一致的，不能认为 ERP 是面向非制造企业的系统，也不能认为 MRP Ⅱ已经过时。因此，财务软件商要坚定不移地完成由财务进销存系统向 MRP Ⅱ/ERP 管理系统的战略转移，包括采用互联网、三层结构技术开发基于 Web 的 ERP 系统，还可以融合 ISO9000、JIT、EDI、电子商务等管理技术和手段，实现企业管理信息流、资金流、物流的三流合一。

2. 转变研发思路

财务进销存软件商的产品主要是进销存、设备、人事、总账等单项管理系统，是基于会计凭证核算的静态管理系统，不能深入到生产计划与控制的核心环节。20 世纪 90 年代国产 ERP 产品在质量标准、产品功能、实施服务、版本升级方面与国际通行的 ERP 产品还有差距。

由于财务软件商的传统业务是以总账为核心对企业的账务凭证进行处理，通过销售的成品库存处理应收账凭证，通过原材料的进货库存处理应付账凭证，基本上不涉及生产的在制品库存、工艺路线和设备负荷。由于没有采用时间分割的滚动计划法，没有区分独立需求和相关需求，进销存软件或者单项 MIS 管理系统不能有效地、深刻地解决企业的库存问题。由于没有依据产品结构建立物料清单，回避了物料之间的独立需求和相关需求，回避了产品之间的共用工艺和专用工艺，财务进销存软件只能对原料和成品的静态库存事务进行处理，不能依据 MRP 计划有效控制库存的已经分配量、将要入库量和相关消耗量。因此，财务进销存软件商在进入 ERP 领域时以账务凭证为出发点，以总账为核心，外挂物料清单、物料需求计划、生产作业计划等其他功能很难在逻辑思想和管理思想上行得通，与 MRP Ⅱ/ERP 的发展规律也有冲突。后来，财务进销存软件商从财务软件的开发思路中突围了出去，摆脱了以总账为核心、外挂进销存的研究和开发窠臼，充分利用互联网技术，把企业内部、企业与企业之间、客户和分销商之间的跨组织、跨地域的信息系统，以计划系统为核心贯穿起来，花较少的投资实现了网络化的 ERP 系统。财务软件企业的突围不但催生了国产 ERP 名牌，也帮助我国企业实现了管理现代化。

3. 规范 MRP Ⅱ/ERP 软件实施方法，加强管理咨询，形成一套科学可靠的实施体系

财务软件商实施财务软件时可以成批培训企业的财务人员、成批发售财务软件，快速实施、快速收回资金，售后服务的工作量也较小。但是，用实施财务软件的方法来实施 MRP Ⅱ/ERP 软件则难以做到，追求快速实施、早些脱手、短期内获得高额资金回报是不现实的。由于财务软件的实施只涉及企业的财务部门，企业的财务数据关起门来由财务部门输入就可以甩掉手工账，而且财务部门的人员在企业的权力大，只有他们监督企业其他部门的份，没有别人来监督财务部的份。而实施 MRP Ⅱ/ERP 系统涉及跨部门的沟通和数据整理，需要由厂长等各级领导来协调库存策略、提前期等跨部门数据的整理和输入，需

要管理严明的奖罚措施来保证数据的准确性、实时性。因此，用财务软件的实施方法来实施 MRP Ⅱ/ERP 软件就会碰壁，问题主要表现在库存系统的基础数据返工次数多，需要遵循计划系统的主线，依据主生产计划，将采购计划、生产加工计划上的各级库存建立起来。MRP Ⅱ/ERP 基础数据整理的时间一般要半年左右。因此，财务软件商针对 MRP Ⅱ/ERP 软件的特点，形成了一套切实可行的 MRP Ⅱ/ERP 实施方法，提升系统实施的商品化程度，总结出了有效的实施方法和步骤，形成了一套科学可靠的实施体系。

4. 正确估计困难，资金准备充分，扎实稳妥培养人才

ERP 软件的销售周期要三年左右。ERP 软件商对实施周期长要有充分估计，资金准备也要充分。企业决定运用 MRP Ⅱ/ERP 系统，一般需要三年左右的 PC 单项管理的准备期，对于 MRP Ⅱ/ERP 系统的选型论证也要一年左右，而且 MRP Ⅱ/ERP 系统的实施一般要两年左右才能见效。因此，MRP Ⅱ/ERP 软件商从介入一个企业的需求定义、跟踪合同签订到最后收回所有合同资金一般要经历三年的时间，其中的资金主要是人力成本。MRP Ⅱ/ERP 软件公司没有雄厚的财力就会陷入经营危机，无法再继续下去。此外，软件商还需要善于吸收人才、用好人才。如果懂企业管理和产品细节的实施人才储备不足，企业就无法改变实施 MRP Ⅱ/ERP 软件的方法，无力培养成功实施的案例，无力树立样板企业。

21 世纪初，国内大量的财务软件商迫切想为我国的中小企业提供以 ERP 系统为核心的企业管理解决方案，但财务进销存式的“ERP”系统离国际通行的 ERP 软件还有较大的距离，还不能让企业马上实现围绕企业供应链各环节的动态管理。后来，财务软件商从价值工程的角度明确产品的需求定位和功能细分，形成了科学可靠的实施质量保证体系，系统实施转到了以计划为核心的管理软件的实施上来。此外，国产软件商积累了 MRP、MRP Ⅱ 的渐进式研究与发展经验，培养了大量的人才，通过积累实际企业管理经验和 MRP Ⅱ 的实施经验，在竞争中形成了我国国产 MRP Ⅱ/ERP 软件的拳头产品，以价廉物美的国产 MRP Ⅱ/ERP软件打开了我国中小企业 MRP Ⅱ/ERP 应用软件的平民化市场，提高了我国企业的基础管理水平。

四、培育国产 ERP 软件名牌的经验分析

我国国产 ERP 软件发挥自身优势，缩小了与国外 ERP 软件的差距，多方力量结合，培育了国产 ERP 名牌。

1. 国外软件的强弱项分析

国外 MRP Ⅱ/ERP 软件以 SAP 的 R/3、Oracle 公司的 Oracle Manufacturing And Financial Application、JDE 公司的 One World、SSA 公司的 BPCS、Fourth Shift 公司的 MSS、QAD 公司的 MGF/PRO、Imag / EMS 公司的 TCM - EMS、Symixs 公司的 SyteLine 为主。这些软件产品在 20 世纪 90 年代初期陆续进入国内，打开了我国 ERP 应用的中高端市场。国外 ERP 产品在产品功能完备性、管理流程精细化、技术手段现代化、产品技术封装性、模块裁剪商品化程度等方面具有较大的优越性。

但是，国外软件主要由代理商或咨询公司负责产品的推广和实施，软件价格高。国外

ERP 软件一般需要300 万元一套，SAP、Oracle 的产品开价就是1 000 万元以上，打了折后一般也不会低于500 万元。而我国大量的中小企业消费不起国外软件，因为一般企业只有50 万元左右的购买力。

此外，国外产品的研究和开发仍主要由国外母公司负责，技术人员及实施咨询顾问很难掌握软件的原程序之间的数据调用关系，实施难度高。企业实施时一方面需要开发大量的中文报表及支付较高的开发咨询服务费，另一方面要求企业的二次开发力量能够跟上软件公司实施人员的水平，尽快掌握开发技巧，为企业节省大量的二次开发费用。否则，每天300 美元到1 000 美元的高昂的实施费会使企业望而却步、停滞不前。

最后，国外软件还需要企业善于消化和吸收软件中包含的管理思想和规范化的工作流程，制定相应的管理制度和操作手续，提高企业的整体管理水平。由于我国企业的计算机技术开发人员力量弱，再加上国外软件价格高、实施复杂，这就为我国的国产软件提供了生存空间和无限的发展潜力。

2. 国产 MRP Ⅱ/ERP 软件强强联合，资源共享，形成经营规模

国外从20 世纪六七十年代的 MRP、80 年代的 MRP Ⅱ到90 年代的 ERP 经历了约40 年的研究和应用积累。据不完全统计，美国在1985 年除了企业自行开发的 MRP Ⅱ软件之外，当时有160 多家计算机软件、硬件公司开发了300 多种 MRP Ⅱ软件包。同一时期，德国也有数十种 MRP Ⅱ软件包，这些公司的竞争催生了后来的国际名牌厂商 SSA、SAP 等。

我国20 世纪末至21 世纪初期没有国产 ERP 名牌是由于市场竞争不够激烈，市场处于分散竞争状态，众多厂家在不同的档次上都有空白市场。国内 MRP Ⅱ/ERP 软件厂商可以分为两类，一类是拥有 MRP Ⅱ/ERP 自主版权的软件商，如利玛、开思、启明、金航联、北京并捷、山西经纬、沈鼓北方电脑等十多家；另一类是1998 年从财务软件转移而来的软件商，例如金蝶、浪潮国强、用友、安易等数十家。这两类国产软件商的投资主体不同，企业的发展背景相差较大，企业文化也不同。

以上两类企业各有优势。拥有自主版权的国产 MRP Ⅱ/ERP 软件商在 MRP Ⅱ/ERP 系统的实施上有企业管理经验，对于 MRP Ⅱ/ERP 的管理思想也有深刻的了解，而且产品品牌有一定的知名度；财务软件商在市场推广、软件开发力量、竞争机制上非常强，有庞大的营销网络和经营活力为企业作铺垫，没有历史包袱，可以进行合资、兼并等，直接引进国外 ERP 产品和 ERP 人才。这两类企业的优势可以互补。从21 世纪初的几年开始，我国 MRP Ⅱ/ERP 的市场竞争日趋激烈，与其在企业间的激烈竞争中被淘汰出局，不如先富有远见地进行强强联合。

白热化的竞争格局使国产 MRP Ⅱ/ERP 软件商认定方向、缩短认识上的差距，在竞争中产生国产 MRP Ⅱ/ERP 名牌。

3. 重点突破，长期扶持

我国在软件及咨询产业的政策扶持上受传统机制的限制，有限的科研资金被分割在数个 MRP Ⅱ/ERP 软件上，这是由于科研基金的使用监督不力，没有做到重点突破、长期扶持。我国每年有科研经费鼓励企业使用国产软件，但是有的企业依靠国家拨款和技术改造

资金引进 MRP Ⅱ/ERP 软件后迟迟不能使用，但出于宣传报道的需要，不说出实际的应用难点和进度，不愿承认失败，也不站出来承担责任，使得软件的改进遇到人为障碍。还有企业使用了国产 MRP Ⅱ/ERP 软件后，在价格上有了优惠，对于使用过程中的不足，由于怕得罪人，不能勇敢地指出。因此，产业政策运作机制和科研经费重申请、轻审核的痼疾难以培养民族 MRP Ⅱ/ERP 品牌，企业和科学研究人员对我国 MRP Ⅱ/ERP 的推广和应用认识上的混乱，使得国产 ERP 软件的研究风气和探讨勇气不足。

事实上，30 年来，我国企业对 MRP Ⅱ/ERP 的需求从来没有因为学术界的争论而停止过，我国的 MRP Ⅱ/ERP 市场正逐步走向成熟。实践还告诉我们，不能以西方 MRP Ⅱ/ERP 实施标准来衡量企业的满意度，而要深入分析成功企业的经验，从中提炼出我国 MRP Ⅱ/ERP 的理论模型。

严酷的现实是，虽然国家力推国产软件，但是企业从自己的效益出发，不听国家的，依自己的认识选择国外软件。“不是企业不爱国，是爱不起来。软件商拍着胸脯说自己的产品达到了国际水平，但是，企业的老板经常在国外走，知道国际水平在哪里。企业已经不看软件商拍胸脯了，政府推荐也可以不听，企业要看软件能不能解决企业的具体需求和存在的管理问题。”

如何面对困境、奋起直追才是我国 ERP 软件的发展重点。因此，国家有必要集中有限的资金，重点、长期扶持一两家经营机制好的 MRP Ⅱ/ERP 厂商，集合数十名研究人员用三五年时间蹲点软件商和应用 MRP Ⅱ/ERP 的企业，把情况摸清楚。MRP Ⅱ/ERP 等管理技术的研究不能道听途说，不能以个案等特殊情况以偏概全，而是需要加大样本企业的抽查量，严格选择，长期跟踪企业的应用成长。随着国产 MRP Ⅱ/ERP 软件从产品的功能上得以突破，产品的数据结构设置、基本算法、功能扩展、行业突破、产品包装、样板企业也同时得以提升，长年的跟踪研究有助于集中产学研力量进行一体化操作，从里到外针对我国的典型企业的管理模式和管理规则进行国产 MRP Ⅱ/ERP 产品的开发和商品化推广，超越国外品牌。

4. 企业需求是 MRP Ⅱ/ERP 应用的第一推动力

现阶段我国流行许多新名词，如电子商务、虚拟企业、BPR、ERP、供应链、PDM、CIMS，但是企业管理软件的核心仍然是 MRP Ⅱ/ERP，而且企业需求是应用 MRP Ⅱ/ERP 的第一推动力。

我国企业应用企业管理软件的条件参差不齐，大多数企业的基础管理水平还较低，完整实施 ERP 的条件不成熟。企业花钱买 ERP 软件，如果买过剩功能，就会花冤枉钱。虽然我国某些企业在经过近 20 年的 MRP Ⅱ应用后已经走在 ERP、CIMS、PDM、并行工程的前列，例如，北京第一机床厂 1994 年获得 CIMS“工业领先奖”，山西经纬纺织机械股份有限公司建成了 FMS 车间，哈尔滨电机集团实现了 CAD 和 CAM 一体化下料，健力宝富特容器有限公司实现了现场质量检测和生产数据的实时采集，但是这些企业普遍认为企业实施 MRP Ⅱ的难点和重点是对企业基础管理数据进行整理，在于用 MRP 计划代替手工生产作业计划。

广大中小企业应用 ERP 软件的需求是管理好库存、摸清家底、了解企业的人财物等资源的可利用程度。管理好库存不能靠传统的单项库存台账管理，必须全面实施以物料清单为主的小 MRP，如同 CAD 甩掉制图板一样甩掉企业的手工零件明细表。在实施完善小 MRP 后，再依照产品的结构树清晰明确地拉出企业的相关采购计划、外协计划，进而结合财务和分销实施 ERP，实现电子商务。

先进企业的管理走势是后进企业的发展目标，而且也会带动软件商进入新的应用软件领域，二者是相辅相成的。因此，企业的 MRP Ⅱ/ERP 应用是一个循序渐进、持续改进、深入提高的过程，国产 ERP 软件商只有紧紧抓住企业的需求才能在市场上生存下去，才能走向国际化。

5. 市场定位明确化

由于我国企业管理的整体水平严重滞后于 ERP 应用的条件，全国各地企业管理的基础水平极不均衡，内部管理还相当落后，这就决定了凌驾于我国大多数企业管理需求之上的管理软件将成为无本之源。因此，国产 ERP 软件商在占领我国的企业管理软件市场时，可以采取循序渐进的方式，先打好中低端 MRP 基础，薄利多销，挣够了钱，积累了实施经验后再向国外高端 ERP 挑战。从价值工程的角度分析，国产 MRP Ⅱ/ERP 系统的主体功能可以重点定在 BOM 物料清单、MRP 物料需求计划、MPS 主生产计划、INV 库存管理、SFC 车间管理、PUR 采购管理、AR 应收账、AP 应付账、GL 总账、SAL 销售管理、DRP 分销资源计划等方面，以此打开我国大批中小企业的平民化市场，使得企业管理软件如同财务软件一样成为企业消费得起的商品。

进入 21 世纪，我国企业对管理软件的需求会越来越大。从市场细分的角度看，ERP 系统大有市场。不过，国产软件商也不能认为 MRP Ⅱ系统已经过时，而需要遵循小 MRP、MRP Ⅱ、ERP 的发展规律，市场定位明确化、细分化，客户群落稳定化，从 ERP 退回小 MRP，重视小 MRP 市场，以退为进陪着我国的大批中小企业成长。

总之，国产 ERP 软件商只要善于从自身找原因、针对存在的问题对症下药就可以扩大市场份额，获得国际竞争力。

第四节　发展咨询业，带动 MRP Ⅱ/ERP 的应用

我国的企业管理咨询业还很不发达。大力发展企业管理咨询业可以带动 MRP Ⅱ/ERP 的应用，推动我国企业的管理持续改进，增强我国的综合国力。

一、国外咨询业的发展过程

国外咨询业的发展有三个重要阶段：生产组织和人际关系咨询阶段、市场营销咨询阶段和战略咨询阶段。

第一阶段的管理咨询是以生产组织和人际关系管理为主的。从 20 世纪初至 40 年代的大批量生产时期，管理咨询主要是围绕提高大批量生产的生产效率而展开的，企业咨询的重点是降低成本、提高劳动生产率。著名的管理大师泰勒、吉尔布雷斯夫妇、甘特、厄威克、梅奥等开展了工业工程、人工工资制度、职业培训、人际关系等咨询工作。这些咨询

工作帮助大批企业提高了生产组织、会计核算的效率。法约尔提出的一般组织原则、杜邦公司的集权分权原则也为企业组织结构的动态设置提供了指导。总之，本阶段企业咨询主要围绕生产现场和企业组织展开。

第二阶段是 1940—1970 年的市场营销咨询时代。本阶段企业管理咨询的重点由生产现场转移到市场流通与生产效率的平衡，广大企业管理专家进入企业，进行生产与流通的组合与优化。这一时期，质量管理、价值工程、目标管理、线性规则、广告、形象策划与市场定位等成为咨询的重点。

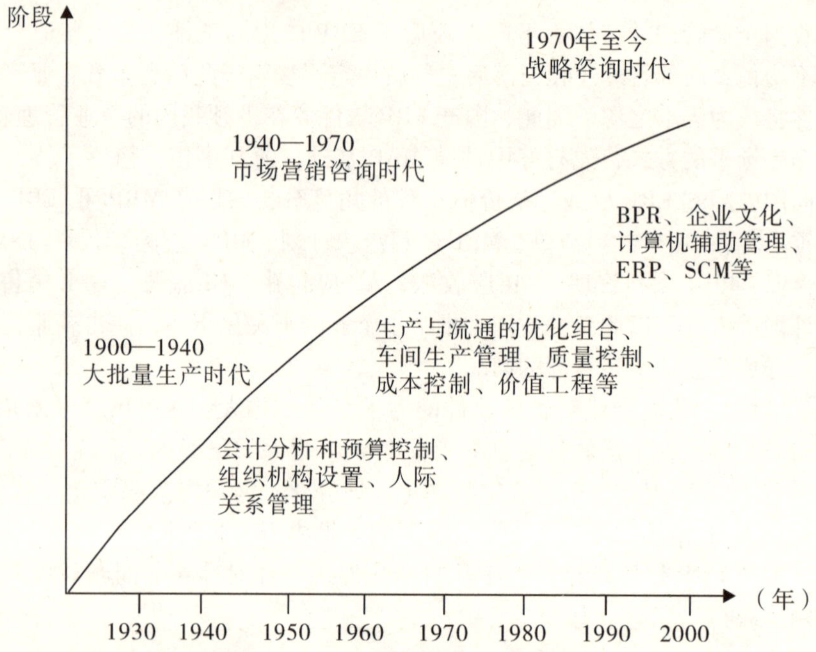

图 12 - 1　企业管理咨询的发展阶段

第三阶段是 1970 年至今的企业战略咨询时代，企业管理咨询的重点从企业市场转移到企业发展战略，目的是增强企业对全球范围内的不确定环境的适应力。企业战略咨询通过产品的研究与开发、竞争情报分析、计算机辅助管理等优化企业的财务资源、人力资源和物流，从组织设计、业务流程重组、价值链分析、企业文化等角度增强企业对未来不确定事件的抵御能力。

二、我国咨询市场发展慢的原因分析

随着国外咨询企业进入我国，我国咨询市场的发育日趋完善。1997 年左右，上海地区开始出现“企业郎中”。三五个“企业郎中”开个小咨询公司就可以为企业提供咨询服务，但由于这些咨询企业门面小、人员少，难以支撑 MRP Ⅱ/ERP 应用的咨询工作。

我国的咨询业还很不成熟，这与经济体制的改革进程有关。由于我国企业进入市场不久，所以对“企业医生”的需求不高。因此，过去二三十年我国咨询业的发展是滞后于企业的市场化进程的。我国大的工程咨询与招标项目被依附于政府国家机关和科研院所的行政性咨询公司所垄断，因此咨询公司的市场化进程慢，企业内部竞争机制弱，难以与国外知名品牌竞争。

三、咨询业发展展望

我国广大企业面临外部压力和内部动力的双重驱动催生了我国转型时期潜在的咨询市场需求。前几年，国际著名的咨询公司如德勤、毕马威、普华永道、麦肯锡、罗兰贝格、欧雅等相继进入中国，国内也有汉普、汉德等咨询公司为企业提供咨询和为MRP Ⅱ/ERP系统实施服务，自此我国的咨询业从局部运用阶段逐渐进入成长阶段。

近两年，由于企业对 MRP Ⅱ/ERP 的需求旺盛，国内外咨询企业针对 MRP Ⅱ/ERP 应用开展了针对性强的售前咨询、业务流程描述、项目实施等服务，带动了我国咨询产业的发展。参考国外咨询业务的发展过程，可以看出我国咨询业还有广阔的前景。

四、重视咨询业对国民经济的推动作用，推动智库建设

随着全球经济一体化进程的加快，企业在国内外市场竞争中必定会有胜败，必定会受伤，这就需要企业医生来为企业诊治，帮助企业强身健体、重上战场。咨询业成为产业是服务业项目分工的结果，也是企业医生有别于“江湖郎中”的特征。企业医生有相应的诊断工具、医疗设施、案例积累以及会诊操作。国外名牌咨询公司都有企业案例库，如同医生看过病人后有就医原因和诊治过程的记录一样，案例库为企业对症下药和为咨询顾问的培训提供了宝贵的资源。我国的咨询企业由于诊断的工具少，咨询顾问经验有限，因此名牌企业往往“就诊”于外国咨询公司。越富的企业越怕“生病”，往往高价“就诊”于国际名牌公司，开了“药方”后却难以实施咨询方案。因此，我国的企业咨询业必须快速发展，不能让所有的企业都吃“西药”，必须投入资金和人力来发展“中药”，建立智库，完善咨询手段和工具。

发展我国的咨询产业对国民经济具有重大的作用。21 世纪的咨询业基于 Internet、电子商务、业务流程重组，与 MRP Ⅱ/ERP/ERP Ⅱ 系统的应用相辅相成，与 IT 技术和知识管理密切关联。因此，咨询业是 21 世纪的朝阳产业，现代管理咨询业的发展将带动信息产业的发展，管理咨询业的发展将提高我国企业的整体管理水平，提升企业在国际市场上的竞争力，从而增强我国的综合经济实力和国际竞争力。

案 例

从 ERP 跨越到 ERP Ⅱ，科希盟“日新”管理系统助郑煤机集团在危机中寻求契机

北京科希盟软件有限公司：印文文
暨南大学 ERP 研究中心：王惠芬

郑州煤矿机械集团股份有限公司（简称郑煤机集团）是中国煤机生产领域的龙头企业，也是世界最大的液压支架研发生产商。郑煤机集团 2003 年刚开始应用科希盟的 ERP 系统时，产值为 3 亿元人民币，行业排名第三。经过两年的 ERP 实施，企业从 2005 年开始，增长速度加快，超越行业第一、二名，成为煤机行业的老大。到 2008 年，企业经济指标已超行业后三名的指标合计数，达到产值 80 亿元人民币。5 年时间，企业的产值增长了 20 多倍，科希盟 ERP 系统成为企业的增速器。经过十多年的高速发展，郑煤机集团的生产经营规模已经由原来的几亿元人民币发展到目前的上百亿元人民币，并由原来的单工厂模式发展成拥有十多个分厂、近十个子公司的跨地域集团化模式。2010 年在 A 股上市后，郑煤机集团全面升级了 ERP 系统，到 2012 年，其产值突破百亿大关。

2008 年金融危机以后，国内制造企业的日子不好过，但是郑煤机集团却实现了企业的可持续运营，原因在哪儿？信息系统又是怎样让企业在危机中找到契机的呢？

一、科希盟 ERP 系统向“日新”管理模式的飞跃

十多年来，郑煤机集团的管理部门不断加大对生产经营各环节的管控力度，通过科希盟 ERP、PLM 等现代化管理手段持续规范和加强对各业务环节的管控，并取得了明显的成效。但是，随着管理进入“深水区”，以及外部市场环境的急剧变化，矛盾也日益突出，主要表现在以下几个方面：

（1）为了控制成本费用，单项业务的管控环节越来越多，越来越复杂，不可避免地造成了效率降低。由于预算控制指标缺乏全面性、系统性，加上企业规模大、管理幅度大，往往“摁下葫芦泛起瓢”，管控处于救火状态，“跑冒滴漏”不能得到有效控制。

（2）过分强调集中管控，过分依赖 ERP 管理人员，使得基层员工处于被动接受管理的状态，难以激发员工与企业同呼吸共命运的主人翁责任感，不利于发挥员工参与管理的积极性和创造力。

（3）面对国内煤机市场生产能力严重过剩的压力，企业发展的主要矛盾由前几年的能力不足、扩产能、保产出，变为苦练内功、创收节支等。

（4）在企业开展的群众路线实践活动中，集团高层深刻认识到，企业需要培养一批具有危机意识、经营意识，懂管理、会经营的职工，为企业和员工创造更多生存和发展的机会。所谓“东方不亮西方亮，黑了南方有北方”，只有依靠全体员工的智慧和创造力，才能保证企业的基业百年长青。

为此，借鉴国内外企业的经验，郑煤机集团决定建立内部市场链机制，划小核算单

位，通过全面预算管理，推行内部市场化经营，逐步提高各级管理人员的经营意识，逐步贯彻“人人成为经营者”的理念，实现集团公司及各分/子公司从精益生产、精益管理到精益经营的转变。

好的思路需要强大的信息系统支持，那么，传统的 ERP 系统该怎样贯彻精益经营思想并向“日新”管理模式飞跃呢？

二、科希盟 ERP 系统开发出精益经营的“日新”管理系统

北京科希盟软件有限公司是由科技部科希盟集团和 ERP Ⅱ、ERP、CIMS 开发实施专家、技术骨干共同投资组建的高科技软件企业。公司从 2002 年成立至今，抵抗住了各种诱惑，默默坚持走行业细分化、服务专业化道路，拥有多个行业的 ERP 以及与 ERP 紧密集成的 DRP、CRM、SCM、OA、PDM 产品系列，在精益生产、JIT 仿流水线看板拉式配套生产模式等方面进行了富有成效的研究开发和创新实践，并在目标客户中取得显著的应用效果和巨大的经济效益，能够解决由于各种企业管理软件不能集成而造成的“信息孤岛”问题。

十多年来，科希盟的 ERP 实施成功率始终达到 100%。在煤机、软包装等行业，科希盟 ERP 的市场占有率较高，在煤矿、钢铁、高端装备企业 ERP 应用上也已取得显著成效。在煤机、软包装、煤炭、钢铁等行业，科希盟的 ERP 取得了独特的竞争优势，尤其是为郑煤机、山西煤机等煤机企业开发了个性化的解决方案后，得到了企业的信任和国内信息化专家的赞赏。

科希盟 ERP 的实施成功率高和信誉口碑好主要是因为企业有一批精通 ERP、MRP Ⅱ、CIMS 技术和企业管理的复合型人才，拥有一批煤机等机械装备行业 ERP 成功应用的典型样板客户，同时拥有一支专业化、年轻化、高素质的开发和实施队伍。此外，科希盟公司坚持以应用服务为主，追求产品的适用和实效，与客户共同发展、共同研发，形成了“帮助客户实现梦想，是科希盟人的不懈追求”的企业文化，铸就了“和谐、创新、成效、发展”的企业精神。

针对郑煤机集团的精益经营思想，科希盟果断投入开发人员对 ERP 系统进行扩展，开发出“日新”管理系统。

三、“日新”管理系统支持“人人成为经营者”，实现“日事日毕，日清日高”的管理模式

“日新”管理系统是为实现“人人成为经营者”的理念而开发的计算机管理信息系统，科希盟公司把该系统实现的管理模式称为“日新”管理模式。“日新”管理模式的突出特点是变大集团为众多自组织，打造内部市场链，实现从客户到内部的业务核算到日，实现各级组织的日目标管理，实现“日事日毕，日清日高”的管理模式。其与传统的 ERP 系统相比，有以下几个突出特点：

1. 实现内部法人 ERP 化，打造内部市场链

传统的 ERP 系统注重从整个集团、公司层面入手，强调从全局到局部。“日新”管理系统则是从局部到全局，直观上说就是让一个单元、流水线、班组模拟成内部法人，每个内部法人都是由 ERP 支持的，实现小法人到整个公司、集团法人都运用 ERP。

2. 用四表反映法人组织的瞬时利润，日清日高

传统的 ERP 系统通过对外的财务报表以一个月为期间反映整个企业的经营状况，“日

新”管理系统则通过每一个模拟小法人的财务报表，包括资产负债表、损益表、现金流量表、综合管理表等，以一天为期间来反映其经营状况，通过系统数据集成反映整个企业的“瞬时利润”，通过同比、环比等分析手段，为各级管理者实现“日清日高”以及及时决策提供依据。

3. 实现从 ERP 到 ERP Ⅱ的突破，打造社会供需链

“日新”管理系统的推行，不但贯彻了 ERP Ⅱ的“供需链”思想理念，而且突破了企业法人之间的壁垒，实现了整个社会供需链的协同商务和协同制造。“日新”管理系统从实施难度上说，比 ERP 系统的应用要简单得多，成功率大幅度提高，也方便在中小企业进行推广、应用。

四、“日新”管理模式支持多维经营体评价

“日新”管理模式的最大特点是企业内部市场化，企业内部有自己的资产负债表、损益表、现金流量表、综合管理表等。这些报表都是根据不同经营体的生产经营特点而定制的，可以实现多经营体多维度评价，打破了部门和市场的壁垒。与传统的 ERP 系统相比，“日新”管理系统需要支持虚拟法人，因此，实现“日新”管理模式要做到以下五个方面：

(1) 模拟法人经营组织（简称经营体）划分到位。关键是解决“跟谁结算”的问题。经营体是企业内部市场的主体，根据性质特点可分成三大类：生产类经营体、业务类经营体、管理类经营体。所有经营体都独立核算、自主经营、自负盈亏。

(2) 资源量化到位。关键是解决“结算什么”的问题。把企业厂房、设备、原材料、辅料、能源、人工等一切资源全都按照市场标准进行细化、量化，经营体有偿使用，计入成本。

(3) 内部交易价格到位。关键是解决“怎样结算”的问题。对企业内部一切经营行为都定出内部价格，经营体之间存在货币交换的买卖关系、服务关系与契约关系，价格体系定期调整修订。

(4) 计算机结算方式到位。关键是解决“结算手段”的问题。计算机结算系统是“日新”管理能够正确、及时、有效运行的重要支撑。计算机结算系统促进经营体将所有经营情况全部纳入“日新”管理结算系统，并自动生成利润表、资产负债表、经营收益统计表等报表。

(5) 收入与绩效挂钩到位。关键是解决“结算挂钩”的问题。根据经营收益统计表的实际收益，按照经营分配方案分配到每个员工，成为员工收入的一部分，实现收入与绩效的真正挂钩。

五、郑煤机集团“日新”管理系统支持“日新”管理模式

1. 在“日新”管理系统里对经营体进行管理，实现虚拟组织的网格化及企业的倒三角结构

生产类经营体的划分是关键，生产类经营体可以按工艺专业化、对象专业化以及产品种类和工艺流程综合法等生产组织要素进行划分。

在经营体划分的基础上构建“两图一链”，即经营体框架图、经营体经营关系图以及经营链。在“日新”管理系统中，“两图一链”可以反映企业经营体的分布情况、供需链模型、结算买卖关系，实现虚拟市场的网格化。

划分好经营体后，要选举或任命经营体负责人，并进行注册。对于经营体的管理，可以进行注销、合并等变更操作。

为实现“日新”管理模式，每个经营体占用的资源，包括厂房、设备、人力、物料等，要在“日新”管理系统中建账，并要核算到日成本，比如资产折旧或租赁费、设备耗电等能源消耗费等要核算到日。

2. 内部订单管理实现内部市场链的买卖及损益核算

内部订单管理之所以能够实现内部市场链的买卖及损益核算，主要是根据生产部在ERP系统中下达的工单来完成的，即生成经营体之间的内部订单。即使各经营体之间临时互协，由经营体之间签订契约，也不改变原内部订单的合同主体。

内部订单交易价格可以按市场价来定，也可以按企业标准成本价来定，对于铸锻件，也可以按重量来计价。郑煤机集团采用标准价格核算，通过对标准价、设备标准费率的设置，再根据研究制定的产品工艺BOM以及系统卷积生成的产品零部件各工序的价格，形成经营体交易结算的价格。

3. 经营体收支台账及业务单据与实物和财务匹配，实现三权分离的制约机制

经营体的原材料、配套件领料单构成经营体的采购入库单；经营体的生产工单、汇报周转单，转出经营体生成销售出库单，转入经营体生成采购入库单；销售出库单生成销售订单，采购入库单生成采购订单。根据销售订单及采购订单分别生成收入发票和采购发票。如果是一个独立法人内部经营体之间的交易，自动生成收款单和付款单，如果是与另外一个独立法人之间的交易（如在外揽活、委托加工等），根据财务实际收付款形成收款单和付款单。经营体通过收支业务单据与实物和财务的匹配，实现物权、审核权及财权三权分离的制约机制。

4. 经营体的主要台账反映经营体的原始积累和权益，体现劳动成果和经营绩效

经营体的主要台账有资产台账、在制品库存台账、应收应付台账、资金收支及余额台账、收支台账等，体现了原始积累和劳动盈余，为经营体的自主可持续运营提供了基础。

5. 经营体收入结算到日，反映了瞬时所得

结算分为单元（班组）经营体（三级）、工区（车间）经营体（二级）及分厂经营体（一级）三级结算。

单元经营体收入分为三类：工区内收入（指在本工区内部周转实现的收入）、分厂内收入（指单元销售给本分厂其他工区经营体产生的收入）以及出厂收入（指单元销售给其他分厂或组织经营体产生的收入）。

单元经营体总收入＝工区内收入＋分厂内收入＋出厂收入

工区经营体收入分为两类：工区内部收入（指在本分厂内销售产生的收入）＝∑本工区各单元经营体“分厂内收入”；工区出厂收入（指工区销售给其他分厂或组织经营体产生的收入）＝∑各单元经营体“出厂收入”。

工区经营体总收入＝工区内部收入＋工区出厂收入。

分厂经营体收入＝∑各工区经营体“出厂收入”。

6. 经营体成本及内部利润核算到日

经营体当月（日）实际成本＝上月（日）在制品结存＋本月（日）发生［∑领用

（转入）在制品（WIP）价格×数量］+本月（日）发生制造费用+本月（日）发生人工费用－本月（日）在制品盘点结存。

结存数由系统自动生成，管理部门可按系统生成的结存数到经营体实地抽查核实。

经营体当月（日）内部利润＝∑当月（日）转出在制品（WIP）价格×数量－当月（日）实际成本。

本核算方式的准确与否，关键在于系统是否正确建立经营体在制品台账，否则就会存在调节利润的“蓄水池”；难点在于组装零部件数据的处理。

7. 经营体模拟资金收支结算平台，内部往来透明化

经营体通过对账户的动态监管，并划拨铺底流动资金，通过资金收支结算平台，实现资金收支结算。

例如，各生产类经营体按在制品平均占用定额来确定铺底流动资金。研究所、技术工艺部的业务部门按设计变更等造成的增补料、增补工时核实一年需要的资金预算，这些资金作为支持生产类经营体运行的流动资金。而生产部门为保进度进行的工单变更等造成的增补料、增补工时等按照一年需要的资金预算作为支持生产类经营体运行的流动资金，供应部门按代料损失一年需要的资金预算作为支持生产类经营体运行的流动资金。所有资金的占用都清晰可见，家底摸清后落实到各个自主经营体。

一般性的领料、工件周转按双方确认的工单记录，“日新”系统可自动完成收支结算。发生设计变更、代料等，除通知外，各生产类经营体发起收费结算申请单，责任部门确认后，“日新”系统实现在生产类经营体和责任部门之间的资金收支结算。

此外，工资等授权相关部门直接划转，实现资金收支结算。而对于经营体在外揽活，按财务确认的收款，经营体才能实现资金收入结算。这样，经营体资金账户余额的查询可以方便对账和核实库存以及在制品。

8. 通过“日新”结算平台，员工的绩效考核落实到日

通过建立并实施“日新”结算管理系统，建立全员收入（工资）预算结算，企业可以发挥工资性收入的杠杆作用。通过日清日结的员工、经营体薪资收入结算平台，并通过大屏幕、电脑、手机等形式反馈给现场每一个员工、经营体，激发和强化员工的经营意识，及时改进生产和经营，真正实现“人人成为经营者”的理念，强化“省下的就是挣下的”增收节支意识。

通过实施“日新”结算管理系统，郑煤机集团将各部门、各分厂、工区、单元（班组）薪酬分配及绩效考核方案系统化，建立起计算机模型，并把以往按月度结算的工资体系，通过系统按日进行结算，除体现每位员工的工资结构外，“日新”系统还通过日考核奖罚数据，维护员工日产量、工时等实绩，对员工日工资进行结算。

六、“日新”管理系统为企业注入活力，化危机为契机

2013 年推行实施的“日新”管理系统，为企业注入了新的活力，激发出员工极大的热情，集思广益、献计献策、各显神通，进一步优化了生产经营流程，增收节支从点滴入手，成本意识增强并落到降耗的实处，运行半年同比节约成本 5 000 多万元人民币。实施“日新”管理系统后管理人员不增反降，财务人员由原来 30 人降到 14 人，企业成本及分厂车间的结算由过去的 20 天减少到 2 天，生产计划人员由 4 人减少到 2 人，物料平衡由

过去的每月一次变为随时平衡，生产准备时间也由过去的一周变为2小时，关键是为企业培养了一批有危机意识、经营意识的人才队伍，为企业持续发展奠定了人才基础。

七、推广“日新”管理系统，实现从中国制造到中国“智”造

总之，郑煤机集团与科希盟公司十多年来共同发展、与时俱进，双方合作互动，创造性地开发出了满足企业精益经营管理模式及社会化协同商业模式的ERP“日新”管理系统。“日新”管理系统在集团化、多元化运作，智能化排产及决策，协同商务及协同制造等领域，提供了我国信息化与工业化结合的经典范例。十多年来，郑煤机集团的信息化历程是我国企业信息化支撑企业快速健康可持续发展的镜子。

“日新”管理系统从实施难度上看，比传统的ERP系统的应用要简单得多，成功率大幅度提高，也方便在中小企业推广应用。“日新”管理系统的推广应用，必定会为处在经济危机中的传统企业注入新的经营活力，充分发挥员工的自主性和积极性，帮助企业群策群力渡过难关，帮助广大企业实现企业转型，实现从中国制造到中国“智”造。

参考文献

1. （日本）中小企业诊断协会编，钱忠浩等译：《工业企业诊断基础 第二篇 工业经营基本诊断》，北京：机械工业出版社 1987 年版。

2. （日本）中小企业诊断协会编，王义斌、张树滋译：《工业企业诊断基础 第三篇 生产诊断技法》，北京：机械工业出版社 1988 年版。

3. ［日］人见胜人著，赵大生、程金良译：《生产系统论——现代生产的技术与管理》，北京：机械工业出版社 1994 年版。

4. 黄伊国等编译：《生产库存管理的新方法——MRP》，北京：机械工业出版社 1987 年版。

5. 温咏棠主编：《MRP Ⅱ制造资源计划系统》，北京：机械工业出版社 1994 年版。

6. 张列平主编：《制造资源计划——MRP Ⅱ原理与实践》，上海：上海交通大学出版社 1992 年版。

7. 邹红、苏曼编著：《现代化企业管理理论与实践》，北京：中国物资出版社 1994 年版。

8. 初壮著：《MRP Ⅱ原理与应用基础——揭示制造企业提高生产率的秘密》，北京：清华大学出版社 1997 年版。

9. 陈启申编著：《MRP Ⅱ制造资源计划基础》，北京：企业管理出版社 1997 年版。

10. 陈启申编著：《MRP Ⅱ——制造资源计划概论》，北京：北京农业大学出版社 1993 年版。

11. ［英］佩帕德等著，高俊山译：《业务流程再造》，北京：中信出版社 1999 年版。

12. ［美］盖泽著：《生产与作业管理》（英文版第七版），沈阳：东北财经大学出版社 1998 年版。

13. ［美］马克兰德等著：《作业管理》（英文版第二版），沈阳：东北财经大学出版社 1998 年版。

14. 1999 年联机检索美国 BUSINESS ECONOMICS 数据库“MRP * ERP * JIT * BPR”主题文章 25 篇。

15. 胡延新著：《汽车王国的骄子——丰田》，兰州：兰州大学出版社 1997 年版。

16. ［美］德托佐斯等著，惠永正等译：《美国制造——如何从渐次衰落到重振雄风》，北京：科学技术文献出版社 1998 年版。

17. 林荣瑞编著：《管理技术》，厦门：厦门大学出版社 1996 年版。

18. 黄卫伟编著：《生产与作业管理》，北京：中国人民大学出版社 1996 年版。

19. 汪星明、施礼明编著：《现代生产管理》，北京：中国人民大学出版社 1994 年版。

20. 潘家轺主编：《现代生产管理学》，北京：清华大学出版社 1994 年版。

21. ［美］蔡斯等著，任建标译：《运营管理》（第 11 版），北京：机械工业出版社 2007 年版。

22. 王惠芬、唐秋鸿、林毓铭编著：《大型复杂信息系统采纳中的应急管理——利用符号资本打开 ERP Ⅱ黑箱》，北京：知识产权出版社 2014 年版。

23. ［美］斯沃茨著，陶东风译：《文化与权力：布尔迪厄的社会学》，上海：上海译文出版社 2012 年版。

24. 华杉、华楠著：《超级符号就是超级创意：席卷中国市场 10 年的华与华战略营销创意方法》，天津：天津人民出版社 2014 年版。

25. 高宣扬著：《布迪厄的社会理论》，上海：同济大学出版社 2004 年版。

26. 初壮著：《MRP Ⅱ是以应用基础——提示制造企业提高生产率的秘密》，北京：清华大学出版社 1997 年版。

27. 陈启审编著：《供需链管理与企业资源计划（ERP）》，北京：企业管理出版社 2004 年版。

28. ［美］迈克尔·多恩著，冯慎宇译：《迎接旋风：SPA 世界初学者指南》，上海：复旦大学出版社 1999 年版。

29. 金蝶软件（中国）有限公司编：《明珠耀东方：中国成长性企业信息化优秀案例集（二）》，北京：清华大学出版社，北京交通大学出版社 2005 年版。